第二届中国工程建设行业供应链研究与创新发展论坛
暨中国建筑业供应链知识体系成果发布会

国家会展中心(上海)　2021.11.07

中国建筑业供应链管理知识体系成果发布会

中国建筑·北京中国尊

中国建筑·深圳平安金融中心

中国化学工程·恒力石化(大连)炼化有限公司2 000万吨/年炼化一体化项目

中国化学工程·中国海油珠海 LNG 项目一期工程项目

中国中铁·沪苏通长江大桥

中国中铁·京张高铁

·中国建筑业供应链管理知识体系·

供应链管理基础

第一册

主　编◉陈川生

副主编◉王　燕　杨崇谊

大连海事大学出版社

DALIAN MARITIME UNIVERSITY PRESS

图书在版编目(CIP)数据

供应链管理基础 / 陈川生主编. — 大连：大连海
事大学出版社，2022.1(2023.9 重印)
中国建筑业供应链管理知识体系
ISBN 978-7-5632-4194-1

Ⅰ. ①供… Ⅱ. ①陈… Ⅲ. ①建筑企业–供应链管理
–资格考试–自学参考资料 Ⅳ. ①F407.906

中国版本图书馆 CIP 数据核字(2021)第 209811 号

中国建筑业供应链管理知识体系
供应链管理基础
GONGYINGLIAN GUANLI JICHU

大连海事大学出版社出版

地址：大连市黄浦路 523 号 邮编：116026 电话：0411-84729665(营销部) 84729480(总编室)
http://press.dlmu.edu.cn E-mail：dmupress@ dlmu.edu.cn

大连金华光彩色印刷有限公司印装 大连海事大学出版社发行

2022 年 1 月第 1 版 2023 年 9 月第 2 次印刷
幅面尺寸：184 mm×260 mm 印张：26.5 字数：644 千
出版人：刘明凯

责任编辑：张 冰 责任校对：陈青丽 史云霞
封面设计：张爱妮 版式设计：张爱妮

ISBN 978-7-5632-4194-1 定价：80.00 元

中国建筑业供应链管理知识体系

一、参编单位

中国建筑集团有限公司

中国化学工程集团有限公司

中国铁路工程集团有限公司

中国铁道建筑集团有限公司

中国交通建设集团有限公司

中国电力建设集团有限公司

中国能源建设集团有限公司

中国安能建设集团有限公司

二、支持单位

中国物流与采购联合会

中国施工企业管理协会

中国建筑材料流通协会建设工程供应链委员会

中建电子商务有限责任公司

中铁物贸集团有限公司

中铁物资集团有限公司

中国交通物资有限公司

北京华科软科技有限公司

中国能源建设集团电子商务有限公司

招商局集团有限公司

三、中国建筑业供应链管理知识体系课题领导组

组　　长：王彤宙

副组长：王海怀

成　　员：周　勇　韩　兵　孔　遁　王立新　张建文　周厚贵

　　　　吴汉明

四、中国建筑业供应链管理知识体系编委会

组 长：陈 重

副组长：李 晶

成 员：张晓葵 李建伟 陶 锋 聂宁新 李中强 肖于太
孟祥红 高晓东 庄泽亮 苟达平 万明罡 陈 静
王喜营 梁建忠

五、中国建筑业供应链管理知识体系编写组

主 编：陈川生

副 主 编：王 燕 杨崇谊

编写组成员：向红军 陈金宝 段永理 刘宝庆 李文杰 张文辉
邵化梅 赖远恩
以下按姓氏笔画排列：
王 勇 方思忠 孔 月 曲 雯 闫淑梅 杜正海
李立周 李贞伟 杨 迪 杨亚玲 张 玮 张 涛
张 雏 张敬纬 陈 兵 陈杼晖 林 冀 郑毅兴
赵 坤 赵成柱 段久洋 侯晓鸣 黄 波 曹永辉
庹兴邦 彭 林 谢 杰 撒晓健

六、中国建筑业供应链管理知识体系顾问

张 超 彭新良

七、中国建筑业供应链管理知识体系审定组

组 长：马国荣

审定组成员：李前艺 何玉龙 杨寅超 刘福和 宋玉卿 吴 烽

序　言

当前,百年变局和世纪疫情叠加,给世界经济发展和民生改善带来严重挑战。全球供应链从过去三十年的高速发展,步入了重构阶段。全球供应链重构并非全球化的倒退,而是全球化的再平衡。全球供应链的重心从增量发展转变为存量竞争,从追求速度和规模转变为注重效率和质量。以往为了经济效益最大化而建立的漫长、复杂的全球价值链,已很难适应当前复杂多变的世界政治、经济环境。

为此,党中央提出要加快构建以国内大循环为主体、国内国际双循环相互促进的新发展格局。现代供应链是构建新发展格局的重要支撑。推动供应链创新与应用,运用现代供应链管理思维,利用现代科技赋能,找准供应链薄弱环节和堵点,着力补足短板、消除堵点、锻造长板,有利于加快打通生产、流通、分配、消费等各环节,推动供需精准适配,实现需求牵引供给,供给创造需求的更高水平动态均衡。

这几年,产业链供应链得到中央和政府的高度重视。2017 年,习近平总书记在十九大报告中提出"在现代供应链等领域培育新增长点、形成新动能",这标志着中央将供应链发展提升到国家战略的高度,供应链发展进入了一个全新阶段。2017 年 10 月,国务院办公厅发布《国务院办公厅关于积极推进供应链创新与应用的指导意见》(国办发〔2017〕84 号文件),对供应链工作提出发展目标。2020 年习近平总书记多次强调要高度重视产业链供应链稳定、高效和安全。"保产业链供应链稳定"被列为国家"六稳""六保"的重要任务之一,体现了供应链对于国民经济稳定,尤其是在稳外贸、稳外资方面的重要作用。十九届五中全会上,中央将"提升产业链供应链现代化水平",作为"十四五"期间"加快发展现代产业体系、推动经济体系优化"目标的重要组成部分,为下一步供应链工作指明了新方向,提出了新要求。"十四五"规划和 2035 年远景目标纲要也提出,要分行业做好供应链战略设计和精准施策,形成具有更强创新力、更高附加值、更安全可靠的产业链供应链。2020 年底中央经济工作会议又将"增强产业链供应链自主可控能力"列为八大重点任务之一。2021 年 7 月 30 日,中共中央政治局会议提出,要强化科技创新和产业链供应链韧性,加强基础研究,推动应用研究,开展补链强链专项行动,加快解决"卡脖子"难题,发展专精特新中小企业。新冠肺炎疫情和贸易战已经证实了产业链供应链安全稳定具有不可替代的价值,是后疫情时代的核心竞争力。只有安全稳定的产业链供应链,才能有效应对复杂多变的国内外政治、经济环境。

为贯彻落实国办发〔2017〕84 号文件精神,2018 年,中华人民共和国商务部(简称"商务部")、中国物流与采购联合会(简称"中物联")等 8 部门启动了全国"供应链创新与应用试点",共有 55 个城市、266 家企业被评为试点城市和试点企业。2021 年 7 月,商务部、中物联等 8 部门确定了 94 家供应链创新与应用示范企业,其中有 14 家是央企,央企占总数的14.9%。可以看出,央企中供应链创新与应用示范企业所占比例很大,示范企业中央企的比例也很大。这说明央企具有非常好的引领作用,央企供应链转型升级推动了整个中国的供应链创新。

　　自新冠肺炎疫情爆发以来,供应链的资源配置偏向抗击疫情领域。但是,在恢复经济增长过程中,供应链资源配置将在科技创新和基础设施建设领域不断加大。基础设施建设供应链资源配置不断加大是有市场条件的。当前,中国经济的发展正在加快构建以国内大循环为主体、国内国际双循环相互促进的新发展格局。国内大循环的战略基点是扩大内需,而基础设施建设是其中非常重要的一部分。

　　供应链资源配置改变了全球经济增长的动力。可以预见,未来十年,在供应链资源配置的引导下,建筑行业将迎来发展的历史机遇,同时也对建筑行业供应链管理人才队伍建设提出了更高要求。

　　近几年,中物联投入了大量的精力,推动全国供应链人才的培养。2020 年 11 月,中物联牵头编写的《供应链管理师国家职业技能标准(2020 年版)》由中华人民共和国人力资源和社会保障部正式颁布施行。

　　近日,欣闻 8 家建筑央企在中国交通建设集团有限公司 2018 年编制的"中国交建供应链知识体系"的基础上,整合完善,共同编写了"中国建筑业供应链管理知识体系"。相信此举顺应我国建筑业快速发展、供应链亟待提升的行业发展趋势,必将对我国建筑行业供应链人才培养产生积极的影响。本知识体系包括《供应链管理基础》《供应链管理整合》《供应链管理领导力》《POCAS 采购人员能力评估体系》,结合了我国建筑行业的需求和特点,从操作、管理、领导三个层面对建筑行业供应链管理知识体系进行了总结和分析,并收录了 25 个建筑行业供应链管理案例,是建筑行业供应链管理从业人士的必备参考书目。

　　最后,衷心预祝"中国建筑业供应链管理知识体系"正式出版。

蔡进

2021 年 10 月

前　言

目前,我国供应链的创新和转型升级正在快速发展,而且开始迈向高端化,表现为供应链运营管理的数字化,即供应链数字化转型。所谓数字化在新工业发展阶段主要表现为计算机化+互联系统,数字化转型表现为业务可视化、透明化、预测性和自我适应性(智慧企业)。

供应链管理理念和实践始于制造业,一般包括供应管理(寻源)、运营管理(加工)和物流管理(交付)。管理的重点是整合协同,通过协同实现全链增值;管理的核心要素是"人、技术和流程"。

2021年年初,国务院国有资产监督管理委员会(简称"国务院国资委")组织对央企的采购工作进行例行对标考核,我很荣幸参加了第七组建筑行业的对标考核工作。第七组包括中国建筑集团有限公司、中国化学工程集团有限公司、中国铁路工程集团有限公司、中国铁道建筑集团有限公司、中国交通建设集团有限公司、中国电力建设集团有限公司、中国能源建设集团有限公司和中国安能建设集团有限公司8家。

在40多天的时间里,考核组对8家建筑业央企的项目工地实地考察、观摩、学习。我们目睹了我国工程建设队伍在高山沟壑、大江大河、戈壁沙漠等异常艰苦的环境中创造出的一个又一个的奇迹。在听取各项目汇报时,我们深深感受到,我国工程建设队伍被世界称为"基建狂魔",除了党的领导、社会主义体制优势和中华民族与生俱来的吃苦耐劳的秉性外,建筑业央企结合建筑工程项目特点,对供应链理论的研究和相关技术工具的成功应用也是一个重要原因。

"对标"活动结束后,考核组认为,为继续保持中国基建在全球的领先地位,我们应当组织力量系统总结我国建筑业供应链理论研究成果和实践的经验;同时,我们也看到,从供应链创新和发展的要求看,我国建筑业供应链管理优秀人才的短缺仍然是建筑业提升可持续力和竞争力的短板。经对标考核组提议,8家央企领导和供应链管理部门一致支持和响应。之后,在国务院国资委改革局领导的指导下,作为对标工作的延续,我们启动了"中国建筑业供应链管理知识体系"课题研究。中国交通建设集团有限公司(简称"中交集团")王彤宙董事长亲自挂帅担任课题领导组组长,成员包括了8家建筑央企集团的领导。各级领导的支持对课题的顺利完成起到重要作用。

现在,在8家建筑业央企的共同努力下,本套"中国建筑业供应链管理知识体系"正式出版。

编写组按照CIPS世界级采购与供应管理的基础要求,融入国内外知名的ISM、C.P.M.、SCMP知识体系的精华,结合我国建筑行业的需求和特点,从执行、管理、领导三个层面编纂了具有中国建筑业特色的供应链管理知识体系。

本套知识体系是在中交集团2018年完成的三级16册的"中国交建供应链知识体系"(1.0)的基础上整合完成的,整合后体系的名称为"中国建筑业供应链管理知识体系",包括《供应链管理基础》《供应链管理整合》《供应链管理领导力》《POCAS采购人员能力评估体系》四册,分别对应建筑业供应链的执行、管理和领导三个层级的人员。其中第一册、第二册在原框架体系内做了重大调整和内容补充,第一册第四部分"仓储与物流管理"以及第三册做了部分删节、补充、合并,增加了相关案例。本套知识体系覆盖了中华人民共和国人力资源和社会保障部颁布的《国家职业技能标准》职业编码4-02-06-05中供应链管理师要求的战略管理、计划管理、采购管理、生产管理、物流管理、创新管理等的全部知识点,并在此基础上进行深化和知识扩展,同我国的SCMP相关知识点的定义保持一致。

本套知识体系由低到高,迭代渐进。

第一册《供应链管理基础》分为采购与供应管理基础、采购与供应链管理策略、采购实施与合同、仓储与物流管理等四个部分,针对基层供应链管理人员的执行层面。所谓"执行"就是按照规定流程不走样地完成采购供应、精细生产和履约交付工作。全书知识点属于基础流程范畴。

第二册《供应链管理整合》分为供应链环境、战略和增值,供应链与项目管理,供应链管理的可持续和竞争力等三部分,针对中级供应链管理人员的管理层面。所谓"管理"就是通过建立和被管理者根本利益目标一致性基础上的约束管制,通过协同整合,实现供应链的增值。全书知识点属于战术提升范畴。

第三册《供应链管理领导力》分为采购与供应的领导力、采购与供应战略、合同与商务管理、绿色供应链等四部分,针对高级供应链管理人员的领导层面。所谓"领导"就是领导者通过其理念和影响力,引导被领导者自愿追随企业发展的战略目标,凝聚全链,争当世界一流。全书知识点属于战略拓展范畴。

三册书对供应链管理的知识体系进行了全面的梳理和总结,凝练了建筑业供应链管理的定义,总结了建筑业供应链管理特点,归纳了供应链管理的基本要素。

在建筑业供应链管理中,项目是核心,环境是条件,计划是依据,整合是手段,协同是关键,增值是目标。

同1.0版本相比,本体系采纳了课题组研究的以下创新成果,主要是:

1. 建筑业供应链的概念;

2. 项目采购与运营采购的概念;

3. 以寻源周期为框架的供应链流程;

4. 采购工具箱;

5. 建筑业 BIM 技术的解读;

6. 供应链构型研究;

7. 供应链管理与项目管理的研究;

8. 建筑业供应商管理;

9. 建筑业客户管理;

10. 建筑业数字供应链的研究。

为了加深学员对本体系相应知识点的理解,编写组在8家央企推荐的众多案例中选择了19个优秀供应链管理案例,加上1.0版保留的6个案例,形成25个案例。这25个案例生动具体,经验可复制,与体系知识点内容紧密融合,也是我国建筑业央企供应链管理理论研究的成果和业绩展示。

翻开本书彩页,我们在欣赏各建筑业央企选送的美轮美奂的工程图片时,编写者和读者作为中国建筑业央企的一员会感到由衷的自豪。

本体系的参考资料,除了附录所列参考文献外,还有中国物流与采购联合会组织翻译或编著的美国 C. P. M. 职业资格认证核心教程、美国 ISM 专业系列丛书、中国供应链管理专家职业水平认证指定教材 SCMP 的有关内容。在本体系正式出版之际,谨向中国物流与采购联合会及其各位专家表示衷心感谢。

中国建筑业供应链管理知识体系课题组组长

2021 年 11 月 7 日

目　　录

第二部分 采购与供应链管理策略

本册综述

一、本册内容

本册是为培养在建筑业供应链管理领域工作的初级采购供应工作者编纂的基础性知识体系。

本册分为四个部分：

第一部分为采购与供应管理基础。本部分介绍了建筑业供应链管理体系的概念轮廓，包括供应链及其管理概述、企业发展战略、采购类别、采购对企业效益的增值效应、采购与供应管理核心、供应链利益相关者管理、采购电子化与 BIM 技术等，属于概念性的描述。

第二部分为采购与供应链管理策略。本部分介绍了建筑业供应链管理工具和策略，包括确定采购需求、成本和预算管理、确定合同关键绩效指标、制定合同条款、评估定(计)价方法、建筑业供应链金融、分包与外包等操作层面的知识内容。

第三部分为采购实施与合同。本部分介绍了建筑业供应链管理的实施，包括采购寻源、采购工具及流程、谈判采购、合同管理等操作实施层面的主要内容。

第四部分为仓储与物流管理。本部分介绍了供应链管理中生产环节的库存管理和一般供应链中交付环节的物流管理基础，包括库存管理，库存设定，库存计划，库存运作，仓库计划与系统，物流概述，物流的客户价值，物流运营，贸易术语和商品价格，商品的装运、保险、检验与索赔等。

四个部分构成供应链管理的基础性知识体系，内容偏重供应链管理的执行层面。

二、学习要求

学习的基本要求是，全面了解供应链管理知识体系的基本框架，并对建筑业供应链管理的特殊性有深刻认识，从执行层面依照企业发展战略，理解熟悉战略寻源、落实采购战略、熟悉应用各种采购工具、完成战略采购任务和一般合同的采购，并在供应链管理的视角下，注重部门协同和对供应商的管理；熟练使用电子交易平台完成采购任务；了解 BIM 技术的应用。

三、学习目标

完成本册相关知识点的学习后，学员能够提高在企业供应链管理中的执行能力，能够在企业构建的供应链中，熟练运用本书介绍的相关工具，包括电子交易平台、BIM 平台的一般应用；在细分的基础上，自觉执行采购战略、完成各种采购供应任务；参与供应商的管理，实现企业管理目标。本册知识内容是学习本体系第二册、第三册的基础。

四、知识模块和考核

本册知识模块由各章节首页予以列示。

每一模块标注了"了解""理解""熟悉""掌握"四个层次。

其中：

"了解"指对培训内容达到知晓的程度，属于常识性知识点；

"理解"指知其然，知其所以然，属于应当基本掌握的知识点；

"熟悉"指对教材内容反复研读，属于应当掌握的知识点；

"掌握"指对原有知识能够做到消化吸收，并能进行创新和变化，能够解决不同情况的问题，属于应完全掌握的知识点；

本册学习任务完成后，学员需要通过必要的评估并参加建筑行业组织的考试。考试及格，可获得建筑业供应链管理相应资格证书（名称待定），并作为考生在建筑企业内岗位竞聘和晋职的参考依据之一。

第一部分

采购与供应管理基础

第1章　供应链及其管理概述

在 21 世纪初,世界权威的《财富》(Fortune)将供应链列为 21 世纪最重要的四大战略资源之一,供应链管理是世界 500 强保持竞争优势不可或缺的手段之一。

供应链具有创新、协同、共赢、开放、绿色等特征,推进供应链创新发展,有利于加速我国产业融合、深化社会分工、提高集成创新能力,有利于建立供应链上下游企业合作共赢的协同发展机制,有利于建立覆盖设计、生产、流通、消费、回收等各环节的绿色产业体系。

◎ 本章目标

1. 熟悉和掌握供应链、供应链管理的概念。
2. 了解建筑业供应链的特点。
3. 掌握供应链管理的核心理念。
4. 了解供应链管理的未来发展趋势。

>>>> 1.1　供应链及其管理的相关概念

1.1.1　供应链

1. 供应链概念的起源

供应链概念始于企业管理,扩展到管理科学理论,继而在产业转型、贸易竞争、全球化市场中不断演化,在区域经济、产业经济、国际贸易中起到重要作用。

从发展历程看,全球供应链主要有初级、中级、高级三种形态。其中,初级形态主要是产业链模式,即通常所讲的产业间的上下游;中级形态是平台模式,运用信息技术建立公共平台,供求双方通过平台进行交易;高级形态是生态圈模式融合金融研发消费阶段进行跨界整合,集成创新实现降本增效,促进绿色发展,提升竞争力。

2. 供应链概念的发展

供应链是人类生产活动和整个经济活动的客观存在。人类生产和生活的必需品,都是从最初的原材料生产、零部件加工、产品装配、分销、零售到最终消费的过程,并且近年来还将废弃物回收和退货(简称逆向物流)包括进来。这里既有物质材料的生产和消费,也有非物质形态(如服务)产品的生产(如提供服务)和消费(如享受服务)。各个生产、流通、交易、消费环节,形成了一个完整的供应链系统。

早期观点认为,供应链是制造企业中的一个内部过程,它是指把企业外部采购的原材料和零部件,通过生产转换和销售等活动,再传递到零售商和用户的一个过程。传统的供应链概念局限于企业的内部操作层面,注重企业的自身资源利用目标。

其后发展起来的供应链概念注意了与其他企业的联系,关注了供应链企业的外部环境,认为它是一个"通过链中不同企业的制造、组装、分销、零售等过程将原材料转换成产品,再到最终用户的转换过程",这是更大范围、更为系统的概念。

近年来,供应链的概念更加注重围绕核心企业的网链关系,如核心企业与供应商、供应商的供应商乃至与一切前向的关系,核心企业与用户、用户的用户及一切后向的关系。此时对供应链的认识形成了一个网链的概念。

3. 现代供应链的定义

由全国信息化和工业化融合管理标准化技术委员会归口管理、国家工业信息安全发展研究中心与华为技术有限公司等单位联合起草的国家标准《信息化和工业化融合管理体系 供应链数字化管理指南》(征求意见稿)中将供应链定义为:

"生产及流通过程中,围绕核心企业的核心产品或服务,由所涉及的原材料供应商、制造商、分销商、零售商直到最终用户等形成的网链结构。"

4. 数字供应链的定义

美国 JDA 软件集团公司对数字化供应链的定义是:"数字化供应链以客户为中心,基于网络相互连接协同智能数据驱动动态自适应可预测弹性可持续发展的供应链。"

5. 建筑业供应链的定义

现行标准的供应链定义、管理规范、工具大都是依据制造业设计的。建筑业和制造业关于供应链的定义、规范、工具等方面还有不同。建筑业供应链围绕项目展开。编写组经过反复讨论研究,将建筑业供应链定义为:"建筑业供应链是以建设工程项目为中心,以提高工程质量和建设效率为目标,以配置资源为手段,实现工程开发设计、采购供应、生产、交付、运营、服务等全过程计划协同的网链结构。"

1.1.2 供应链管理

1. 供应链管理

中国物流与采购联合会(CFLP)将供应链管理定义为"将通过企业内部及外部伙伴之间的协同计划组织和控制,从原材料采购到最终产品及服务的生产和交付全过程"。

2. 供应链数字化管理

《信息化和工业化融合管理体系 供应链数字化管理指南》(征求意见稿)中将供应链数字化管理定义为:"在两化(信息化、工业化)融合环境下,企业通过导入新一代信息技术和现代化管理理念方法,以市场需求为导向、以数据为驱动,对供应链系统进行计划、执行、控制和优化的活动和过程。"

3. 建筑业供应链管理

建筑业供应链管理包括战略层面和运作层面,涉及工程设计协同、预测与需求计划管理,战略寻源管理,采购管理,生产管理,交付管理,物流管理和供应链整合与优化管理。其框架示意图,如图 1-1-1 所示。

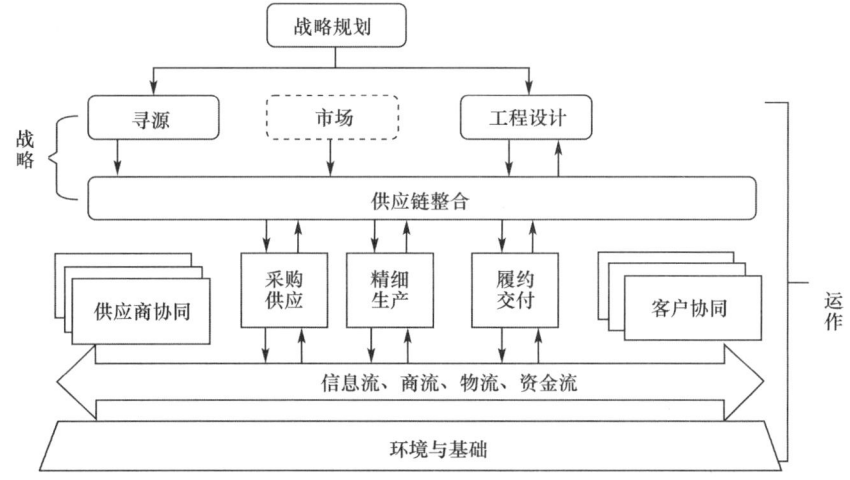

图 1-1-1　建筑业供应链管理框架示意图

从战略层面来看,所有与供应链管理相关的活动,都受到企业战略规划的指引与制约。企业战略规划涉及企业愿景、使命、存在的价值,介入的行业与市场、经营战略与发展方向等与企业顶层管理的方方面面,在战略规划的框架下,与供应链管理密切相关的战略层面职能则是战略寻源计划,战略寻源计划的制订和管理;与企业所服务的目标市场息息相关,企业内部的市场部则作为目标市场及客户在企业内部的代言人,向战略寻源计划提供客户需求和要求方面的信息输入;而作为向目标市场与客户提供其所需的具体产品或服务的研发与工程部门,则为战略寻源计划提供了更加全面而具体的产品或服务功能规格等方面的信息输入。

供应链整合,是供应链管理职能的一项重要使命,如上所述,在战略层面,供应链整合就是要基于公司发展的战略导向,将企业外部及内部的资源加以整合,最大化地满足目标市场与客户的需要与期望,并达成企业自身的战略目标。

为达成企业的战略目标,必须将企业的战略计划以及战略寻源计划向下分解,并落实到每日的生产与供应链管理运作中,这些具体的运作职能从供应链总体目标出发,对供应链中的采购、生产、销售(履约支付)各环节的商流、物流、信息流和资金流进行统一计划、组织、协调、控制。上述活动都需要恰当的环境和基础设施的支撑。

❹ 供应链管理创造的价值

早在 1997 年,据 PRTM(Pittiglio Rabin Todd & Mcgrath)咨询公司进行的一项关于集成化供应链管理的报告表明,通过实施供应链管理的企业,可以达到以下多方面的收益:

(1)总供应链管理成本(占总收入的百分比),降低 10% 以上。

(2)准时交货率提高 15%。

(3)订单的交付期缩短 25% ~ 35%。

(4)企业的生产率提高 10% 以上。

(5)企业资产运营业绩提高 15% ~ 20%。

(6)企业的库存率降低 3% ~ 15%。

（7）企业的现金流周转周期减少 40～60 天。

1.1.3 供应链管理核心理念

供应链管理的对象是一个以核心企业或品牌商为核心的企业群。为了使供应链达到提高竞争力的目标，在供应链管理中就要坚持四大核心理念。

1. 整合理念

在供应链管理的多年实践中，人们已将供应链管理从一般性的管理方法提升为整合思维的理念。在这一思维范式里，强调从供应链整体最优的目标出发寻求最佳市场资源整合模式。当一个企业面临着要拓展一项业务或开辟一个新的市场时，首先应该从企业外部寻找最佳资源，而不是万事亲力亲为。再强大的企业面对庞大的市场在资源和能力上也都是十分有限的，如果什么事都只想着企业自己来做，可能会丧失很多机会，甚至将企业带入深渊。因此，整合理念就成为供应链管理的重要核心理念之一。

2. 合作理念

供应链管理是由"横向一体化"发展而来的，因此在供应链管理的实践中非常强调合作伙伴之间的合作。只有实现了合作伙伴之间的真诚的、战略性的合作，才能共同实现供应链的整体利益最大化。供应链管理的对象是一个企业群，其中的每一个企业都有自己的核心业务和核心能力，如何才能将这些企业的能力整合在一起，形成真正的合力，是关系到供应链整体目标能否得以实现的关键。如果每个企业都只顾自身利益，那么将损害供应链的整体目标，最后也没有办法保证企业个体的利益。因此，供链管理的核心企业（或主导企业）就要与自己的合作方建立战略性的合作伙伴关系，必须能够兼顾合作伙伴的利益和诉求，这样才能调动合作伙伴的积极性。如果只是想着如何从别人身上获取利益，而又将风险转嫁到其他企业身上，这样的供应链是不可能健康发展的。

3. 协调理念

供应链管理涉及若干个企业在运营中的管理活动，为了实现供应链管理的目标，要求相关企业在运营活动中必须按照计划协调运作，不能各自为政。例如，供应商应该按照制造商的要求，将零部件按计划生产出来并准时配送到制造商的装配线，而且还要求不同零部件的供应商必须同步地将各自的零部件配送到位。任何一个供应商的延误，不仅它自己有损失，而且还会连累那些准时交货的供应商，当然更不用说对总装配延误地影响了。协调运作的另一个问题就是打破传统上的企业各自为政的分散决策方式，通过协调契约的设计，使合作双方都能够增加收益，同时达到供应链整体利益最大化的目标。

4. 共享理念

供应链管理强调的另一个重要理念就是利益共享。通过供应链整合资源建立合作伙伴关系，通过协调运作达到整体利益最大化，这些都还不是供应链管理的全部。事实上，能否达到上面说的这几点，还有一个重要影响因素：供应链的收益共享。合作企业之所以愿意在一个供应链体系内共创价值，是因为它们看到这个供应链能够创造更多的收益，但是这些收益必须实行共享，才有可能将供应链的资源整合起来。如果合作企业发现供应链的利益被某企业独占，它们是不可能参与到供应链的管理系统中的，即使有可能介入，可能也是抱着短期利益最大化的心态，而牺牲的是供应链的未来发展。因此，是否具有供应链管理的核心理念分享,是保证合作伙伴能否真心实意地与核心企业站在一个阵营内的重要条件。

1.1.4 供应链构型及其选择

供应链构型是一个由战略、结构、流程和环境所组成的集群。有关研究和选择在本书第二册第一部分第4章详细解读。

>>>> 1.2 建筑业供应链的特点及其价值管理

建筑业为我国经济社会发展做出了突出贡献。2019年全行业实现增加值70 904亿元,同比增长5.6%,占GDP的比重为7.2%。截至2019年年底,工程建设企业单位数量共计103 814家,同比增长8.8%,吸纳了5 427.38万从业人员。无论是从GDP的贡献还是从就业容纳能力来看,建筑业都堪称国民经济的支柱产业之一。

进入新时代,我国经济已经由高速增长转入高质量发展阶段,目前正处于转变发展方式、优化经济结构、转换增长动能的攻关期,对于建筑企业的转型升级发展也提出了新的更高的要求,建筑企业要逐步从"要素驱动"向"创新驱动"转变、从"建筑承包商"向"工程运营商"转变、从"劳动力密集型"向"建筑工业化"转变、从"粗放式管理"向"精细化管理"转变。

1.2.1 建设工程项目的类别与特点

① 建设工程项目的类别

建设工程是指为人类生活、生产提供物质技术基础的各类建筑物和工程设施的统称。按照自然属性可分为建筑工程、土木工程和机电工程三类,涵盖房屋建筑工程、铁路工程、公路工程、水利工程、市政工程、煤炭矿山工程、水运工程、海洋工程、民航工程、商业与物质工程、农业工程、林业工程、粮食工程、石油天然气工程、海洋石油工程、火电工程、水电工程、核工业工程、建材工程、冶金工程、有色金属工程、石化工程、化工工程、医药工程、机械工程、航天与航空工程、兵器与船舶工程、轻工工程、纺织工程、电子与通信工程和广播电影电视工程等。

② 建设工程项目的基本特征

建设工程项目具有唯一性、一次性、产品固定性、要素流动性、系统性、风险性等特征,其中的唯一性、产品固定性和要素流动性是工程建设项目的三个最基本特征,决定或影响了建设工程项目其他技术、经济和管理特征及其管理方式和手段,因而也是供应链管理需要把握的三个基本因素。

③ 建筑业供应链管理的特点

建筑业供应链是按照项目订单施工的供应链。除了"项目"本身具有的唯一性、产品固定性和要素流动性三个基本特征外,还有以下特点:

（1）项目管理的地域性

工程项目的地域性在一定程度上决定了工程建设管理的复杂性和成本，并可能对采购供应、施工生产管理带来极大的挑战，如沙漠公路、高海拔公路隧道等项目的施工，对项目供应链管理影响极大，这类项目的供应链应当具有一定的弹性。项目地域性的特征决定了供应链管理：

一是地域性，它是承包商选择主要建筑材料供应商的首要因素，缺乏长期稳定的建材供应商。

二是施工工地的地域集中性，所有建筑材料最后都集中在施工现场，对施工现场的管理水平要求高，和制造业相比，安全管理的难度大。

（2）供应链整合复杂性

协同是供应链管理的核心，整合是供应链增值的重要手段。

工程建设项目跨越多个阶段，参与方众多，可重复性和标准化程度有限，需要跨价值链的公司进行协调。这种动态是该行业复杂性和低生产率增长的主要原因。不同资产类别之间存在明显差异。内部和外部的复杂性给正常供应链管理的整合造成困难。

在内部整合中，项目一次性决定项目部人员的临时性，导致供应链的不稳定性和破碎性；在外部整合中，需要沟通的部门和人员举不胜举。甲方代表、外部各级供应商等由于参建各方动机不一致，项目中的众多利益相关者很少能很好地合作。特别是除了EPC项目外，设计和施工分离，在项目的早期强调通过优化设计来降低成本的难度大，设计变更或调整影响供应链的稳定。

（3）外部因素的不确定性

工程建设期间，和制造业相比，建设工程工期较长，气候、地质条件、地方政治环境、经济环境、环保要求等都对供应链管理造成很大的不确定性，应对通货膨胀风险、不可抗力、不利物质条件、恶劣气候条件条款是工程合同必须关注的重点。在满足需求方面，客户（业主）的话语权较强，市场不确定性和客户的变更对成本和资源供应影响较大，制造行业里通行的准时生产（JIT）、采购人员早期参与（EBI）、供应商早期参与（ESI）等供应链管理工具的使用在建筑业受到很大限制。

1.2.2　建筑业供应链管理实施

建筑业供应链管理就是把建筑业供应链上各个企业作为不可分割的整体，使各企业分担的设计、材料、设备、人员供应、施工管理等职能成为一个协调发展的有机体，围绕采购、供应、施工作业与管理等来实施。其包括计划、合作及对业主、分包商、各供应商等各方之间资金流、信息流、物流的有效控制，以达到降低建筑工程成本，满足业主要求的目的。

建筑业供应链管理的实施一般分为供应链现状分析、职能集成、企业内部供应链集成、整体供应链集成四个阶段：

（1）供应链现状分析阶段

这个阶段就是对原有供应链进行分析，总结供应链的现状、分析企业内部影响供应链管理的有利因素和阻力，同时分析市场环境，对市场特征和不确定性做出分析和评价，以提高供应链管理的认识，为供应链建立做基础。

（2）职能集成阶段

在建筑业传统管理模式中，业务由各部门独立控制，比如几个项目之间的物料采购、库存运输、生产计划、施工进度等业务。这种部门独立控制业务的状态使得协同管理效率低下，实施建筑业供应链管理迫切需要进行职能集成。在职能集成阶段，建筑企业需要依照供应链特性开展企业业务流程再造，以便围绕核心职能对物流、信息流实施集成化管理，将设计商、供应商、承包商和房产销售商等有机集成起来，使之成为相互关联的整体。

（3）企业内部供应链集成阶段

在这一阶段，企业要实现其控制领域的供应链集成，要实现企业内部供应链与外部供应链中供应商和用户管理部分的集成，形成企业内部集成化的区域供应链。这一阶段管理的核心是内部集成供应链管理的效率问题，快速地满足用户的需求，以提高企业反应能力和效率。

（4）整体供应链集成阶段

这一阶段，企业要将企业内部供应链与市场用户集成起来，形成集成化供应网链，与各供应企业和用户建立良好的合作伙伴关系，形成涉及企业连成的一个整体的功能网链。这是集成化建筑业供应链管理的关键，也是建筑业供应链管理实施的最终目标。

1.2.3 建筑业供应链管理的价值

根据建筑业的组织架构及供应链体系特征，可知其属于典型的集团企业供应链，通过供应链管理可以产生以下几个方面的价值，将供应链打造成企业的核心竞争力之一：

① 供应链服务保障

采用供应链创新发展理念与先进管理技术，全面梳理业务流程，将管理手段从采购过程管理延长至供应链全流程，构建稳定的采购供应渠道，降低成本，提质增效，为集团生产经营提供供应链服务保障。

② 供应链统筹协调

供应链一体化管理，横向覆盖各类采购需求（分包除外），纵向贯穿各管理主体层级。优化供应链全流程综合成本，有效提高整个供应链系统的及时性、安全性和服务水平。

③ 供应链资源配置

整合、配置内部需求及外部资源，实现规模效应下的供需衔接，提高生产效率，以量换价降低成本，优胜劣汰庞大的供应商群体，不断提升供应链上下游战略合作黏性，进一步保障集团供应链的稳定性和先进性。

④ 供应链价值创造

打造供给端到需求端的新采购供应模式，整合人、财、物等各项资源，掌握供应链大数据，进一步发掘和应用电子商务、供应链金融、供应链生态价值创造等新机遇。

⑤ 供应链风险防控

建立健全供应链风险防控体系，识别、研判供应链风险点，提前制定防范措施和应急预案，防范风险，降低风险损失，发挥集团整体合力，优化重要产品全球供应渠道，维护供应链体系的安全与稳定。

>>>> 1.3　建筑业供应链的发展

1.3.1　麦肯锡咨询报告的启示

世界级领先的全球管理咨询公司麦肯锡公司于 2020 年发布了建筑业未来发展的 9 大趋势的预测报告。该报告指出,目前建筑生态系统是一个高度复杂的、分散的、基于项目的建设过程,如图 1-1-2 所示。

未来的建筑生态系统会有一个更加标准化、更统一和集成化的建设过程,如图 1-1-3 所示。

该咨询公司认为,未来影响建筑业发展的 9 大趋势分别是:

①基于产品的方法;②专业化;③供应链和价值链的控制与协调;④整合;⑤注重品牌化,以客户为中心;⑥技术和设施投资;⑦人力资源投资;⑧国际化;⑨可持续性。

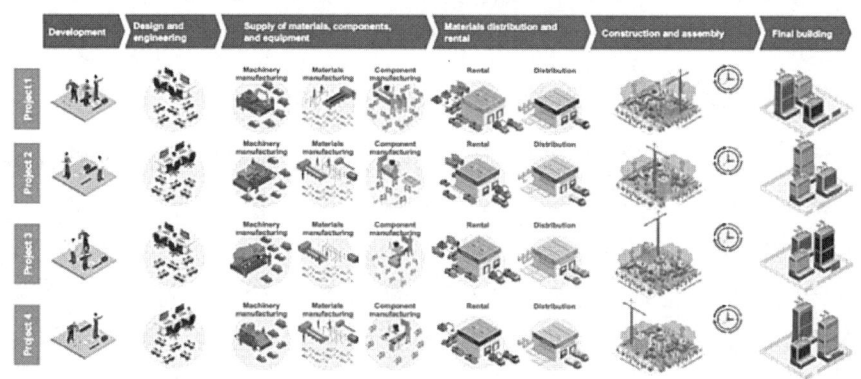

图 1-1-2　目前建筑业生态系统

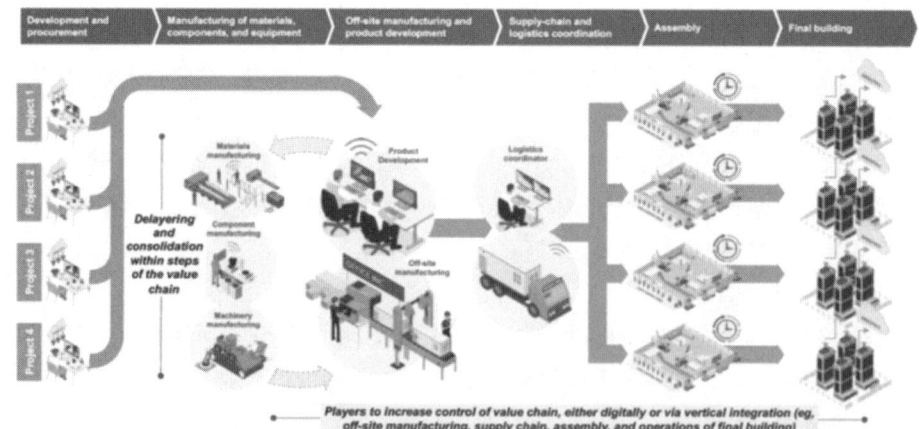

图 1-1-3　未来建筑业生态系统

其中,基于产品的方法即工业化将发生在最近五年里。建筑业的预期转变,与已经发生过转变的车、船、飞机制造业和农业有些相似之处。

例如,在商用飞机制造业,行业格局是高度分散的。每架飞机都是在一个定制的、以项目为基础的制造装置中从零开始建造的。工业化引发了向装配线生产的转变,后者后来变得高度自动化。由于随后的标准化,该行业进入了合并阶段,导致了两大巨头——空客和波音的崛起。这种转变导致了对客户价值的重大转变。类似行业的转型历程花了几十年才完成。

麦肯锡公司认为,建筑业的转变将出现两波主要浪潮,类似于在这些行业观察到的转型历程。在第一波浪潮中,工业化将使过程标准化,提高部门生产率。第二波浪潮将聚焦于规模,参与者将专注于最终用途领域,在价值链上进行垂直整合,并进行国际扩张。

在各个行业中,赢家继续在技术上大举投资,其中许多专注于数字化和数据驱动的产品和服务。

供应链是社会分工的网状结构,建筑业未来的发展趋势必然会对建筑业供应链的发展产生重要影响和变化。麦肯锡的报告必将引起我国建筑业同行的高度关注。

1.3.2　未来建筑业供应链的发展趋势

1. 建筑工业化促进了供应链管理的智能化

建筑业从分散、落后的手工业生产方式逐步过渡到以现代技术为基础的大工业生产方式的全过程,是建筑业生产方式的变革。

建筑工业化是以构件预制化生产、装配式施工为生产方式,以设计标准化、构件部品化、施工机械化、管理信息化为特征,能够整合设计、生产、施工等整个产业链,实现建筑产品节能、环保、全生命周期价值最大化的可持续发展的新型建筑生产方式。连接 BIM 和建筑管理系统的渠道和接口可以更好地融入价值链。

在工业化的过程中,供应商可以通过在物流、需求预测和库存管理中使用先进的分析技术,实现从供应商到模块化建筑工厂再到建筑工地的准时交货,从而在未来建筑领域中扮演物流枢纽的角色。分销商可以通过帮助国际采购、提供信贷融资、按组装订单打包、提供室内送货、工作日前送货、提供现场物流规划和操作,甚至是处理简单的预装,为客户创造新的价值。

2. 建筑业规模的扩张促进了供应链管理结构复杂化

建筑业规模的扩张对供应链的影响:

一是供应链管理链条的扩张,原有的管理模式不能适用规模扩张的需要,管理机构需要变革,对高端管理人才的需求极为迫切;

二是集团内的产业板块推动了供应链管理的发展,供应链的完善促进了产业由低端向高端的发展,如央企集团盾构机等工程机械在企业内部市场的哺乳下逐渐走向世界。施工机械式工程项目供应链的组成部分,施工机械本身也构建了自己的供应链。

供应链管理机构的改革和产业板块的发展使集团供应链的网络结构更加复杂和庞大,企业对供应链人才的培养和引进显得格外重要。

3. 数字化是建筑业供应链发展的必由之路

面对建筑业未来发展的趋势,建设发展数字化供应链是必由之路。随着互联网技术的发展,应用人工智能、物联网、机器人流程自动化和云端协作网络等技术,打造可预测战略寻源、自动化采购执行与前瞻性供应商管理,从而实现降本增效,显著降低合规风险,将采购部门打造成企业新的价值创造中心,是建筑业平台建设发展的目标。

近年来,有学者对平台经济进行研究,提出了平台经济学的概念,平台经济学的主要逻辑是,交易平台是各种交易要素的大规模集聚,在这种集体中形成交易生态,并产生非线性的价值涌现和知识涌现,由此产生交易平台的收益和交易平台的交易保证机制,构成交易平台的成本。

所谓知识涌现,即智慧生产力是交易平台可持续的基础。因此,数据、算法、算力就成为交易平台的长期性资产,统称"数据资产"。数据资产是交易平台自身价值的度量,因此数据空间的共享和变化,也是交易平台经济学的重要领域。同目前平台靠物资差价赚取利润的方式不同,智能化的平台本身会涌现价值。

4. 新形势要求建筑业增强供应链敏捷性和弹性

敏捷理论对建筑业的适用性为建筑业供应链管理提供了新的方向和目标,对建筑业供应链进行敏捷化改造,建立战略伙伴关系,实现信息共享,形成多渠道伙伴关系,通过产品标准化和业务流程重组技术,有效应对建筑业供应链的临时性、动态性以及现存的信息交流障碍或者信息孤岛,供应链管理体系复杂等问题。

建筑业供应链的敏捷化改造应主要体现在:①快速、准确响应业主需求;②根据需求,快速结盟、快速重构、快速扩充;③更好地应对工程变化和不确定性因素。

同时,面对当前国内、国际复杂经济形势,在机遇与危机并存的"新常态"下,建筑业也将面对供应链不确定性的冲击,必须加强供应链弹性建设,努力将各种不确定性因素,转换成促进企业发展的"供应链机会",以更加高效稳定的状态应对全球局势变动。

对于建筑业供应链弹性建设而言,需要考虑整个建筑业供应链处于动态变化过程中的特点,包括工程设计和计划频繁变动、临时性组织等。因此可以有效地结合动态能力理论加强供应链弹性建设,即企业需要识别机遇与威胁,构建、整合、重构内外部资源和能力来应对环境的动态性,从而在充满不确定性的环境中获取竞争优势。同时需要建立信息化全流程控制系统,保障信息传递更加高效无阻碍,使得供应链弹性理论在高度不确定性的环境下,更有效地保障供应链安全。

5. 供应链绿色化是建筑业可持续发展的必然要求

绿色供应链这个概念最早产生于制造业。近年来,绿色供应链已经应用于建筑业,绿色建筑业供应链是一种在整个建筑业供应链中综合考虑环境影响和资源效率的现代管理模式。以绿色建筑设计、施工技术等相关理论和供应链管理技术为基础,涉及建筑全生命周期的所有参与方、使用方,其目的是从项目前期策划、可行性研究、项目立项、勘察设计、招标、项目实施、项目竣工验收交付使用直至项目运营维护和最终的拆除报废的整个过程中,对环境的副作用最小,资源效率最高。

为了实现绿色建筑业供应链的以上目标,在绿色建筑业供应链运行发展模式下,建筑生产活动应遵循以下原则:①循环经济原则;②与自然环境和社会环境和谐共生原则;③系统集成原则;④全生命周期原则。

随着消费升级,环保意识和环保要求越来越高,企业在管理过程中必须贯彻落实绿色发展理念,在整个供应链中综合考虑环境影响和资源效率,对产品的经营、规划设计、采购、运输、建造、使用与回收等环节进行优化,充分利用和优化配置资源,尽量减少企业生产运营过程中对环境的负担,降低自身发展给环境带来的压力,提升企业的"绿色"核心竞争力。

6. 供应链金融在建筑业供应链管理中的作用日益凸显

建筑业是资金密集型行业,上游业主"赊销"的生产周期与下游供应商"赊购"的付款周期之间的矛盾始终存在。供应链金融的广泛应用,可在一定程度上解决建筑业供应链资金在时间、空间上及参与主体间的错配问题,降低供应链资金成本,支持供应链上下游企业尤其是中小企业的发展,促进供应链的稳固运转。

7. 供应链全球化是建筑业供应链发展的必然趋势

建筑企业的国际化必然带来供应链的全球化。建筑企业除关注国内市场外,还要以全球化的视野,将供应链系统延伸至整个世界范围,整合全球最优秀的资源。面对外部环境变化带来的新矛盾、新挑战,建筑企业必须顺势而为,加大供应链补短板和保安全的力度,在制定和实施好面向全国市场的供应链管理战略和解决方案的基础上,以国际化视野建设、整合全球供应链,形成全球范围内配置资源的能力和供应链风险防范能力。

 本章思考题

1. 供应链及供应链管理的定义是什么?
2. 建筑业供应链的特点有哪些?
3. 建筑业供应链实施分哪些阶段?
4. 供应链管理的主要价值有哪些?

第 2 章 企业发展战略

　　企业发展战略通俗地讲,就是研究并决定企业要做什么、做多大、与谁争、由谁争、动态转换、行业整顿、多元化、专业化等。所谓供应链战略目标就是依据企业发展战略在满足客户需要的前提下,对整个供应链(从供货商、制造商、分销商到消费者)的各个环节进行综合目标管理,例如从采购、物料管理、生产、配送、营销到消费者的整个供应链的货物流、信息流和资金流,把综合成本降到最小。在这一框架内,采购实体分门别类针对采购细目确定采购战略。

　　通常国有企业采购管理关注的是降低采购价格、防范腐败、提高采购流程效率,采购战略则着眼的是建立并提高采购方对供应方的影响力,创造新价值或降低整个供应链的总成本,驱动供应方技术革新和产业升级,提升供需双方甚至多方的总体效能,决定并维护与供应商的关系层级和合作路线。

　　对于企业采购战略而言,站在企业发展期望的角度,表现为一种计划;从供应链系统的视角,表现为一种定位;从企业市场竞争角度来看,则表现为一种策略。因此,企业具体的采购战略制定,是以企业整体发展战略目标为中心,经过业务需求分析、经营策略和目标、供应市场细分,并结合内外部环境、优势劣势、未来挑战、企业战略方向及供应链中的角色定位等因素分析,制定并形成采购战略方案。换言之,采购战略规划(方案)是为企业发展战略服务的。

◎ **本章目标**

1. 理解企业发展战略和采购战略的关系。
2. 了解企业内部和外部环境对企业采购战略的影响。
3. 了解企业发展战略制定的流程。
4. 掌握市场营销环境的分析方法。
5. 掌握建立采购战略体系内容及其方法步骤。

≫≫≫ 2.1 企业发展战略制定流程概述

2.1.1 企业发展战略制定的重要性

　　战略制定是企业基础管理的一个组成部分,是科学化加艺术化的产物,需要不断完善。

在战略制定过程中必须考虑技术因素所带来的机会与威胁。对于战略制定而言,体系为王,或者是"体系统领战略制定的全局"。当然,对于不同客户而言,定制化需求各异,在进行战略制定之前需要"弄透"客户的真正问题所在、真正想要的东西是什么,在此基础上确定战略制定体系的具体内容。

2.1.2　企业发展战略制定的两个关键点:体系和创新

1. 战略制定的体系

战略制定的体系可以包含四个层面:基础分析、企业战略、业务战略以及职能战略。这四个层面并未脱离经典的战略制定框架。基础分析指的是内外部环境分析;企业战略指的是企业层面的整体战略;业务战略指的是业务层面的总体战略和进一步细分层面的战略;职能战略指的是职能管理层面的战略。这四个层面相互关联、自成逻辑体系。

(1)基础分析

基础分析的内容是战略制定的基石。在基础分析中,需要对企业的内外部环境进行必要的、详略得当的研究和阐述。对于基础分析中的内部分析、外部分析两部分而言,同样也有研究层面的划分以及内在逻辑体系的考虑。这里尤其需要消除一种误解,即认为基础分析只是"分析员层次的工作"。基础分析(哪怕是其中的行业分析)的所有内容还需要考虑与整个战略制定体系的后三个层面的逻辑联系,这其实是一个相当高的要求。内外部环境分析的框架和方法也是相当定制化的,虽然有共通之处,但是务必要根据客户的特定需求来设定,从来没有一成不变的分析思路和模式。需要强调,切勿将一堆资料和数据进行堆砌,这样导致的结果是基础分析没有逻辑或逻辑混乱,并且与后面的其他内容形成"两张皮",互不关联。

(2)企业战略

完成基础分析之后,接着进行企业战略的制定,这里指"企业层面"的战略。它包括了传统的战略框架中的愿景、使命、目标、在行业中的地位等因素,同时也可以考虑企业自身的运营模式、经营领域的选择等。这些都是对整个企业的通盘考虑,是真正属于企业的董事长或总经理层面需要考虑的问题,当然这些内容之间也需要极强的逻辑性,并且要以基础分析为依托。在具体的内容安排上,结合客户实际需要可简可繁、可多可少。另外,要慎重对待国内外各咨询公司的战略培训教材、战略咨询报告,更要慎重对待战略相关的各指标和概念的范围以及界定。

(3)业务战略

随后进行业务战略的制定,它涵盖了企业选定业务领域的战略考虑。业务战略既要依托于基础分析,同时又要基于企业层面的战略来进行制定。它需要进一步切实明晰企业战略所确立的竞争优势是什么,这是企业战略和业务战略之间的一座桥梁。以实现这些竞争优势为目的,接着引出业务的总体战略和各业务的具体战略。例如业务协同的分析等。业务的总体战略和各业务的具体战略之间存在紧密的逻辑联系,它们也同样构成一个系统的体系。

(4)职能战略

最后是职能战略的制定。这里仍需强调从"战略"来围绕职能层面分析需要做什么。在企业层面、业务层面的战略确定之后,职能层面要相应进行重新设计和调整。这里同样也自成一个内在的分析体系,同时职能战略所涉及的范围、重点以及内容深度都需要结合前面企业层面、业务层面的战略内容以及客户的需要加以细细考量。制定职能战略时,需要不断地追问:这样的职能战略是否有助于实现企业层面的战略目标? 是否有助于促进业务层面的战略施行?

2. 战略创新

对于战略制定而言,创新为魂,或者是"创新决定战略制定的内涵与分量"。创新并非战略制定的独有要求,整个中国的各个领域都在强调创新。具体到战略制定,创新可以分为理念创新、工具创新、技术创新等。理念创新指的是在战略制定中提出客户所不曾意识到或接触过的理念;工具创新指的是在战略制定中创造性地运用原有的分析工具或模型或者创造新的分析工具或模型;技术创新指的是当传统的工作方法(注意:不是分析工具或模型)无助于战略制定时,寻求新的技术来为客户谋求战略。对于战略制定而言,创新并不止这些,同时每一次的战略制定也无须苛求在这些方面都要有创新。

(1)理念创新

从难度上而言,理念创新实际上是最难的,虽然看起来理念创新似乎比较简单、容易。理念创新的实质是对客户做人做事原则的一种升华或颠覆,因此难度极大。就以刚结束的一个战略项目为例,战略制定要使得客户理解并考虑接受生存方式或运营模式的变革,客户即使接受了项目组的建议,也会面临痛苦的自我批判与革新。如果咨询项目组成员没有人对人生、对组织、对世界有比较透彻的领悟,那么理念创新的可能性极小。

(2)工具创新

工具创新看起来复杂,但是它所针对的问题是明确的,最终要达到的目的也是确定的,因此重要的在于如何去操作,把工具做出来。战略制定的每一种工具或模型,都有着自身的前提和假设,并且都是一定商业时代与历史的产物,照搬照用这些工具会与实际脱离,更重要的是,客户面临的各种具体问题多种多样,需要具体问题具体分析。而咨询顾问所提出的结论、所针对的客户问题这二者之间需要工具和模型的衔接。这既体现了专业性,又能授人以渔。

(3)技术创新

技术的进步对于战略制定而言,体系为王,或者是"体系统领战略制定的全局"。当然,对于不同客户而言,定制化需求各异,在进行战略制定之前需要弄透客户的真正问题所在、真正想要的东西是什么,在此基础上确定战略制定体系的具体内容。

2.1.3　战略制定与执行的关系

一个成功公司的首席执行官说得很好:"主要来说,我们的竞争对手也熟悉我们采用的一些基本概念、技巧和方法,他们可以像我们一样自由地追求这些。他们和我们成功程度的差异,往往在于贯彻未来战略的彻底性和自律性。"

同样的战略选择、行业选择及定位、资源投入、市场环境,得到的结果不同,这是因为团队成员、组织方式、体制效率不一样。或者说,战略一样,执行不同,结果就不同。

在企业里,战略和执行是最难处理的关系。建立在讨论战略、宏观环境、产业政策之上的东西和实际做到的东西,往往差了60%~70%。因为组织的联系、人的联系、资源的联系,都会导致战略执行出现偏差。

反过来,有的中层很能干,基层非常有活力,最终也可能推动、补充和挽救战略。完全看一个组织系统里是怎么来管理这个事情的。

2.1.4　人是战略和执行的最大联结点

企业的"企"字,是"人在上",人是企业里最核心的要素。中国人叫企业,外国人叫COMPANY,也是伙伴的意思,从中可以看出人在企业里的重要性。

在企业管理中,有动力系统,也有承力系统。想不想去做,是有没有动力系统;能不能做好,是有没有承力系统。

高层管理和中下层管理职责不同,越是战略和宏观的事情,越是高层的事情,这也是个系统,不断地循环,不断地自我更新。

从战略方向的调整、资源的获取及配置,到团队的组建及构架、目标预算及评估考核,再到产品、技术、成本、市场营销渠道、客户、消费者及市场份额,战略逐步与执行联系到了一起。这个逻辑很清晰。

如果企业选错了行业,想通过经营解决很难。因为是战略性的选择出现问题,必须得去创造新的战略。市场决定战略,战略决定营销。作为战略执行来说,这几乎是区分好企业和差企业的关键点。

在企业里,说到战略,说到任何一个业务决策时,都要假设人的存在,假设人是有能力的。

在真正的管理学里,人就是全部。为什么?

因为人是所有其他管理行为的前提。你拥有了最好的团队、最好的体制、最好的管理方法、最好的企业文化,再来说其他做事情的方法。

所以说人是管理的起点,也是终点。"以人为本""人在上""人本主义",见物一定要思人,这实际是对管理的基本要求。

2.1.5　企业战略制定的流程

企业对于战略规划的正确制定,可以帮助企业更加快速地完成自身的发展目标。对于中小企业来说,需要明确企业战略规划的制定要点有哪些,进而制定出更加完善的战略规划体系。

企业在制定自身的战略规划时,往往因对制定步骤的不了解,从而导致其战略规划存在误区。企业战略规划人员需要清晰地了解制定科学战略规划的正确步骤。

(1)企业外部环境分析

分析和预测宏观环境因素变化,可以使企业战略管理者获得分析行业和企业的背景知识。宏观环境分析的目的是要确定影响企业和行业的关键因素,预测这些因素未来的变化。企业所处行业及竞争对手分析,主要分析行业的竞争结构的五种因素变化,分析竞争对手实力等。

(2)企业内部分析

企业价值链分析:主要分析企业内部在进货后勤、生产作业、发货后勤、营销及售后服务等基本活动中存在的优势和劣势。另外,企业战略规划还要分析采购、技术开发、人力资源管理及企业基础职能等活动。

(3)确定企业的使命与愿景

企业的使命与愿景是对企业存在的意义及未来发展远景的描述,除了表明企业存在的合理性,还要和企业主要利益相关者的价值观及希望保持一致。它应富有想象力,对企业员工具有感召力,并能得到社会公众的认可,它应用简单、精练的语言来表达。

(4)确定企业战略目标

企业战略目标通常是与企业使命和愿景相一致的,并是对企业发展方向的具体描述。一般情况下是定量的描述。

(5)企业战略方案的评价与选择

企业高层领导在做战略决策时,应要求战略制定人员尽可能多地列出可供选择的方案,因为战略涉及的因素非常多,有些因素的影响往往不那么明显。因此,企业战略规划在战略选择过程中形成多种战略方案是战略评价与选择的前提。

(6)企业职能部门战略

根据前述确定的企业战略,进一步具体化做出企业的组织结构策略、市场营销策略、人力资源管理策略、财务策略等。这样才能使企业总体战略真正落实。企业战略规划还要求各职能部门策略与企业战略保持一致。

(7)企业战略的实施与控制

战略实施要遵循三个原则,即适度合理性的原则、统一领导与统一指挥的原则、权变的原则。为贯彻实施战略,要建立起贯彻实施战略的组织结构,配置资源,建立内部支持系统,发挥好领导作用,使组织结构、企业文化均能与企业战略相匹配,处理好企业内部各方面的关系,动员全体员工投入到战略实施中来,以保证战略目标的实现。

>>>> 2.2 评估市场与经营环境

2.2.1 市场营销环境的分析方法

市场营销环境分析常用的方法为 SWOT 法,它是英文 Strength(优势)、Weak(劣势)、Opportunity(机会)、Threaten(威胁)的意思。

1. 外部环境分析(机会与威胁)

环境机会的实质是指市场上存在着"未满足的需求"。它既可能来源于宏观环境,也可能来源于微观环境。随着消费者需求的不断变化和产品寿命周期的缩短,引起旧产品的不断被淘汰,要求开发新产品来满足消费者的需求,从而市场上出现了许多新的机会。

环境机会对不同企业是不相等的,同一个环境机会对这一些企业可能成为有利的机会,而对另一些企业可能就会造成威胁。环境机会能否成为企业的机会,要看此环境机会是否与企业目标、资源及任务相一致,企业利用此环境机会能否比其竞争者带来更大的利益。

环境威胁是指对企业营销活动不利或限制企业营销活动发展的因素。这种环境威胁,主要来自两方面:一方面,是环境因素直接威胁着企业的营销活动,如政府颁布某种法律,诸如《环境保护法》,它对造成环境污染的企业来说,就构成了巨大的威胁;另一方面,企业的目标、任务及资源同环境机会相矛盾,如人们对自行车的需求转为对摩托车的需求,给自行车厂的目标与资源同这一环境机会造成矛盾。自行车厂要将"环境机会"变成"企业机会",需淘汰原来产品,更换全部设备,必须培训、学习新的生产技术,这对自行车厂无疑是一种威胁。摩托车的需求量增加,自行车的销售量必然减少,从而给自行车厂又增加一分威胁。

2. **内部环境分析(优势/劣势分析)**

识别环境中有吸引力的机会是一回事,拥有在机会中成功所必需的竞争能力是另一回事。每个企业都要定期检查自己的优势与劣势,这可通过"营销备忘录优势/劣势绩效分析检查表"的方式进行。管理当局或企业外的咨询机构都可利用这一格式检查企业的营销、财务、制造和组织能力。每一要素都要按照特强、稍强、中等、稍弱或特弱划分等级。

很清楚,公司不应去纠正它的所有劣势,也不应对其优势不加利用。主要的问题是公司应研究,它究竟是应只局限在已拥有优势的机会中,还是去获取和发展一些优势以找到更好的机会。

有时,企业发展慢并非因为其各部门缺乏优势,而是因为它们不能很好地协调配合。例如有一家电子公司,工程师们轻视推销员,视其为"不懂技术的工程师",而推销员则瞧不起服务部门的人员,视其为"不会做生意的推销员"。因此,评估内部各部门的工作关系作为一项内部审计工作是非常重要的。

波士顿咨询公司的负责人乔治·斯托克提出,能获胜的公司是取得公司内部优势的企业,而不仅仅是只抓住公司核心能力。每一公司必须管好某些基本程序,如新产品开发、原材料采购、对订单的销售引导、对客户订单的现金实现、顾客问题的解决时间,等等。每一程序都创造价值和需要内部部门协同合作。虽然每一部门都可以拥有一个核心能力,但如何管理这些优势能力开发仍是一个挑战。斯托克把它称为能力基础的竞争。

2.2.2　市场机会分析

市场机会是指某种特定的营销环境条件,在该营销环境条件下企业可以通过一定的营销活动创造利益。市场机会可以为企业赢得利益的大小表明了市场机会的价值,市场机会的价值越大,对企业利益需求的满足程度也越高。市场机会的产生来自营销环境的变化,如新市场的开发,竞争对手的失误以及新产品、新工艺的采用,等等,都可能产生新的待满足需求,从而为企业提供市场机会。了解市场机会的特点,分析市场机会的价值,有效地识别市场机会,对于避免环境威胁及确定企业营销战略具有重要的意义。

1. **市场机会的特点**

市场机会作为特定的市场条件,是以其针对性、利益性、时效性、公开性四个特征为标志的。

(1)针对性

特定的营销环境条件只对于那些具有相应内部条件的企业来说是市场机会。因此,市场机会是具体企业的机会,市场机会的分析与识别必须与企业具体条件结合起来进行。确定某种环境条件是不是企业的市场机会,需要考虑企业所在行业及本企业在行业中的地位与经营特色,包括企业的产品类别、价格水平、销售形式、工艺标准、对外声誉,等等。例如,折扣销售方式的出现,对生产价低、量大产品的企业来说是一个可以加以研究利用的市场机会;对在顾客心目中一直是生产高质、高价产品的企业来说,就不能算作一个市场机会。

(2)利益性

可以为企业带来经济的或社会的效益,是市场机会的又一特性。市场机会的利益特性意味着企业在确定市场机会时,必须分析该机会是否能为企业真正带来利益、能带来什么样的利益以及利益的多少。

（3）时效性

对现代企业来讲，由于其营销环境的发展变化越来越快，它的市场机会从产生到消失的过程通常也是很短暂的，即企业的市场机会往往稍纵即逝。同时，环境条件与企业自身条件最为适合的状况也不会维持很长时间，在市场机会从产生到消失这短短的时间里，市场机会的价值也快速经历了一个价值逐渐增加、再逐渐减少的过程。市场机会的这种价值与时而变的特点，便是市场机会的时效性。

（4）公开性

市场机会是某种客观的、现实存在的或即将发生的营销环境状况，是每个企业都可以去发现和共享的。与企业的特有技术、产品专利不同，市场机会是公开化的，是可以为整个营销环境中所有企业所共用的。市场机会的公开化特性要求企业尽早去发现那些潜在的市场机会。

市场机会的上述四个特性表明，在市场机会的分析和把握过程中，必须结合企业自身的内部、外部环境的具体条件，发挥竞争优势，适时、迅速地做出反应，以争取使市场机会为企业带来的利益达到最大。

② 市场机会的价值分析

不同的市场机会可以为企业带来的利益大小也不一样，即不同市场机会的价值具有差异性。为了在千变万化的营销环境中找出价值最大的市场机会，企业需要对市场机会的价值进行更为详细具体的分析。

市场机会的价值因素：市场机会的价值由市场机会的吸引力和可行性两方面因素决定。

（1）市场机会的吸引力

市场机会对企业的吸引力是指企业利用该市场机会可能创造的最大利益。它表明了企业在理想条件下充分利用该市场机会的最大极限。反映市场机会吸引力的指标主要有市场需求规模、利润率、发展潜力。

——市场需求规模。市场需求规模表明市场机会当前所提供的待满足的市场需求总量的大小，通常用产品销售数量或销售金额来表示。事实上，由于市场机会的公开性，市场机会提供的需求总量往往由多个企业共享，特定企业只能拥有该市场需求规模的一部分，因此，这一指标可以由企业在该市场需求规模中当前可能达到的最大市场份额代替。尽管如此，若提供的市场需求规模大，则该市场机会使每个企业获得更大需求份额的可能性也大一些。因此，一般说来，该市场机会对这些企业的吸引力也在不同程度上更大一些。

——利润率。利润率是指市场机会提供的市场需求中单位需求量当前可以为企业带来的最大利益（这里主要是指经济利益）。不同经营现状的企业，其利润率是不一样的。利润率反映了市场机会所提供的市场需求在利益方面的特性。它和市场需求规模一起决定了企业当前利用该市场机会可创造的最高利益。

——发展潜力。发展潜力反映市场机会为企业提供的市场需求规模、利润率的发展趋势及其速度情况。发展潜力同样也是确定市场机会吸引力大小的重要依据。即使企业当前面临的某一市场机会所提供的市场需求规模很小或利润率很低，但由于整个市场规模或该企业的市场份额抑或利润率有迅速增大的趋势，则该市场机会对企业来说仍可能具有相当大的吸引力。

(2)市场机会的可行性

市场机会的可行性是指企业把握住市场机会并将其化为具体利益的可能性。从特定企业角度来讲,只有吸引力的市场机会并不一定能成为本企业实际上的发展良机,具有大吸引力的市场机会必须同时具有强可行性才会是企业高价值的市场机会。例如,某公司在准备进入数据终端处理市场时,意识到尽管该市场潜力很大(吸引力大),但公司缺乏必要的技术能力(可行性差,市场机会对该公司的价值不大),所以开始时并未进入该市场。后来,公司通过收购另一家公司具备了应有的技术(此时可行性已增强,市场机会价值已增大),这时公司才正式进入该市场。

市场机会的可行性是由企业内部环境条件、外部环境条件两方面决定的。

——内部环境条件。企业内部环境条件如何是能否把握住市场机会的主观决定因素。它对市场机会可行性的决定作用有以下三个方面:

首先,市场机会只有适合企业的经营目标、经营规模与资源状况,才会具有较大的可行性。例如,一个具有很大吸引力的饮料产品的需求市场的出现,对主营方向为非饮料食品的企业来说,可行性就不如对饮料企业的可行性大;同时,即使是同一行业的企业,该市场机会对经营规模大、实力强的企业与对经营规模小、实力弱的企业的可行性也不一样:一个吸引力很大的市场机会很可能会导致激烈的竞争,所以,它对实力较差者来说,可行性可能并不大。

其次,市场机会必须有利于企业内部差别优势的发挥才会具有较大的可行性。所谓企业的内部差别优势,是指该企业比市场中其他企业更优越的内部条件,通常是先进的工艺技术、强大的生产力、良好的企业声誉,等等。企业应对自身的优势和弱点进行正确分析,了解自身的内部差别优势所在,并据此更好地弄清市场机会的可行性大小。此外,企业还可以有针对性地改进自身的内部条件,创造出新的差别优势。

再次,企业内部的协调程度也影响着市场机会可行性的大小。市场机会的把握程度是由企业的整体能力决定的。针对某一市场机会,只有企业的组织结构及所有各部门的经营能力都与之相匹配时,该市场机会对企业才会有较大的可行性。

——外部环境条件。企业的外部环境从客观上决定着市场机会对企业可行性的大小。外部环境中每一个宏观、微观环境要素的变化都可能使市场机会的可行性发生很大的变化。例如,某企业已进入一吸引力很大的市场。在前一段时间里,由于该市场的产品符合企业的经营方向,并且该企业在该产品生产方面有工艺技术和经营规模上的优势,企业获得了相当可观的利润。然而,企业当前许多外部环境要素已发生或即将发生一些变化:随着原来的竞争对手和潜在的竞争者逐渐进入该产品市场,并采取了相应的工艺革新,使该企业的差别优势在减弱,市场占有率在下降。该产品较低价的替代品已经开始出现,顾客因此对原产品的定价已表示不满,但降价意味着利润率的锐减;环保组织在近期的活动中已经把该企业产品使用后的废弃物列为造成地区污染的因素之一,并呼吁社会各界予以关注;最后,政府即将通过的一项关于国民经济发展的政策可能会使该产品的原材料价格上涨,这也将意味着利润率的下降。针对上述情况,该企业决定逐步将一部分的生产能力和资金转投其他产品,即部分撤出该产品市场。这表明,尽管企业的内部条件(即决定市场机会可行性的主观因素)没变,但由于决定可行性的一些外部因素发生了重要变化,也使该市场机会对企业的可行性大为降低。同时,利润率的下降又导致了市场吸引力的下降。吸引力与可行性的减弱最终使原市场机会的价值大为减小,以至于企业部分放弃了当前市场。

3. 市场机会价值的评估

确定了市场机会的吸引力与可行性，就可以综合这两个方面对市场机会进行评估。按吸引力大小和可行性强弱组合可构成市场机会的价值评估矩阵，如图1-2-1所示。

图1-2-1 市场机会价值评估矩阵（横坐标为可行性；纵坐标为吸引力）

区域Ⅰ为吸引力大、可行性弱的市场机会。一般来说，该种市场机会的价值不会很大。除了少数好冒风险的企业，一般企业不会将主要精力放在此类市场机会上。但是，企业应时刻注意决定其可行性大小的内、外环境条件的变动情况，并做好当其可行性变大进入区域Ⅱ时迅速反应的准备。

区域Ⅱ为吸引力、可行性俱佳的市场机会，该类市场机会的价值最大。通常，此类市场机会既稀缺又不稳定。企业营销人员的一个重要任务就是要及时、准确地发现有哪些市场机会进入或退出了该区域。该区域的市场机会是企业营销活动最理想的经营内容。

区域Ⅲ为吸引力、可行性皆差的市场机会。通常企业不会去注意该类价值最低的市场机会。该类市场机会不大可能直接跃居到区域Ⅱ中，它们通常需经由区域Ⅰ、Ⅳ才能向区域Ⅱ转变。当然，有可能在极特殊的情况下，该区域的市场机会的可行性、吸引力突然同时大幅度增加。企业对这种现象的发生也应有一定的准备。

区域Ⅳ为吸引力小、可行性大的市场机会。该类市场机会的风险低，获利能力也弱，通常稳定型企业、实力薄弱的企业以该类市场机会作为其常规营销活动的主要目标。对该区域的市场机会，企业应注意其市场需求规模、发展速度、利润率等方面的变化情况，以便在该类市场机会进入区域Ⅱ时可以立即有效地予以把握。

需要注意的是，该矩阵是针对特定企业的。同一市场机会在不同企业的矩阵中出现的位置是不一样的。这是因为对不同经营环境条件的企业，市场机会的利润率、发展潜力等影响吸引力大小的因素状况以及可行性均会有所不同。

在上述矩阵中，市场机会的吸引力与可行性大小的具体确定方法一般采用加权平均估算法。该方法将对决定市场机会的吸引力（或可行性）的各项因素设定权值，再对当前企业这些因素的具体情况确定一个分数值，最后加权平均之和，即从数量上反映了该市场机会对企业的吸引力（或可行性）的大小。

≫≫≫ 2.3 分析企业的竞争力及提供的产品/服务

2.3.1 企业竞争力

企业竞争力是指：在竞争性市场条件下，企业通过培育自身资源和能力，获取外部可寻资源，并综合加以利用，在为顾客创造价值的基础上，实现自身价值的综合性能力；在竞争性的市场中，一个企业所具有的能够比其他企业更有效地向市场提供产品和服务，并获得赢利和声望的能力。

企业竞争力是企业在市场竞争中谋求并保持最大收益的能力,获利能力越强的企业,其生存能力也必然越强。企业如何在一定时期内,不断适应外部环境变化,合理运用各种资源,在提供产品与服务的过程中建立其生存与发展能力并形成竞争优势,显得尤为必要。

2.3.2 企业竞争力分析

竞争力分析即是使企业充分利用自身优势和环境机会,实现自我认识的手段。研究企业竞争力的方法颇多,如 PEST 分析(总体环境分析)、BCG 矩阵和价值链分析、基准分析、竞争者档案研究,等等。但其中最为经典的方法,当推 SWOT 分析法、五力分析方法与九力系统分析法。

1. SWOT 分析法

SWOT 分析法是将对企业内、外部条件各方面内容进行综合和概括,进而分析企业的优劣势、所面临的机会和威胁的一种方法。其中优劣势分析主要着眼于企业自身的实力及与竞争对手的比较,而机会和威胁分析将注意力放在外部环境的变化及对企业的可能影响上,但外部环境的同一变化给具有不同资源和能力的企业带来的机会与威胁却可能完全不同,故而两者之间又有紧密的联系。

2. 五力分析方法

五力分析方法是美国著名战略专家波特教授提出的企业竞争优势理论。该理论认为在任何产业都有五种竞争力量控制着产业的竞争规则,它们从整体上决定着产业的营利性。这五种力量分别是产业新进入的威胁、供货商的议价能力、买方的议价能力、替代品的威胁及现有企业的竞争。由于任何一个产业中普遍存在着上述五种竞争力量,企业为在行业竞争中占据有利位置,管理者必须对本企业的优势和竞争对手的劣势进行分析,然后选择一种对自己有利的竞争战略。波特为此提供了三种可供选择的方案,分别为总成本领先战略、别具一格战略和专一性战略。

SWOT 分析法与五力分析方法各有所长。前者能较客观而准确地分析研究一个企业或组织的现实情况,有利于领导者和管理者在企业的发展上做出较正确的决策和规划;后者则有助于从产业的角度分析企业的竞争优势,并可帮助其选择对己有利的竞争战略。然而,两者的缺陷也是显而易见的,其共同点在于,由于强烈的目标性与功利性而只是关注企业的几个侧面,在不同程度上忽略了整体,便不能实现对其资源的全面认知。但对于具体的企业而言,它需要对自己各个侧面的竞争力了然于胸。在现代社会里,倘若一个企业不能从整体上全面认识已有资源并实现有效整合,那么对于其任何决策与行动而言,显然是极其不利的。

3. 九力系统分析法

从一个较长的时间跨度来考察企业的综合竞争力,应采用辩证的方法,在全面考虑到其外部环境和内部属性的基础上,不仅考察其现实的、既有的竞争力,也考察其潜在的、发展的竞争力;不仅考察其产品、技术和规模上的竞争力,也考察其机制、决策、管理上的竞争力。对于现代企业的生存与发展,竞争力应是一种资源。这种资源,首先是企业的内部属性在其外部环境中创造出来的;其次,它能整合企业外不同资源对企业内在属性发展产生反作用,是一种动态资源,能像资本一样在运营过程中实现增值。

将竞争力作为企业资源的基本观点,为对企业竞争力进行整体分析提供了基础,这是构建九力分析模型的前提。此种整体分析应能明确描述企业较为稳定与静态的内部属性,同时也能体现企业外部变动不居的动态属性。当然,根据系统论的观点,我们还必须注意到这种内部属性与外部属性之间的相互作用,即两者之间的关系。

"九力分析模型"中,企业外部属性的竞争力包括"品牌力"(Power of Brand)、"研发力"(Power of Researching)、"营销力"(Power of Marketing)、"制造力"(Power of Producing)和"产品力"(Power of Product)。

(1)品牌力

所谓"品牌力"是对企业所拥有的各个品牌在市场上的稳定性、在同行业中的地位、所受到的支持度、受保护的程度及其发展趋势的综合评价。

(2)研发力

所谓"研发力"是企业在研究与开发新产品的时间、资金、技术、人员等方面所拥有的相对优势。

(3)营销力

所谓"营销力"是企业营销的体系、范围、人员、潜力等方面的综合实力。

(4)制造力

所谓"制造力"是企业制造产品的技术、设备、厂房、人员等方面的整体力量。

(5)产品力

企业的"产品力"则是其产品在质量、外观、价格等方面为消费者所赞誉的程度。

此五大外在竞争力,所对应的是企业竞争力的外部属性,是企业参与市场竞争的动态的外在力量,相对于企业的内部属性,这些竞争力的可变性更强,企业能够在相对较短的时间内予以控制。

"九力分析模型"中,企业内部属性的竞争力包括"资源力"(Power of Sources)、"决策力"(Power of Decision-making)、"执行力"(Power of Executing)、"整合力"(Power of Integrating)。

(6)资源力

所谓"资源力"是企业所拥有的自然资源、资金资源、政府资源、人力资源的多寡与程度。

(7)决策力

所谓"决策力"是企业的领导人、中高层管理者在日常企业管理中做出重大决策时的速度与效度。

(8)执行力

所谓"执行力"是企业管理机构信息传达的通畅程度与决策执行的有效程度。

(9)整合力

所谓"整合力"是企业在建立其整体形象、整合其各种资源方面的能力。此四大内在竞争力,是企业参与市场竞争的相对静态的内在力量,对应的是企业竞争力的内部属性。

以上所述企业的品牌力、研发力、营销力、制造力、产品力、资源力、决策力、执行力、整合力,这九大竞争力共同构成了"九力分析模型"中的基本要素。

九力分析的具体方法,采用的是量化取向的分析。其操作方法借用的是社会科学研究中常用的利克特量表,采用评分的量表可以是5级,也可以是7级、11级等,或者可以采用百分制,具体采用何种方法,可视分析的需要而定。由以上的分析,我们事实上已将"九力"做了逐一分解,这些被分解出来的具体要素,则构成了最终评分的具体指标。譬如,分析某企业的研发力,若采用5级利克特量表,总分应为5分,便可对企业在同行里,在研究与开发新产品的时间、资金、技术、人员等方面所拥有的相对优势进行评价,若其研发力相当强,居于同行业内之首,则可评为5分;若完全没有任何研发力可言,对应的是1分;若处于中等水平,则为3分;若被评为4分,则表明该企业的研发力处于中上游的水平。

>>>> 2.4 建立采购供应职能的目标

采购与供应管理的目标不仅仅是控制成本和质量,促进企业的现金流动和保持良好的市场形象,更重要的是通过电子化在全球范围内整合供应资源,突破管理的极限,即有效资源的合理利用问题。因此,充分利用信息时代先进、高效的电子手段和技术工具扩展供应网络成了当代采购管理的新方向。

具体说来,采购的目标包括:

(1)连续提供物料、供应和服务,使得整个组织正常地运转。

(2)选择供应商。一个采购部门必须有能力找到或发展供应商,分析供应商的能力,从中选择合适的供应商并与其一起努力对流程进行持续的改进。只有当最后确定的那个供应商在工作上雷厉风行而且富有责任感的时候,公司才能以最低的价格得到所需的物资和服务。

(3)降低用来完成采购目标的管理费用和使采购部门正常运作需要耗费企业的资源:员工工资、电话费和邮资、办公用品、差旅费用、计算机费用和其他必需的管理费用。如果采购流程的效率很低,那么采购的管理费用就很高。采购部门应该尽可能有效和节俭地完成采购目标,这就需要采购经理经常对部门的运作情况进行回顾,以确保所有的活动耗费都是有效的。

(4)保持库存投资和损失维持在最低限度。保证物料供应不中断的一个办法是保持大量的库存。但是库存必然要占用资金,这些资金就不可能用于其他方面;持有库存的成本一般要占库存商品价值的20%~50%,如果采购部门可以用价值1 000万人民币的库存(而不是原来的2 000万人民币)来保证企业的正常运作的话,那么在年库存储存成本为30%的情况下,1 000万人民币库存的减少不仅意味着多出了1 000万人民币的流动资本,而且还意味着节省了300万人民币的库存费用。

(5)实现库存物料的标准化,降低库存相关成本。从公司全局的角度出发,采购部门应该去购买就其用途而言市场上所能得到的最恰当的物料。不论何时何地,只要可能,供应部门就应该不断努力将其基础设施、物资、维护修理与辅助物品(Maintenance, Repair and Operating supplies, MRO)以及服务采购等活动规范化。在保证服务水平的同时,通过大批量采购协议和低库存与低成本追踪以及标准化为物资提供低价机会。就基础设施来说,标准化能够带来维修控制库存的缩减,并节省设备运转和维护及员工培训的成本。

(6)尽量以最低的总成本获得所需的物资和服务。在一家典型的企业中,企业采购部门的活动消耗的资金比例最大。尽管"价格购买者"这个词由于意味着其在采购时所关注的唯一因素是价格而常被人理解为贬义词,但是当确保质量、发送和服务等方面满足条件时,采购部门还是应该全力以赴地以最低的价格获得所需的物资和服务。

（7）保持并提高库存的质量。生产所需的产品或服务，每一项物料都要达到必需的质量要求，否则最终产品或服务将达不到期望的要求或是其生产成本远远超出可以接受的限度。

（8）与其他职能部门之间建立良好的工作关系。在一个企业中，如果没有其他部门和个人的合作，采购经理的工作就不可能圆满完成。

▶▶▶ 2.5 建立采购战略体系及其步骤

企业建立采购战略体系的五大步骤：

1. 建立采购成本数据库，对采购品种进行分类

在战略采购中，采购管理者首先应当考虑的是采购品种的分类，即找出占 80% 采购成本的 20% 核心 A 品类，然后考虑这些材料的采购数量、采购需求预测、采购物资的规格、定价因素、供应商地点、供应商的表现等采购管理类别。

2. 针对不同采购类型，制定采购策略，并建立供应商名单，对供应商进行调查

通过深入分析原材料的供应市场，全面收集供应商的数据信息，可以初步拟定原材料的供应商名单，并通过数据分析，检验、调整和比较行业采购成本数据和绩效表现水平，并在此基础上制定采购策略。综合考虑原材料供应市场的复杂度和原材料对企业生产的影响程度，可以确定四种采购类型，并针对这四种不同的采购类型确定不同的采购策略。

3. 确定短期内采购成本下降、供应商绩效提高的目标和策略，以及实施方案

在这个阶段开始谈判并选择供应商，在这个过程中，一般会经历两到三轮的供应商谈判和供应商实地考察。在采购选择通过后，实施采购决定并根据采购管理的类别设计采购绩效评估体系，评价供应商的表现。

4. 根据方案实施和供应商反馈情况，建立战略性采购与供应商管理体系

本步骤形成战略采购操作手册。

5. 基于战略性采购与供应商管理体系，建立供应部的采购管理体系

具体内容包括：

（1）采购业务流程设计。

（2）供应部组织结构设计与岗位设置。

（3）基于采购流程的内部控制制度设计。

在以上所有工作有效开展的基础上，将战略采购纳入持续的采购流程中，根据供应市场的变化不断改进评估标准，持续改进采购流程、改善采购质量、降低采购成本，建立企业强大的成本控制能力、供应部绩效管理体系和薪酬设计体系。

 本章思考题

1. 企业发展战略制定的两个关键点是什么？

2. 简述企业战略制定的流程。

3. 市场机会的标志有哪些？

4. 市场机会价值大小是由哪些因素决定的？

5. 市场机会的可行性是由哪些因素决定的？

6. 采购供应职能目标有哪些？

7. 简述采购战略体系的步骤。

第3章　采购类别

所谓"采购"是指采购实体以合同方式有偿取得货物、工程和服务的行为,包括购买、租赁、委托、雇用等,是采购实体取得标的物的过程;所谓"供应"是指采购实体分配、提供标的物的过程。

针对不同的采购类别,采购实体应当制定不同的采购策略,使用不同的采购工具。

◎ 本章目标

1. 了解企业采购的职能和范围。
2. 掌握不同采购类别的特点。
3. 理解卡拉杰克采购定位矩阵的内涵。

>>>> 3.1　企业采购的职能和范围

3.1.1　企业采购的职能

从运营层面上来讲,企业采购的任务包含:

(1)供应市场监控、识别潜在的供应源。

(2)供应商评估与选择。

(3)处理采购或库存补货需求(请购)。

(4)对新的采购项目的规格(用户需求的定义)准备提供输入。

(5)谈判、购买与定制合同(制定买卖双方交易的合同条款和条件)。

(6)订单跟催或合同管理(确保供应商根据采购订单或合同进行交付)。

(7)采购事务的行政管理任务,对于所有上述活动,做好采购记录、生成报表、处理文档。

3.1.2　企业成本基础的变化

制造企业的状况发生转移,由原先的劳动密集型转变为现在的资金密集型。当今很多企业在战略上专注于"核心竞争力"(Hamel 和 Prahalad),企业认为他们的核心竞争力是超越竞争对手的优势,即他们可以做得特别好的、客户认为有价值的、竞争对手很难模仿或者媲美的事情。这种变化也渗透到了建筑业,建筑业由原来的劳务密集型、资金密集型开始向技术密集型转变。

造成的结果就是原本由企业内部提供的很多支持性的活动现在被外包出去,交给专业性的外部供应商,由他们提供专业的服务并且收取费用,而制造商从外部供应商采购组件或者模块做最后的组装或者装配。

这样一来,组织的成本从内部人力成本向对供应商和分包商的外部费用进行转移。这对于采购职能的范围带来了决定性的影响,由之前很小的一部分转变成目前的显著增加。

3.1.3　货物、服务及建设工程定义

1. 货物

货物是指各种形态和种类的物品,包括原材料、燃料、设备、产品等。

2. 服务

服务是指除货物和工程以外的其他采购对象。例如,勘察、设计、监理、劳务分包、教育培训服务、运输物流服务等。

3. 建设工程

建设工程是指为人类生活、生产提供物质技术基础的各类建(构)筑物和工程设施。

依据《建设工程分类标准》(以下简称分类标准)GB/T 50841—2013,建设工程分为:

(1)建筑工程:供人们进行生产、生活或其他活动的房屋或场所。

(2)土木工程:建造在地上或地下、陆上或水中、直接或间接为人类生活及生产科研等服务的各类工程。

(3)机电工程:按照一定的工艺和方法,将不同规格、型号、性能、材质的设备、管路等有机组合起来,满足使用功能要求的工程。

3.1.4　典型的成本分解(见表1-3-1)

表 1-3-1　外部采购花费的典型的组织成本比例

外部采购类别	成本比例
购入的物料、部件、服务	62%
人工成本	20%
其他成本	18%

3.1.5　外部支出与内部成本比例增长趋势(见图1-3-1)

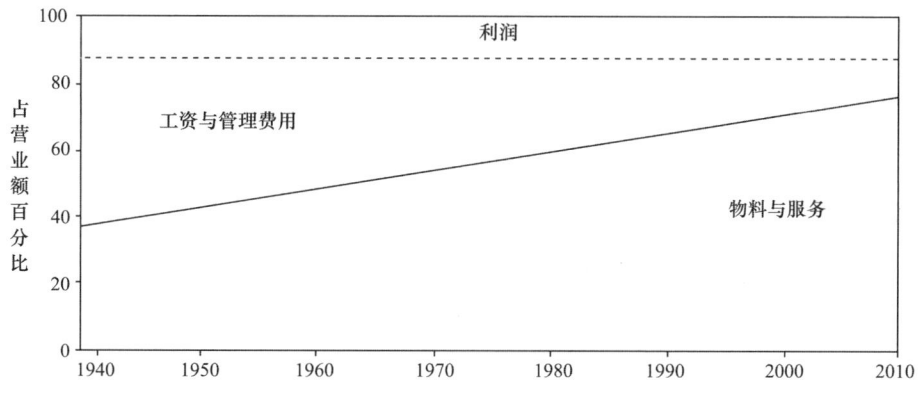

图 1-3-1　外部支出与内部成本比例示意图

>>>> 3.2 直接采购与间接采购

3.2.1 直接采购与间接采购的分类

1. 直接采购

直接采购是指所采购的物品为直接用于生产过程的生产物料(如原材料、零部件、组件等)或直接用于再销售的产品(如零售商采购的商品)。

2. 间接采购

间接采购是指所采购的物品为间接支持生产过程的物品(包括 MRO 供应品、服务及其他运营支出)。

3. 波特教授的价值链模型(见图 1-3-2)

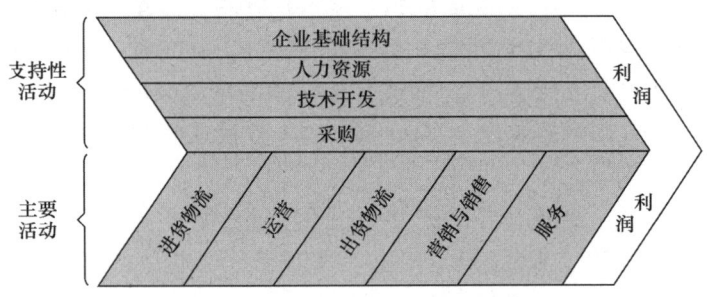

图 1-3-2 波特教授的价值链模型

4. 区分直接采购和间接采购的意义

(1)直接采购的质量对所生产产品的质量有直接影响。间接采购的质量通常不会影响生产过程。

(2)直接采购的物料通常需要保持一定的库存,以确保生产运营不出现中断或再销售商品不出现断货。间接采购通常是在需要的时候才进行采购,以使持有库存及其相关成本最小化。

(3)直接采购更有可能是通过长期的、具有更密切合作关系的供应商进行采购,通常优先考虑的是保障供应的安全性与持续性。间接购置经常是一次性的,与供应商建立的是交易型的关系,通常优先考虑采购成本。

(4)直接采购可能由采购与供应链职能部门完成,这是由于它们具有专业性,需要复杂的合同与供应商管理。间接采购更可能是由最终用户自己来完成,采购的是标准的供应品。

(5)从财务角度来看,直接采购成本包含在组织的"销售生产成本"中,间接采购成本包含在组织的"管理费用"或间接成本中。

3.2.2 生产物料的采购

1. 物料的三种类别:原材料、部件与组件、半成品

(1)原材料:采掘的物质,如矿物、矿石、石油等,也包括农业与林业产品,如乳制品、水果、蔬菜、木材等。

（2）部件与组件：供应链上游其他制造商的成品输出。

（3）半成品：部分完工但不能直接销售给客户的产品。

②. 针对生产物料的采购,采购人员应当考虑的几点

（1）"自制或者购买"决策。

（2）是否需要跨职能协作。

（3）是否需要潜在供应商早期参与采购过程。

3.2.3　初级商品的采购

①. 初级商品

初级商品是指存在于自然界并为企业生产产品提供原材料的物资,如棉花、咖啡、茶叶、小麦及大豆等农产品;也包括煤、铁矿石、铝土矿等矿产(通常也被称为大宗物资)。

②. 初级商品搜寻时的主要挑战

（1）这类商品地理分布不均匀,常需要进行国际性采购,这会带来一系列复杂的成本与风险问题(包括汇率的风险、运输的风险、适用不同的法律体系、语言及文化壁垒等)。

（2）这类商品的价格变化显著且不可预期。

③. 初级商品交易的主要市场是美国和英国

（1）美国市场包含纽约的贵金属交易市场,纽约矿产交易所,进行粮食、大米、大豆交易的芝加哥交易所。

（2）英国市场包含进行铜、锌、铝等金属交易的伦敦金属交易所、国际石油交易所。

④. 市场的四种参与者

市场的四种参与者分别是生产商、采购商、贸易商、投机商。

⑤. 抑制价格波动

灵活运用"期货合同"和"套期保值合同"是有效抑制价格波动的方法。

3.2.4　用于再销售产品的采购

再销售商品采购的显著特点:

（1）底线思维。

（2）多品种管理。

（3）根据供应商已有的产品规格进行采购。

（4）短的反馈循环。

（5）技术复杂度。

3.2.5　"维护、维修和运营"（MRO）供应品的采购

①. MRO 供应品

MRO 供应品是指将原材料和部件转化为最终产品所必需(但不同于资本设备)的所有的物品与服务。

②. MRO 供应品的采购难度

（1）MRO 供应品的品种繁多,随着时间的推移,品类范围与数量以及型号与品牌会不断增加。

（2）MRO 供应品的真实价值不能完全由其采购价格来反映,需要考虑由此引起的生产中断而导致的额外成本增加。

（3）企业对 MRO 供应品的采购缺乏相应的政策与采购流程。

（4）为 MRO 供应品建立合适的库存水平有一定的难度。

3. MRO 供应品采购的建议

（1）采用系统性的库存管理方法。

（2）对于维护机器设备的 MRO 供应品尽可能购买较多的通用品/多用品,使采购的物品在多处共用,以降低采购成本并防止库存品种增加。

（3）在进行资本设备的采购时就与供应商就维护和维修问题制订计划及标准化 MRO 供应品的规格。

（4）目前国内已有各种专业的 MRO 电子商务平台、企业电子商务和 MRO 专业商务平台,使用部门在集团指定的这类平台直接采购。在满足生产需要的同时,提高了采购效率、降低了库存,从而降低财务成本,已经成为行业内这类物资采购通行的采购办法。

电子商城的有关推荐性标准详见本册第一部分第 7 章。

≫≫≫ 3.3　项目采购与运营采购

项目管理作为管理学科的一个重要分支,其科学地位已经得到国内外管理学界的普遍认同。人类有组织的活动可分为两类:一类是连续不断、周而复始的活动,人们称之为"运作"或"作业"(Operation);一类是临时性、一次性的活动,人们称之为"项目"(Project)。

在项目管理学科体系框架里,包括了采购管理。同理,采购管理也分为项目采购和运作采购。在企业,运作采购也称为运营采购。

3.3.1　项目采购

（1）项目,指一次性、临时性的活动。

（2）建设工程项目,《建设工程分类标准》GB/T 50841—2013 定义为:建设工程按自然属性分为建筑工程、土木工程和机电工程三大类,涉及三大类工程的建设称为建设工程项目。

（3）建设工程项目的基本特征:工程建设项目具有唯一性、一次性、产品固定性、要素流动性、系统性、风险性等特征,其中唯一性、产品固定性和要素流动性是工程建设项目的三个最基本特征,决定或影响了工程建设项目其他技术、经济和管理特征及其管理方式和手段。

（4）在工程项目采购中,其中有一部分涉及社会公共利益、国家利益的项目采购,在法定范围内单项合同达到一定规模的需要强制招标采购,包括项目内的主要设备和材料,勘察、设计和监理活动。这里,招标采购是国家优化资源配置的手段。

3.3.2　运营采购

（1）"运营"(运作),指连续不断、周而复始的活动。

（2）运营采购,指项目采购以外,企业经常性的物资采购、设备更新、MRO 采购等。

（3）运营采购的基本特征:其采购行为属于一般民事行为,量大面广,其采购重点是关注供应链目标的一致性。

（4）在企业运营采购中，符合采购需求明确、具有竞争条件、采购时间允许、交易成本合理的条件，可以使用招标方式采购，这里的招标采购是一种竞争性采购工具。

3.3.3 项目采购运行化

项目采购运营化，针对项目业主，项目是一次性、唯一性和固定的；但是相对建筑企业，工程项目建设是常态，是周而复始的工作。因此，建筑企业的采购可以按照运营化的模式在年初按照企业年度计划而不是某项目需求，通过集中采购签订框架协议满足生产需要。

例如，针对依法必须招标的工程项目，在工程建设中，我国建筑央企可以依照某特定项目采购进行建筑采购，也可以依据公司年度计划在年初即在企业交易平台集中采购签订框架协议。后者的采购方式就是项目采购运营化。项目投标时这些原材料的价格作为总价的一部分参与竞争，中标后，即根据工程进度和地域要求，按照框架协议的价格和供应商直接签订供货合同。这样做提高了采购效率，降低了交易成本，保证了供应。这类采购称作为项目采购运营化。

3.3.4 运营采购项目化

在企业生产中，针对某些特定项目的生产组织应当实行项目管理，如针对回厂返修项目可进行依照项目组织生产，包括返修范围、质量、进度、采购等，按照项目管理的办法组织管理。

例如，在某地铁车厢生产企业，突然接到某市地铁公司的订单，要求对20年前的外国一节车厢进行翻新改造。这一节车厢的返修即应按照"项目"进行管理，包括范围、价格、质量、进度、沟通、采购、信息综合等。维修材料可能需要"私人订制"。这类项目的采购称为运营采购项目化。

▶▶▶ 3.4 库存采购与非库存采购

3.4.1 库存采购

1. 按订单采购库存

按订单采购库存是一种非库存采购策略，仅仅采购那些为完成收到的客户订单所需要的物料。

2. 按预测采购库存

按预测采购库存是预测或估计客户对产成品的需求以及运营对供应品的需求，并以此为基础制订关于库存数量与时间的计划。

3. 为库存采购的几种情况

（1）独立需求的情况，如消耗品与维修维护用品，零售行业中售卖的各种成品。

（2）稳定/可预测需求的情况，并且是低价值、非易腐品。

（3）从供应商获得物品的前置期很长的情况。

（4）法律要求持有库存的情况。

（5）采购物品对生产运营很关键的情况，如缺货，将导致生产中断。

(6)储存时间越长越珍贵的物品。

(7)价格预期上涨的情况。

(8)需求是季节性的,需预先准备好成品库存的情况。

为库存采购的优点:对季节性或非预期客户要求高峰的响应能力;准备一定的缓冲/安全库存以保持客户服务水平及运营(防止供应中断);从批量订购与运输中获得成本效益;可以保证在市场上以低价格购入;遵循相关法律要求;可能从长期珍藏的库存品中获得价值提升。

3.4.2　非库存采购

1. 非库存采购

这类企业所需的供应品是用于某个特定的项目,因此只有在项目有需求时才会进行采购。

2. 准时制供应

确保由需求驱动、尽可能地延迟所需数量物品的供应,从而尽一切努力降低库存。

3. 为最小化持有库存成本而采用的采购技术

(1)使用经济订货批量。

(2)改进需求预测过程,以便使库存的采购能与需求更准确匹配。

(3)使用供应商管理库存。

(4)使用管理信息系统以支持库存管理。

>>>> 3.5　资本采购

3.5.1　资本货物

1. 资本货物的特点

(1)产品生命周期长;

(2)获取成本高。

2. 资本货物的显著特征

(1)在资本货物的总拥有成本中,基础采购价格或租赁价格只是其中的一个要素,有时并不是最重要的要素。

(2)资本资产的货币价值比较高也产生了融资的问题。

(3)比起其他物品的采购,资本采购的谈判通常更加广泛、复杂与深入,要追求资产在整个生命周期中的总收益。

(4)资本货物的采购一般不会重复进行。

(5)制定资本设备的规格通常更加困难,规格中通常还包括一些服务要素。

(6)从资本货物采购中获得的收益常常难以评估。

3. MRO 采购与资本货物采购时应当考虑的因素(见表 1-3-2)

表 1-3-2　MRO 采购与资本货物采购时应当考虑的因素

MRO 采购的考虑因素	资本货物采购的考虑因素
可靠性	资产的全生命周期成本
成本	资产的利用率、使用期限、灵活性
使用标准件/通用替代品的能力	空间/进出要求
持有库存化最小的能力	培训。健康与安全要求
供应商服务水平	设备在使用期限内备件的可用性/成本
	合同后的维护保养服务
	其他方案(采购、租赁或租用)

4. 评估与论证资本采购的各种方案

(1)成本/收益分析:如果收益超过成本支出,这样的采购就被认为是值得的;而如果成本支出超过收益,项目建议就会被退回,可以用收益/成本比率的形式来表述。

① 如果该比率明显小于 1,收益少于成本支出,结论,项目建议被退回;

② 如果该比率明显大于 1,收益大于成本支出,结论,项目建议可以采纳;

③ 如果该比率接近 1,收益与成本近似相等,结论需要进一步调研非财务因素才能决策。

(2)计算"投资回收期"(或"回报期"):计算收益需要几年才能偿还初始总投资。

3.5.2　租赁与购买

1. 租赁

租赁公司(或"出租方")与客户(或"承租方")之间签订合同,按此合同,租赁公司购买并拥有资产,承租方租用,为使用该资产以预先约定的时间段分期支付租金。

2. 采购与租赁的优缺点比较(见表 1-3-3)

表 1-3-3　采购与租赁优缺点的比较

直接采购的优点	租赁的优点
与租赁相比,总成本更低	没有初始投资,不占用资本
用户对资产的使用可以全权控制	防止技术过时;容易升级与置换
资产在使用的末期可能有再销售的残值	事先已经知道并认可成本
资本免税额可以不纳税,可能有政府资助	基本没有复杂的税收与折旧计算
	规避通货膨胀,因为款项是按"现款"条款支付
直接采购的缺点	**租赁的缺点**
初始投资很高并占用资金:影响现金流,产生资金的机会成本(若将采购资金用于其他目的,可能获得额外回报)	承诺长期支付租金:在经济衰退时期会带来困难
用户承担所有的成本与维护、操作与弃置风险	用户不能完全控制资产;缺乏所有权的灵活性
技术过时的风险(特别是在快速变化的环境中):价值损失,升级需要支出	总成本可能比采购成本还高

(续表)

直接采购的缺点	租赁的缺点
如果设备只短期使用(如用于某个特别的项目),则比较浪费	大型组织可以凭借自己的财力在采购中获得更好的条件(如从资本免税额中获益)
	合同条款可能对出租人有利(如对资产的使用设定限制条件,对风险/成本的责任)

3. 租借、租借合同、租借采购合同及租赁合同

(1)租借:是一种向某个企业租用某物品的方法,该企业正是为了向希望不时使用该物品的那些人提供该类物品而存续的。

(2)租借合同:在货物的所有人只允许租借人在一个规定期限持有该货物时,货物租借合同产生。租借合同适合于短期需求及偶然需要等。

(3)租借采购合同:在该合同下,货物的所有人将货物租借给另一方,该方在支付了一致同意的各期款项后具有购买选择权。租借采购合同适合于对某项资产有持续的需求。

(4)租赁合同:是一个更长期的、基于财务的协定,其中租赁公司与客户之间签订合同,按此合同,租赁公司购买并拥有资产,承租方租用并为持有和使用该资产以预先约定的时间段分期支付租金。

4. 采购部门在资本支出决策中的作用

(1)进行调研来识别潜在的供应商并获得关于他们的相关数据。

(2)寻求报价并负责评标,考虑的因素包括价格、前置期、操作特性、期望的使用寿命、性能指标、运行成本、推荐备品备件及保养时间表、保修期及付款条件等。

(3)组织和管理与供应商的讨论及谈判,并确定双方认可的条款及条件。

(4)授予合同并下订单。

(5)检查供应商对合同条款的履行情况。

(6)监控设备安装与安装后的绩效。

(7)与制造商及维修保养服务提供商合作,以延长资产的使用寿命并保持其价值。

>>>> 3.6 服务采购

3.6.1 服务采购

1. 服务采购(定义)

服务采购是指采购实体对除货物和工程以外的其他企业需求对象进行获取的过程。

2. 服务采购的显著特征

(1)无形性:或称为"缺乏可检验性",服务的评估很难量化。

(2)不可分离性:服务的生产与消费是同时进行的。

(3)非均匀性或变动性:服务规范没有办法标准化。

3. 服务采购的主要特点

(1)合同前阶段做的工作越多越好。

（2）如果组织正在搜寻外包现在内部员工在做的服务职能，这就显得特别重要。

（3）服务的采购需要专业化的输入，让用户/受益部门参考服务规格的制定也同样重要。

（4）供应商管理是成功服务采购的一个重要因素。

（5）在服务采购中也必须说明某些法律和技术方面的因素。

4. 服务质量的评价

（1）有形性：设施、设备、人员、沟通等的外观表现。

（2）可靠性：可信并准确提供所承诺服务的能力。

（3）响应性：帮助客户与提供及时服务的意愿。

（4）保证性：客户对服务提供商的信心来源。

（5）共鸣性：客户相信服务提供商能够明白客户在使用、沟通与合同便利性方面的需求与期望。

5. 监控服务水平的几种技术

（1）观察与体验：观察和体验所提供的服务。

（2）现场检查与抽样检验：可以定期以某种方式对绩效进行检验或测量。

（3）商业结果与间接指标：服务都有目的，因此高/低质量的服务对客户的活动具有连锁反应。

（4）客户/用户反馈：定期邀请服务的客户和用户填写反馈调查表，反映他们对所接受服务质量的意见。

（5）绩效的电子监控：可以使用电子测量和跟踪装置监控服务绩效。

（6）服务提供商的自评估：服务提供商可以要求其员工或主管提交报告。

（7）协同绩效考评：定期收集所有上述信息与客户和服务提供商分享，以评估服务合同是否成功。

3.6.2　外包

1. 外包

外包是指一个组织以长期关系为基础，将其非核心任务以合同形式委托给外部服务提供商的过程。外包通常用于服务采购。外包的优缺点见表1-3-4。

表1-3-4　外包的优缺点

优点	缺点
支持组织的合理化与缩减规模：降低人员、空间和设施的成本	与服务内部供应相比，外包的服务成本（包括承包商的利润率）以及合同签订与管理的成本可能更高
可以将管理人员、员工和其他资源集中投向组织的核心活动和核心能力（那些显著的、增值的和难于模仿的能力，由此给组织带来竞争优势）	难以确保服务质量、一致性和企业社会责任（环境与就业政策）；监控的困难与成本（特别是在国外）
可以利用承包商的专业知识、技术和资源：对于非核心活动而言，创造比组织本身能够达到的更多的价值	有可能在服务领域失去组织内部的专业技能、知识、联系网络或技术，而这些在未来有可能还是需要的（例如，如果希望重新将该服务变回组织内部提供）

（续表）

优点	缺点
可以利用规模经济,因为承包商可以为很多客户提供服务	有可能对绩效和风险失去控制(例如对于声誉)
增加竞争性的绩效激励措施,而这对于内部服务提供者不大合适	扩大了与客户或最终用户的距离,因为增加了一个中间服务提供商,可能会削弱与外部客户或内部客户的沟通
	有被不合格的或绩效不佳的供应商关系"拴住"的风险:文化或道德方面的不兼容性;关系管理困难;承包商不求进取,等等
	存在对保密数据和知识产权失去控制的风险

 本章思考题

1. 区分货物、服务和工程项目。

2. 区分直接采购与间接采购。

3. 直接采购与间接采购分别有什么实际意义?

4. 参与初级市场的四组参与者分别是谁?

5. 什么是 MRO 供应品?

6. 区分"按订单采购"和"按预测采购"?

7. 列举资本采购的显著特征。

8. 列出资本货物租赁的优缺点。

9. 列出服务采购的建筑特征。

10. 列出监控服务水平的几种技术。

11. 列出外包的优缺点。

第4章 采购对企业效益的增值效应

采购职能的基本任务是为采购供应的过程提供恰当的输入。传统上将恰当的输入描述为:恰当的来源、价格、质量、数量、地点、时间和服务。

此外,采购运作的其他目标还有:

(1)内部客户的服务。

(2)风险管理。

(3)成本控制与削减。

(4)关系与信用管理。

企业采购对其经营效益有重要的增值效应。

◎ 本章目标

1.理解7R对企业效益增值的重要性。

2.掌握"七个恰当"之间的相互关系与权衡的原理。

3.了解波特价值链分析法。

4.掌握采购对企业效益杠杆作用的原理。

≫≫≫ 4.1 采购管理的基本目标

4.1.1 采购的"七个恰当"及其重要性

采购管理的基本目标反映在7R上,即"以恰当的来源、恰当的价格,将所需物资和服务的恰当的数量,在保证恰当的质量和恰当的服务的基础上,在恰当的时间交付到恰当的地点"。详见表1-4-1。

表1-4-1 采购的"七个恰当"及其重要性

恰当	描述	重要性
来源	实现途径:依据企业发展战略,进行战略寻源,选择合适的供应链	如果达不到:可能影响供应的持久性和可持续性,从而影响供应链的安全

（续表）

恰当	描述	重要性
价格	实现途径:价格分析、供应商成本分析、竞争性定价与谈判	如果达不到,则:供应商将随意要价,没有检查材料和供应成本将上升、利润将下降,或者不得不提高向客户的要价(失去销售量)
数量	实现途径:需求预测、库存管理、库存补货系统	如果达不到,则:库存不足,无法满足需求缺货会导致生产瓶颈和停产、闲置时间、交货延迟、失去信誉和销售量
质量	实现途径:准确的规格要求和质量标准供应方和采购方的质量管理	如果达不到,则:货物被拒收或报废、可能损坏生产设备产品、可能出现缺陷、不得不报废或返工给企业带来高成本
服务	实现途径:强化企业采购员工的服务意识,包括售后服务、退货、维修等	如果达不到,则:影响企业声誉和品牌建设,从而影响企业竞争力
时间	实现途径:需求管理、供应商管理	如果达不到,则:货物可能到达太晚,造成生产瓶颈(及相关成本)和/或向客户交货的延迟(带来损失成本和业务损失)
地点	实现途径:配送计划、运输计划、包装	如果达不到,则:货物可能被送到错误的地点,产生延迟和纠正成本不必要的货物运输和搬运(产生相关的成本)

4.1.2 恰当的来源

❶ 对"恰当的供应商"的评估

在一般采购中,只要能满足采购需求,无须对供应商的来源做更多的关注。但是在供应链管理的视角下,对供应来源的管理就显得十分重要。供应链的持续能力影响供应链的安全。因此,在选择供应链合作的伙伴中,必须对供应链中的合作伙伴进行全面的评估,评估的成本远远超过招标采购的成本。在招标采购中,采购人和中标供应商是短期的一般买卖关系;但在供应链管理中,链主和合作伙伴是长期的战略合作伙伴。所以恰当的来源是采购管理的基本目标之一。

❷ 供应商的第三方的信用

为了保证供应链的安全,《国有企业采购操作规范》(T/CFLP 0016—2019)3.1.2.2 规定:"应对供应商进行综合能力评估。参加评估的部门和人员应包括采购需求、供应、相关技术部门的专家以及负责供应商管理的人员。也可委托第三方专业机构对供应商能力进行评估。

能力评估内容宜至少包括:寻源供应商财务状况、商务能力、技术与服务能力、生产能力、质量能力、环境保护、社会责任、可持续发展能力和战略合作意愿等。"

该规范 3.1.1.2 规定:"宜通过第三方征信和评价,建立供应商的征信和评价机制,建设满足相关法律、法规和标准要求、质量标准以及公司和外部最终用户要求的企业供应资源库。"

4.1.3 恰当的价格

1. 什么是"恰当的价格"

（1）价格

价格是商品或服务以标准货币单位测量的价值。价格是由市场决定的。

（2）适当的价格

适当的价格是能够获得最好的、最低的价格，同时还要确保合适的质量、数量、时间和交货。

（3）供应商标示的"适当的价格"（销售价格）

①一个"市场能够承受"的价格。

②一个能够使该供应商在与其他供应商竞争中赢得生意的价格。

③一个让供应商至少能够抵消成本、最好能够获得健康利润以便生存与发展的价格。

（4）采购者支付的"适当的价格"（采购价格）

①一个采购者能够付得起的价格。

②一个对于所购买的整体收益而言看起来公平合理或者体现资金价值的价格。

③一个使该采购者比其竞争者具有成本或者质量优势，并且在其所处市场上能够有竞争力的价格。

④一个反映优良采购实践的价格。

2. 供应商的定价策略与采购商的价格决策

（1）供应商定价策略

——基于成本的定价方法：寻求弥补供应商的成本，同时预留出利润空间。

——基于市场或需求的定价方法：寻求反映市场对产品的需求，即市场能够承受的最高价。

（2）采购者价格决策中的因素

——采购组织在市场和关系中的相对议价势力，即采购组织在供求关系中的地位。

——市场中供应商的数量以及替代产品的可能性。

——采购类型。例如，对于关键产品或战略性产品，可能要为服务与供应安全支付更多。

——竞争者支付的价格，以便采购者使自己的材料成本具有竞争力。

——价格中包含的总体收益，以及一个更高的价格是否能得到更好的价值。

——对于给定时期内可能的数量，采购者能够支付的价格。

——基于价格与成本分析，"合理的"价格是多少。

——从采购方和供应商的观点来看，什么是"公平的"价格。

3. 分析报价

（1）价格分析

——决定对货物所提出的价格是否公平与适当的过程。

——其他供应商提出的价格（竞争性招标或者报价）。

——采购者之前为相同货物或者服务支付的价格。

——市场价格或者"现行"价格。

——备选品或者替代品的价格。

（2）成本分析

成本分析是专门考察供应商所报价格与供应商生产成本的相关性的一种分析。

（3）总拥有成本（TCO）所包括的六类成本

——购置前成本：如调研、供应源搜寻、标书准备和为该资产所做的建筑结构改变等。

——购置成本：包括采购价格、融资成本、送货、安装与试运行。

——运行成本：如劳动力、材料、易耗品、能源使用、环境成本。

——维护保养成本：如零部件和更换件、维护、修理、定期检修、随使用年限减少的产量。

——停机成本：如由于该资产停止运行或出现故障导致的生产损失、额外的劳动力等成本。

——寿命到期的成本：如弃置、退役、废品出售或转售。

（4）总生命周期成本

——采购。

——送货、安装和"试运转"（付诸行动）。

——运行成本：用户培训、消耗品、能源等。

——常规维护保养、维修和定期检修或升级。

——退役（停止运行）。

——弃置：如果该资产有剩余价值，包含出售该资产所产生的收益，即负成本。

4.1.4 恰当的数量

1. 确定采购"恰当的数量"的最重要的因素

（1）对于最终产品的需求量，采购的材料和零部件用于生产这种最终产品。

（2）对采购的最终物品的需求量，如办公设备和用品、计算机硬件与软件或维护保养服务。

（3）组织的库存政策：组织持有库存主要是为了保障服务水平，还是为了降低或消除库存从而避免持有库存相关的成本与风险。

（4）所要求的服务水平。

（5）市场条件影响供应的价格和安全性，这些因素决定是否必须有足够库存以保障供应或利用价格，或者根据需要随时购买。

（6）供应方因素，如最小订货数量/价值，批量采购的价格激励。

（7）决定经济订货批量（EOQ）的各因素是 EOQ 平衡库存获取成本与库存持有成本平衡。

（8）用户部门根据需求通知采购人员的具体数量。

2. 持有库存的原因

（1）库存可以降低由于不测事件造成生产中断的风险。

（2）库存可以降低由于送货前置期过长或不确定而造成的生产中断的风险。

（3）对于使用量和需求稳定的物品，库存可以迅速补货。

（4）采购人员可以通过下更少的订单和订购超过当时需要的数量，从而获得批量折扣优惠、更低的价格或减少交易成本。

（5）采购人员可以在市场有利的情况下提前以有利条款购买货物，以便预防可能的短缺、涨价或汇率波动。

（6）持有成品或半成品库存，可以预防预料之外的客户需求高峰或准备好客户要求定制化的产品。

（7）持有成品库存，可以为满足峰期需求、调节生产能力而预先做好准备，即在生产中平衡峰期和谷期需求。

3. 不同库存管理系统

（1）"推式"库存管理系统

"推式"库存管理系统旨在建立一个经常性的系统，用以监控库存水平、计划及时的库存补货以满足预计的需求，同时在总体上持有尽可能少的库存。

（2）"拉式"库存管理系统

"拉式"库存管理系统的基础是根据实际需求安排货物的生产。建筑行业的库存属于"拉式"库存。

（3）定期检查系统（固定间隔订货系统或补货系统）

定期检查系统用来周期性地检查产品的库存水平，并根据检查时的库存水平适时下补货订单，以将库存补充到期望的水平。这种方法订货数量不是固定的，但下订单的时间是固定的。

（4）固定订货量系统（再订货系统）

当库存水平下降到一个预设的最低水平（再订货水平）时，对物品库存以一个预设的数量（固定订货量）进行补货。这种方法订单时间不是固定的，但订货量是固定的。

（5）定期检查系统和固定订货量系统的优缺点分析见表1-4-2。

表1-4-2　定期检查系统和固定订货量系统的优缺点

定期检查系统的优点	定期检查系统的缺点
易于管理和控制，可以预知采购与仓储人员的工作量和计划	有预料不到的缺货风险，因为该系统处在固定间隔的检查之外不再对存货进行检查
可能在同一时间对很多品项下订单，整合货物运送，降低运输成本，或从供应商处获得批量折扣	需要持有较高的平均库存，因为要考虑到检查期、前置期和安全库存的需求
可以识别慢速流动存货或陈旧存货品项，因为要定期进行存货检查	再订货量不是根据经济订货批量确定的
	检查不需要采取行动的存货水平，浪费时间
固定订货量系统的优点	固定订货量系统的缺点
可以使用经济订货批量	接受库存持有成本
平均库存水平较低，因为提高了对需求波动的影响程度	为了防止库存缺货的风险，或者是为了防止存货过剩，必须对各参数进行检查
由系统自动补货，不会在库存水平满足要求的品项上浪费时间	订货点和订货量不合适，或者各个品项在不同时间订货，都会导致效率低下
	如果很多品项同时达到再订货水平，采购系统和人员有负荷过重的风险

4.1.5　恰当的质量

1. 质量

质量是产品或服务为了能够满足给定需求所需具备的特征与特性的总和。

2. 产品质量的八个通用维度(见表1-4-3)

表1-4-3　产品质量的八个通用维度

序号	维度指标	内涵
1	性能	产品的操作特性
2	特色	增值的特性或者服务要素(如质保和售后服务)
3	可靠性	产品随时间始终如一地执行功能的能力
4	耐用性	产品在不变质或者不损坏的情况下可以持续的时间长度
5	一致性	是否符合约定的规格和标准
6	可维护性	支持性服务的便捷性和可用性
7	审美性	产品为用户带来的吸引力与愉悦感
8	感知质量	采购者的主观期望和感受

3. 质量成本

(1)质量成本:确保和保证质量的成本,以及未达到质量而产生的损失。

与质量相关的成本包括:

——鉴定与预防活动的成本:那些旨在减少低质量产品进入生产过程和/或到达客户的活动所产生的成本。

——"损失的"成本:由于低质量产品进入生产过程和/或到达客户而产生的成本。

(2)内部损失成本:在最终产品或者服务到达客户之前被识别和纠正的质量故障所产生的成本。包括:有缺陷产品的返工或淘汰;返工产品的再次检查;持有应急库存(以防出现废品或延误);调查故障起因所需的各种活动的时间和成本。

(3)外部损失成本:在最终产品或者服务到达客户之后被识别和纠正的质量故障所产生的成本。包括:收集和处理退回产品的逆向物流成本;维修或更换有缺陷产品的成本;客户索赔的成本;处理申诉的管理成本;丢失客户忠诚度和未来销售量的成本;不满的客户"口碑"对声誉带来的损害。

4. 质量控制、质量保证和质量管理

(1)质量控制(QC)

用于产品缺陷的检测与纠正的系统称为质量控制。

——对于工作的输入和输出,建立规格、标准和公差范围。

——检验所要交付的货物并监控生产过程,通常是抽样检验,必要时可使用100%检验。

——识别有缺陷的或不符合规格的产品。

——对没有通过检验的产品进行报废或返工处理。

(2)质量保证(QA)

预防缺陷的系统称为质量保证,是一种更为主动的和综合的方法,将质量融入过程的每个阶段,从概念与规格开始。它包括质量管理体系中所使用的全部系统性的活动,以"保证"或给予组织足够的信心,使之相信这些产品和过程将满足其质量要求。

(3)质量管理(QM)

质量管理是用于保证输入与输出具有"恰当的质量"的各种过程,即产品和服务适合于用途并符合规格要求,随时间不断取得持续的质量改进。

（4）全面质量管理（TQM）

全面质量管理是一个组织整体的生活方式，通过持续改进过程和人的贡献与参与，致力于全面的客户满意。

（5）采购对质量的贡献

——选择那些质量管理体系通过了第三方批准或认证的供应商。

——评估供应商的质量管理体系和"历史记录"作为供应商评估和选择过程的一部分。

——准备首选的或批准的供应商名单，以确保用户部门只从这些通过了质量管理评估的供应商那里采购。

——对产品设计的质量施加影响途径包括：与设计和生产部门协作；保持掌握最新的材料发展动态；在合适的情况下推荐替代的材料；让供应商早期参与产品开发过程，以便在设计决策中利用他们关于材料的专业知识。

——将设计要求转化为清晰的、精确的材料与服务规格，反映用户需求并具体指明所要求的质量标准、测量指标、检验和测试方法。

——制定进货的质量检验和测试程序。

——管理与供应商的关系：发展对质量标准与程序的现实相互理解；对高质量和持续改进提供激励与奖赏；等等。

——持续监控供应商的质量绩效；向供应商提供反馈意见；发展与可靠的、高质量的供应商的密切关系。

——与供应商共同解决质量纠纷与质量问题，并进行持续的质量改进，比如为其提供咨询、培训、技术等。

4.1.6　恰当的服务

1. 供应链管理下的服务

不同产业之间供应链管理下的服务内涵不同，在矿产业如煤炭行业，其服务主要体现在物流的衔接和安排。

在建筑业，供应链管理的服务体现在：满足企业正常生产经营的服务，保证原材料、半制成品供应等；为供应商提供的服务，如为上游供应商提供供应链金融服务担保等；为客户提供的服务，如在工程运营期间依照国家有关质量保修规定进行缺陷的维护保修等。

在制造业服务的内容比较广泛，如汽车行业对有缺陷的汽车及时召回，消费类产品无理由退货、换货等。特别是在数字互联网时代，供应链管理服务的延伸会通过产品的异质化服务，提高产品的竞争力，如某工业锅炉制造厂，通过对用户煤质的化验为用户"私人订制"符合当地燃料的燃烧器，显著提高了锅炉工作效率并有效保护了环境，产品畅销国内外。

2. 良好的服务促进了相关产业的升级

我国的隧道装备产业在十年前还需要高价从外国购买。现在，经过我国建筑业企业不懈的努力，目前我国建筑业也能生产各种规格的盾构机并出口到国外，其产量占全球产量的三分之二。除了质量可靠、规格齐全外，良好的售后服务也是重要的因素之一。对于国外客户，我们本着"骑上马，送一程"的服务理念，在人员培训、备品备件等通过保姆式的服务不断获得好评的同时也促进了产业的升级。

4.1.7 恰当的时间

1. 前置期

在运作需求管理和库存补货系统时,用户和采购部门应当知道获得货物的前置期总长度。

①内部前置期是在采购组织内部完成一系列过程所需的前置期,即从识别需求到发出完整的采购订单所需的时间。

②外部前置期是在供应组织内部完成一系列过程所需的前置期,即从供应商接到采购订单到完成订单所需的时间。

③总前置期是内部前置期与外部前置期之和,即从采购方识别需求到供应商完成交货之间的时间。

2. 缩短前置期的方法

①对于"优先的"或"紧急的"订单,谈判时使用激励性价格,以便实现供应商异常迅速地交货。

②简化交易和信息共享流程。

③与外部和内部供应链伙伴协作,减少供应过程中所有阶段浪费的时间。

④与供应伙伴谈判,使其持有预加工和在制品(例如组件)库存。

3. 如何保证按时交货(交付)

——确保用户和采购部门的员工了解前置期,并检查供应商所报的前置期是否切实可行。

——选择那些有良好交货记录和能力的供应商。

——确保供应商理解准时交货的重要性。

——向供应商发出准确的和符合实际的交货日程。

——提前发给长期供应商当前的和未来的需求。

——如果对交货有任何疑问,应当跟催订单。

4.1.8 恰当的地点

(1)进货送货决策中主要考虑的因素

——正确的送货地点。

——送货的时间(何时需要交货,如何保证准时送达)。

——运输中的各种风险以及如何降低这些风险。

——总配送成本(包括包装、搬运、物流和保险)。

——运输的环境影响(降低污染等)。

——需要监控、跟踪或"催促"送货。以便在任何时间都知道货物在何处以及送货进展,了解可能出现的问题并及时加以处理。

(2)很多地点需要送货的安排

——可以安排供应商向每个地点直接送货,数量按照各个地点的具体要求而定。

——可以安排供应商一次批量送到中央仓库或本配送中心。

(3)配送中心要达到两个目标

——分装配送:可以从供应商订购单次大量或批量货物,并由供应商一次送货到配送中心(以获得批量采购与运输的折扣)。然后,由配送中心按照各个地点的需求分装成较小的货件进行配送。这也被称为"中心辐射式"配送。

——合并配送:由不同供应商交付的很多品种的物品可以组合为一个单次送货送达各个地点,这也被称为运输中并货配送。

(4)选择运输方式时考虑的因素

——运输的起始点和目的地也许限制了可用的运输方式。

——行程的长度会产生相应的时间、风险和成本问题。

——货物的特性有时决定了它必须迅速运输或以特殊方式运输。

——货物的尺寸与重量有时会排除一些运输模式。

交货的时间限制与紧急性会带来一些问题,如某种运输方式的频次和灵活性、速度等。

——不同运输方式的环境影响。

——是否有可用的标准化以提高效率,特别是如果货物需要从一种运输模式转为另一种运输模式。

——采购方的进货设施:是否有用于特定类型运输收货和卸货的空间和设施。

——各种运输方式在运输中的货物保安问题。

——特定运输商或物流提供商与供应商和/或采购商之间的兼容性和关系。

——所选运输方式相关的运输、搬运和保险的成本。

——公司关于运输或使用特定运输商的政策。

(5)多式联运

多式联运是指在从起始点开始的移动中(不包括在当地的卡车提货与送货)使用一种以上的运输模式。

4.1.9 其他考虑因素

1. 对采购进一步补充的一些"合适"

(1)合适的采购(即合适的需求):避免采购不必要的物品。

(2)合适的供应商(或供应链):供应商的综合评估。

(3)合适的关系:不同类型的采购具有不同的优先等级排序。

(4)合适的过程:根据采购种类的特点制定合适的采购程序。

2. 资金价值

全生命成本与满足客户要求所需的质量之间的最优组合。

3. 获得资金价值的方法

(1)使用价值分析来消除那些非关键的特性。

(2)对由用户指定的规格质疑,以便使品种种类、库存增长和规格过高的情况最小化。

(3)主动的供应源搜寻。

(4)合并需求(例如联合采购)。

(5)采用全生命成本核算方法,而不是重点关注价格。

(6)消除或降低库存和其他非增值的"浪费"。

(7)使用 IT 系统,以便提高采购过程的效率。

(8)国际供应源搜寻(利用低成本国家的生产)。

④ **可持续性战略旨在以下两个方面**

(1)平衡经济可行性与环境社会责任因素(利润、地球与人,有时称为"三重底线");

(2)避免损害后代的幸福。

⑤ **"三重底线"的评价维度**

(1)经济可持续性(利润):可持续的经济效益及其对社会的效益,如就业、纳税、社区投资等。

(2)环境可持续性(地球):可持续的环境措施,如降低污染、降低排放、使用可再生或可循环的材料设计等。

(3)社会可持续性(人):对劳动力和企业运作所处的社会都是公平的和有益的商业实践,如合乎道德地对待雇员、支持当地供应商、支持就业多元化等。

⑥ **促进可持续性的方法**

(1)制定可持续采购的目标和政策,并将此与整个供应链中的利益相关者沟通。

(2)与内部客户及外部供应商合作开发可持续的产品设计与规格,使用更少的、可循环的、节能的、低碳排放的及其他的绿色原材料。

(3)减少产品包装或开发可回收的包装袋。

(4)考虑全生命周期成本及其对采购的意义。

(5)发展逆向物流(产品退回)的能力,以支持产品的回收利用或弃置。

(6)制订运输与物流计划,以使其对社会和环境的影响(如交通拥堵、噪声、燃油使用和排放)最小化。

(7)选择可持续发展的供应商,发展可持续的供应链。

(8)如果具有良好的价值,从当地的、小型的和/或多样性的(如妇女开办的企业)供应商采购。

⑦ **创新**

创新首先意味着认识到了目前尚未满足的市场需求,其次意味着在竞争者之前作为第一个为了满足该需求做出反应的人。

市场开发:通过为现有产品找到新的市场区域,还指通过开发供应商以转化市场结构和提高对于客户的价值。

4.1.10 "七个恰当"之间的相互关系与权衡

(1)没有稳定的可持续的供应来源,可能影响供应链的安全。

(2)没有达到恰当的质量,也无法取得恰当的数量(相互依赖和相互联系)。

(3)高质量与恰当的时间可能冲突,因此对于紧急订单,可能需要在质量的某些方面做出妥协。

(4)没有良好的服务意识,其他指标的衡量都会打折扣。

(5)恰当的价格与其他几个"恰当"之间存在权衡(高质量,价格可能更高,根据需求权衡)。

(6)任意一个"恰当"的缺失都会对采购整体绩效产生影响。

>>>> 4.2　采购的增值效应

4.2.1　价值和增值

1. 价值可以用两种方式衡量

（1）一个组织创造价值：通过比其竞争者更有效力或者更有效率地完成各项活动。

（2）客户购买价值：通过将一个组织的产品或者服务与其竞争者的产品或者服务进行比较。

2. 增值

增值在本质上是指为一个产品或服务增加更多的价值，它来自支持其生产和交付到客户的所有过程——营销、设计、生产、客户服务、配送、维护保养等。

3. 价值增值

当企业以长远眼光将采购及供应管理视为成本减低的源泉时，价值本身便超越了单纯的成本减少。价值增值是寻求如何为企业取得更多价值的途径。它的侧重点不仅在于降低成本，而且在于在降低成本的同时确保质量及交付需求得到满足或在改善其他绩效指标的同时保持成本不上升。

4.2.2　波特价值链

价值链分析法是由美国哈佛商学院教授迈克尔·波特提出来的，是一种寻求确定企业竞争优势的工具。企业有许多资源、能力和竞争优势，如果把企业作为一个整体来考虑，又无法识别这些竞争优势，这就必须把企业活动进行分解，通过考虑这些单个的活动本身及其相互之间的关系来确定企业的竞争优势。波特价值链如图1-4-1所示。

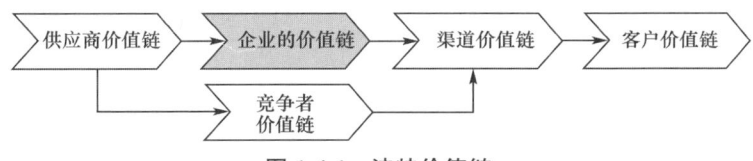

图1-4-1　波特价值链

1. 价值链的特点

（1）价值链分析的基础是价值，其重点是分析各种价值活动构成的价值链。价值是买方愿意为企业提供给他们的产品所支付的价格，也代表着顾客需求得到满足的实现。价值活动是企业所从事的物质上和技术上的界限分明的各项活动。它们是企业制造对买方有价值的产品的基石。

（2）价值活动可分为两种活动：基本活动和辅助活动。基本活动是涉及产品的物质创造及其销售、转移给买方和售后服务的各种活动。辅助活动可辅助基本活动，并通过提供外购投入、技术、人力资源以及各种公司范围的职能以相互支持。

（3）价值链列示了总价值：价值链除包括价值活动外，还包括利润（利润是总价值与从事各种价值活动的总成本之差）。

（4）价值链的整体性：企业的价值链体现在更广泛的价值系统中。供应商拥有创造和交付企业价值链所使用的外购输入的价值链(上游价值),许多产品通过渠道价值链(渠道价值)到达买方手中,企业产品最终成为买方价值链的一部分,这些价值链都在影响企业的价值链。因此,获取并保持竞争优势不仅要理解企业自身的价值链,而且也要理解企业价值链所处的价值系统。

(5)价值链的异质性:不同的产业具有不同的价值链。在同一产业,不同的企业的价值链也不同,这反映了它们各自的历史、战略以及实施战略的途径等方面的不同,同时也代表着企业竞争优势的一种潜在来源。

❷ 价值链分析的步骤

(1)把整个价值链分解为与战略相关的作业、成本、收入和资产,并把它们分配到"有价值的作业"中。

(2)确定引起价值变动的各项作业,并根据这些作业,分析形成作业成本及其差异的原因。

(3)分析整个价值链中各节点企业之间的关系,确定核心企业与顾客和供应商之间作业的相关性。

(4)利用分析结果,重新组合或改进价值链,以更好地控制成本动因,产生可持续的竞争优势,使价值链中各节点企业在激烈的市场竞争中获得优势。

❸ 核心企业和节点企业之间的关系影响

公司价值链分析对核心企业和节点企业之间关系的影响可以从以下方面表现出来:

(1)核心企业与节点企业之间的广泛联系。如核心企业对联盟供应商个体提供价值链中其他联盟企业的有关数据,与供应商就其成本结果与网络平均数的差异进行分析,并对供应商可能的作业过程及其改善,以及改善后的预期结果进行讨论,会增加供应商对相互之间意图、需要和过程的了解,加强价值链中各企业之间的相互影响和凝聚力。

(2)价值链中联盟企业间成本信息的客观透明。当供应链运营成本的变化结果变得透明时,联盟企业就可以自己判断实现价值链增值的可能性,以及因提高利润而得到的正常利润分成,有利于核心企业和节点企业之间,以及节点企业相互间进行广泛联系、协商和决策,也有利于保证价值链中联盟企业的诚信。

4.2.3 价值活动的领域

❶ 主要价值活动的领域

(1)进货物流是有关输入货物接收、存储和分拨的各种活动(物料搬运、库存控制)。

(2)运营涉及输入货物到成品货物或服务的转化(制造业——组装、测试、包装与设备维护等;服务业——提供基本的服务)。

(3)出货物流涉及成品货物的存储、配送和向客户送货(仓储、物料搬运、订单加工等)。

(4)营销与销售负责与客户的沟通,以便为客户提供一种他们能够购买该产品的途径(市场调研、新产品开发、广告与促销、销售队伍管理、渠道管理、定价)。

(5)服务包括销售之后发生的所有活动(安装、维修、培训、零备件供应和维护)。

❷ 次要活动(支持性活动)的主要领域

(1)企业基础结构(用于计划、财务、质量控制与管理的系统和资产)。

(2)人力资源(组织的人员招聘、任用、留任和发展中涉及的所有活动)。

(3)技术开发(与工作的设备、系统和方法有关,如产品设计、资源利用率的改进)。

(4)采购(为获取主要活动的输入而需要完成的所有活动)。

3. 链模型的关键点总结

(1)每个活动都提供输入、加工、输出,形成增值。

(2)各要素活动相互依赖影响增值。

(3)消除浪费,形成增值。

4.2.4　采购对增值的贡献

(1)选择与管理好供应商,提高采购商品的质量。

(2)提高谈判技巧,降低采购(输入)成本。

(3)管理采购活动,降低交易成本。

(4)有效与用户部门沟通,改进采购规格,更有效率地以更低的成本满足商业需求。

(5)有效的库存管理(如寄销库存、供应商管理技术)。

(6)消除浪费,提供"精益"供应(准时制供应)。

4.2.5　采购对企业效益的杠杆作用和投资回报率的贡献

1. 采购对企业效益的杠杆作用

企业利润等于销售收入减去成本和费用。假设某商品售价100元,其中,利润10元,生产和管理费用20元,采购成本70元。经过采购人员努力,采购成本降低10%,可节约7元,该商品利润增加至17元,即采购成本降低10%,增加了70%(7元/10元=70%)的利润。

2. 对投资回报率的贡献

投资回报率ROI(Return on Investment)是衡量企业综合盈利能力的一个重要指标。投资回报率可以用总资产收益率表示。

如某企业年销售额1 000万元,其中库存价值200万元,总资产500万元,资产周转率=年销售额÷总资产=2;包括材料、人工和间接费用在内的销售总成本为900万元,其中材料采购成本450万元。利润100万,利润率=100/1 000=10%。

计算:当采购材料成本降低10%时,对企业的投资回报率做出多少贡献。

目前企业的投资回报率=总资产周转率×利润率=2×10%=20%

采购成本降低10%时,重新计算利润率和总资产周转率:

(1)新的利润率

利润增加=100万+(450万×10%)=145万,利润率=145/1 000=14.5%

(2)新的总资产周转率

利润增加减少了库存。现库存=200万-(200万×10%)=180万

库存减少,总资产减少,即500万-20万=480万

总资产周转率=1 000万÷480万=2.08

(3)计算采购成本降低10%时的投资回报率

投资回报率=总资产周转率×利润率=2.08×14.5%=30.16%

即:当采购成本减低10%时,在上述成本结构下,对企业投资回报率的贡献提高了(30.16%-20%)=10.16%。

案例 1-4-1 中国化学工程海外项目供应链管理全过程产生的增值效应

——境外工程项目大型设备供应链管理

中国化学工程在印度尼西亚承接的某项目中,有 4 台大型设备(低压闪蒸塔、高压闪蒸塔、CO_2 汽提塔、CO_2 吸收塔)。上述设备为专利商工艺关键设备,专利商对技术要求和制造商名单都有严格要求。

上述设备均为复合板材料且加工工艺极其复杂,设备不能在现场组装,不能分段,需整体运输到现场。

对于上述大型设备,制造商基于 FOB 方式交货,由我司委托物流公司全程负责报关、海运、清关和内陆运输,将设备运抵项目现场。这 4 台大型设备属于重量和尺寸的超限设备,从装船码头运抵项目现场,其全程的物流费用占设备采购费用的一半。如果选择中国制造商,可以享受 13% 出口退税率的退税额度。但是工程所在国外产地的产品须缴纳超过 10% 的进口税费(包括进口关税和进口增值税等)。

从境外工程项目地缘特点考虑,大型设备的采购应优先考虑属地化供应。所以,在工程执行前期,需要对属地化供应进行可行性调查,综合考察当地制造商的实力和价格水平。我国工程公司承接的境外工程项目所在国家,其工业体系大多并不完善,这决定了大型设备的属地化不一定可行,但是小型设备和普通物资的供应属地化仍然具备可行性。

上述案例中提到的 4 台大型设备属于项目的关键非标设备,专利商对设备制造商名单有严格要求,将设备制造商的档次和水平限制在相同的平台。因此,在采购过程中,采购成本的评估成为评价影响最大的指标。

对于境外工程大型设备采购,从费用角度来说,除了考虑设备购置费用外,还应充分考虑物流费以及进出口税费。在上述案例中,物流成本占采购购置费的比例约为 50%,出口退税率约为 13%,进口税费比例超过 10%。也就是说需要对设备购置费用、设备物流费用以及进出口税费等进行综合评价,来选择最优的报价方案。尤其是当物流成本、出口退税率、进口税率等费用占据极大比例时,对设备全程采购费用的评价显得尤为重要。

综上 4 台大型设备采购的案例分析,对境外工程项目大型设备采购方案选择有以下建议:

1. 境外工程项目大型设备采购方案选择应优先考察使用属地化资源的可行性。所谓使用属地化资源,是指在满足项目合同基础上,应充分考虑利用项目所在国本地和所在国附近国家的制造商和资源。当使用属地化资源可行时,应将使用属地化资源和其他国家产地货源的制造商报价放在一起,对其报价进行全程采购费用的综合评价。

2. 对境外工程项目大型设备采购方案的综合评价应将设备购置费、物流成本、进出口税费等因素均作为报价方案的评价指标,综合评价大型设备的报价方案,选择全程采购费用最优的报价方案。

3. 超限超重大件货物与普通货物在物流计费吨的测量方面差别非常大。在条件许可的情况下,应尽可能在设计和制造环节采取措施,降低超限超重大件货物的物流费用。这些措施包括:将大型设备进行分段运输,既可以降低物流成本,还可以减少物流操作的风险并增加安全性;在工程现场制造或组装,或者考虑在工程现场附近制造或组装。

【专家点评】

该案例最显著的特点是在供应链全过程每个环节计划协同,针对物流成本占总成本

1/2 的特点,供应链管理从设计端即考虑物流费用的降低,生产环节选择政策允许成本最低的地点加工;采购和供应商充分交流谈判,保证原材料采购性价比最高,每个环节都体现了供应链管理的增值作用。从而获得项目整体的最大经济效益。

本章思考题

1. 采购可以为增值做出贡献的途径有哪些?

2. 列举采购"7 个合适"之间权衡的几个例子。

3. 解释"恰当的价格"对于采购者(采购价格)和供应商(销售价格)的意义。

4. 列举一项资本资产的总拥有成本中除了基本的采购价格之外还包括什么要素。

5. 解释关于质量的术语"符合用途"(fitness for purpose)。

6. 质量控制和质量保证的区别是什么?

7. 区分"推式"和"拉式"库存控制系统。

8. 采购人员如何确保物品按时交货?

9. 列举进货送货决策中的关键问题。

第5章 采购与供应管理核心

20世纪80年代以前,国际上大型企业垂直整合其组织框架前,采购主要从事战术性的购买活动,并要求严格遵守机械式的程序。采购人员接收来自生产运营部门的计划订单,然后遵循企业制度规定从事商品或服务的购买,合同价格是最重要的因素。这类采购仅需要基本的技能,并不需要专业的学位。

然而,从20世纪80年代和90年代初,随着经济的发展,社会分工越来越细,企业开始关注其核心能力,外包急剧增加;供应商承担了新的角色,如新产品开发和系统集成,随着企业的绩效越来越依赖供应商,采购领域也从被动的机械式的采购发展到主动和战略性采购,在全球化的寻源中选择和管理供应商时,企业总拥有成本成为重要的考虑因素,而不再仅仅以合同价格为依据。企业开始采用系统化的流程进行战略寻源、供应商选择和管理以实现长期的业务目标。随着职责范围的不断扩大,采购管理转变为供应管理。

◎ **本章目标**

1. 掌握采购管理与供应管理职能的区别。
2. 理解供应管理的战略作用。
3. 掌握寻源管理周期的实施步骤。

⟫⟫⟫ 5.1 采购管理向供应管理职能的转变

5.1.1 供应管理的内涵

供应管理是识别分析确定采购和履行组织所需的物品和服务的过程,以实现短期和长期目标,通过管理外部合作伙伴的能力,并将其与组织目标联系起来,供应管理开展总成本和能力管理,为组织的战略方向做出贡献,通过对人员流程和关系的有效组织和参与供应管理,通过创新成本管理、质量改进、资产优化风险缓解社会责任和可持续性来创造竞争优势。作为一个职业,经过多年的发展到今天,供应管理已成为采购组织竞争成功的一个战略贡献者。

5.1.2　采购管理和供应管理的区别

1. 采购管理和供应管理的区别(见表 1-5-1)

表 1-5-1　采购管理和供应管理的区别

采购管理	供应管理
在恰当的来源、 恰当的价格、 恰当的数量、 恰当的质量、 恰当的服务基础上 以恰当的时间 交付到恰当的地点	采购和广义采购、战略采购、物资管理、 供应商质量管理、生产管理、库存控制、 配送、收货、发货、包装运输、仓储物流、 外包管理以及供应商早期参与、制造和决策、 冗余物资处理、投资恢复等

2. "小采购"和"大采购"的概念

采购五阶段模型来自哈克集团(见图 1-5-1),"小采购"和"大采购"是我国供应链管理专家刘宝红提出的。

采购有两个层面的任务:一是订单层面;二是供应商层面。

所谓"小采购",就是侧重供应方面,在计划经济时代,企业分管采购的部门称作"供应科"。简单地说,就是企业设计、工艺、质量和技术部门确定采购清单后,采购部门以最经济的方式满足要求,但对需求是怎么确定的影响有限,其职能围着订单和项目转、下单、跟单、催单、交货、验货、收货,主要是些行政文秘类的任务。其采购管理是事后管理,更多的执行弥补。执行层面问题往往是需求管理不到位,需求计划做得不好,紧急采购多、设计没有优化、可制造性差。在执行层面挣扎多年后,采购人员认识到,要尽早介入到设计、计划部门,通过理顺需求来理顺供应。这种转变就是小采购向大采购的转变。

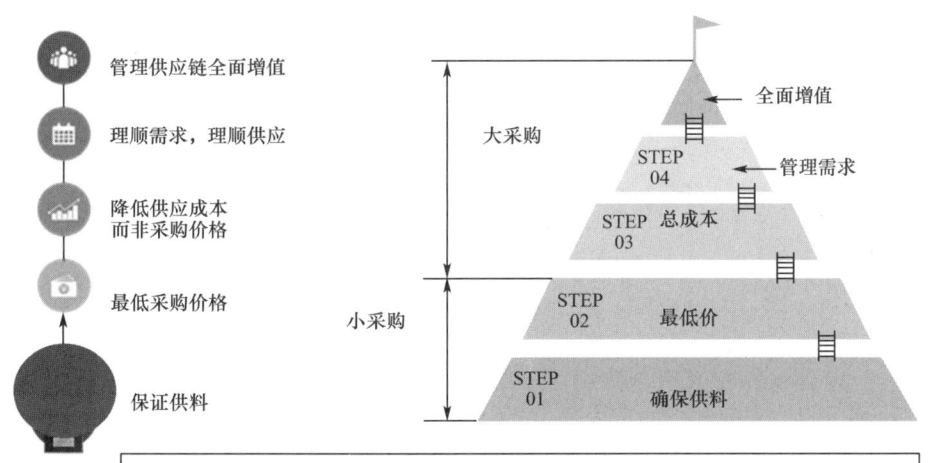

图 1-5-1　采购五阶段模型(引自《采购与供应链管理》P437)

所谓"大采购",就是对内理顺需求,通过管理供应商,整合供应商和设计部门合作,从源头开始降本,和计划部门协调,帮助供应商达到最佳规模状态,通过降低供应商生产成本,实现双赢,提高供应链的竞争力。大采购管理的重点是围绕供应商转,评价、筛选和管理供应商、提高它们的绩效,并把它们及早纳入产品开发,尽早发挥供应商的优势。如果供应商层面的问题不解决,订单层面的问题就会更多。因为问题发生在订单层面,只有上升到供应商层面,通过选择和管理合适的供应商,才能真正解决。例如,供应商出现质量问题,"小采购"通常做的就是退货,让供应商免费补货。有些质量问题跟供应商的系统、流程有关,只能通过在供应商层面上来改进。"小采购"没有能力、没有资源来驱动供应商系统地解决这些问题,结果是同样的问题会重复发生。所以涉及系统、流程相关的问题,一定要上升到供应商层面才能真正解决,即所谓"大采购"。

"大采购"之所以成为"大采购",就是因为通过有效的需求管理、战略寻源和供应商绩效管理,能够影响供应链的总成本,从而使采购部门成为公司的战略部门。

5.1.3　供应管理的战略作用

ISM 专业系列丛书《供应管理核心》作者 Janet M. Hartley,Ph. D 认为:

一个组织的成功取决于它比竞争对手更有效地获取和使用资源的动力。当企业关注其核心能力时,会将活动外包并将依赖供应商提供其他的关键资源,如原材料部件服务和工艺品,这样供应管理在战略上就变得非常重要。

在《ISM 术语表》第六版,供应管理被定义为识别、分析、确定、采购和履行组织所需要的商品和服务,以满足组织的短期和长期目标。通过管理外部伙伴的能力,并将其与组织目标联系起来,供应管理有效进行总成本和能力管理,从而为组织的战略做出贡献;通过对人员、流程和关系有效管理和参与,供应管理可以实现管理创新、成本管理、资产优化、风险社会责任和可持续性,为组织创造竞争优势。

供应管理决策影响采购组织在客户满意度、质量、及时交付、创新、可持续性创收和盈利能力方面的绩效。供应管理是一种战略职能,有助于实现企业采购的战略目标。

供应管理的职责包括品类管理、寻源、谈判、签约、合同管理、供应商关系管理、成本/价格分析、财务和预算分析。

>>>> 5.2　供应管理的核心

5.2.1　以寻源周期为框架的供应管理

随着供应管理变得更具有战略意义,采购实体正在实施品类管理,这是一种积极主动的吸引利益相关者参与的方法,用于在总体层面上制定和实施寻源和供应管理战略。品类管理的一个关键好处是寻源决策是主动的,寻源决策由深思熟虑的品类战略驱动,而不是一次性的战术决策。所谓寻源周期是采购实体用来获取商品和服务的一个供应管理过程,有效地实施采购寻源周期的每一步的过程形成了供应管理知识体系的核心基础。

其中,品类管理是实施采购供应的基础条件;预算和财务管理是决定采购供应的依据;战略成本管理是供应管理必须使用的工具;供应商关系管理是寻源决策的结果,也是寻源周期管理的重点。

寻源周期如图 1-5-2 所示。

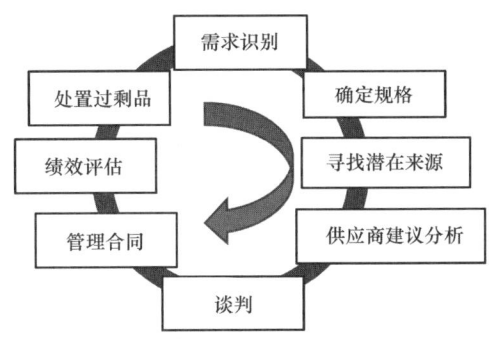

图 1-5-2 寻源周期 (来源 :CPSM 供应管理基础)

5.2.2 品类管理

许多企业正在通过品类管理为本企业增加更大的价值。麦肯锡公司的一项研究表明,优秀企业是否领先于其他公司,品类管理是重要原因。品类管理是一个主动过程,是识别整个企业的开支、标准化供应流程。虽然战略寻源是品类管理的一个重要方面,但品类管理还应实时对优先级品类的支出、未来需求的评估、市场化分析和是否可以进一步细分进行监控,并对供应商绩效、风险进行管理,维护供应商关系,进一步改善供应商绩效综合管理。

品类管理过程的第一步是支出分析、对采购实体未来需求的评估、供应市场分析和品类细分,建立管理的品类并确定优先级。第二步制定品类战略和制订行动计划,包括供应库优化等;第三步是品类管理实施行动计划。

5.2.3 预算和财务管理

采购供应管理部门和相关部门一起制定预算支持战略和制订运营计划,这些预算通常包括直接材料预算、间接材料预算、资本支出预算、运营预算以及其他类型的预算,用于控制开支、预先批准资金、监控预算和制定标准成本。

财务分析用来协助寻源和供应管理决策,例如评估供应商的财务风险,确定支付条款,制定货币政策,以及协助制定租赁或购买决策,比如财务比例分析,提供有关供应商的盈利能力和流动性信息。供应管理部门在财务报告中扮演的重要角色,采购实体必须确保遵守公司政策法规,对内部进行有效的控制。租赁或购买决策必须考虑财务、运营和其他问题。

5.2.4 战略成本管理

价格和成本分析是供应管理必须使用的重要工具,以确保为采购实体获得最佳的价值。详细的成本分析,需要了解供应商的直接和间接成本,然而仅关注价格及制造产品和服务的成本可能会低估了采购实体的真实成本,总体拥有成本(TCO)、落地成本和生命周期成本扩大了采购实体对成本考虑的覆盖范围,详细的成本建模可用于估算采购的"应该成本"和"目标成本"。

成本管理项目提供了一个系统化的场所,用来降低获取和使用产品或服务的总成本。成本项目管理中可以使用的工具包括 ABC 分层系统、供应商竞争、标准化服务,等等。此外,价值分析、价值工程、成本节约报告、审计等都是成本管理的重要环节和手段。

5.2.5　供应商关系管理

供应商关系管理是供应商管理的重要组成部分。

有效管理供应商关系将为采购实体创造价值,采购实体从不同类型的供应商处购买了许多商品和服务,而这些供应商在战略重要性、增值能力和供应链风险方面各不相同,因此在管理供应商关系上,首先应对供应商进行细分,建立信任关系,鼓励供应商创新和早期参与。

针对不同的供应商采取不同的使用方法。特别是应当注意对战略供应商、企业内部供应商、关键二级供应商、甲供材供应商的管理。

在供应链管理中,供应链及时的信息共享和信息系统的集成有助于采购实体减少库存、增加产能、降低运输成本、降低交易成本,借助于供应链整体规划,供应链管理还有助于降低需求不确定带来的风险。

▶▶▶▶ 5.3　寻源周期管理的实施步骤

5.3.1　需求识别

需求识别并确定寻源战略是寻源周期的第一步,对企业效益有重要影响。采购供应部门和企业内部相关部门一起,确定需要哪些资源,之后制定与品类战略目标相一致的寻源战略,推动供应商选择,以满足自愿的需要。寻源战略包括:是使用内部还是外部供应商,是选用原供应商还是新供应商,供应商的地理位置、覆盖范围、供货能力;是一品一点还是一品多点,是自制还是外包,是购买还是租赁,等等。其中,盈亏分析是比较生产成本和购买成本的重要工具。

5.3.2　确定规格

寻源周期的第二步是制定详细的规格说明,即把需求变成供应商可以理解的编制响应文件的依据文件。沟通需求的方法详见表 1-5-2。

表 1-5-2　沟通需求的方法类型

类型	描述
性能规格	性能规格规定了可接受的产品或服务特性,但不定义其细节或如何制造
设计规格	设计规格规定了产品如何制造或如何执行服务需求的详细信息
工作说明书（SOW）	SOW 是服务采购中使用的文件,用于准确定义工作的性质和执行工作的条件,如服务类型、级别和质量,以及需要的时间
外部规格	外部规格是行业或政府指定的规范
供应商样品	物理样品可以起到沟通规格的作用,当样品满足采购人需要时,样品通常被用作"规格说明"

5.3.3　寻找潜在来源和供应商建议书分析

寻源周期的第三步是寻找潜在来源。第四步是供应商建议书分析。

在寻源周期中,识别潜在供应商并对其进行评估以选择最终供应商是关键的步骤。研究表明,选择具有合适能力的供应商比在选择供应商后建立合作伙伴关系或开发供应商更重要,无论是供应产能、成本、质量,还是新品开发,这一点都是正确的。

选择供应商的工具主要是竞争招标和谈判。

选择供应商的准则参考见表 1-5-3。

表 1-5-3 选择供应商的准则表 (参考)

范 畴	选择准则
财务	财务状况、供应商盈利能力、财务记录披露、绩效奖励
一致性	质量一致、交付一致、质量理念、及时响应
关系	长期关系、关系紧密程度、沟通开放、诚信
灵活性	产品或服务数量变化、启动时间短、交付时间短、冲突解决
技术能力	设计能力、技术能力
服务	售后支持、售后代表的能力
持续改进	增量改进,产品或服务的可靠性
总拥有成本	购买价格和提供产品服务的前后产生的额外费用
运输与物流	运输、包装、海关和损失风险的成本,取决于国际贸易术语解释通则
信息安全	具备流程或程序,确保所有书面信息和数字信息表单安全
供应链风险	中断和其他风险的可能性和影响
管理能力	战略目标以及计划、组织和管理其各方面行动的能力

5.3.4 计划、准备和进行谈判

寻源周期的第五步是计划、准备和进行谈判,"在供应管理中,谈判经常涉及采购方和供应商,双方各自有自己的观点、利益诉求和目标,并贯穿于所有采购阶段:包括价格、服务、规格、技术和质量要求,以及支付条款(《ISM 术语表》第六版)"。

谈判可以为企业效益做出战略性的贡献,谈判会影响合同条款、供应商业绩以及买卖双方关系的性质。尽管谈判通常被作为供应商选择的工具,但是谈判将为双方买卖关系确定基调,并且是双方关系的开始,应确保谈判能够构建符合两个采购实体最佳利益的成功的商业关系。谈判也是执行中合同管理的一个重要部分,随着合同期限内条件的变更,有些情况还需要与供应商谈判。谈判包括预备规划、制订谈判计划、详细谈判准备、开展谈判等方面。

在我国国有企业采购中,进入市场使用的工具主要是招标或谈判。国有企业在生产经营中采购的设备、物资、服务等一般都不属于依法必须招标的项目。2019 年中国物流与采购联合会颁布的《国有企业采购操作规范》对非必须招标的项目采购进行了规范。规范规定,符合"采购需求明确、具有竞争条件、采购时间允许、交易成本合理"的采购任务应当通过招标方式采购,执行《招标投标法》的一般规定,如等标期可约定合理的时间等;符合其他采购方式的按照供应链管理要求,本着公开、高效、有竞争力、可持续的原则,依照项目特点进行采购。

5.3.5 管理合同

寻源周期的第六步是管理合同。包括创建合同、合同授予、管理和收尾工作。

（1）创建合同

合同对于买卖双方都有重要的作用，它明确规定了双方的角色和责任，有助于双方达成谅解，解决潜在的纠纷，合同应该对采购实体和供应商都是公平的。为了确保采购实体实现其目标，合同决定了如何在采购实体和供应商之间分担义务成本和风险，以及如何评估供应商的绩效。

采购实体必须根据寻源情况选择合适的合同类型，如主要围绕某种定价方式的合同，固定价格合同设定了价格，而成本补偿合同则根据执行工作的成本来确定价格，还有其他多种合同形式。

（2）合同授予、管理和收尾工作

供应管理专业人员对合同管理负责，包括从合同授予到收尾的所有活动。合同管理的一个重要方面是确保遵守合同要求及所有法律法规，为了有效合规，应规范合同管理的流程，建立内部控制并进行审计，以发现违规行为；应监控供应商的活动过程和绩效，确保合规性。

履行合同过程中不可避免会产生冲突，在理想情况下，合同管理专业人员可以通过协商解决冲突，但是合同也应当包括通过调解和仲裁解决协议的内容。在某些情况下出现违约，允许采纳的补救措施，取决于违约的类型，合同完成即终止。也有几个原因导致合同在完成前终止。

在我国境内依法必须招标项目签订的合同适用《招标投标法》和《民法典》；其他采购合同管理适用的法律是《民法典》。

5.3.6　绩效评估和处置过剩品

寻源周期的第七步是对供应商进行绩效评估。

管理合同采购供应管理部门负责开发和部署有效的供应商绩效评估流程，对于重要的采购，在寻源过程中，应在许多范畴对供应商进行彻底评估，以确定其满足采购实体要求的能力。用于评价现有供应商的关键绩效指标有：质量、交付、服务、成本和创新。积分卡可以用于供应商绩效业绩比较，并向供应商提供绩效反馈。供应商现场考察需要详细计划，在考察期间收集评估信息。

采购实体可通过供应商开发提高供应商的能力，包括采用供应商辅导来帮助供应商，在采购实体没有合格的供应商来源时，可以使用逆向营销来创建能够满足需求的新供应商，帮助供应商的方法还包括精益和六西格玛。其中，准时制、可视化管理和标准化工作流程是体现精益的有效工具。

寻源周期的第八步是处置过剩品，体现绿色供应链的理念。

 本章思考题

1. 简述采购管理职能向供应管理转变的背景。
2. 供应管理的内涵是什么？
3. 列出采购管理和供应管理的区别。
4. 简述供应管理的战略作用。
5. 画出寻源周期图。

6. 如何建立和确定品类的优先级？

7. 结合本企业，列出品类管理的产品和服务。

8. 简述有效管理供应商关系的重要意义。

9. 成本项目管理中可以使用的工具有哪些？

10. 采购供应管理部门和相关部门一起制定预算包括哪些内容？

11. 寻源战略包括哪些内容？

12. 列出确定规格的沟通方法类型。

13. 列出供应商选择准则表。

14. 谈判管理包括哪几个方面？

15. 管理合同包括哪几个方面？

16. 采购实体可通过供应商开发来提高供应商的能力包括哪几个方面？

第6章 供应链利益相关者管理

协同是供应链管理最重要的理念。在供应链管理中利益相关者的诉求和影响,对供应链管理的协同作用影响极大。不言而喻,在供应链管理中,利益相关者的管理机制决定了供应链管理的水平并直接影响供应链的竞争力。

◎ **本章目标**

1. 了解供应链管理中不同利益相关者的利益诉求和影响贡献。
2. 理解采购部门和其他职能部门分工合作关系的重要性。
3. 了解不同采购组织结构的优点和缺点。

▶▶▶ 6.1 供应链管理中的利益相关者及其管理

6.1.1 采购与供应的利益相关者

1. 采购的内部利益相关者(见表 1-6-1)

表 1-6-1 采购的内部利益相关者

利益相关者	利益/需求/驱动因素	影响/贡献
主管/经理	组织的营利性、生存与发展; 他们所负责的目标与项目的完成(需要采购的输入或者支持)	计划的正式授权; 增强员工的责任心和积极性;通过政治、人际关系和影响技巧发挥影响力
员工/团队成员或组织的其他成员	组织的营利性与生存,以保持持续稳定的工作; 得到支持、信息与输入,以便完成任务目标并获得奖赏; 健康和安全的工作环境; 公平和合乎道德的待遇	稀缺的资源:在技能短缺的时期和领域保持竞争力; 撤离劳动力的威胁; 通过熟练、积极、灵活地完成任务带来增值
技术/设计职能部门	准确完成规格; 得到关于价格和可用性等问题及时的相关专业建议; 与那些可以贡献创新能力与专业知识的供应商建立联系	确定规格与材料,采购人员再将这些转化为采购订单

（续表）

利益相关者	利益/需求/驱动因素	影响/贡献
制造/生产/运营职能部门	以合适的价格、合适的质量，在合适的时间将合适的输入品交付到合适的地点，以确保高效率的生产流，供应商管理和供应链管理，以支持制造柔性、准时制供应、创新等； 供应源搜寻与采购服务或咨询服务	关键的内部客户：由"五个合适"测量的采购绩效；提供关于输入品质量的反馈意见，以协助供应商或合同管理
销售和市场营销职能部门	提供令客户满意的质量和送货水平； 实现对客户做出的承诺；对反馈意见和需求迅速做出响应； 获得关于产品与交货日程的信息，以便进行促销； 供应源搜寻与采购服务或咨询服务	提供市场研究与客户反馈信息，这会影响产品规格与质量管理；通过营销沟通向客户做出的承诺，采购必须为兑现承诺做出贡献
财务/行政管理职能部门	坚持财务程序（预算控制、发票处理）； 得到与供应商谈判条款的通知； 对成本控制和成本削减提供支持； 对预算控制、成本核算、信用控制等提供信息； 供应源搜寻与采购服务或咨询服务	控制或影响预算分配； 向供应商付款； 可能对供应商关系产生影响，可能是成本控制或成本削减项目的领导者
仓储或配送（物流）部门（如果它们不包括在采购与供应职能部门中）	获得关于进货订单和出货订单的即时信息，以便安排运输和仓储计划； 关于"绿色"运输规划、货物搬运安全等方面的政策； 供应源搜寻与采购服务或咨询服务	控制与影响进货与出货的及时流动； 影响供应品的浪费、损坏和过时

对于采购职能部门来说，供应商是利益关联相关者中最重要的组成部分。供应商有能力影响供应的可靠性、质量、成本和价格决策、产品进入市场的效率、创新能力等，从而影响采购组织的竞争优势。

2. 采购的利益关联相关者（见表 1-6-2）

表 1-6-2　采购的利益关联相关者

利益相关者	利益/需求/驱动因素	影响/贡献
供应商	清楚的规格； 高效率的交易与关系处理； 公平的合同授予程序； 欠款的及时支付； 获得合理利润的机会； 有机会发展正常交易、联盟或伙伴关系； 获得反馈信息以支持服务	提供关键投入品； 有拒绝或限制供应的能力； 专业的知识和技术； 提供增值的潜力
金融机构/贷款机构	公司的财务实力与稳定性； 投资回报； 互利的日常关系	短期与长期的贷款融资，以维持和发展运营； 增值服务
股东	投资回报、分红； 公司治理：透明度，问责制，董事保护其利益	企业的所有者和资金提供者； 在公司会议上的选举权； 出售股份的资格

（续表）

利益相关者	利益/需求/驱动因素	影响/贡献
终端用户	满足对于采购的许多期望与动机； 注意消费者和企业或行业采购者的差异	是所有商业活动的关注焦点； 销售收入与利润的来源； 反馈信息的来源； 有权力转向其他竞争者
中间客户 （如代理、分销商、 零售商）	符合道德的、高效率的交易实践与系统； 销售支持：产品信息、可靠的供应、促销支持、销售人员培训； 收入与利润； 互利的日常关系	帮助提升和分销产品； 是获得竞争优势的整个客户"价值交付系统"的一部分，合作促销的潜力； 关于销售量、客户等反馈信息的来源，有权力停止促销或分销，或者帮助竞争者

③. 采购的外部利益相关者（见表 1-6-3）

表 1-6-3　采购的外部利益相关者

利益相关者	利益/需求/驱动因素	影响/贡献
政府和 监管机构	企业税收； 经济活动的健康水平； 与法规的合规性； 报告与申报者； 对社区发展和就业的支持	通过立法、规则和处罚，强化法规要求的权力； 控制税收水平和公共资助； 作为货物和服务的一个大的客户或供应商所具有的议价能力； 为企业提供支持和指导
社区和社会	获得产品与服务、就业的机会； 产品安全； 基本货物或服务的经济可承受性； 对社会负责任的企业和环境保护：危害最小化	现有的和潜在的客户、供应商和雇员储备； 调动政府政策和消费者舆论的能力

6.1.2　利益相关者的管理

①. 门德娄的势力/利益矩阵（见图 1-6-1）

图 1-6-1　门德娄的势力/利益矩阵

②. 各象限分析

（1）A 象限既没有大的利益又没有大的影响力的利益相关者是低优先性的群体。小的投资商或组织和与之有很少业务的大型供应商都属于此类。

（2）B 象限的利益相关者非常重要，因为他们的利益很大。小的供应商和员工在涉及对他们的利益有重大影响的决策时都属于此类。

（3）C 象限的利益相关者非常重要，因为他们的影响力很大：当前他们的利益水平较低，但如果他们的利益得不到满足或对其关心不够，那么他们的利益会水平上升。大的机构或股东、大的供应商以及政府机构和监管机构都属于此类。

（4）D 象限的利益相关者被称为"关键角色"，他们有影响力并为自己的利益有动机使用这一影响力。主要客户、关键供应商、高级采购经理和战略伙伴都属于此类。

③. 利益相关者地位分析

对内部利益相关者和外部利益相关者,根据其支持或反对采购方案的态度进行划分也是有帮助的。伊根的变革的利益相关分为与变革领导者和促进者有关的九个组:

(1)伙伴:那些支持该变革促进者的人。

(2)同盟:那些如果给予鼓励就会支持该变革促进者的人。

(3)旅伴:被动的支持者,只是承诺遵守变革议程而不是对变革促进者本人承诺。

(4)同事:支持变革议程的人,但他们不知道或不信任该变革促进者。

(5)骑墙者:对于支持与否态度不明确的人。

(6)炮筒子:对于与自己没有直接利害关系的变革议程可能投支持票也可能投反对票的人。

(7)反对者:反对该变革议程但不反对该变革促进者本人的人。

(8)对手:既反对该变革议程又反对该变革促进者本人的人。

(9)沉默者:那些受到该变革议程影响、却缺乏拥护者或没有影响决策的能力的"沉默的"利益相关者。

6.1.3　利益相关者管理流程(见图1-6-2)

一旦识别出关键的利益相关者,就可以制定每种利益相关者的管理战略。

(1)目的分析。

(2)期望的结果。

(3)对利益相关者的自我营销与沟通项目。

(4)关系管理。

(5)问题管理。

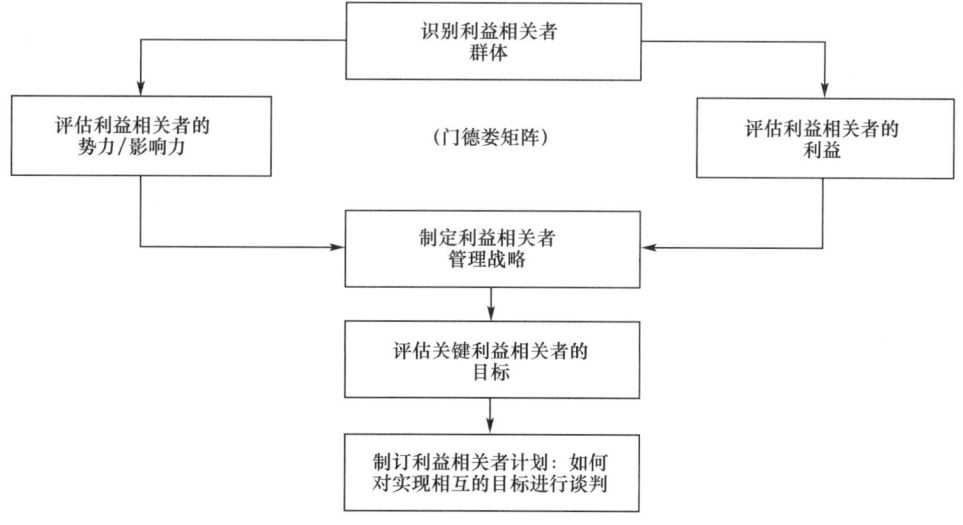

图1-6-2　利益相关者管理流程

6.1.4　利益相关者管理的过程

（1）收集有关利益相关者群体以及利益的信息。

（2）对最有影响潜力的群体进行优先排序。

（3）确定每个群体从该采购决策或计划中可能获得什么、失去什么，并利用这些信息来加强支持和在可能的情况下减轻损失与风险。

（4）保证与关键的利益相关者群体保持一致和连贯的沟通，以便保证他们接受该计划和建议。

（5）创造合作与协同效应的机会（在适当的场合）。

（6）随时间持续不断地监控、评估和调整与利益相关者的关系。

6.1.5　与内部利益相关者沟通的重要性

（1）组织要依靠他们的雇员来实施计划和提供服务。

（2）员工需要跨越职能界限共同合作。

（3）良好的员工沟通可以提升工作满意度，有助于创建正面的雇主品牌。

（4）在很多国家，法律规定要求与员工的沟通、协商和参与。

>>>> 6.2　企业采购管理体制

6.2.1　公司治理

公司治理泛指一套规则、政策、过程与组织结构，组织以此进行运作、控制与监管，以确保遵守可接受的道德标准、优良实践、法律与法规。卡德伯利报告将其定义为："按照商业道德即是利益相关者所负的责任，对组织进行领导与控制的一套体系。"

1. 公司治理的重要性

（1）采购实体控制着企业的大量资金。

（2）采购实体面临着实施财务欺诈、滥用系统或信息牟取私利的众多机会。

（3）采购实体的决策通常会使某些供应商比其他供应商获得更多利益，这就会促使供应商努力影响这些决策。

2. 在采购中保持治理标准尤为重要

因为：

（1）采购专业人员在企业中受到信任，控制着某些战略决策和支出，影响组织及其利益相关者的利益。

（2）采购专业人员是"管事人"的角色，负责照看其他人拥有的资金与财产。

（3）采购职业的名声、信誉和信任会因欺诈及其他形式的不道德行为而受损，因合乎道德的行为而提升。

（4）不道德的行为会损害供应链关系，危害采购组织；而合乎道德的行为则可以促进供应链关系。

3. 妨碍达到良好治理的因素

(1)缺乏领导层的支持。

(2)缺乏来自内部或外部供应链中利益相关者的合作。

(3)不良的ICT系统与系统集成。

(4)治理模式、行为准则、规章及程序等缺乏透明度。

(5)缺乏公司治理所需要的资源(包括时间)。

(6)缺乏采购职责的连贯性与协调。

6.2.2 企业采购管理的组织结构

1. 组织结构

组织结构是指采购实体内各职位之间以及组织的成员之间的关系模式。有了组织结构,才能应用管理过程,创立指令和命令架构,由此对组织的活动进行计划、组织、指导和控制。

2. 一个有效组织结构应当具备的特征

(1)清晰的报告和问责路径。

(2)有效的多向信息流动与协调机制。

(3)短而有效的决策链。

(4)工作重复度最小(即协调和高效率)。

(5)转化职能之间"垂直的"障碍,以支持价值流平滑"水平地"流向客户。

(6)内在的灵活性(以便对不断变化的商业环境和客户需求做出响应)。

3. 部门划分

部门划分是指当组织发展到一定规模之后,就需要系统专业化地面向不同的部门分派人员和具体工作。

4. 部门划分的标准

(1)职能专业化。

(2)地理区域或地域。

(3)产品、品牌或客户。

5. 职能型组织结构的分组

职能型组织结构的分组是根据任务的共同特性或者重心,以及所需的专业技能、资源或技术,对任务进行分组。如图1-6-3所示。

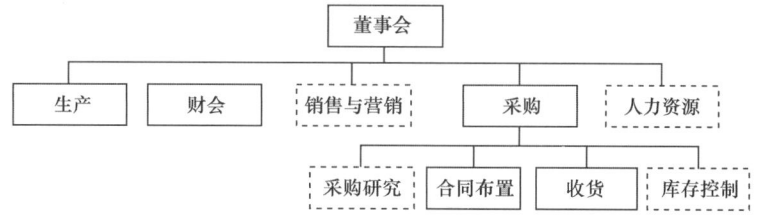

图1-6-3 职能型组织结构

6. 地理型组织结构的分组

地理型组织结构的分组的任务是根据活动所进行的地理区域或者目标市场、细分市场所在的区域而进行分组的。有多个地点的组织或销售部门常常采用这种组织结构。如图1-6-4所示。

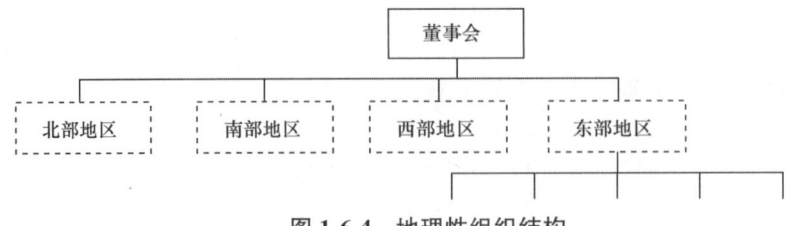

图 1-6-4 地理性组织结构

7. 按产品、品牌或客户进行分组

按产品、品牌或客户进行分组是根据产品、产品线、客户或相关的采购品类对任务进行分组。具有系列特色品牌的公司和具有关键客户类型的公司常常采用这种类型的组织结构。如图 1-6-5 所示。

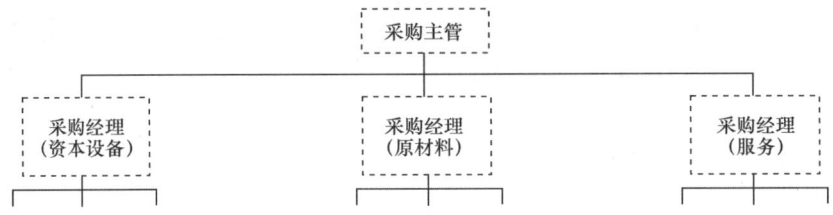

图 1-6-5 产品型组织结构

8. 三种组织结构的优缺点（表 1-6-4）

表 1-6-4 三种组织结构的优缺点

组织结构	优点	缺点
职能型组织结构	汇集专业化的技能与知识。 共享专业化技术和设备，提高效率。 便于专业人员的招聘、培训和管理。 在领域/产品部门内避免职能重复，可以获得规模经济	专注于投入过程，而不是专注于产品/客户（而后者是客户满意度必需的）。 为跨专业沟通带来了垂直的阻碍（缺乏灵活性和协调性）
地理型组织结构	在组织与当地利益相关者（有独特需求的）之间的交界面处进行决策。 供应、与当地市场或工厂的沟通都更为经济（因为距离短）	职能活动重复。 缺乏标准化，因为存在地域差异
按产品、品牌或客户划分的结构	不同产品/品牌/客户组的营利性责任更为清晰。 生产与营销更为专业化。 有产品经理进行不同职能的协调	管理的复杂性和一般管理费用增加。 目标和市场可能出现条块分割

9. 矩阵型结构的优点

（1）结合了职能型组织的高资源效率与项目型或产品型组织的责任明确的优点。

（2）培养各专业之间和跨职能采购团队为达到项目目标进行合作。

（3）使所有职能更为密切地参与到给客户的价值流。

（4）鼓励跨职能团队的沟通，以提高组织的灵活性和学习能力。

（5）将角色与责任的模糊性或冲突公开化，指出需要解决的潜在的问题。

10. 矩阵型结构的缺点

（1）可能带来潜在的效率降低（由于工作的优先性不明确，各任务之间频繁转化）。

（2）由于各需求之间可能存在竞争或冲突，因此会给员工带来压力。

（3）各经理为争夺人员和资源可能会发生冲突，或对出现的问题相互指责。

（4）使决策过程更加复杂。

6.2.3 采购的角色和职责

1. 典型的采购决策和职责（见表1-6-5）

表1-6-5　典型的采购决策和职责

角色	职责
采购（或供应链管理）主管	一般总体负责采购与供应链职能的工作，提供方向性与战略性的领导，如制定政策
高级采购经理	通常是"采购经理"团队的领导者，负责协调采购经理们的活动
采购经理	职责与高级经理类似，但通常在相对较低的层次
合同经理	负责大型复杂的合同与供应商管理；监控供应商绩效，催交付款，检查与批准合同变更等
供应商管理经理	负责供应商绩效监控与评估；跟踪协作持续改进协议；供应商开发；关系管理与纠纷解决等
催货员	追踪订单，保证按时交付
采购分析师或采购调研经理	负责调查供应市场，收集并整理数据

2. 兼职采购的优点

（1）将日常低价值物品的采购授权给兼职采购员，可以使专业采购人员有更多的时间致力于更为复杂与战略性的任务。

（2）用户具有技术特长和知识，可以加以利用。

（3）采购职能应当尽可能在整个组织中宣传良好的采购实践，将采购授权给兼职采购员是达到这一目的的一种有效途径。

3. 兼职采购的缺点

（1）不使用采购专业技能、知识与系统，可能做出不明智的采购决策，实施的采购过程效率不高。

（2）来自用户部门的采购者可能过于关注他们的主要工作，而缺乏对采购程序与决策的足够关注。

（3）如果将采购的职责分散到组织的各个部门，则很难对外部支出进行预算和控制。

（4）由用户根据自己的需求而自行定制的规格和进行的采购，缺乏协调，一般会导致效率低下。

6.2.4 企业采购部门与其他部门的关系（见表1-6-6）

采购过程与内部供应链中涉及的主要职能部门包括：

（1）工程设计部门。

（2）生产/运营部门。

（3）财务会计部门。

（4）市场营销部门。

表 1-6-6　采购与其他职能部门的关系

内部客户	参与采购过程的活动
工程设计部门	价值工程与价值分析。 质量保证。 材料可用性和价格的分析。 规格的准备
生产/运营部门	自制还是购买决策。 准备交货日程表。 库存和废品的控制。 世界级制造和供应技术实施中的协作。 制订需求/库存计划以使运作中断最小化
财务会计部门	预算准备,对照预算进行实际投入成本的控制。 采购的行政管理,如发票处理和分期付款。 库存价值核算、盘点和库存保险
市场营销部门	与主要下游的利益相关者沟通关键信息。 市场、客户和竞争者研究,为产品开发和需求识别提供数据;在产品特性、质量和价格方面会影响采购的目标。 客户期望(如最晚交货期)会影响循环周期的管理

>>>> 6.3　企业社会责任

❶ 企业社会责任(CSR)

CSR 是指对一个组织运营的环境、社会和文化方面进行的系统性考虑。除了法律责任以外,还包括可持续性、人权、劳资关系及社区关系、供应商及客户关系等关键问题。CSR的目标是建立长期的企业价值观,为改善那些受企业运营影响的人们的社会条件做出贡献。

❷ 企业社会责任的目标

(1)可持续性问题:保护世界有限的自然资源;支持小型的和当地的供应商;通过投资和就业支持当地的社区。

(2)环境问题:指定绿色材料;控制污染;管理废物;避免环境破坏和野生动物栖息地的损失;支持回收利用;碳排放最小化等。

(3)合乎道德的交易、商业关系与发展:保证产品的安全性和质量以保护消费者;改善员工的工作条件和社会条件;避免滥用采购方的势力强压供应商的价格;坚持合乎道德的雇佣关系。

>>>> 6.4　采购职业道德与问责制度

6.4.1　采购职业道德

职业道德是关于什么是"正确的"或"错误的"行为的一套伦理准则或价值观。采购道德的主要原则是：

（1）提供公平的、真实的和准确的（而不是虚假的或误导性的）信息，并在适当情况下保护信息的机密性。

（2）"公平交易"，对供应商行为采取相同的处理原则和措施。

（3）不应当提供、接收可能或可能被认为对接受者的决策造成影响的礼物或引诱物。

（4）采购负责人员应当了解各种欺骗行为，组织对此应当有明确的政策、规章与期望。

6.4.2 组织的问责与报告

1. 问责

得到权力的每个人应负起这样的责任，即对其权力使用情况向给予他们授权的人做出解释。

2. 采购的报告结构

（1）生产/运作部门。采购活动主要关注与生产有关的物流问题。

（2）财务会计部门。采购通过财务部门进行报告，这压制了采购参与创新过程改进的潜力。

（3）商务部门。商务部门的主管同时也承担采购经理的工作，负责对建议书与报价做出最终决策。

3. 采购监控的方法

（1）持续监控，例如电子监控工具。

（2）定期审计与检查：对照确定的测量指标或目标，以固定的时间间隔对结果进行检查。

（3）使用年度审计与评审来评估具体的计划和过程，个人、团队及职能部门的整体绩效。

4. 项目管理使用的一系列的控制与报告方法

（1）项目每个阶段完成后进行期末评估，使用来自项目经理以及项目发起人与用户代表的报告，评审并批注后续阶段的报告。

（2）项目经理向项目指导委员会或者项目管理委员会定期提交重要报告，对项目在时间进度、预算及可交付成果方面做简要总结。

（3）项目团队使用检查点进行反馈和控制，用于项目成员与领导的持续监控。

（4）项目计划中通常包括里程碑（关键阶段目标）与检查关（测量点，在该点对照可接受标准检查每个工作阶段是通过还是未通过）。

5. 采购管理审计

对公司采购环境、目标与策略进行综合性的、系统的、独立的和定期的检查，目的是识别问题与机会并促进制订合适的行动计划。

6. 采购审计的目的

（1）监控和加强遵守高级管理层制定的采购政策的符合性。

（2）确保组织使用了良好或最佳采购程序、工作方法、工具与技术。

（3）监控和测量组织使用资源的有效性、效率和价值。

（4）支持预防和检测欺诈、失误、资金的不良管理、管理不善的风险以及其他组织治理问题。

7. 采购授权(DPA)

订立货物、服务和工程采购合同的权力,以及监督合同授予之前和之中的过程和后续合同变更的权力。

>>>> 6.5 企业采购监督管理框架与治理机制

6.5.1 采购治理框架的关键要素

(1)监管机制:刑法;公共采购法律与法规;财务法规;标准程序、行为规范与职业道德准则。

(2)权力制衡:内部及外部审计;对举报人的支持;财务披露要求;在公共领域的信息与报告自由;供应商对合同授予决策提出质疑的权利;外部监督;职业尽责。

(3)预防:职业独立性;职业化;防止欺诈的措施。

(4)纠正:与法律法规的符合性;质疑与争议的解决;组织的学习与持续改进;自我监管。

6.5.2 典型的采购治理机制

(1)强大的内部控制环境,旨在支持企业目标并管理所识别的风险领域,健全的内部政策、权力制衡与控制机制。

(2)制定并实施采购活动中的职业道德行为准则。

(3)制定公平的、合乎道德的、透明的与一致的程序。

(4)对整个组织的采购支出进行有效的预算、控制与监督。

(5)清晰界定采购的角色、职责、责任与报告结构。

(6)控制采购人员个人的授权水平。

(7)对于请购、采购与支付等的批准与授权做出清晰规定。

(8)要求清晰的审计记录或书面记录,以便跟踪采购决策。

(9)对于不同采购职责进行分割。

(10)对于不同项目的采购人员进行轮岗,以避免某特定采购人员与特定供应商过于亲密。

(11)严格控制首选供应商名单及单货源采购,以确保其最为符合组织的利益。

(12)使用电子采购工具,以便使现金交易最小化、程序中人为欺诈性干预最小化、自动显示矛盾的数据。

(13)使用物理保安措施,以保护资产、现金及数据。

(14)对负责的员工进行有效的审查、筛选、监督与培养。

(15)使用标准的合同条款与条件。

(16)对采购过程、决策及控制进行内部审计,包括账目检查与核对,定期采购审计。

(17)鼓励供应商及雇员不畏报复,举报违反职业道德的行为。

(18)建立职业道德论坛或委员会,以讨论工作中产生的利益冲突与道德问题,坦诚沟通是以诚信方式进行职业道德管理的基石。

本章思考题

1. 什么是利益相关者?

2. 采购职能部门的相连利益相关者中最重要的组成部分是什么?

3. 列出利益相关者关系管理的过程。

4. 什么是企业采购管理?

5. 列出典型的采购角色与职责。

6. 兼职采购的优缺点是什么?

7. 采购过程与内部供应链中涉及的主要职能是什么?

8. 画出贯通整个组织的商业过程。

9. 什么是企业社会责任?

10. 列出企业社会责任的目标。

11. 什么是职业道德? 采购人员的职业道德是什么?

12. 列出商业道德的主要原则。

13. 列出采购的报告结构。

14. 采购授权的权利有哪些?

15. 列出采购的治理框架的关键要素。

16. 典型的采购治理机制有哪些?

第7章 采购电子化与BIM技术

电子采购(E-purchasing)是指由采购方发起的一种采购行为,是一种不见面的网上交易,如网上竞争采购、网上谈判采购等。电子采购包含了商品和服务的购买过程,包括从认定采购需求直到支付采购贷款的全部过程,也涵盖了合同管理、供应商管理等采购管理过程。

建筑信息模型(Building Information Modeling,简称 BIM)一词由 Autodesk 所创。它是以三维图形为主、面向建筑学有关的电脑辅助设计并逐步推广到工程施工及其使用等项目管理全生命周期、全过程,涉及建筑学、工程学及土木工程学的新型技术工具。

◎ 本章目标

1. 理解电子采购系统框架和使用工具。
2. 了解电子采购平台的架构。
3. 理解 BIM 技术的内涵。
4. 理解 BIM 技术在供应链管理中的应用。

>>>> 7.1 采购过程中的电子系统

7.1.1 采购电子化

1. 电子采购过程(见图 1-7-1)

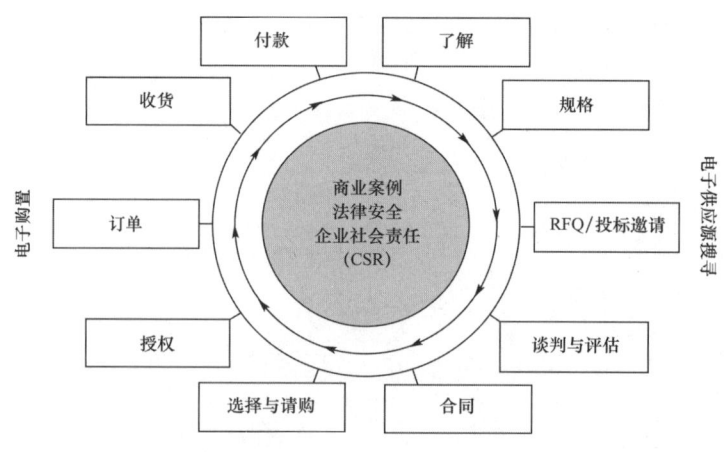

图 1-7-1 电子采购过程

2. 电子采购工具(见表 1-7-1)

表 1-7-1　电子采购工具

采购过程的阶段	电子功能与工具
识别与定义 需求	1. 检查实时库存,需要时发出请购单。 2. 可以使用开支分析、趋势分析和投资分析等工具,支持采购决策。 3. 生成电子规格和电子合同
市场搜寻	1. 可以使用供应市场情报工具。 2. 可以获得关于产品目录、供应商和供应商绩效数据的资料。 3. 对供应商的识别、评估和资格预审,并验证价格信息。 4. 发出投标邀请或者报价邀请,接收并评估标书。 5. 参加拍卖或者反向拍卖。 6. 发出"按需分批发货采购单"(按照框架协议或系统合同)。 7. 让合作伙伴控制库存和进货(供应商管理库存)。 8. 发出谈判计划资料。 9. 生成和发送采购订单或合同(并自动更新合同管理数据库)
采购至付款(P2P) 和合同管理	1. 交货跟踪。 2. 例外情况下的催货。 3. 自动收货与检验(例如使用条形码或 RFID),验证交货以触发付款授权或自动支付,并更新库存记录。 4. 获取供应商绩效数据、预算控制/支出数据。 5. 使用供应链通信的专用电子邮件、外部网或内部网。 6. 接收发票:使用自动记账、自动发票匹配及电子发票生成。 7. 生成纸质货币支付(例如支票)和电子支付(例如通过转账)

7.1.2　电子采购的优点与风险

1. 电子采购的优点

(1)采购效率高:电子采购通过互联网平台,供应商可以及时在线完成交流、报价、调价,信息传递效率高。

(2)资源获取渠道广:通过互联网平台,可将采购信息尽可能广泛地告知供应商,获取更好的供应商资源。

(3)阳光透明:由于招标以电子化施行,招标数据可以做到可随时追溯,资料不容易损毁,永久可查,可以极大地规范采购过程。

(4)标准化程度高:可以将部分采购流程标准化并固化在电子采购平台上,实现过程标准规范。

2. 电子采购实施过程中的风险

(1)成本投入风险:企业在实施电子化管理的过程中,大量的管理体系会自建平台,在部分企业,甚至一个公司一个平台,几百个平台形成了数据孤岛,难以融合。因此必须在集团总部层面统一开发平台,消除壁垒,降低集团成本,提升开发效率。

(2)数据安全风险:电子化数据可能遇到硬件损毁、数据恶意破坏及黑客攻击等情况,其安全存在一定风险。因此要对数据做好日常备份,定期升级系统,防止恶意软件及黑客攻击。

>>>> 7.2 电子交易平台

我国工程建设项目的采购适用《招标投标法》。2000 年《招标投标法》颁布不久,随着电子商务技术的迅猛发展,市场需求推动了电子招标投标的发展。各种电子商务平台应运而生,其中,电子交易平台在建设工程领域得到广泛使用。

7.2.1 电子化采购的实现方式

企业电子化采购,一般通过建立统一的采购平台实现。按现行的管理要求,采购平台应对接国家公开采购平台,如中国招标投标网(http://www.cecbid.org.cn),使得采购能面向更多潜在的供应商。

采购平台应涵盖完整的寻源板块(E-sourcing),具体包括招采计划管理、招标文件发布、供应商投标板块、评标定标板块和合同签订模块。此外,还有供应商管理、订单管理、结算管理、库存管理、采购双方信用评价、支付管理、专家库、数据分析等模块。

建筑业央企已经建立的电子商务(交易)平台有:中国建筑的"云筑网"、中国交建的"交建云商"、中国化建集团的"化学云采"、中铁集团的"中铁鲁班网"、中铁建的"中国铁建物资采购网""设备采购网""铁建商城"、中国能建集团的"能建商城"、中国电建集团的"中电建设备物资集采平台"等。采购交易平台是企业商务平台的重要组成部分,这些平台在供应链管理中发挥着重要作用。

八大建筑央企涵盖了住房建筑、铁路、公路、机场工程,化学工程,水电、火电、电力工程,新能源工程,应急工程等工程领域。因此,电子交易平台的建设都体现了各自领域的特点。如中铁集团有专业的物贸公司从事物资贸易和物资的集中采购,中铁物贸是中国中铁战略采购和区域集采的实施主体,其鲁班网聚焦数字供应链建设,包括集采管控、电子交易、智慧物流、金融服务、数据服务五大核心系统以及企业门户、数据总线、电子采购、网上商城、供应链金融、商旅服务、租赁系统、数据服务、统一身份、移动服务等 10 大子系统,是集团供应链管理的载体。

目前,这些平台还处在信息化联通阶段,有些具备了数据化自动分析功能,但是从深度和广度看,智慧化管理还要走很长的一段路。

7.2.2 电子化交易平台建设的框架内容

电子化交易平台能有效实现采购数据标准统一,管理流程、业务活动"全在线",可视化、透明化。借助先进的电子化平台,可以实现全链数据池互联共享,有助于供应链上各个企业提升管理效率,降低成本。电子化采购平台建设内容主要包含主数据模块、采购交易模块、采购管理模块、供应链数据管理模块和供应链决策支持模块。

1. 主数据模块

主数据模块主要对建筑业供应链涉及的物料、供应商、企业组织机构等高度共享的数据实现标准化管理,并不断完善,具备录入及审批、主数据质量管理、主数据应用评价功能。

2. 采购交易模块

采购交易模块是采购商与供应商实现交易互动的电子化窗口,帮助建筑业企业实现招标采购到合同签订的在线管理。此模块主要内容包括招标文件发布,供应商投标、开标、评标、定标和合同签订功能。

③. 采购管理模块

采购管理模块侧重于建筑业企业供应链的采购内控管理,包含计划管理、物流配送管理、结算管理、支付管理等重要功能,与采购交易平台相辅相成,实现供应链管理活动"全在线、全链接"。

④. 供应链数据管理模块

供应链数据管理模块是为了实现对供应链管理数据深度加工和应用的管理目的。一方面,要将采购管理模块和采购交易模块产生的数据及时统计分析生成管理报表;另一方面,要将全链条产生的管理数据自动关联并起到辅助管理决策的作用。

⑤. 供应链决策支持模块

供应链决策支持模块是借助信息化手段,为数据赋能,打造可视化的决策支持系统模块。作为综合决策辅助工具,其逐步融合大数据、数据分析建模、人工智能等技术,以可视化、移动化的展现方式为各层级领导提供更便捷科学的供应链战略和管理决策支持。

此外,当电子化平台应用达到一定程度后,基于精细化管理需求,对供应链管理的价值进行深度挖掘,可以结合实际,探索开发供应链金融服务、供应链咨询服务、供应链贸易服务、区域/产业/供应链管理创新、供应链信息化创新研发等,逐步构建各个开放、共享、共赢的供应链生态圈。

7.2.3 《国有企业网上商城采购交易操作规范》T/CFLP 0030—2021

目前国有企业MRO大都通过网上商城采购,为规范电子商城的市场秩序,2021年9月14日,中国物流与采购联合会颁布了《国有企业网上商城采购交易操作规范》T/CFLP 0030—2021。

该规范规定了国有企业网上商城采购交易的交易场景、业务模式和操作流程。

该规范适用于国有企业通过网上商城进行的采购交易活动。非公有制企业可参照执行。

①. 网上商城定义

网上商城(E-market)是国有企业建立的提供给内部采购人使用的交易平台。网上商城通过一整套标准化业务模式、操作流程和技术措施,将国家采购相关的法律法规和国有企业采购制度及合规要求固化在交易平台上,保证内部采购人实施采购业务的合规性、交易的可靠性以及商品和服务的分发效率。

②. 网上商城采购交易通用场景模型(见图1-7-2)

图1-7-2的通用场景模型,提供了网上商城交易模式的基本框架,明确了网上商城是基于通用场景搭建技术平台,在技术平台建构业务模式、供应商和采购人及业务模式进行操作的逻辑,因而规范首先重点对国有企业交易采购通用场景中的4种角色及其关系进行了规范,有利于国有企业通过网上商城进行数字化条件下的采购管理。

网上商城规定了三种业务模式:实时价模式、固定价模式、定制化模式,这三种模式分别适用于不同的交易定价方式,基本涵盖了网上商城的主要业务类型。规范把某种业务模式分成准入、交易、履约、赋能四个过程,对每个过程应遵循的基本规则做了要求。

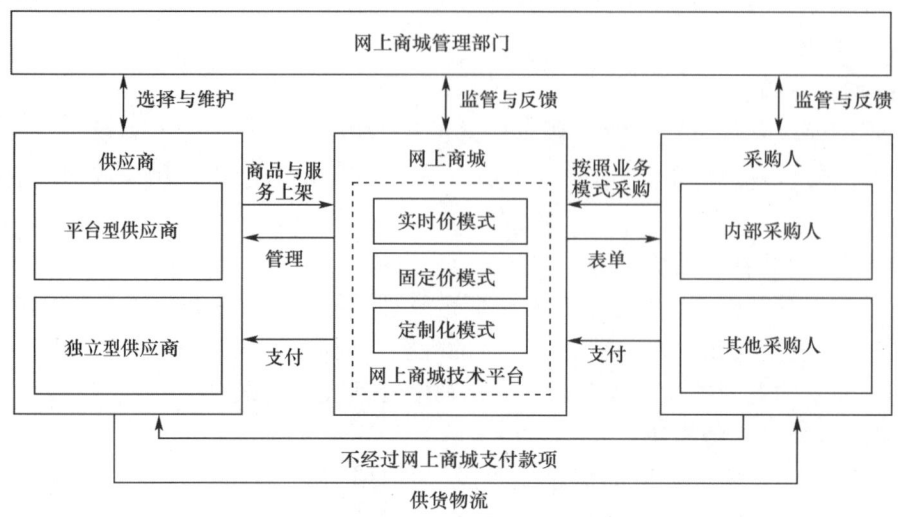

图 1-7-2　网上商城采购交易通用场景模型

>>>> 7.3　BIM 技术及其特征

7.3.1　BIM 技术简介

1. BIM 技术是建筑工程全生命周期的工具

建筑信息模型涵盖了几何学、空间关系、地理信息系统、各种建筑组件的性质及数量（例如供应商的详细信息）。建筑信息模型可以用来展示整个建筑生命周期，包括了兴建过程及营运过程。提取建筑内材料的信息十分方便。建筑内各个部分、各个系统都可以呈现出来。

建筑信息模型用数字化的建筑组件表示真实世界中用来建造建筑物的构件。对于传统电脑辅助设计用矢量图形构图来表示物体的设计方法来说是个基本的改变，因为它能够结合众多图例来展示对象。

施工文件对准确信息的需求来自多方面，包括图纸、采购细节、环境状况、文件提交程序和其他与建筑物品质规格相关的文件。支持建筑信息模型的人士期望这样的技术，可以为设计、承造、建筑物业主/经营者创建沟通的桥梁，提供处理工程专案所需要的实时相关信息。而提供准确信息的方法是经由工程的各个参与方在各自运行工作的责任期间，就其拥有的信息，对这个建筑信息模型进行增添和参考。例如，当大厦管理员发现一些渗漏事件时，其首先可能不是探索整栋大厦，而是转向在建筑信息模型中查找位于嫌疑地点的阀门。并且，他能够依据适当的计算机计算能力，获得阀门的规格、制造商、零件号码和其他在过去曾被研究过的信息，针对可能的原因进行维护。

美国建筑师学会进一步定义建筑信息模型为一种"结合工程专案信息数据库的模型技术"。它反映了该项技术依靠数据库技术为基础。在将来，结构化的文件（如规格）能够被轻易搜索出来并且符合地区、国家及国际标准。

2. BIM 技术的特点

（1）可视化

可视化即"所见所得"的形式。对于建筑行业来说,可视化真正运用在建筑业的作用是非常大的,例如经常拿到的施工图纸,只是各个构件的信息在图纸上采用线条绘制的表达,但是其真正的构造形式就需要建筑业参与人员去自行想象。对于一般简单的东西来说,这种想象也未尝不可,但是现在建筑业的建筑形式各异,复杂造型在不断地推出,那么这种光靠人脑去想象就未免有点不太现实了。所以 BIM 提供了可视化的思路,让人们将以往的线条式的构件形成一种三维的立体实物图形展示在人们的面前。现在建筑业也有设计方面出效果图的事情,但是这种效果图是用分包给专业的效果图制作团队通过识读设计制作出的线条式信息制作出来的,并不是通过构件的信息自动生成的,缺少了同构件之间的互动性和反馈性,然而 BIM 提到的可视化是一种能够同构件之间形成互动性和反馈性的可视。在 BIM 建筑信息模型中,由于整个过程都是可视化的,所以,可视化的结果不仅可以用来展示效果图及报表的生成,更重要的是,项目设计、建造、运营过程中的沟通、讨论、决策都在可视化的状态下进行。

（2）协调性

协调性是建筑业中的重点内容,不管是施工单位还是业主及设计单位,都在做着协调及相互配合的工作。一旦在项目的实施过程中出现了问题,就要将各有关人士组织起来开协调会,找各施工问题发生的原因及解决办法,然后做出变更,以做相应补救措施来解决问题。BIM 技术的应用可以实现管理团队高效的合作与沟通。在设计时,往往由于各专业设计师之间的沟通不到位,而出现各种专业之间的碰撞问题,例如暖通等专业中的管道在进行布置时,由于施工图纸是绘制在各自的施工图纸上的,真正施工过程中,可能在布置管线时正好在此处有结构设计的梁等构件妨碍着管线的布置,这种就是施工中常遇到的碰撞问题。BIM 的协调性服务可以帮助处理这种问题,也就是说 BIM 建筑信息模型可在建筑物建造前期对各专业的碰撞问题进行协调,生成协调数据,提供出来。当然 BIM 的协调作用也并不是只能解决各专业间的碰撞问题,它还可以解决例如:电梯井布置与其他设计布置及净空要求之间的协调,防火分区与其他设计布置之间的协调,地下排水布置与其他设计布置之间的协调等问题。

（3）优化性

事实上整个设计、施工、运营的过程就是一个不断优化的过程,当然优化和 BIM 也不存在实质性的必然联系,但在 BIM 的基础上可以做更好的优化。优化受三个要件制约:信息、复杂程度和时间。没有准确的信息做不出合理的优化结果,BIM 建筑信息模型提供了建筑物的实际存在的信息,包括几何信息、物理信息、规则信息,还提供了建筑物变化以后的实际存在。复杂程度高到一定程度时,参与人员本身也无法掌握所有的信息,必须借助一定的科学技术和设备的帮助。现代建筑物的复杂程度大多超过了参与人员本身的能力极限,BIM及与其配套的各种优化工具提供了对复杂项目进行优化的可能。目前基于 BIM 的优化可以做下面的工作:

①项目方案优化:把项目设计和投资回报分析结合起来,设计变化对投资回报的影响可以实时计算出来;这样,业主对设计方案的选择就不会主要停留在对形状的评价上,而更多地可以使得业主知道哪种项目设计方案更有利于满足自身的需求。

② 特殊项目的设计优化:例如楼裙、幕墙、屋顶、大空间等可以看到异型设计,这些内容

看起来占整个建筑的比例不大,但是占投资和工作量的比例和前者相比却往往要大得多,而且通常也是施工难度比较大和施工问题比较多的地方,对这些内容的设计施工方案进行优化,可以带来显著的工期和造价改进。

③基于 BIM 的绿色建筑系列软件,包括建筑节能、能效测评、日照分析、采光分析、暖通负荷、通风模拟及噪声分析等软件,采用模型公式技术,利用国内主流的施工图设计成果转成绿色建筑 BIM 模型。实现一模多算,并通过 GBXML 接口输出给其他绿色分析软件,实现广泛信息模型复用的价值。

(4)可出图性

BIM 并不是为了出大家日常多见的建筑设计院所出的建筑设计图纸,以及一些构件加工的图纸,而是通过对建筑物进行了可视化展示、协调、模拟、优化以后,可以帮助业主出如下图纸:

①综合管线图(经过碰撞检查和设计修改,消除了相应错误以后);

②综合结构留洞图(预埋套管图);

③碰撞检查侦错报告和建议改进方案。

BIM 技术与国内的建筑市场特色相结合,当它能够满足国内建筑市场的特色需求后,BIM 将会给国内建筑业带来一次巨大变革。

7.3.2 BIM 技术的拓展

建筑信息的数据在 BIM 中的存储,主要以各种数字技术为依托,从而以这个数字信息模型作为各个建筑项目的基础去进行各项相关工作。

在建筑工程整个周期中,建筑信息模型可以实现集成管理,因此这一模型既包括建筑物的信息模型,同时又包括建筑工程管理行为的模型,将建筑物的信息模型同建筑工程的管理行为模型进行完美的组合。因此在一定范围内,建筑信息模型可以模拟实际的建筑工程建设行为,例如:建筑物的日照、外部维护结构的传热状态等。

当前建筑业已步入计算机辅助技术的引入和普及阶段,例如 CAD 的引入,解决了计算机辅助绘图的问题。而且这种引入受到了建筑业业内人士大力欢迎,良好地适应建筑市场的需求,设计人员不用再手工绘图了,同时也解决了手工绘制和修改易出现错误的弊端。在"对图"时也不再用落后的将各专业的硫酸图纸进行重叠式的对图了。这些 CAD 图形可以在各专业中进行相互的利用,给设计人员带来便捷的工作方式,减轻他们的劳动强度,所以计算机辅助绘图一直受到业内人士的热烈欢迎。

7.3.3 BIM 技术在建筑领域设计施工中的应用

建立以 BIM 应用为载体的项目管理信息化,将极大提升项目生产效率、提高建筑质量、缩短工期、降低建造成本。具体体现在:

1. 三维渲染,宣传展示

三维渲染动画,给人以真实感和直接的视觉冲击。建好的 BIM 模型可以作为二次渲染开发的模型基础,大大提高了三维渲染效果的精度与效率,给业主更为直观的宣传介绍,提升中标概率。

2. 快速算量,精度提升

BIM 数据库的创建,通过建立 5D 关联数据库,可以准确快速计算工程量,提升施工预算的精度与效率。由于 BIM 数据库的数据粒度达到构件级,所以可以快速提供支撑项目各条线管理所需的数据信息,有效提升施工管理效率。BIM 技术能自动计算工程实物量,这个属于较传统的算量软件的功能,在国内此项应用案例非常多。

3. 精确计划,减少浪费

施工企业精细化管理很难实现的根本原因在于海量的工程数据,无法快速准确获取以支持资源计划,致使经验主义盛行。而 BIM 的出现可以让相关管线快速准确地获得工程基础数据,为施工企业制订精确人才计划提供有效支撑,大大减少了资源、物流和仓储环节的浪费,为实现限额领料、消耗控制提供技术支撑。

4. 多算对比,有效管控

管理的支撑是数据,项目管理的基础就是工程基础数据的管理,及时、准确地获取相关工程数据就是项目管理的核心竞争力。BIM 数据库可以实现任一时点上工程基础信息的快速获取,通过合同、计划与实际施工的消耗量、分项单价、分项合价等数据的多算对比,可以有效了解项目运营的盈亏、消耗量有无超标、进货分包单价有无失控等问题,实现对项目成本风险的有效管控。

5. 虚拟施工,有效协同

三维可视化功能再加上时间维度,可以进行虚拟施工。随时随地直观快速地将施工计划与实际进展进行对比,同时进行有效协同,施工方、监理方甚至非工程行业出身的业主领导都对工程项目的各种问题和情况了如指掌。这样,通过 BIM 技术结合施工方案、施工模拟和现场视频监测,可大大减少建筑质量问题、安全问题,减少返工和整改的概率。

6. 碰撞检查,减少返工

BIM 最直观的特点在于三维可视化,利用 BIM 的三维技术在前期可以进行碰撞检查,优化工程设计,减少在建筑施工阶段可能存在的错误损失和返工的可能性,而且优化净空,优化管线排布方案。最后施工人员可以利用碰撞优化后的三维管线方案,进行施工交底、施工模拟,提高施工质量。

7. 冲突调用,决策支持

BIM 数据库中的数据具有可计量(Computable)的特点,大量工程相关的信息可以为工程提供数据后台的巨大支撑。BIM 中的项目基础数据可以在各管理部门进行协同和共享,工程量信息可以根据时空维度、构件类型等进行汇总、拆分、对比分析等,保证工程基础数据及时、准确地提供,为决策者制定工程造价项目群管理、进度款管理等方面的决策提供依据。

7.3.4　BIM 技术在工程施工成本核算中的应用

1. 工程建设项目建设中成本核算的特点

一是数据量大。每个施工阶段都牵涉大量材料、机械、工种、消耗和各种财务费用,每种人、材、机和资金消耗都统计清楚,数据量巨大。工作量如此巨大,实行短周期(月、季)成本在当前管理手段下,就变成了一种奢侈。随着进度的进展,应付工作进度自顾不暇,过程成本分析、优化管理就只能搁在一边。

二是牵涉部门和岗位众多。实际成本核算,在当前情况下需要预算、材料、仓库、施工、财务多部门多岗位协同分析汇总提供数据,才能汇总出完整的某时点实际成本,往往某个或某几个部门不能实行,整个工程成本汇总就难以做出。

三是对应分解困难。一种材料、人工、机械,甚至一笔款项往往用于多个成本项目,要分解对应好,专业要求相当高,难度非常大。

四是消耗量和资金支付情况复杂。材料方面,有的进了库未付款,有的先预付款未进货,有的用了未出库,有的出了库未用掉;人工方面,有的先干未付、预付未干、干了未确定工价;机械周转材料租赁也有类似情况;专业分包,有的项目甚至未签约先干,事后再谈判确定费用。情况如此复杂,成本项目和数据归集在没有一个强大的平台支撑情况下,不漏项做好三个维度(时间、空间、工序)的对应很困难。

BIM 技术在处理实际成本核算中有着巨大的优势。基于 BIM 建立的工程 5D(3D 实体、时间、WBS)关系数据库,可以建立与成本相关数据的时间、空间、工序维度关系,数据粒度处理能力达到了构件级,使实际成本数据高效处理分析有了可能。

2. BIM 技术解决成本核算的方案

(1)创建基于 BIM 的实际成本数据库

建立成本的 5D(3D 实体、时间、工序)关系数据库,让实际成本数据及时进入 5D 关系数据库,成本汇总、统计、拆分对应瞬间可得。以各 WBS 单位工程量的人、材、机单价为主要数据进入实际成本 BIM 中。未有合同确定单价的项目,按预算价先进入。有实际成本数据后,及时按实际数据替换掉。

(2)实际成本数据及时进入数据库

一开始实际成本 BIM 中成本数据以采取合同价和企业定额消耗量为依据。随着进度的进展,实际消耗量与定额消耗量会有差异,要及时调整。每月对实际消耗量进行盘点,调整实际成本数据。化整为零,动态维护实际成本 BIM,大幅减少一次性工作量,并有利于保证数据准确性。

材料实际成本。要以实际消耗量为最终调整数据,而不能以财务付款为标准,材料费的财务支付有多种情况:未订合同进场的、进场未付款的、付款未进场的,按财务付款为成本统计的方法将无法反映实际情况,会出现严重误差。

仓库应每月盘点一次,将入库材料的消耗情况详细列出清单向成本经济师提交,成本经济师按时调整每个 WBS 材料实际消耗。

人工费实际成本同材料实际成本,按合同实际完成项目和签证工作量调整实际成本数据,一个劳务队可能对应多个 WBS,要按合同和用工情况进行分解落实到各个 WBS。

机械周转材料实际成本。要注意各 WBS 分摊,有的可按措施费单独立项。

管理费实际成本。由财务部门每月盘点,提供给成本经济师,调整预算成本为实际成本,实际成本不确定的项目仍按预算成本进入实际成本。做好基础数据工作后,各种成本分析报表瞬间可得。

(3)快速实行多维度(时间、空间、WBS)成本分析

建立实际成本 BIM 模型,周期性(月、季)按时调整维护好该模型,统计分析工作就很轻松了。软件强大的统计分析能力可轻松满足我们各种成本分析需求。

基于 BIM 的实际成本核算方法,较传统方法具有极大优势:

——快速。由于建立基于 BIM 的 5D 实际成本数据库,汇总分析能力大大加强,速度快,短周期成本分析不再困难,工作量小、效率高。

——准确。比传统方法准确性大为提高。因成本数据动态维护,准确性大为提高。消耗量方面仍会有误差存在,但已能满足分析需求。通过总量统计的方法,消除累积误差,成本数据随着进度的进展,准确度越来越高。另外,通过实际成本 BIM 模型,很容易检查出哪

些项目还没有实际成本数据,监督各成本实时盘点,提供实际数据。

——分析能力强。可以多维度(时间、空间、WBS)汇总分析更多种类、更多统计分析条件的成本报表。

——总部成本控制能力大为提升。将实际成本 BIM 模型通过互联网集中在企业总部服务器。总部成本部门、财务部门就可共享每个工程项目的实际成本数据,数据粒度也可掌握到构件级。实行了总部与项目部的信息对称,总部成本管控能力大能加强。

7.3.5 BIM 技术在招标投标活动中的应用

1. 快速建立 BIM 模型

在工程建设项目中制定招标方案和编制招标文件可以采用 BIM 技术。在设计部门建立的 BIM 模型或自建模型中通过三维可视效果图对项目建设的环境、成本、质量、进度和安全、建成后的效果(包括节能、环保)等内容做出精准的描述和判断;据此招标人可以科学进行招标方案的设计,包括确定招标批次、合理划分标段、科学组织不同类别标的的招标,在编制招标文件中,合理设定投标人资格、准确设定关键技术指标等。特别是依据模型计算工程量,快速准确计算标底或拦标价,压缩了投标人围标串标的空间,明确了本次招标的范围和实质性要求,方便了招标人决策和投标人投标。

2. 工程概况介绍

招标人在编制招标文件中引入 BIM 工具,通过电子交易平台用三维动画描述工程概况,并通过平台的链接发送给潜在投标人,投标人可以依据自身技术优势准确报价,避免了投标文件的漏报、错报,或文件前后不一致等低级失误的发生。

3. 施工组织部署和进度计划

在工程建设项目中施工组织设计体现了施工方的技术管理水平和能力。工程招标一般需要组织现场踏勘。但使用 BIM 技术后,投标项目现场环境通过三维模型的动态演示一般可以通过远程下载图像及时了解拟建工程的周边环境,必要时再组织现场踏勘进行答疑;其次,投标人通过 BIM 三维动画模型的比较和优化,可以向招标人和评标专家展示投标人的施工组织设计的技术特长和优势,对施工方案、施工进度、施工总平面图的设计等做出科学部署,方便评标专家做出比较。

4. 工程量的统计和施工资源配置

在编制工程招标文件中,招标人向潜在投标人提供的工程量清单是文件的重要组成部分。目前国内的电子招标交易平台都普遍提供采用软件技术编制工程量清单的工具。在引入 BIM 技术软件后,该软件可以自动计算工程实物量,从而形成准确的工程量清单,它将淘汰现行的工程量清单编制软件并可能会对传统造价行业造成颠覆性的冲击,无论是工程的量还是价的计算,都会最大限度地压缩恶意抬高工程造价、利用不平衡报价向招标人索取不当得利的空间,真正实现了建筑双方合理利益最大化。

5. 大型机械设备施工方案

在核算工程成本时,大型机械施工的租赁、使用是工程综合单价的重要组成部分。鉴于BIM 技术的可视性,施工方可以对大型机械设备进场的时间、道路、环境做出准确的评估,从而对大型设备的使用效率、费用精确计算并报价,其施工技术方案的可行性方便了评标专家的评审,同时节约了投标人的相关费用。

6. 重点施工方案模拟

投标方施工方案的可行性是评标环节专家重点评审的内容。在使用 BIM 技术后,投标人可通过三维动画图向评标委员会详细介绍工程的重点、难点及其解决方案。专家通过不同投标人施工方案的演示,孰优孰劣一目了然,可以最大限度地减少专家主观臆断、倾向性打分等评审顽疾。

7. 机电设备管线的深化设计

在工程建设项目中,由于涉及的专业不同,机电设备管线的碰撞现象一般难以避免。现场的深化设计经常是施工方要求进行设计变更从而索取合同外收入的一个环节,也是影响正常施工进度的一个原因。采用 BIM 技术后,这些问题在设计阶段已经完全解决。这样,既堵塞了低价中标、通过设计变更进行索取回报的灰色通道,也为承包方提供了公平规范的竞争环境。

8. 钢结构的深化设计

钢结构是工程建设项目中的一个特殊构件。在工程建设项目中,钢结构一般由专业制造厂在工厂内组织生产,其生产工艺有很大的专业性,产品具有标准性。因此,施工方一般通过外包的方式组织施工。但是有关法律明确规定关键和主体工程不能分包,而在有些工程建设项目中,钢结构可能是关键或主体工程。鉴于此,住房城乡建设部在《建筑工程施工转包违法分包等违法行为认定查处管理办法(试行)》的通知(建市〔2014〕118 号)第九条中规定了违法分包的各种表现形式,其中第(四)项明确规定:"施工总承包单位将房屋建筑工程的主体结构的施工分包给其他单位的,钢结构工程除外。"但是钢结构在工程施工中由于环境、施工条件等多种因素的影响,一般在施工现场还需要深化设计。采用 BIM 技术后,施工方可以针对现场条件的变化预先进行必要的深化设计,一是节约时间,二是降低施工成本,三是保证质量。同样,这些方案的优劣方便评委的评审。

9. 施工总平面布置中临时设施的模拟

施工总平面布置中的临时设施管理水平体现了承包商的综合管理水平,也是企业文化的展示。临建设施应当尽可能减少土地的临时占用,并注意保护环境。工程完成后,临建设施应当拆除并恢复原地貌植被。同样,三维图像向招标人和评委形象地展示其管理水平有利于其中标。

10. 安全管理措施方案模拟

除了投资、质量、进度是工程建设项目重点管理的三大目标外,安全生产也是工程管理的重要目标。在工程监理中,所谓"四控两管理"即投资、质量、进度和安全控制以及合同管理、信息管理是工程监理的任务目标和工作主要内容。因此,在评标委员会评审中,对施工安全管理的评价也是在施工组织设计方案中评标的一个重点。所以,投标人通过 BIM 技术的演示向评委介绍其在安全管理中的重点、要点和应急措施,一方面,是投标人圆满完成工程建设项目的需要;另一方面,不同安全管理的方案有利于评委的评审并做出公平的判断。

案例 1-7-1 中国建筑济南"济南平安"360 米高层 BIM 技术的应用

1. 项目特点(一小三高五难)

(1)项目是 CBD 五大超高层中唯一一个零场地施工的项目,场地狭小,物资材料运输困难。

(2)高度高、关注度高、标准高。建筑高 360 米,是济南第二高楼,项目地处中央商务区,政府等各方关注度极高,项目管理目标均为国内最高标准。

(3)设计节点难、周边环境难、交叉作业难、平面转换难和垂直运输难。项目设计了同类超高层中最大直径的工程桩、组成复杂的钢结构、形式多变的外立面等复杂工程节点,设计节点施工压力大;项目紧邻地铁、周边工程同步施工、环保压力骤增和极端环境频现等环境因素叠加,周边环境压力大;项目竖向需组织11个作业面同时交叉作业,交叉作业管理压力大;受零场地限制,需要在场地频繁组织平面转换,平面转换管理压力大;竖向同时施工人员多,材料多,设备多,垂直运输管理压力大。

2.精准采购数据化赋能供应链前端智能建造

2.1　行业背景

建筑业作为劳动密集型产业,当前面临人口老龄化加剧、用工难和劳动力成本上涨等突出问题。项目以精准采购为目标,实现数量精准、规格精准、质量精准,推进建筑工业化、数字化和自动化,逐渐实现建筑业从劳动密集型产业向技术密集型产业的转型。

2.2　总体思路

为了达到精准采购,项目以打造全行业最高精度BIM数据为基础,实行以BIM为核心的设计管理,实现钢结构和机电安装等专业的供应链前端智能建造,改变行业劳动力密集型特点。

2.3　前端智能建造

为了实现精准采购,项目依托BIM集成应用平台,从深化设计、排版放样、下料装焊、涂装打包全流程配套信息化简化工艺,自动化占比率高达X%,实现高效采购助力价值创造。

深化设计阶段:为了达到规格精准,研发深化信息管理平台、弯扭构件、临时措施智能建模等软件;助推深化管理、建模、出图全过程,改变了传统的工业图纸出图方式,深化效率提升X%。

排版放样阶段:为了达到质量精准,研发CSMT软件,实现自动制图、数据快速处理、坡口自动标注等功能;相比传统排版放样形式省去了X%的重复性工作,助推工艺设计的智能化发展。

材料下料阶段:研发虚拟库材料管理系统,实现订单自动跟踪、材料自动反馈、材料自动匹配以及数据智能统计;实现每根构件配备专属"管家",打造材料管控"驾驶舱",最终实现质量、数量双精准。

组装焊接阶段:研发复杂构件快速装焊技术及焊评管理系统,简化了以往大量的人工操作,实施效果提升了装焊工艺编制效率X倍,实现质量精准的目的。

智能打包:研发钢结构智能打包软件,解决了传统打包程序复杂的问题,实现了规则构件自动打包,"教会"构件自动寻找组织,打包速度提升X倍。实现数量和规格双精准。

在全过程的物流、运输流、信息流材料管理中,使用钢结构全生命周期管理平台对材料"收、发、存、领、用、退"过程进行管理,实现了堆场库位的可视化,对每一个材料赋予唯一的"身份证"标签,形成了堆场电子地图。

实现了下料、钻孔、组立、焊接、仓储过程无人操作。加工速度是人工的2倍,质量稳定,实现规格和质量的精准双控。

工厂为了达到型号精准化,基于BIM+物联网技术,创建符合项目特性的"私有云"管道构件库,利用二维码技术,对所有标准层乃至整个项目的构件进行统一的标准编码,从而实现机电管道装配图。基于此,出具"傻瓜式"管道装配说明书,真正做到从机房整体装配到末端管道的 100%工厂化预制。

* BIDA 一体化

模块化装配式机房设备及管线施工技术,是以建筑信息模型(BIM)为基础,科学合理地拆分、组合机电安装单元,采用工业化生产(Industrial Production)的方式,结合现代物料追踪、配送(Dispatching)技术,实现高效精准的模块化装配式施工(Assembly Construction)。相比传统施工方式,质量有保证,施工效率提升了 5 倍,达到三精准的要求。

* 二维施工图纸三维可视化

中建八一创新出一种基于智能手机的二维施工图纸三维可视化方法,将建筑的三维虚拟模型、增强现实技术、触摸手机屏幕与三维虚拟模型互动的功能封装成智能手机 App,施工人员只需要打开随身携带的手机,点开 App 后,程序驱动手机摄像头识别施工图纸的内容,自动调取 BIM 配对到图纸内容上面,透过手机屏幕一并呈现给工人展示设计意图,保证工人快捷、准确识图及用图,实现质量和规格精准化管控。

* 图纸模型一体化

中建八一研究出移动端电子图纸与 BIM 信息模型自动匹配技术,屏幕触控电子施工图纸任一区域,自动虚拟出三维空间,实现图纸与 3D 信息模型同时演绎设计方案,触控屏幕与 BIM 深度交互,控制模型缩放、旋转、分解、调取构件信息等,为工地全员提供了一个可视化技术交流平台,辅助一线工人快捷掌握正确的建造方案。尤其机电安装工程,规避了分包公司劳务工人自身原因造成的大量拆改,提升了项目进度管理水平,实现质量精准的目标。

* MR 设计表现技术

基于移动端的 BIM 信息模型固定在空中形成混合现实效果交互漫游技术,能够让虚拟的 3D 建筑设计方案固定在空中不动,利用手机在虚拟方案中漫游轻松获取施工要求,实时辅助施工人员过程质量自检,形成了建筑设计混合现实表现技术,是一种中建八一正向设计成果提交的解决方案,提升了工程建造现场管理效率、准确率。其轻松获取 3D 设计效果,辅助随时随地自检功能,达到施工质量精准的目的。

* 智慧二维码

二维码云计算平台用于现场便捷获取安全技术交底信息、电子图纸信息等,并将 AR 增强现实功能赋予云计算平台所生成的二维码,实现了二维码兼顾承载 BIM 信息模型的功能,具备一码识别多元信息追溯的实用效果,大幅拓展了单张二维码的信息承载量,促进质量精准在现场的应用。

* 各种施工机器人

弧焊机器人、龙门焊接机器人、圆管隔板焊接机器人、箱型隔板焊接机器人、钢结构便携式 Mini 弧焊机器人、智能涂装机器人、机电安装相关机器人、装修安装相关机器人、幕墙相关机器人。

3. 精益管控集约化助力零场地现场管理

3.1 现场面积小、主材运输压力大。

3.2 总体思路针对零场地的施工条件,项目对场地资源、自有资源、相关方资源等进场的分供资源进行精益化的组织。场地资源:

(1)设施场地最大化,优先保证施工进度;

(2)临时设施场地最小化,工人生活区采取外租的方式;

(3)材料管控精细化,对现场材料堆放进行精细化布置,材料进场时间及数量严格控制；

(4)主楼一层(核心筒1~5层结构施工期间)及爬模顶层(核心筒6层级以上结构施工期间)进行精细化平面策划,确保平面资源充分利用。

相关方资源:业主在地下结构施工阶段即完成了强电、暖通及给排水、消防、幕墙、电梯等甲指分包的招标工作,各专业应用500D精度BIM技术进行建模,提前对各自专业施工内容进行深化设计。目前,项目已经完成地下室综合管线样板、1层及7层精装样板施工。

3.3　现场管控

(1)三计划:物资需用总计划、项目招采计划、物资日常计划。

(2)一巡检:每天一次现场巡检。

(3)一盘点:每月一次盘点。

(4)两分析:每月主材数量分析、每月价格走势分析。

(5)充分利用地下室空间,打造工厂化库房,提高加工效率;施工现场应用砌体排版,避免材料浪费,助力高效建造。针对狭小的施工空间,将已施工完成的地下空间进行充分利用,打造标准化库房,在凸出地面的结构顶部搭设钢平台,扩展施工场地。

3.4　物流运输

货拉拉运输是一个新型运输平台,公司统一建立账号,享受平台服务,高效低价。

(1)与"货拉拉"签订协议,建立公司账号,享受货拉拉平台服务,线上下单,月度付款。

(2)传统运输方式相对烦琐,需要提前预约,车辆资源较少。

3.5　废料处理

云筑废料计量监测系统联合地磅、料斗以及监控摄像头等硬件设备,利用物联网、互联网、云计算、大数据及移动互联等先进技术,通过事前审批、事后关联的处理流程,实现对项目废料回收的全方位管控。

(1)多池管理;

(2)重量走势;

(3)事前审批;

(4)事后关联。

【专家点评】

2021年年初,国资委采购对标考评组考评的第一个项目就是中建八局的"济南平安"项目,通过听取汇报、现场观摩,考评组一致认为,该项目采用的技术和管理水平代表了我们国家建筑业的最高水平。该项目是利用BIM技术对项目全过程管理的典范。

本章思考题

1.电子招标采购的优点有哪些?

2.请列举几个在采购阶段电子搜寻过程中的电子采购功能或工具。

3.电子商务平台架构有哪些基本模块?

4.请简述BIM技术的特点。

5.BIM技术解决成本核算的方案包括哪些内容?

第二部分

采购与供应链管理策略

第1章　确定采购需求

确定采购需求是采购实体实施采购的首要环节。

所称采购需求,是指采购人为实现项目目标,拟采购的标的及其需要满足的技术、商务要求。

技术要求是指对采购标的的功能和质量要求,包括性能、材料、结构、外观、安全,或者服务内容和标准等。

商务要求是指取得采购标的的时间、地点、财务和服务要求,包括交付(实施)的时间(期限)和地点(范围),付款条件(进度和方式),包装和运输,售后服务,保险等。

◎本章目标

1. 在采购供应管理中确定规格的重要性。

2. 了解规格的类型。

3. 理解制定采购规格的办法和规则。

>>>> 1.1　什么是规格

1.1.1　规格的定义

规格:描述要求的文件,能将要求传达给供应商,从而为采购者提供了对最终交付的供应品进行评估的方法,是和供应商签订的合同协议中的核心文件,是一份对产品或服务供应中需满足哪些要求的系统陈述,是对采购需求准确的定量标准。

建设工程的"规格":指由合同的商务文件和技术文件确定的采购要求。其中,商务文件规定了工程目标、地点、工期、总预算金额等;技术文件依据住房建筑工程、公路工程、铁路工程、水电工程、能源建设工程、应急工程等不同,执行相应技术标准、图纸、清单。

1.1.2　规格的作用

(1)确定要求:鼓励所有的利益相关者,思考到底需要什么,是否认为自己的这个需要是唯一的、最有效的、最增值的方案。

(2)将要求清楚地传递给供应商,以方便做好达到这个要求的计划。

（3）提供一种评价所供应的商品或服务的质量或合宜性的方法,以便决定是接受还是拒绝或持续改进。

1.1.3　制定规格时的主要问题(见表 2-1-1)

表 2-1-1　制定规格时的主要问题

产品	绩效目标:功能、产出、结果、流程要求及输入因素特征 美观 通用性 可靠性 耐久性 可维护性 易用性
价格	采购价格 生命周期成本(维护、运作、处置)
数量	一次性的或者有计划的持续需要,预测需求:供应商生产及交付能力
质量	期望的质量:最佳、最适合使用者需要或用途,或者价格最低,可接受的公差(偏差的范围)
时间安排	要求的时间段(每天、每周或者每月)或工期 可接受的公差(偏差的范围)
地点	交付地址 交付要求(例如:大件散装或集中托运) 包装要求 交通要求(所倾向的模式、特殊条件)

1.1.4　缺陷/公差

① 缺陷的定义

在建筑业,允许所供应商品或服务与规格要求之间有多大程度的不一致,称之为缺陷。承包商按照买方要求的规格,在合适的地点和时间交付合适的数量的工程。

② 公差的定义

在评价质量的时候,允许所供应商品或服务与规格要求之间有多大程度的不一致,在制造业一般称之为公差,公差也有很大差别:如精密仪器的零部件要求公差以毫米计算,而普通大型零配件的公差以厘米计算。根据不同的服务,有不同的公差,如呼叫中心/物业公司。

③ 零缺陷对采购人员的影响

①规格:必须安排确切的要求,公差范围很低甚至是零,或者在一个订单中缺陷数量为零。

②供应商预审、选择和评估:采购人员必须确保供应商具有能可靠、持续地提供符合规格要求的产品或服务的能力。

③质量控制:采购人员需要对最初交付的部分产品或服务进行检验,以确保这些质量保障流程在有效正常运作。

④成本:保证质量或预防次品所需要花费的成本会很大,但通常还是会比质量不合格或质量失败所导致的成本要小。

⑤质量管理:为了达到缺陷零公差,必须实施内部控制,以期实现向外部客户交付完美

产品的总体目标。

1.1.5 准确有效规格条件是实现采购价值的途径

（1）规格以非技术语言清楚地说明了采购要求，便于快速简单地使用、理解和评估。

（2）使得合同的潜在投标人能够预先进行评估，避免了把时间浪费在进一步分析规格和投标上。

（3）使供应商具有更好的灵活性及创新性来寻找更具资金价值的解决方案。

（4）避免制定过高的规格、纳入太多不必要的特征或提出过分的质量及公差方面的要求，费钱却不能增加相应的价值。

（5）避免制定过低的规格，留下不确定性或潜在的符合性问题，从而导致之后的延误、变化、争议和额外的质量成本等。

（6）避免使用品牌规格，导致选择方案灵活性变差。

1.1.6 规格标准模糊可能导致的结果

（1）买方和供应商可能存在误会，导致拒收货物、浪费生产时间、产生法律争端并且破坏供应商关系。

（2）买方和其他利益相关者可能存在误会，导致产生内部冲突、拒绝使用产品以及对采购部门失去信任。

（3）不良的规格使得在所提供的货物中更有可能存在质量缺陷，增加成本。

（4）界定不好的规格意味着，即使材料或服务符合规格，它们也无法发挥其应有的作用。

（5）货物和服务的规格可能过高，导致过于理想、忽略用户需求满足和成本增加等。

（6）工程验收可能产生不必要的纠纷。

>>>> 1.2 规格的类型

1.2.1 一致性规格/性能规格

（1）一致性规格：也称作技术规格或设计规格，详细地说明了所需产品的组成成分，可以是技术性的，也可以根据化学或物理特性、品牌、市场等级或标准来制定。

（2）性能规格：也称作功能性规格，基于结果的规格，是一份简短的文件，它规定了要达到的功能性，以及关键输入参数的详细情况，相对简单的文件，界定了所要实现的功能或性能。

一致性规格详细给出了所需的供应究竟由什么构成；性能规格详细说明了所需的供应必须能够做什么。

1.2.2 一致性规格不普遍的原因

（1）制定说明非常困难，而且耗时、花费大。

（2）买方承担着设计达不到预想功能的风险。

（3）减小了可供选择供应商的范围。

（4）限制创新或限制了最优解决方案的出现。

1.2.3　性能规格被广泛采用的原因

（1）性能规格更易于制定,成本也更低。

（2）性能规格的功效不依赖于采购方自身的技术知识水平。

（3）供应商可以充分利用自己的专业技能、技术和创新能力来开发最合适的、成本最低的解决方案。

（4）性能规格的大部分风险由供应商承担。如部件没有达到期望的功效,或者某个流程或服务没有达到目标,采购方有权获得赔偿。

（5）潜在的提供产品或服务的供应商数量会比使用一致性规格时要多,并且不同供应商的专业知识可以提供范围很广的解决方案。

1.2.4　性能规格的适用情况

（1）供应商比采购方拥有更多的相关技术及生产专业知识。

（2）供应产品所处行业的技术发展比较快。

（3）性能规格给我们提供了清楚、客观的标准,便于对供应商提交的方案进行评估。采购方能够有足够的时间及专业知识去评估供应商所提出来的各种提议,或可选方可以提供范围很广的解决方案。

≫≫ 1.3　一致性规格

一致性规格的表现形式:

（1）技术规格或设计规格。

（2）由化学/物理特性表示的规格。

（3）由品牌表示的规格。

（4）用样品作为规格。

（5）用市场等级作为规格。

（6）由标准表示的规格。

1.3.1　技术规格

1. 技术规格或设计规格的定义

它是一种详细规定的书面规格或图样,对于所要求的事项做出了全面详细的界定(如工程图样、设计图或蓝图,或者详细说明书的形式等)。

2. 技术规格包含的内容

（1）规格的范围。

（2）定义,所采取的任何技术或专业术语。

（3）作为规格对象的工程、设备或材料的用途。

（4）参考的有关文件,如适用法律、标准或法规。

(5)材料要求、性质、公差和允许的变化。

(6)成排的外观、质地要求,包括识别商标、操作符号、安全说明等。

(7)所要求产品的图样、样品或模型。

(8)物品或材料安装、使用、制造或存储和条件。

(9)维护和可靠性要求。

(10)包装和保护规格,包括运输中的特殊条件。

(11)供应商为用户提供的信息,如操作指南及安装和维护的建议。

3. 技术规格的优点

(1)可以表达大量技术上精确而详细的信息。

(2)同样的计划可以发送给许多潜在供应商,有助于供应商之间的公平竞争。

(3)提供精确的标准来衡量交付的产品。

(4)降低风险,当买方比潜在供应商具有更好的设计或技术专长时就更为有利。

1.3.2 品牌规格

1. 品牌规格

品牌规格是根据品牌名称,按照品牌订购所要求的标准,来规定采购方所要求的供应品。

2. 品牌规格的优点

(1)管理方便且费用低。

(2)具有较高的质量和一致性。

(3)品牌商品采购容易。

(4)有名气的品牌商品,可作为买方推广自己产品的卖点。

(5)当某种材料或技术有专利权时,只有一种品牌可供选择。

3. 品牌规格的缺点

(1)高质量、高可靠性、知名品牌和形象,导致品牌产品往往比没有牌子的同类产品要昂贵许多。

(2)品牌产品的可选择性是受限的,有时候在市场上可能就只有一个供应商提供这个特定的产品。

(3)供应商可能会改变产品的规格,而不改变品牌或者不通知客户,导致订购可能会不符合要求。

(4)品牌产品可能是冒牌货,而且宣称与品牌产品具有相同效力的一般产品,采购中面临着风险。

(5)在未经适当检测的情况下,制造商常会习惯性认为品牌的材料或零件是令人满意的,给质量控制留下风险。

1.3.3 样品规格

1. 样品规格的定义

样品规格是指采购方完全清楚自己需要什么并已经有了样品,可以把样品或蓝本提供给供应商,并要求供应商照样复制出相同特性及性能。

2. 样品规格的优点

(1)如果采购方根据供应商提供样品来采购,那么按照法律规定就应该收到和样品完全一致的货物。

（2）可以使用一些样品在采购之前测试其适合性。

（3）样品是一种简捷说明采购要求的方法，无须再详细描述商品特征。

（4）如果买方要求供应商提供样品，则买方可以确认该供应商已经具备未来完成样品所要求的生产能力和工艺方法。

⟫⟫⟫ 1.4 性能规格

性能规格：也称作功能性规格，基于结果的规格，是一份简短的文件，它规定了要达到的功能性，以及关键输入参数的详细情况，相对简单的文件，界定了所要实现的功能或性能。

1.4.1 性能规格的内容

（1）功能、性能、能力（公差范围内）。

（2）影响性能的输入（公共设施）。

（3）运行环境和条件（功能需要）。

（4）产品与过程要素连接。

（5）相关标准（质量水平、健康安全、环境性能）。

（6）测量达到期望的功能、方法。

1.4.2 不同行业中的规格

不同行业常用的规格类型总结，如表 2-1-2 所示。

表 2-1-2　不同行业的规格类型

规格的类型	行　业
蓝图/设计	工程、项目、建筑业
品牌	小公司、消费者
样品	纺织业、大宗商品
市场等级	大宗商品贸易
标准	工程、制造业
性能/功能说明	制造业、电子工业及大部分产业
化学/物理特性	化学工程、工程、建筑业
结果	服务、项目
产出	IT、咨询及项目

⟫⟫⟫ 1.5 服务的规格

1. 服务采购是一种特殊的采购

詹姆斯·菲兹西蒙斯在其著作《服务管理——运作、战略与信息技术》一书中提出："服务是一种顾客作为共同生产者、随时间消逝的、无形的经历,其生产与消费或受到有形产品的约束,或不受约束。"[詹姆斯·菲兹西蒙斯,莫娜·菲兹西蒙斯.服务管理——运作、战略与信息技术.机械工业出版社,2007]

WTO服务部门分类清单共分为12大类:商业服务;通信服务;建筑及相关的工程服务;分销服务;教育服务;环境服务;金融服务;与医疗相关的服务和社会服务;旅游服务;娱乐、文化和体育服务;运输服务和其他服务,每一大类下都细分了具体的服务项目。

② 服务的属性

作为一种特殊的生产劳动过程,服务具有与其他生产活动不同的一些特性;各种服务产品与一般劳动商品之间也存在较大差异。这些特性与差异决定了服务的各项固有特征;各项特征相互组合,形成了各式各样的服务类型。

(1)无形性与有形性共存

服务是一种过程、一种活动、一种流程,甚至是一种体验;服务的空间形态基本上是不固定的,大部分生产与消费过程也是流动的;绝大多数服务活动与服务产品无法被使用者触摸到或直接用肉眼看见,如教育培训服务。可见,无形性是服务的一个特征;但有些服务利用各种有形的硬件设施与载体,在一定程度上提高服务的可感知性与可评价性,即构成所谓有形性服务,如物流管理、展会服务等。即服务具有有形性和无形性两重性的特征。

(2)生产与消费同步发生

很多服务的生产与消费过程往往是同时发生的——服务人员在提供服务给消费者的同时,顾客也正在消费服务,两者几乎完全同步。因为服务具有生产、消费的同步性,很多服务业供应商为推销自己的产品,非常重视消费者的体验、服务设施的环境安排。

(3)服务效果的异质性

因为多数服务产品是心理、精神层面的无形产品,导致服务具有高度的异质性——同一种服务的质量与效果,会因为提供服务的时间、地点及提供服务的人员等各种相关因素的影响而出现较大的差异;比如在以"人"为服务对象的"有形"采购中,对于同一个发型,年轻人满意,老年人就认为不好看;在以"人"为服务对象的"无形"采购中,老年人喜欢的影片,年轻人可能不感兴趣。即服务的标准化程度非常低。

(4)服务客体的不可储存性

绝大多数服务产品是不可储存的,无法如传统有形商品一样,在生产之后存放待售。这是服务的无形性以及生产、消费的同步性这两个主要属性所决定的:服务在生产的过程中就进入了消费阶段,且大部分产品都是无形、不可触及的。再加上服务具有异质性,同样的一项服务如果没能及时消费,很可能就永远地损失了。在大多数情况下,消费者亦不能将自己选购的服务携带回家,或是换个地点进行享用。

这种无法被储存的特性,使得服务业对于需求的波动更为敏感,评价往往是马后炮。但随着以计算机和通信技术为基础的新兴服务业的出现,特别是5G通信技术的出现,打破服务不可储存和运输的传统特性,如远程手术指导等服务。

(5)服务采购的模糊性

鉴于服务的上述特点,服务采购则呈现出模糊性的特征,包括需求的模糊表述、对象的模糊识别、模糊决策、模糊验收、模糊使用,称之为模糊采购。在模糊采购中,标的没有现成的通用规格,又难以或无法在采购前考虑周全,采购人常常难以对服务采购的质量进行科学量化,评标方法无法按照客观标准进行,即模糊评审。

>>>> 1.6 可持续的规格

现在,规格通常会涉及可持续性问题(即利润、地球及人这"三重底线")。

1.6.1 三重底线的定义和内容

商业组织不应该只根据营利性来衡量自己的绩效水平,还需要从经济可持续性、环境可持续性、社会可持续性三个方面衡量自己是否保护或促进了更广泛的利益相关者的利益。

1.6.2 制定可持续规格的关键目标

(1)寻求成本收益高及具有创新性的解决方案。
(2)最大限度地减少浪费。
(3)尽可能资源再利用或再循环。
(4)在整个供应链中确保采取道德及具有社会责任感的措施。
(5)尽可能给当地小供应商提供机会。
(6)最大限度地提高效率。

>>>> 1.7 制定采购规格的办法和规则

1.7.1 制定采购规格的职能部门

1. 不同职能部门对规格的要求

拟定规格是一项涉及多个部门的跨职能任务。除了来自用户和采购部门的输入外,设计工程以及市场营销部门都可以对规格编制做出贡献。

在各种不同情况下,即使在同一个采购实体中,规格起草的程序也很难统一,更不要说在不同采购实体中。要协调上述不同意见需要很高的管理能力。Dobler 和 But 在《采购与供应管理》一书中提出必须在下列四个方面达到和谐:

(1)设计需要考虑功能。
(2)市场营销需要考虑消费者的接受度及满意度。
(3)制造需要考虑生产的经济性。
(4)采购需要考虑市场、材料的可利用性、供应商的能力及成本。

2. 采购部门在制定规格准备过程中发挥主导作用的情形

一般,在制定规格的时候发挥主导作用的是产品或服务的使用者。但在以下情况采购部门在起草规格时可起主导作用:

(1)有很多的采购程序是相对简单的,对于那些市场上广泛供应的产品,其质量要求是很容易明确的。

(2)所采购的产品或服务是作为内部使用而不是再出售或用于生产的时候,采购部门可以自己全权处理。

（3）采购专业人员本身就是所采购的产品或领域的技术专家。

3. 采购人员在制定规格过程中的优势

（1）熟悉供应市场：分析标准物品的可获得性、有能力供应商的可获得性、市场价格、风险因素等影响。

（2）供应商联系：引进通过资格预审的供应商，促进技术规格的制定。

（3）对采购商务问题的了解：确定规格中关于供应商持有库存、反应时间、维护范围等内容。

（4）对采购相关法律的了解：规格制定符合国家及国际相关标准，健康、安全及环境保护方面的法律法规要求，即采购方法的相关规定。

（5）对采购原则的了解：关注使用者的真正需求，向他们期望得到的性能水平或公差提出质疑，并力求在这些领域获得收益。

4. 采购人员早期参与（EBI）的利弊

（1）采购人员早期参与（EBI：Early buyer involvement）：用来描述采购专业人员参与"规格"条件制定的过程，而不是仅仅将用户准备的规格转变为采购订单。

（2）采购人员早期参与（EBI）规格制定能做出的贡献。

——自制还是外购决策的输入。

——关于供应商参与和内部采购的政策制定。

——对供应商市场技术发展的追踪。

——预选参加开发项目的供应商。

——供应商关系管理。

——订购并跟催来自供应商的样品和原型。

——关于现有技术和产品的信息。

——可以产生更大价值的可替代供应商、产品或技术的建议。

——根据部件可获得性、可制造性、前置期等，对产品设计进行评估。

（3）毋庸置疑，EBI 也有缺点。其优缺点如表 2-1-3 所示。

表 2-1-3　EBI 的优缺点

EBI 的优点	EBI 的缺点
从概念到市场的开发前路期更短	如果过程有冲突或无效，开发前路期会更长
改进产品规格，提高产品的可制造性	对公司间沟通的投资很大
提高质量，降低开发成本	可能由于在研发方面的共同投入，陷入与不兼容供应商形成的关系之中
获取领先于竞争者的新技术	有可能由于目标和议程的不同而引发冲突
共享问题解决的技术专长	如果对供应商或技术不熟悉，可能会有风险
交流知识和信息，建立信任和同盟：让供应商觉得是组织"团队"中的一分子	有信息和知识产权泄露的风险（特别是当 ESI 供应商成为或服务于竞争对手的时候）
提高了对供应商能力的认识，具有未来发展和建立伙伴关系的潜力	如果产品或服务是围绕供应商设计的，则存在依赖性的风险

5. 参与制定需求规格的相关人员

（1）采购人员早期参与。

（2）正式委员会。

（3）非正式参与。

（4）采购协调员。

1.7.2　制定采购规格的办法

1. 整合梳理相关信息

针对确定规格所需的信息：技术要求、商业产品或服务的可获得性、进度计划及前置期、成本及预算限制、供应商流程、公司政策、法规等整合梳理。

2. 相关信息的主要来源

（1）产品设计师、工程师、用户或服务的对象。

（2）货物和服务的供应商。

（3）组织内部的服务提供者。

（4）第三方的专家。

（5）行业联络人。

（6）行业标准、国家标准和国际标准。

（7）供应商品交付的截止期限或开始服务的最后期限。

（8）供应商品订购、生产、测试、检验和交付的前置期或服务开发与提供的前置期。

（9）采购合同或订单最终定稿的最晚日期。

1.7.3　制定有效需求规格条件的注意事项

1. 信息质量

——明确的；

——简明的；

——综合的；

——符合国家或国际标准以及健康、安全及环境方面法律；

——最新的；

——用所有关键利益相关者能理解的方式表达；

——对信息价值进行分析。

2. 促进规格的标准化

（1）标准的定义

标准：规定了产品和服务需要达到的最低性能水平或质量要求的文件；是一份公开发布的规格；制定了行业共同语言，包含了技术规格及其他精确的要求描述，旨在被一致地用作一份规则、指南或定义。

（2）标准化的好处

采购标的如果能实现标准化，会在很多方面提高效率和节约成本，表现在：

①规格。如制定通用物品的规格而不是成本很高的那种定制的、自行设计的或变化的物品，制定已有库存物品的规格而不是新采购的物品。

②采购。如进行集中采购，从而发挥大宗采购的折扣优势，降低交易及材料处理成本。

③运输。如使用标准载荷及集装箱，使得多式联运及高效率-载荷安排成为可能。

④库存。如降低仓储面积要求，降低很少搬动或基本用不上的物品过时或变坏的风险。

⑤质量管理。如考虑物品种类和采用的标准减少,使得质量及符合性的监测和测量变得更容易,有利于提高供应商关系管理。

(3)采购者之所以关心标准化还有另外一层含义,即品种减少,品种的减少有利于集中采购。

3. 注意供应商主导拟定规格的风险

(1)规格以供应商专长为基础,技术性太强,不适宜用于有意义的评估。

(2)要求是根据供应商提供的实物来制定的,不是根据买方需求。

(3)法律上买方无法拒收不适宜但却符合规格要求的货物。

4. 加强对供应商早期参与(ESI)的管理

(1)供应商早期参与(ESI:Early supplier involvement):是指组织应当在产品或服务开发过程中的早期阶段邀请潜在的或首选供应商参与。

(2)供应商早期参与(ESI)规格制定的目的

让符合资格预审的供应商对于产品或服务设计的改进、生产成本的降低等主动提出建议,贡献采购组织所缺乏的技术专长。供应商对产品开发过程的贡献:对设计提出建设性的批评,在工程设计可能进行修改时建议使用替代材料或制造方法。

5. 确定采购需求规格条件应符合法规要求和企业制度规定

(1)采购规格应符合法律法规

——各种国家质量标准和国际质量标准的审核认证要求。

——职业健康及安全法规、消费者权益保护法规及行业操作规范。

——有害健康的物质控制条款及化学品危害信息及包装要求。

——环境保护方面的法律及法规。

(2)采购规格应符合企业制度规定

——遵守所有相关的法律、法规、标准、执业标准和最佳实践标杆。

——购买绿色产品政策。

——体现企业文化价值观。

——供应源搜寻政策可能规定强制的采购方式。

——质量、成本和定价政策。

1.7.4 关于在制定采购规格中的质量管理

1. 供应商产品质量管理标准对规格的影响

(1)将标准作为质量管理的一种简便工具,来明确自己对所采购产品或服务的质量、安全及性能水平、特性及公差的要求。

(2)通过获得某个质量体系的认证或证书,使自己的绩效完全符合质量及环境管理标准的要求。

(3)对工程重要原材料应要求供应商进行产品认证,以保证或展示自己的供应链的质量要求。

2. 质量管理体系的国际标准

(1)欧洲基金会质量管理卓越模式认证(全面质量管理,TQM)。

(2)国际标准化组织 ISG9000 体系认证(质量管理体系)。

(3)国际标准化组织 ISG14001 体系认证(环境管理体系)。

(4)英国标准协会公布的《PAS2050》(评估温室气体排放情况及管理其"碳足迹"减少

对全球变暖的影响)。

3. 防止库存增生

(1)库存增生是指随着时间的推移,采购实体中类似但又有稍许差别的库存或生产物品的品种的不断增加。它是指库存物品范围的扩大,而不是库存物品数量的增加。

(2)库存增生的不利后果

——不必要的库存持有及搬运成本。

——不必要的规格成本及交易成本。

——交易成本上升。

——存在着质量降低的风险。

——过时、变质或损坏等浪费的风险。

(3)库存增生的原因

——使用者的倾向。

——员工的变动。

——负责制定规格的个人或职能未查清相似的物品是否已经在组织中被采用,或商业需求是否通过使用现有库存物品或通用物品就可以满足。

——组织的库存管理信息系统不是很完善,很难查清哪些物品已经在组织中被使用。

(4)库存增生最小化的途径

——标准化。

——减少品种。

1.7.5 需求规格应符合社会和环境标准

1. 社会和环境标准的基本要求

(1)与采购方及下层供应商有关的地点。

(2)使用较少的或者绿色材料及包装。

(3)绿色设计及创新能力、逆向物流及再循环能力。

(4)制定及实施强硬的环境政策。

(5)稳健的环境管理系统。

(6)遵守运营所在国的环境保护及排放方面的法律法规。

2. ISO14001 环境管理体系的主要要求

(1)环境政策。

(2)识别对环境造成影响的组织活动。

(3)绩效目标及环境绩效目标。

(4)实施 EMS 体系确保这些目标,包括员工培训、指南、程序等。

(5)定期监督和审核,采取预防措施。

1.7.6 制定需求"规格"条件过程的信息保障

1. 信息管理保障的定义

对信息或数据的使用、处理、储存及传送相关的风险进行管理,以及为此目的所应用的系统和程序。它与计算机信息安全技术有关。

2. 数据管理

（1）采购实体应结合实际建立数据管理制度。

（2）采购实体应按照数据的重要程度和商业秘密等级对业务数据进行分级管理,应对数据的保存和销毁管理、数据的导入和修改、数据的查看和提取、报表的制作和发放、数据的传输做出规定。

（3）采购实体宜建立常态化的数据分析机制;应对各项基础数据进行深度分析,并能将分析结果应用于采购战略管理、实施管理、供应商管理、绩效评价、监督管理等方面。

（4）对于涉及国家安全的敏感数据应执行 GB/T 20008—2005、GB/T 20009—2005、GB/T 20269—2006 的相关规定。

3. 典型的信息保障项目的步骤

（1）系统风险评估。

（2）制订风险管理计划。

（3）风险管理计划的协议签署、执行、测试与评估。

4. 通过信息保障识别与规格相关的信息风险的内容

（1）未经授权非法访问采购实体的知识产权及信息。

（2）由于参与分享规格数据的其他组织使用不当,导致本采购实体的信息与商业利益受到威胁。

（3）由于软件数据遭破坏、计算机病毒的侵犯等因素,导致数据的完整性、安全性出现风险。

5. 规格数据的完整性与价值出现风险 (新旧系统更新等)

（1）设计实施各类系统时的风险,效率低下(系统兼容性)。

（2）关键人员转岗,会失去与他们相关的信息。

（3）外包导致的组织知识、信息流失。

6. 信息保障计划可以采取的措施

（1）对于包含了规格、合同及其他敏感商业数据的系统,确保已经建立起稳健的访问控制制度,确保人为参与信息系统有机密性保证。

（2）在使用信息系统时采用数据安全保护协议。

（3）采用储存数据的备份协议,以防止因系统失败或数据破坏而导致信息丢失。

（4）数据库管理。确保有用的信息及知识得到有效的保存。

（5）对规格的变更、更新或版本变化建立了通信协议和有效控制机制。

（6）对信息使用进行内部控制、检查和平衡,以防止滥用和欺骗。

（7）知识产权保护:使用经注册的设计、专利及版权制定适当规格及合同条款来有效控制知识和信息。

（8）确保敏感的商业数据在规格制定和要求公布过程中保持机密性。

（9）使用显著的编码系统,以显示库存增生的情况和品种减少的机会。

（10）将最佳实践、项目中得到的经验、技术数据以及其他一些具有增值价值的知识及信息记录成文,以促进组织的发展,并防止由于人员离职或外包而出现数据丢失。

本章思考题

1. 规格有什么作用？

2. 在零缺陷的环境中，采购者的工作会受到怎样的影响？

3. 请列出规格的优点及缺点。

4. 区分一致性规格及性能规格。

5. 为什么一致性规格变得不那么普遍了？

6. 哪些情况适合使用性能规格？

7. 技术规格有哪些优点？

8. 品牌规格有哪些优点？

9. 请列出性能规格的典型内容。

10. 请列出服务区别于有形商品的特征。

11. 什么是"三重底线"？

12. 采购者制定可持续规格的时候有哪些目标？

13. 在什么情况下采购部门会在规格准备过程中发挥领导作用？

14. 在规格制定过程中，采购人员能发挥哪些特别的作用？

15. 在规格制定过程中，如果由供应商来发挥主导作用会发生哪些风险？

16. ESI 的主要目的是什么？

17. 给出"信息保障"的定义。

18. 请列举与规格相关的信息方面的风险。

第2章　成本和预算管理

理解价格和成本之间的差异非常重要,价格是指购买的、售出的或报盘出售的任何东西的金额或其等价物;相比之下,成本是做业务所需的全部费用的总和,这些费用包括生产产品或服务的直接成本以及经营业务的所有间接成本。成本是供应商在确定产品和服务价格时所考虑的因素,但不是唯一的因素,供应商的销售价格减去实际成本是其净收入。

预算是一个财务计划,支持战略和运营计划的各项行动,以及完成这些行动所需的财务资源(《ISM 术语表》第六版)。一般来说,预算以成本编制,涵盖一个特定的时期(通常是一年),确定并分配财务资源给一个组织的产品、服务部门和/或分部(《ISM 术语表》第六版)。在功能上,预算包含的内容不仅仅是预测,它还涉及有计划地巧妙处理所有变量,这些变量决定着公司未来努力达到某一有利地位的绩效。

◎ **本章目标**

1. 理解成本和价格的关系。
2. 熟悉成本的分类。
3. 掌握成本分析工具。
4. 了解预算管理的目的。
5. 掌握预算编制程序。

>>>> 2.1　成本分类

2.1.1　成本管理的目的和意义

成本管理是企业管理的一个重要组成部分,它要求系统全面、科学和合理,它对于促进增产节支、加强经济核算、改进企业管理、提高企业整体管理水平具有重大意义。成本管理由成本规划、成本计算、成本控制和业绩评价四项内容组成:

(1)成本规划是根据企业的竞争战略和所处的经济环境制定的,也是对成本管理做出的规划,为具体的成本管理提供思路和总体要求。

(2)成本计算是成本管理系统的信息基础。

(3)成本控制是利用成本计算提供的信息,采取经济、技术和组织等手段实现降低成本或成本改善目的的一系列活动。

（4）业绩评价是对成本控制效果的评估,目的在于改进原有的成本控制活动和激励约束员工和团体的成本行为。

2.1.2　成本的分类

1. 根据成本源分类

（1）获取成本

获取成本包括购买价格、计划、行政事务管理、质量控制和财务成本,以及税金。这些成本是企业采购时的初始支出。

（2）所有权成本

初始购买后接下来就是所有权成本,包括运营或使用、维护、停工、风险、周转和转换成本,还有关系成本以及其他无价值附加成本。

（3）后所有权成本

后所有权成本和采购品的长期成本有关,这不仅包括处置成本,还包括环境影响、保修和责任成本,以及客户不满的成本。

了解各种成本源可以使企业在很多方面消减成本,而不是仅仅限定在实际生产阶段。这样会使企业的流程变得更有效率,并可以向最终客户提供更低的成本的贡献。

2. 根据成本能否归因于特定项目的程度分类

（1）直接成本;

（2）间接成本。

3. 依据成本是否随数量变化的程度分类

（1）固定成本;

（2）可变成本。

4. 依据成本属性分类

（1）材料成本;

（2）人工成本。

2.1.3　直接成本和间接成本

（1）直接成本:可以被直接归类到某个可销售的产品单元上的成本。例如:直接材料成本、直接劳动力成本及直接花费等。

（2）间接成本:那些花费在不能被直接归类到某个可销售的产出单元上的劳动力成本、材料成本或其他物品的花费。例如:生产管理费用、行政费用和销售配送费用等。

表 2-2-1　常见直接成本和间接成本类别

典型的直接成本类别		典型的间接成本类别	
包装	饭盒	公用事业	复印
铸件	印刷电路板	法律服务	废弃物管理
塑料模具	过程过滤器	人力资源服务	旅行
大宗化妆品	子组件	车队	建筑物和场地维护
面料	发动机	设施管理	文具
番茄	软饮料	咨询公司	打印

（续表）

典型的直接成本类别		典型的间接成本类别	
塑料袋	控制和自动化	劳动合同	餐饮
瓶	轮胎	保险	安全
纱线	漆线	营销、设计和代理	清洁
MRO 物品	橡胶	物流	病虫害防治
紧固件	机场着陆	IT	软件
鸡胸肉	电子元件	电信	生产机械
机加工产品	罐头	资本设备	网络
钢丝绳	糖	土木工程	医疗保险
		新建筑装修	

2.1.4 固定成本和可变成本（见图2-2-1）

——固定成本：成本不随生产数量或销售水平的增加而改变。例如：厂房租金、设备等。

——可变成本：成本随生产数量和销售水平的增加而改变。例如：材料费。

——混合或半可变成本：有些成本混合了固定成本和可变成本的特点。

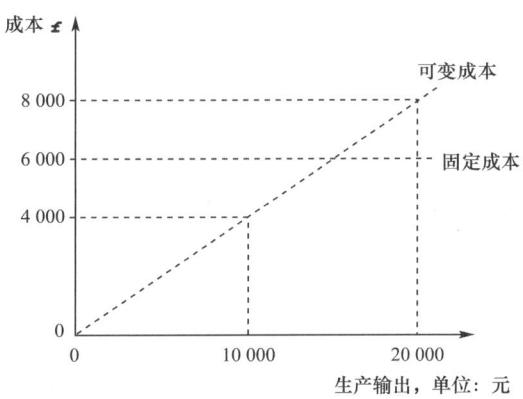

图 2-2-1　固定成本和可变成本示意图

2.1.5 材料成本和人工成本

1. 材料成本

(1)原则上，将材料投入到组织的生产过程所产生的所有成本都应该包括在其材料成本中。

(2)最好将材料视为间接成本分摊到一系列的产品和活动中，每个产品和活动都需要承担一定的份额。（制造行业的主要原物料往往作为直接成本，而辅助物料则作为间接成本。例如汽车制造业，发动机/电子元件/机械传动件等 BOM 材料就是直接成本，但是通用的油漆、清洗的化学药剂、生产过程中使用的工具等都作为间接成本参与总成本的分摊。）

(3)废料成本属于间接成本：由于这些材料没有投入生产，因而不能显示为直接成本。

2. 人工成本

——成本分类的可选方案：

(1)计时工资：员工按照时薪制下所工作的小时数获得工资。

（2）计件工资：员工按照所完成的每一项任务获得固定的金额，无论花费了多少时间。

（3）指定时间周期结束时支付工资：员工需要完成工作名义上要求的小时数，并完成分配给他们的任务。

——如果组织能够将人工成本直接与单一的产品、过程、活动等联系在一起，那么人工成本将是直接成本；如果人工成本分布于一系列的工作、活动等方面，每项工作都必须有其应承担的一部分份额，那么这些成本就是间接的。

>>>> 2.2 成本分析工具

2.2.1 帕累托分析（见图2-2-2）

（1）单个成本可以根据与其相关的组织活动的一部分，以及这些成本产生的方式来进行分类：无论它们是直接的还是间接的，固定的、可变的或半可变的。

（2）帕累托分析（ABC分析）。

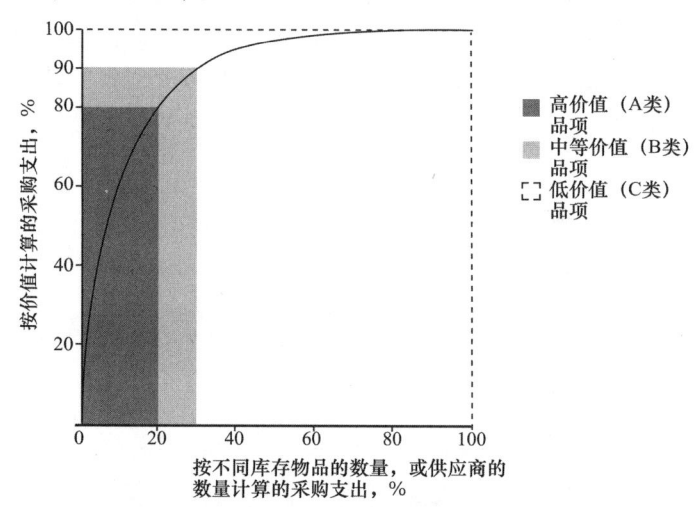

图2-2-2 帕累托分析

2.2.2 卡拉杰克分析

①. 卡拉杰克组合分析矩阵（O'Brien版本）（见图2-2-3）

卡拉杰克组合分析矩阵（Kraljic'smatrix）是一个简单的支出划分工具，用于识别四大类的组织投入（采购支出），对于用不同的方式来处理这些组织投入（采购支出）很有用。

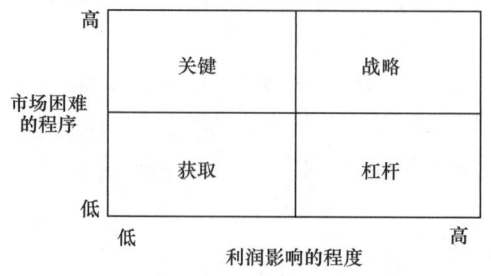

图2-2-3 卡拉杰克组合分析矩阵

（1）战略物品分析

①其也被称为关键物品。采购实体在应对这类物品时是非常脆弱的（因为这类物品的供应是有风险并且对组织有较大利润影响的），所以组织需要对它们施加尽可能多的控制权。

②采购实体需要认识到其脆弱性，并专注于与供应商的合作、协同及整合，即在关系中引入共同命运的元素。供应商关系将发展为更加长远、更具有战略型前景的特征，如持续改进、供应商早期参与、创新、相互的总成本降低及可持续性。

③战略类供应商往往处于帕累托分析的顶端。采购实体会花费相当大比重的时间和精力来发展和维护这些供应商。

④所产生的关系越深入，越需要与每个类别中越少的供应商打交道，或许对某类别将达到单供应源搜寻的程度。在这种紧密的关系中，供应商转换障碍是很高的，或许组织会发现自己正处在一种唯一供应源搜寻的情况。

（2）关键物品分析

①关键物品是常被称为"瓶颈"的品项。这类物品是很难获得的，并且会严重影响采购实体交付其产品或服务的能力，但物品在本质上不是昂贵的。因此，采购实体的重点将是确保供应的连续性；任何溢价实质上也是为了确保业务继续下去，因为总成本包含向客户供应失败所导致的成本，因而需要引起重视。

②关键物品往往会消耗相对其自身价值而言过多的时间。它们的供应市场可能是复杂的，或者供应商很难找到或者很难打交道。组织希望简化这些物品的采购，或者如果可能的话，将对这些物品的需求转变为矩阵中其他象限的物品。

③如果采购实体发现自己受困于采购这类物品，可能会希望与存在同样问题的其他采购实体一起加入采购联盟，进而改善自己的处境。

④促生这类物品的关键有时候来自供应市场的垄断或很高的准入门槛，例如高精密的仪器和设备采购；而有时来自采购实体自身设计开发能力导致的有意或无意的选择。对采购人员而言，了解采购实体内对于这类物品特性的选择性和依赖性尤为重要。

（3）杠杆物品分析

①其有时被描述为"商品"品项。有许多供应商提供几乎相同的产品或服务，并且采购实体的使用量很大。因此，采购实体有机会利用其购买能力和职场竞争性质之间的杠杆力量来获得一个好的交易。

②采购实体希望通过理顺支出以使其避免购买几种大量却类似的产品，或者避免从几个地方购买同一种产品，而是将可以在各种情况下使用的巨大数量的一种产品进行中央统筹，从而提高自身购买能力。

③采购实体购买能力的增长将更加巩固其采购。但如果供应商认为采购实体一旦选择了供应伙伴，往往不愿意更换，供应商就可能变得自满，而提供商品的供应商有许多潜在的买家，由于这个原因，采购实体可能会与多个供应商进行交易，并且对于供应商合同期限的确定十分谨慎。

④杠杆物品的采购通常体现了采购实体内采购部门的成本控制能力，并且对采购实体的利润目标做出较大的贡献。

（4）获取品项分析

获取品项更常见的称谓是"常规""通用""标准"或"非关键"品项。采购实体需要高效地对这些物品进行供应源搜寻。所涉及的物品相对不太重要，它们的市场竞争非常激烈，有许多的供应商以及较低的更换障碍。采购实体需要支付具有竞争力的价格,同时保证交付和质量标准。供应商关系将趋于公平买卖和交易性质。

2.2.3　Massin 分析

1. 卡拉杰克组合分析矩阵的 Massin 版本(见图 2-2-4)

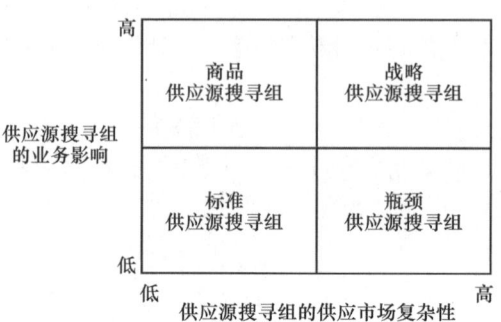

图 2-2-4　卡拉杰克组合分析矩阵的 Massin 版本

2. 纵坐标映射供应源搜寻组的业务影响

(1)失败的后果;

(2)成本;

(3)客户价值;

(4)产品差异化;

(5)技术优势。

3. 横坐标映射供应市场的复杂性

(1)进入壁垒;

(2)买方的力量;

(3)替代的机会;

(4)竞争对手之间的竞争;

(5)供应商的力量。

4. Massin 品类组的特性(见表 2-2-2)

表 2-2-2　Massin 品类组的特性

特　征	战　略	瓶颈(关键)	商品(杠杆)	标准(获取)
市场特性				
供应来源	很少	很少	多个	多个
市场进入壁垒	高	N/A	高—中	低
替代品的可用性	低	低	高	高
供应商的特征				
独特的能力	是	是或认为是	否	否
技术卓越	高	中—低	高—中	N/A
增值服务能力	是	有限	是	是

（续表）

特　征	战　略	瓶颈（关键）	商品（杠杆）	标准（获取）
新兴起的或行业领导者	是	通常不是	是	否
基础设施能力	高	低	高	中—低
绩效（质量、安全、交付）	高	中—低	高	高—中
地理范围	任何	区域或本地	全球或国内	地区或本地
商品组覆盖面	是或多个	有限或狭窄	全面	是或多个
财务资源	好	中—低	好	高—低
买方的特征				
支出	高	低	高	低
转换成本	高	高	中—低	低
对于供应商的重要性	高	中—低	中	低—中
感知到的业务风险	高	中—高	中—低	低
政治的影响	高	低	低	低
关键指标特性				
关键性能特性	高	中	中—低	低
技术的复杂性	高	高—中	中—低	低
项目成本	高	变化	低	低
交货时间	长	长	短	短
数量	变化	低	高	变化
关系的特征				
核心能力的杠杆机会	高	低	低	低
关系史	高	战术上强烈	中—高	战术上强烈
业务目标的兼容性	高	低	中—低	低
文化兼容性	高	低	低	低
投资意愿	高	低	中	低—中
分担风险和奖励的意愿	高	低	中—低	低
关系维度	多重	有限	多重或有限	有限
高管的兴趣与参与	高	低	中	低

2.2.4　巴尔托利尼记分卡

（1）巴尔托利尼记分卡记录了在综合一系列供应源搜寻因素的情况下不同类别所得的分值。该记分卡提供了一个对这些因素进行量化和比较的框架。

(2)内部和组织因素——这组因素旨在过滤掉难以放入一个分类方法的任何支出,着眼于:

①合同状况;

②供应源搜寻历史;

③利益相关者的参与;

④利益相关者的数量;

⑤访问支出信息。

(3)市场因素——这组因素是基于波特的五力模型,并探讨了供应市场的竞争,着眼于:

①竞争水平(潜在供应商的数量);

②进入壁垒;

③替代品的可用性;

④买方的相对议价能力。

(4)供应商因素——这组因素描述的是特定类别供应商的能力和属性,着眼于:

①高度专业化或独特的能力;

②供应商的利润空间;

③增值服务的组成部分;

④技术卓越的水平;

⑤财务稳定性。

(5)采购因素——这组因素重点在于采购过程以及一个给定类型的使用将如何影响组织及其结果,着眼于:

①供应保证的风险;

②对于结果、运营或生产的影响;

③类别的支出量;

④预计的节约潜力。

(6)类别特定因素——这组因素能够决定分类方法的适用的那些类别独特属性,着眼于:

①战略影响;

②类别的复杂性;

③交货时间。

>>>> 2.3 成本核算的方法

2.3.1 成本核算方法

(1)边际成本计算法(或称可变成本核算法):只使用生产额外单位产品的边际成本来计算,基本上这是用可变成本来计算产品的单位成本。

(2)吸收成本计算法:试图将一个产品的全部成本都计算进去。

2.3.2　总拥有成本(TCO)

一个物品的采购价格和其总拥有成本之间是有很大差别的。总拥有成本不仅包含物品的价格,还包括以下方面:

(1)各种交易成本,如税收、外汇交易成本及签订合同的成本。

(2)财务成本(假如用于购买物品的资金是借来的)。

(3)获取成本,如运输、安装及佣金成本。

(4)运营成本,如能源、备件、耗材、超过使用年限的维护和维修的成本(例如,设备和机器)、操作人员培训、供应商的支持等。

(5)存储成本和其他需要的搬运、装配或精加工的成本。

(6)质量成本(检查,返修或拒绝,销售损失,客户赔偿等)。

(7)生命结束成本,比如拆卸、搬移和处置。

2.3.3　盈亏分析点

1.关于利润的概念

(1)利润:产品销售价格(或说销售某产品的总收入)与产品生产成本之间的差额。

(2)溢价:用成本的百分比来表达利润要素。

(3)利润率:用销售价格百分比来表达利润要素。

(4)安全边际:计划销售量与盈亏平衡销售量之间的差额。

2.盈亏平衡点(见图2-2-5)

(1)含义:盈亏平衡点是指在这个点,供应商的产品销售量正好可以覆盖可变成本,即实现盈亏平衡,也就是说既没有盈利也没有亏损。再增加一点销售量,就会打破平衡,获得利润。

(2)盈亏平衡点公式:总件数=固定成本/(每单位的销售价格-每单位可变成本)。

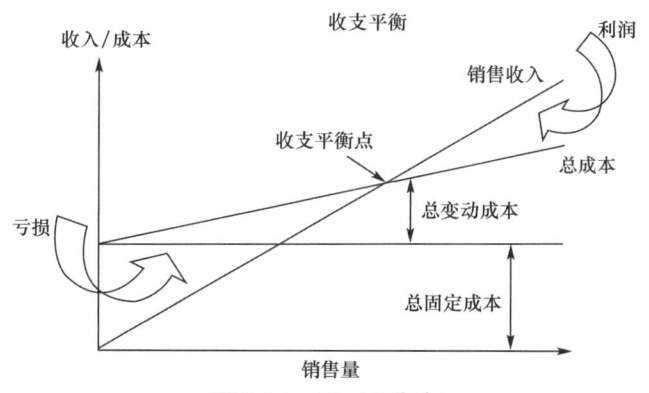

图2-2-5　盈亏平衡点

(3)盈亏平衡分析的意义(谈判人员对平衡的看法)及局限性。

(4)意义:

①供应商将会意识到需要达到盈亏平衡点,并且他们的销售人员承担着达到所需销售量的压力。

②一旦该供应商越过了盈亏平衡点,每多生产和销售一个单位都代表利润的产生。

(5)局限性：

——供应商生产的商品单一(一般可能性小)。

——假设售价和可变成本过于简单(一般有变化)。

——成本分摊有难度(商品的差异性较大)。

——需求弹性变化会有影响。

▶▶▶ 2.4　成本和价格的关系

采购部门判断合同经济性应通过成本分析判断供应商报价的合理性。

成本由项目或产品的复杂性决定；价格由市场决定。

成本和价格的关系如表2-2-3所示。

表2-2-3　供应商定价决策中的各种因素表

外部因素	内部因素
竞争对手的价格：既要确保具有竞争力，又要避免陷入无谓的价格战	生产及销售成本：销售收入一定要大于成本才能确保能获得利润
竞争状况(市场结构)：如果基本上没有竞争，那么供应商可以自由决定如何收取费用。如果竞争情况很复杂，那就只能根据市场情况来定价	供应商在某一特定时期需要业务的程度到底有多迫切(如为了收回固定成本，收回研发新产品的成本，获得现金流，给股东回报和信心)
市场上竞争的性质：可能与价格直接相关，也可能与价格根本没有关系	风险管理：例如，在制定价格时为不可预见的成本或费用留出一定的空间
市场情况：需求及供应水平会反映出市场对价格的承受能力。如果需求大于供应，价格就会上升；反之，如果供应大于需求，价格就会下降	某个特定客户对供应商的吸引力：如果吸引力很大，那么为了留住客户就需要降低价格；但如果根本无所谓，那么价格就可以定得高点(例如，对那些支付不及时、需求量很小的客户)
客户对价值的不同理解：不用的客户对资金价值有不同的理解，比如有些客户愿意为质量支付额外的费用，等等	财务定位和产品组合：无须采购时会决定供应商是否会为了保住业务而愿意偶尔承担损失
需求的价格弹性：价格变化对市场需求上升或下降的影响程度	产品处于其"生命周期"的哪个阶段：例如，新产品的定价就需要高一些，以便收回研究及开发成本
某个特定客户(指那些有较大市场需求量的、好的客户)准备支付多少	股东对利润率的期望值及管理目标
影响原材料成本的环境因素(例如，天气、供应中断、原材料短缺)	组织的战略目标：如定位为"资金价值"的"优质"提供者，力争扩大市场份额(通过具有竞争力的定价)，等等
影响需求和供应的环境因素(例如，经济衰退导致消费减少，政府价格控制)	

▶▶▶ 2.5　财务预算的目的

预算是一个以货币形式表示的计划。

2.5.1 预算的定义

在一个特定时间段之前,以货币形式来体现一个准备和批准的计划。该计划中会涵盖以下内容:收入、花费及资金的投入。

2.5.2 预算控制的过程

预算控制涉及不断地将实际结果与预算结果进行比较,并采取行动来纠正偏差。具体过程如下:

为一个特定的政策或计划建立预算。

不断地将实际结果(收入或成本)与预算进行比较。

识别政策或计划的偏差或偏离,可以采取一些行动使绩效效果向政策或计划靠拢,或者修改政策或计划本身以反映当前形势下更现实的期望。

2.5.3 预算的好处

(1)将组织的目标表述为经营目标。

(2)与整个组织的利益相关者沟通计划和目标。

(3)激励人们去完成绩效和成本目标。

(4)激励管理者预先识别可能会出现的风险和问题。

(5)通过比较目标结果与实际结果,来衡量单元或项目的绩效。

(6)有助于评估管理绩效。

(7)对估计的采购活动支出水平进行预授权。

(8)协调运营。

(9)控制采购活动和成本。

2.5.4 预算的局限性

(1)编制和维护财务制度相对烦琐。

(2)需要花费时间成本。

(3)造成组织内部矛盾。

(4)预算可能不准确和不可靠。

(5)随着时间的变化,预算数据可能过时。

(6)管理者可能过度依赖预算数据。

(7)管理者只顾及本部门利益,忽视组织利益。

(8)容易只关注短期财务,忽视组织长远价值和商业利益。

2.5.5 预算的类型

1. 基于预算目标的分类

(1)增量预算:在了解过去一段时间的实际数据基础上,根据已知的变化进行调整来得出一个当前时期的预算(例如,采购成本同比增加一个百分点)。

(2)零基预算:忽略前期的数据并完全从头开始的预算(例如,可能估计新时期采购计划的成本和价格)。

② 基于成本的分类

（1）固定预算：基于活动水平的特定的估计，但对于突然增加的销售需求，固定预算不能作为控制工具。

（2）弹性预算：通过识别不同的成本习性模式，使预算能够随着产出量的变化而变化。

③ 预算更新的方法

（1）滚动预算法。

（2）生成一个预测（更新信息）。

≫≫≫ 2.6 预算编制

2.6.1 预算编制的常规逻辑顺序

预算编制首先是预测产品或服务的销售量，以此决定可变成本。因此，整体统筹的企业预算编制过程如图 2-2-6 所示。

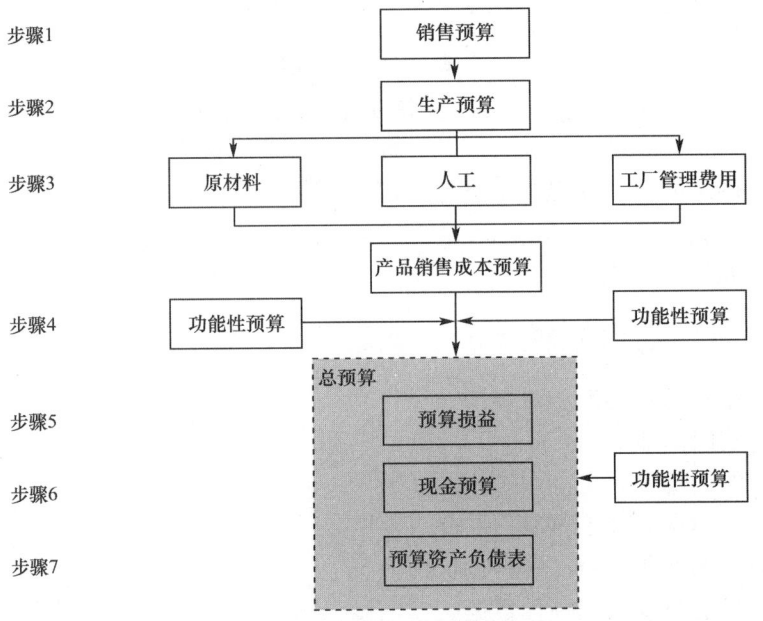

图 2-2-6 预算编制过程示意图

2.6.2 预算编制示例

① 背景

（1）胜利有限公司生产的两种产品：PS 及 TG，分别有以下期初库存及期末库存：

	PS 单位	TG 单位
期初库存	100	50

所需的期末库存	1 100	50

（2）在生产 PS 及 TG 这两种产品的切削及清理两道工序中,所需材料的数据如下：

成品	PS	TG
原材料 X 的千克数,每单位成品	12	12
原材料 Y 的千克数,每单位成品	6	8
直接人工小时,每单位成品	8	12
机器小时,每单位成品（切削）	5	8
机器小时,每单位成品（清理）	3	4

（3）原材料

直接材料	X	Y
所需的期末库存千克数	6 000	1 000
期末库存千克数	5 000	5 000

（4）资费标准和价格

直接人工	每小时 6.20 元
原材料	每千克 0.72 元
原材料	每千克 1.56 元

（5）生产管理费用

可变	1.54 元/工时
固定	0.54 元/工时
合计	2.08 元/工时

2. 销售预算编制

销售预算如下：	PS	TG	汇总
销售单位	5 000	1 000	6 000
销售金额	325 000	100 000	425 000

销售预算是以销售数量和销售金额表示的计划。

明年的销售预算是 5 000 单位的 PS 和 1 000 单位的 TG。计划销售价格分别是 65 元和 100 元。

下一步是依据销售预算等生成生产预算。

生产预算通常以数量表示,并代表随着期初及期末库存成品及在制品数量和调整的销售预算而编制。

	PS	TG
销售预算	5 000	1 000
期末、期初库存增加		

（期末 1 100-期初 100）	1 000	
期末 50-期初 50）		0
生产量（单位）	6 000	1 000

3. 生产预算编制

接下来，必须把生产预算转换成需求：原材料；直接人工；机器利用率；生产管理费。

4. 原材料预算编制

直接材料	X 千克	Y 千克
用于生产 PS		
6 000×12 千克	72 000	
6 000×6 千克		36 000
用于生产 TG		
1 000×12 千克	12 000	
1 000×8 千克		8 000
汇总	84 000	44 000
期末期初库存增加/减少		
6 000-5 000	1 000	
1 000-5 000		4 000
所需原材料	85 000	4 000
所需原材料预算值(元)		
X 每千克 0.72 元×85 000	61 200	
Y 每千克 1.56 元×40 000		62 400

依据生产预算得出，胜利有限公司需生产 6 000 单位的 PS 和 100 单位的 TG。

5. 直接人工预算编制

	小时	元
用于生产 PS：6 000×8 小时	48 000	
用于生产 TG：1 000×12 小时	12 000	
汇总	60 000 小时×6.20 元/小时＝372 000 元	

依据生产预算，我们可以编制直接人工预算。

6. 设备利用率预算编制

依据生产预算，我们可以编制设备利用率预算。

	切削 小时	清理 小时	总计 小时
用于生产 PS			
6 000×5 小时	30 000		

6 000×3 小时		18 000	
用于生产 TG			
1 000×12 千克	8 000		
1 000×8 千克		4 000	
原材料	38 000	22 000	60 000

7. **生产管理费用预算编制**

依据生产预算,我们可以编制生产管理费用预算。

可变成本:60 000 小时×1. 54 元/时=92 400 元

固定成本:60 000 小时×0. 54 元/时=32 400 元

　　总计:124 800 元

8. **预算结果**

本计划预算=原材料预算+直接人工预算+设备使用预算+生产管理预算

62 400+372 000+60 000+124 800=619 200 元

2.6.3　可以编制的其他各种预算

(1)采购预算:整合原材料、供应品和服务的采购和费用预算。

(2)人事预算:逐月显示对生产人员和管理人员的预算需求。

(3)库存预算:逐月列举的原材料、在制品和制成品的计划库存水平及其数量和价值。

>>>> 2.7　绩效与预算控制

2.7.1　实际收入项

对于一个项目、业务单元或公司的预算,预算控制需要涉及将实际收入与销售或收入预算进行比较,具体操作如下:

(1)输入实际收入或收益数据,与估计收入数据对比。

(2)低于预期营业额的原因分析。

(3)高于预期营业额的原因分析。

(4)采取行动以防止进一步的差距,或修订预算以反映更现实的期望。

2.7.2　实际成本项

采购与工程造价预算的主要成分,就是估计采购与采购活动的成本,因此预算控制需要涉及将实际支出与成本预算进行比较。具体操作如下:

(1)输入所发生的实际成本或支出。

(2)分析固定成本与预算金额的差异。

(3)验证可变成本与预算的相符程度。

(4)分析成本和营业额之间关系变化的原因。

(5)分析实际支出时机和预算支出时机差异的原因。

2.7.3 预算偏差示例

在基本支出预算中,将实际结果和预算结果进行比较,可能会存在偏差,但实际结果小于预算结果为有利偏差,反之为不利偏差。如下示例为有利偏差:

	4周的平均预算 (元)	10月1—28日的 实际结果(元)	有利(不利)的偏差 (元)
间接人工	20 000	19 540	460
耗材	800	1 000	(200)
折旧	10 000	10 000	
其他管理费用	5 000	5 000	
	35 800	35 540	260

≫≫≫ 2.8 处理预算偏差

2.8.1 相关概念定义

1. 偏差分析的定义

偏差分析是指基于某种东西应该花费多少成本与实际花费了多少成本之间进行的比较。基本思路是检查项目投入的资源,将实际成本和标准成本进行比较,包含使用资源量和每单位资源的成本的比较。

2. 标准成本

(1)标准成本的定义:管理者事先为组成某个单位产出的每个成本要素制定标准,再确定每个单位产出的成本是多少。

(2)标准成本的优点:它可以帮助企业不断提高管理控制水平。

3. 预算的偏差

预算的偏差利用标准成本来计算。这使管理者能够识别出存在什么问题,有助于确定补救行动。

2.8.2 导致原材料价格预算偏差的原因

(1)买方团队的谈判能力,以及在签约时谈判地位的相对强势。

(2)由于供需因素导致的大宗商品价格波动。

(3)汇率波动。影响买方的货币价格的价值。

(4)由于购买量小于预计量而损失部分折扣;或由于购买量大于预计量而获得更大的数量折扣。

(5)以较低的价格进行机会性的现货购买。

(6)购买不同的货品或替代品。

(7)购买额外数量的货物。

(8)逾期付款或其他价格处罚。

2.8.3　预算偏差分析示例

偏差分析是基于标准成本使用的。即管理者事先为组成某个单位产出的每个成本要素制定标准,再确定单位产出的成本是多少。以某企业确定生产一个器件的标准成本为4.4元,生产120个器件为例,做如下预算偏差分析:

1. 某一个器件的标准成本

材料X:1.2千克×2.00元/千克=2.40元

A级人工:20分钟×6.00元/小时=2.00元

合计:4.40元

2. 按照标准成本,我们预计生产120个器件的成本是528.00元(120×4.40)

假设某天企业实际生产120个器件的成本如下:

材料X:150千克耗资285.00元

A级人工:35小时耗资217.00元

合计:502.00元

3. 有关材料X使用数量偏差分析

(1)120个器件应该使用144千克

但实际使用150千克

数量偏差(不利)6千克

(2)按照每千克2元的标准成本,超出的使用量意味着多花费12元。有关材料X使用金额偏差分析如下:

150克应该花费300元

但实际上耗资285元

金额偏差(有利)15元

(3)材料X的预算偏差分析结论如下:生产120个器件的材料多使用了6千克,但原材料的实际购买价格便宜了。

4. 有关A级人工使用数量偏差分析如下:

(1)120个器件应该使用40小时

但实际使用35小时

效率偏差(有利)5小时

按照每小时A级人工6.00元的标准成本,超出的使用量意味着节省了30元。

(2)A级人工使用金额偏差分析如下:

35小时应该花费210元

但实际耗资217元

人工费偏差(不利)7元

A级人工的预算偏差分析结论如下:生产120个器件的材料生产效率节省了5小时,但A级人工费单价上涨了。

》》》》2.9 现金预算操作

现金预算可以提前预警不良的现金状况。为了解决这个问题,公司会尽量加快现金流入或减缓现金流出,或两者同时采用。

2.9.1 现金预算

(1)现金预算定义:一个详细的现金收入和支出的预算。

(2)现金预算目的:预测现金短缺或盈余,并留出时间预订计划来处理它们。为解决这种问题,公司会尽量加快现金流入或减缓现金流出,或两者同时采用。

2.9.2 编制现金预算的步骤

(1)销售。

(2)应收账款转换为现金的时间间隔,进而预测实际现金从客户收回的日期。

(3)采购需求。

(4)预测延迟支付供应商的时间,进而预测实际支付现金给供应商的日期。

(5)整合其他现金支出和收入。

(6)核对这些信息,得出净现金流。

2.9.3 监控和管理现金头寸(现金款项)的目标

(1)加快现金流入:透支、银行贷款、增加销售、缩短客户的信用期、鼓励供应商及时付款。

(2)减缓现金流出:

①减少向供应商订货,减少库存水平。

②采用更频繁、更小的订单,优先满足核心需求。

③通过采用租赁、分期付款或短期租赁等方式,避免在资本项目上形成大量的预付的采购成本。

④与供应商协商分期付款,而不是支付已交付的全数合约金额。

⑤与供应商协商延长信用期。

2.9.4 现金预算中现金流出的类别

(1)采购。

(2)员工薪金(或工资)和福利,租金和日常营运开支。

(3)增值税、国民保险支出、公司税和类似款项。

(4)偿还贷款(如果这些在采购职能的预算之内)。

2.9.5 现金预算定期审查的作用

(1)识别潜在未来的现金流问题,并采取措施,提前使风险最小化。

(2)在做出重大的财务承诺前确保有足够的现金储备或计划内的正向现金流。

(3)调整现金流预测。

本章思考题

1. 区分产品成本和期间成本。

2. 废碎料成本是直接成本,这种说法是否正确?

3. 绘制帕累托曲线。

4. 一维帕累托分析如何被证明可能被误导?

5. 绘制卡拉杰克矩阵。

6. Massin 对卡拉杰克分析进行了怎么样的改写?

7. 根据巴尔托利尼分析:列出影响供应分类的内部和组织因素。

8. 根据巴尔托利尼分析:列出影响供应分类的供应商因素。

9. 概述预算控制的过程。

10. 列出预算可能的局限性。

11. 为什么固定预算不足以作为预算控制的工具?

12. 有利的成本偏差是什么意思?

13. 标准成本是什么意思?

14. 列出可能导致原材料价格偏差的原因。

15. 列出编制现金预算的具体步骤。

16. 建议几种增加现金流入的方法。

17. 列出现金预算中可能出现的现金流出类别。

第3章 确定合同关键绩效指标

采购者应当明确告知供应商期望达到的绩效标准。

对于复杂的价值高的新采购合同,采购者应让供应商参与进来,和他们一起制定绩效指标。共同讨论确定的指标会使供应商更容易接受,促使他们全力以赴来实现指标。采购方有责任去测量他们的供应商绩效,适当的测量指标包括设定的绩效标准、过去绩效或者类似组织的绩效。

◎ 本章目标

1. 理解并掌握合同中的绩效评价指标条款。
2. 熟悉对供应商财务稳定性评价的内容。

≫≫ 3.1 合同中的绩效评价指标

3.1.1 供应商绩效管理的定义

供应商绩效管理是指对照已定义的绩效标准之前的绩效、其他组织的绩效或标准标杆,对一个供应商的当前绩效进行比较和评估。

3.1.2 供应商绩效管理的目的

(1)帮助识别质量最好或绩效最佳的供应商。

(2)显示应如何或是否需要加强与供应商的关系,以提高或改进他们的绩效。

(3)确保供应商履行合同中的承诺。

(4)激励供应商保持或不断提高绩效水平。

(5)找出可改正的问题以及供应商需要的支持,提高供应商绩效。

≫≫ 3.2 设定关键绩效指标

3.2.1 关键绩效指标

1. 关键绩效指标(KPI)的定义

关键绩效指标KPI(Key Performance Indicator):一些清楚的、定性的或定量的说明,用于定义在关键领域所期望实现的绩效(供应商的关键绩效指标必须与商业需求及采购目标相一致,也必须与企业的目标及供应链的关键成功要素相一致)。

② 指标要点

通过现有的数据收集系统,这些指标所表述的绩效目标或期望值,为我们提供了一种可以直接对操作层面的绩效进行细致的、一致的测量方式。

3.2.2　使用关键绩效指标 KPI 的优点

(1)提高及改进关于绩效事宜的沟通。

(2)激励实现或改善特定绩效水平。

(3)通过整合的或双向的绩效测量,推动采购方和供应商的协作关系。

(4)可以进行直接的年度绩效比较,找出改善或恶化趋势。

(5)聚焦关键结果区域(关键成功因素)。

(6)明确地确定共同的目标,促进跨职能及跨组织的团队工作及关系。

(7)减少由目标混淆和预期值不明确等原因产生的冲突。

3.2.3　使用关键绩效指标 KPI 的缺点

追求实现某一关键绩效指标,可能会导致某些不当的或次优的行为。例如,为达到生产效率或时间目标而在质量或服务上偷工减料,或者某个部门为了实现自己的目标而不惜破坏职能的协作或协调关系,因此在设定目标时就需要考虑到这一切。

3.2.4　制定关键绩效指标的程序(见表 2-3-1)

举例:传统物资管理需要实现"保质、保量、经济、及时"的目标,这些目标实质上涉及三个 KPI,分别是质量(保质)、成本(经济)和交付期(保量和及时)。

表 2-3-1　制定关键绩效指标的程序

识别关键的成功要素(CSF)	确定哪些因素对于成功获得竞争优势是关键的(或必需的)
识别每个关键的成功要素的测量指标	平衡定量的(成本/数量)及定性的(主管的/质量)测量指标
设定关键绩效指标,并获得关键利益相关者的认可	确保关键绩效指标是相关的、明确的、不是模棱两可的;在操作层是可以持续进行的

这三个 KPI 是采购管理的核心要素:

质量(保质):合格率;

成本(经济):价格;

交付期(保量和及时):数量和交货及时率。

3.2.5　定性/定量指标

(1)定性指标的定义:衡量指标是软性的、主观的,与质量或性能相关却无法简单地进行定量。例如:适合服务的采购,包括管理能力、人员问题、技术开发及紧密合作的意愿。

(2)定量指标的定义:衡量指标是硬性的、数字化的、统计上的或者基于事实的。例如:包括价格、交付绩效、财务绩效及拒收比例等。

定性/定量指标的特点如表 2-3-2 所示:

表 2-3-2　定性/定量指标的特点

定性评价指标	定量评价指标
关键绩效指标可能是主观性的	比较容易设定关键绩效指标
监控起来比较主观	比较容易监控
注重有效性	注重效率
特别适合服务的采购	特别适合产品的采购
示例:包括管理能力、人员问题、技术开发、紧密合作的意愿等	示例:包括价格、交付绩效、财务绩效、拒绝比例等

3.2.6　有效绩效评价指标(SMART)

有效的绩效评价指标及一般性目标可以用其英文首字母缩写"SMART"来表示,包含以下内容:

(1)明确的(Specific):清晰、明确、精确地表述期望达到什么样的结果或取得什么样的成果,这样合同各方就能清楚地知道自己应该努力做到什么、对什么负责。

(2)可评价的(Measureable):可以加以监控、审查及测量,各方都可以有效地对进度和成果进行评价。

(3)可实现的(Attainable):可实现的、现实的、具有合适的时间及资源。即为使目标得到"延展"或为了刺激改进,所要求的绩效水平也必须是可实现的。

(4)相关的(Relevant):绩效评价(测量)指标应该和组织的战略目标、采购职能部门和政策及目标、组织及供应链的关键成功要素以及商业需求相关并相符。

(5)有时间约束的(Time-bounded):给出了完成或评审的确定时间表及截止日期,而不是无期限的。

例:2020 年采购成本节约 $x\%$;2020 年采购准时交付率 $x\%$;2020 年采购产品合格率 $x\%$。

3.2.7　标杆管理(对标)

1. 标杆管理(对标)的定义

标杆管理英文为(Benchmarking),也称基准管理,习惯称为"对标"。基准管理是项目管理诸多管理工具之一。

标杆管理源于 20 世纪 70 年代末、80 年代初美国学习日本的运动中,首先开展的是公司质量中心。对标杆管理的定义是一个系统的持续性的评估过程,通过不断地将企业流程与世界上领先的企业相比较,以获得帮助企业改善经营绩效的信息。

实践中,对标就是将本企业的绩效和做得最好的公司(同类中的最佳实践)进行比较,弄清楚为什么这些公司能实现最好的绩效,并将这些信息作为设定自己公司的目标、战略和实施方案的基础。

2. 目的

通过和最佳实践进行比较,确定哪些绩效需要进一步提高以及应该如何提高这些绩效。

对标的两个关键好处:很现实,又很有挑战性。

对标的程序过程如图 2-3-1 所示:

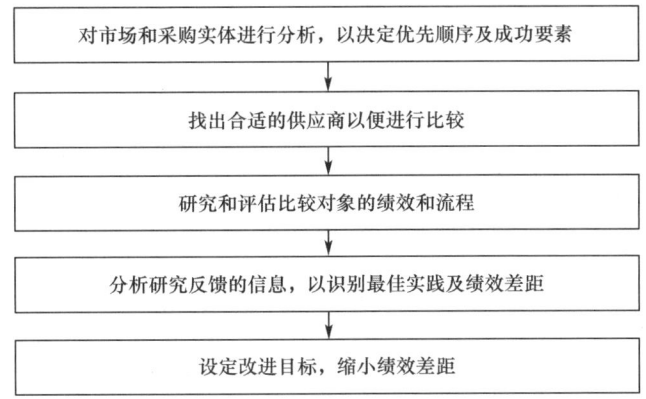

图 2-3-1 对标的程序过程

(1)对市场及采购实体进行分析,以决定优先顺序及成功要素。(找要素)

(2)找出合适的供应组织以便进行比较。(找对象)

(3)研究和评估比较对象的绩效和流程。(分析对象)

(4)分析研究反馈的信息,以识别最佳实践及绩效差距。(找差距)

(5)设定改进目标,缩小绩效差距。(改进)

3. 对标的类型

(1)内部比较(Internal benchmarking):与同一组织内其他高绩效部门比较。

(2)竞争对手比较(Competitor benchmarking):与高绩效的竞争对手直接比较。

(3)职能部门比较(Functional benchmarking):与其他高绩效组织的相同职能部门比较。

(4)一般比较(Generic benchmarking):跨职能、跨行业比较。

>>>> 3.3 典型的关键绩效指标

3.3.1 应用于不同层面的供应商绩效测量指标(见表2-3-3)

表 2-3-3 应用于不同层面的供应商绩效测量指标

战略层面	战术层面	操作层面
• 相对于行业规范的前置期 • 质量现状及追求 • 成本节约的主动权及可能性 • 相对于市场价格的供应商定价机制 • 风险评估及符合性	• 采购订单周期的效率 • 订购程序 • 现金流管理 • 质量保证方法 • 产量弹性 • 未来成长可能性	• 交付业绩(按时足量交付,即 OTIF) • 质量合格率:PPM(每百万个商品中不合格的数量);服务水平协议 • 响应能力:当原定计划发生变化时的应变能力 • 技术支持水平:售前、售后的客户支持

3.3.2 采购方希望在供应商绩效中进行测量的关键成功要素

(1)采购价格;

(2)总拥有成本;

(3)质量;

（4）交付业绩；

（5）服务绩效；

（6）是否符合环境、企业社会责任或道德的各项标准；

（7）技术能力；

（8）供应商其他客户的满意程度。

3.3.3 合同中的典型关键绩效指标

表 2-3-4 合同中的典型关键绩效指标

绩效标准	绩效指标
质量	管理体系及流程是清楚的,且归档良好
成本管理	消费品采购价格经过资金价值方面的对标
及时性	在协定的时间内提供服务
数量	库存保持在适当的水平,以确保服务的持续性
符合性	遵守公司的政策及程序

3.3.4 和质量相关的合同的绩效测量指标的八个维度

（1）性能：产品的操作特性。

（2）特色：增值的特性和服务要素。

（3）可靠性：产品随时间始终如一地执行功能。

（4）耐用性：产品在不变质或不损坏的情况下的可持续性。

（5）一致性：是否符合约定的规格和标准。

（6）可维护性：支持性服务的便捷性与可获得性。

（7）审美性：产品为用户带来的吸引力与愉悦感。

（8）感知质量：采购者的主观期望和感知。

≫≫≫ 3.4 供应商财务稳定性评价

在确定供应链合作伙伴的过程中,供应商财务的稳定性评价是最重要的评估指标之一。

3.4.1 供应商财务稳定的主要内容

1. 买方和供应商追求盈利的原因

（1）利润意味着这个企业能够支付其各种成本而没有赔钱。

（2）利润属于企业的股东,是他们投资的回报。

（3）未分配利润（留存利润）是重新投资给企业用于自身发展的利润。

2. 供应商希望获取合理的利润

（1）保护供应的安全性。

（2）保证供应品的质量。

（3）符合企业社会责任要求。

3. 杠杆比率对供应商评估的影响

（1）杠杆比率高意味着公司总财务架构中有很大的一块是固定回报的资金,长期来看这就是一个风险因素。

（2）如果企业的杠杆比率低,则说明它主要依靠的是自有资本(没有固定回报的问题),比较容易熬过困难的年份。

4. 投资对供应商评估的影响

（1）投资者的信心体现了供应商总体财务和管理实力。

（2）供应商对于投资者的吸引力,可以鼓励投资,提升偿付能力、降低杠杆比率和资金成本,增加业务和能力建设的投资等。

（3）供应商向其投资者派发红利的承诺。

3.4.2 相关财务数据计算

1. 毛利润

（1）计算毛利润百分比:表示毛利润占销售额的百分比。

毛利润百分比＝毛利润/(销售额×100)

（2）毛利润百分比升高或降低,要查明原因;或与同类企业相比看不出高或低;或需要有其他信息确认才会有进一步的结论。

2. 净利润

（1）计算净利润百分比:显示的是净利润和总销售额之间的关系。

净利润百分比＝税前利润/(销售额×100)

（2）可以分析年度间的增减升跌;供应商的境况或管理水平是改善了还是恶化了。

3. 资本回报率

（1）描述利润和企业所使用的资本(长期资金)的百分比关系。

资本回报率＝支付利息和税款之前的利润/(平均运用资本×100)

其中平均运用资本是资产负债表上的期初和期末资产取平均值。

（2）企业的长期资金:由股东和长期债务资本提供者提供。

（3）企业实现单位运用资本的利润最大化。

4. 资产回报率

（1）资产回报率＝支付利息和税款之前的利润(营业利润)/总资产(固定资产＋流动资产)×100(2.20)。

（2）资本回报率关注企业利用对它的投资获得多少回报,资产回报率关注企业的总资产是否得到了良好的运用。这些利润比率衡量的是一个企业在经营中获得利润的多少。

5. EBITDA

EBITDA(Earnings Before Interest,Taxes,Depreciation and Amortization)是税息折旧及摊销前利润的简称,即未计利息、税项、折旧及摊销前的利润。EBITDA 被私人资本公司广泛使用,用以计算公司经营业绩。

3.4.3 使用相关财务数据评估潜在供应商的财务绩效

1. 短期流动性比率及其评价

(1) 流动比率(营运资本比率) = 流动资产/流动负债(这一比例理想值为"2")。反映企业是否有足够流动资金来支付流动负债,如果接近理想值,说明公司的情形还不算太差。

(2) 速动比率(酸性测试比率) = (流动资产 – 库存)/流动负债(这一比例理想值为"1")。这一比率仅仅关注流动性最好的资产(现金和债权),可以很快地偿付负债。如果比率低了,近期将要到期的应付账款(债务)可能就无法足额支付。

(3) 两个主要比率的应用:关注企业年度间的改善和恶化状况;和类似企业进行横向比较。

2. 中长期偿付(杠杆)比率及其评价

(1) 杠杆比率反映的是企业的长期流动性和稳定性。它指的是一个企业以债务或贷款形式存在的长期资金与股东资本和储备金之间的比值。

(2) 杠杆比率 = 固定回报资本(长期贷款)/普通股资本和准备金(净值) × 100

(3) 杠杆比率高:公司财务架构中有许多固定回报资金(风险大);杠杆比率低:公司运营依靠自有资本(风险小)。

3. 利息偿付比率及其评价

(1) 贷款利息是必须要支付的,无论公司盈利与否。它体现的是利润是否足以满足支付利息的需要。利息偿付比率高意味着利润足以支付必要支付的利息而有余。

(2) 利息偿付比率 = 营业利润/利息额(其中利润是去除利息、税金及分红之前的利润)。这些流动比率衡量的是一个企业的流动资产是否充足,能否满足偿还短期和长期负债的需要。

4. 资产周转率的运用

(1) 资产周转率 = 销售额/营运资产。

(2) 周转率越高说明管理效率高(不能过度延伸)。

5. 库存周转率的运用及作用

(1) 库存周转率 = 销售成本/平均库存价值(次/年)。

周转率低表明供应商产能没有充分利用,可能带来库存变质或过期的风险(导致质量风险),或说明供应商订单量低。不同产品的周转率差异较大(如珠宝、设备、海鲜产品等)。

(2) 作用:监测其从一个期间到下一期间的变化情况。

6. 债务托收期的运用

债务托收期 = 期末销售应收账款/当年赊销额 × 365

7. 债权偿付期的运用

债权偿付期 = 期末销售应付账款/当年赊购额 × 365

8. 以下比率有助于潜在投资者的决策

(1) 每股红利:股利总额/普通股股数。

(2) 分红收益:计算股票价格和可以得到的红利之间的关系。

分红收益 = 每股的红利金额/每股股价

(3) 每股收益:可以利及普通股持有者的利润。

每股收益 = 税后利润/公司总股数

（4）盈利对红利比例＝收益（支付利息、税款以及优先股红利之后的利润）/当年的普通股红利。

（5）市盈率（P/E 比率）＝每股市场价格/每股盈利。

（6）股东资金回报率＝收益/普通股股本加留存利润。

>>>> 3.5 服务质量的评价指标

3.5.1 制定及执行服务水平协议（SLA）的过程（见表 2-3-5）

表 2-3-5 制定及执行服务水平协议的过程

No.1	信息收集	供应商可提供的服务水平：客户面前得到的服务水平（实际所需要的服务水平）成本及成本/服务水平权衡等
No.2	澄清期望	双方都说明自己对实施这份服务水平协议的目的及特性的理解，说明自己对于这份协议预期的收益或者挑战
No.3	程序谈判	双方就共同制定 SLA 的方法达成一致：进度、沟通机制、各自的责任、冲突解决方法等
No.4	制定 SLA（Service Level Agreement）	双方协商详细的服务内容、服务水平和管理方法，并在咨询相关利益相关者背后形成协议草案
No.5	确保各方认可	协议草案在关键利益相关者之间的传阅，征求意见和反馈。协议的益处被彰显，相关利益相关者对自己应负的责任有了认识
No.6	建立框架	监督及报告机制建立，责任分配到人，就服务水平进行了沟通并达成一致，并提供必要的培训，等等
No.7	实施	服务水平协议开始正式实施，开始提供服务
No.8	监督和控制	对服务水平进行监督并进行阶段性评审，给出反馈信息并及时处理问题。对 SLA 本身的有效性进行阶段性重审，必要时及时调整

3.5.2 一般采购服务中的关键绩效指标

（1）内部客户、外部客户或供应商对应采购的投诉数量。

（2）按时足量交付的及质量完全符合特定要求的供应订单数量或百分比。

（3）报告的库存缺货的数量。

（4）每个阶段成本降低或节约的价值。

（5）所完成的项目中达到客户满意度的数量。

（6）从客户要求到实际交付完成整个采购流程的前置期。

（7）对所期望得到的价值进行定性评估。

3.5.3 服务质量差距的 SERVQUAL 模式

服务质量差距既可能是认识上的不足，也可能是实际上的不足。SERVQUAL（服务质量评价）模式提出，服务质量评估过程中，采购者将自己所期望获得的与他们认为自己实际获得的服务进行比较。

具体包括：

（1）采购方与供应商对质量的不同感受之间的差距。

（2）概念与规格之间的差距。

（3）规格和绩效的差距。

（4）沟通与绩效的差距。

（5）采购者的期望与获得的服务之间的差距。

 本章思考题

1. 供应商绩效管理的目的是什么？

2. 列出定量的和定性的供应商绩效测量指标的特征。

3. 列出使用关键绩效指标的好处。

4. 什么是"对标"？

5. 列出对标过程的各个阶段。

6. 列出采购方可能希望在供应商绩效中进行测量的那些关键成功要素。

7. 举出几个关于价格及质量的KPI。

8. 列出有效的SLA有哪些好处。

9. 列出一份SLA所包含的基本内容。

10. 什么是"服务质量"差距？

第4章 制定合同条款

在制定合同时,采购供应管理专业人员必须懂得法律约束力的合同所需要的要素。

◎ 本章目标

1. 理解我国《民法典·合同篇》关于合同的有关规定。
2. 了解合同的分类。
3. 掌握标准条款的通用合同结构。

>>>> 4.1 合同法律基础

4.1.1 合同在国内外法律上的表述

(1)《中华人民共和国民法典》第四百六十四条规定:

合同是民事主体之间设立、变更、终止民事法律关系的协议。

婚姻、收养、监护等有关身份关系的协议,适用有关该身份关系的法律规定;没有规定的,可以根据其性质参照适用本编规定。

(2)《法国民法典》第一千一百零一条规定:

合同为一种合意,依此合意,一人或数人对于其他一人或数人负担给付某物、作为或不作为的债务。

这是大陆法系关于合同的经典定义。

(3)《德国民法典》第三百零五条规定:

以法律行为发生债的关系或改变债的关系的内容者除法律另有规定者,必须有当事人双方之间的合同。

(4)美国《法律重述:合同》(第2版):

合同是一个允诺或一系列允诺,违反该允诺将由法律给予救济;履行该允诺是法律所确认的义务。

4.1.2 合同的分类

学理上合同有广义、狭义、最狭义之分。

（1）广义合同是指所有法律部门中确定权利、义务关系的协议。

如民法中的民事合同、行政法中的行政合同、劳动法中的劳动合同、国际法中的国际合同等。

（2）狭义合同指一切民事合同。

作为狭义概念的民事合同包括财产合同和身份合同。

上述财产合同又包括债权合同（即下述的"最狭义合同"）、物权合同、准物权合同。

上述身份合同又包括"婚姻、收养、监护等有关身份关系的协议"（——《中华人民共和国民法典》第四百六十四条第二款）。

（3）最狭义合同仅指民事合同中的债权合同。

《民法典》合同编所规定的15种有名合同全部是债权合同。

4.1.3　调整财产关系合同的法律特征

（1）合同是两个以上法律地位平等的当事人意思表示一致的协议。

（2）合同以产生、变更或终止债权债务关系为目的。

（3）合同是一种民事法律行为。

4.1.4　"合同"和"协议"的概念区别

合同是一种比较正式化、比较严谨的契约，而协议更趋向于口头化。双方的意思都表示一致而达成的一种契约。简单地说，就是你情我愿，然后我们把大家都同意的事情固定下来，说明白、说清楚，那么我们达成一致的这个事项就是协议，在法律上就叫合同。

4.1.5　合同的类型

（1）单务合同和双务合同

单务合同，是指合同当事人仅有一方承担义务。

双务合同，是指合同的双方当事人互负对待给付义务的合同关系。

（2）有偿合同和无偿合同

有偿合同，是指一方通过履行合同规定的义务而给付对方某种利益，对方要得到该利益必须为此支付相应代价的合同。

无偿合同，是指一方给付某种利益，对方取得该利益时并不支付任何报酬的合同。

（3）有名合同和无名合同

有名合同，又称典型合同，是指法律上已经确定了一定的名称及规则的合同。

无名合同，又称非典型合同，是指法律上并未确定一定的名称及规则的合同。

（4）要式合同和不要式合同

要式合同，是指法律规定或当事人约定必须采取特殊形式订立的合同。

不要式合同，是指依法无须采取特殊形式订立的合同。

（5）主合同和从合同

主合同，是指不依赖其他合同而能独立存在的合同。

从合同，是指以其他合同的存在为存在前提的合同，又称为附属合同。

4.1.6　民事合同的签订

(1)《民法典》第四百七十一条规定:"当事人订立合同,可以采取要约、承诺方式或者其他方式。"

(2)《民法典》第四百七十二条规定:"要约是希望与他人订立合同的意思表示,该意思表示应当符合下列条件:

(一)内容具体确定;

(二)表明经受要约人承诺,要约人即受该意思表示约束。"

(3)《民法典》第四百七十三条规定:"要约邀请是希望他人向自己发出要约的表示。拍卖公告、招标公告、招股说明书、债券募集办法、基金招募说明书、商业广告和宣传、寄送的价目表等为要约邀请。"

(4)《民法典》第四百七十九条规定:"承诺是受要约人同意要约的意思表示。"

《民法典》第四百八十条规定:"承诺应当以通知的方式做出;但是,根据交易习惯或者要约表明可以通过行为做出承诺的除外。"

在招标投标活动中,生效的投标文件称为要约,发出中标通知书称为承诺。

4.1.7　合同的成立与生效

根据《民法典》的规定,依法成立的合同,自成立时生效。

其中,合同的成立是指,要约得到相对人的承诺从而使双方当事人的意思表示一致,因而使双方之间具有合意关系;而合同的生效则是指,在合同成立的基础上法律所产生的对双方合意的约束力。

合同的成立与否属于事实判断问题,着眼点在于判断合同是否存在;而合同的有效与否则是法律价值判断问题,其着眼点在于判断合同是否符合法律的精神和规定,能否发生法律上的效力。判断合同是否成立,其结果只能是成立或不成立的事实;而判断合同是否有效,其结果则有生效、无效、效力待定、可变更、可撤销等多种情形。

合同的成立与否在某些情况下可以适用合同的解释方法使之成立;而合同的生效不能通过解释使无效合同成为有效合同,因为合同生效是国家法律评价的结果,反映国家对合同的干预,是国家强制力的体现;合同生效后才会产生违约责任。

通常合同依法成立之际,就是合同生效之时。两者在时间上是同步的。但是,《合同法》还规定,法律、行政法规规定应当办理批准、登记等手续生效的,合同经批准、登记后即生效。

合同有效成立的4个条件:

(1)双方当事人应具有实施法律行为的资格和能力;

(2)当事人应是在自愿的基础上达成的意思表示一致;

(3)合同双方当事人必须互为有偿;

(4)合同必须符合法律规定的形式。

4.1.8　法律约束力

合同的法律约束力,应是法律赋予合同对当事人的强制力,即当事人如违反合同约定的内容,即产生相应的法律后果,包括承担相应的法律责任。约束力是当事人必须为之或不得为之的强制状态,约束力或来源于法律,或来源于道德规范,或来源于人们的自觉意识。当然,源于法律的法律约束力,对人们的行为具有最强的约束力。

合同的约束力主要表现为:

(1)当事人不得擅自变更或者解除合同;

(2)当事人应按合同约定履行其合同义务;

(3)当事人应按诚实信用原则履行一定的合同外义务,如完成合同的报批、登记手续以使合同生效。不得恶意影响附条件法律行为的条件的成就或不成就,不得损害附期限法律行为的期限利益。

① 自成立起,合同当事人都要接受合同的约束;

② 如果情况发生变化,需要变更或解除合同时,应协商解决,任何一方不得擅自变更或解除合同;

③ 除不可抗力等法律规定的情况以外,当事人不履行合同义务或履行合同义务不符合约定的,应承担违约责任;

④ 合同书是一种法律文书,当事人发生合同纠纷时,合同书就是解决纠纷的根据。

依法成立的合同,受法律的保护。

>>>> 4.2 合同形式和内容

4.2.1 合同形式

1. 合同形式,是指当事人合意的外在表现形式,是合同内容的载体。

我国《民法典》第四百六十九条规定:

"当事人订立合同,可以采用书面形式、口头形式或者其他形式。

书面形式是合同书、信件、电报、电传、传真等可以有形地表现所载内容的形式。

以电子数据交换、电子邮件等方式能够有形地表现所载内容,并可以随时调取查用的数据电文,视为书面形式。"

2. 口头约定签订合同的风险

①双方对一致同意的内容具有不同的认识和记忆。

②对不适当或不利条款做出承诺。

③合同中的"错误"即在合同条款中存在误解或歧义时缺乏真正的一致。

④合同中因条款错误或出现歧义而无效,因此浪费谈判精力和费用。

⑤由于对一致同意的条款在记忆和解释上存在错误和分歧,因此产生后续的误解和合同纠纷。

⑥缺乏据以衡量合规性和履约性的合同管理的书面条款。

⑦合同授予决定缺乏透明性和审计跟踪,从而会导致质疑、不成功的供应商丧失信任以及供应商不再愿为投标花费时间和精力。

4.2.2 合同内容

合同的内容即合同的条款,是指当事人依照程序订立合同,意思表示一致所形成的合同条款,合同条款记载着合同当事人的权利、义务。合同条款包括提示性条款、必要条款、普通条款、免责条款。

《民法典》四百七十条规定的提示性条款包括当事人姓名等8项内容。

必要条款是合同成立必须具备的条款,欠缺必要条款则合同不能成立。

必要条款可由法律规定、合同的性质决定或当事人约定。

>>>> 4.3 标准商务条款

4.3.1 包含标准条款的通用合同结构(见表2-4-1)

表2-4-1 通用合同结构

协议	双方在合同上的姓名和签字(通常包括一份已经阅读并理解所有条款的申明)
定义	名称和词汇的定义,以避免在合同正文中重复使用长句子
一般性条款	• 一般性协议条款 • 关于改变、代替或者变化的条款 • 关于通知的条款
商业条款	• 所有权或者权益的转移 • 履行时间 • 检查/测试 • 交付/包装 • 指定委派 • 搬运过程中造成破坏或损失的责任(及相关的保险费用) • 拒绝 • 支付 • 条款
次要的商业条款	• 保密性及知识产权保护 • 赔偿金 • 担保条款 • 终止 • 仲裁
标准条款	• 弃权 • 不可抗力 • 法律及司法管辖权

4.3.2 可能导致合同纠纷冲突的条款

1. 有关冲突的条款

(1)合同是采用固定价格还是包含了价格增加条款?

（2）如果供应商延迟交货,采购方是否有权终止协议?

（3）由谁来支付运费?

（4）由谁来承担运输过程中发生意外损坏的风险?

（5）商品的所有权什么时候转移给采购方?

（6）如果供应商交付的商品不符合规格,或者没有令人满意的质量,采购方是否有权拒收货物并要求损害赔偿? 或者对于这类违约行为,供应商是否在合同里规定了免除或限制其责任的条款?

2. 哪些文件可能会导致条款纠纷

如果在要约、反要约和承诺过程中使用的文件附带了各自企业的标准条款,那么买卖双方所要求的条款和条件就有可能存在差异。这就是条款之战。

4.3.3 采购人员克服合同纠纷的对策

1. 寄送采购订单的确认书,明确说明采购条款,请供应商签字后返回。

2. 和供应商进行合同谈判,确定具体条款。

3. 检查任何发生了更改的条款和条件。

4. 在收到货物的时候,在支付单上加盖"依据采购方的条款收货"字样的章。

>>>> 4.4 合同模板

4.4.1 标准合同

标准合同:依据某个行业或者供应市场的操作惯例或者买卖双方过去协商确定的协议而制定的一种模板合同。

4.4.2 模板合同

1. 定义

模板合同:由政府有关部门或第三方专业机构公布的(如贸易协会及专业团体)代表了特定行业的标准合同条款。

2. 举例

（1）中华人民共和国标准施工招标文件通用合同;

（2）中华人民共和国简明标准施工招标文件通用合同;

（3）中华人民共和国标准设计施工总承包招标文件通用合同;

（4）《标准设备采购招标文件》通用合同;

（5）《标准材料采购招标文件》通用合同;

（6）《标准勘察招标文件》通用合同;

（7）《标准设计招标文件》通用合同;

（8）《标准监理招标文件》通用合同。

4.4.3 使用模板合同的优缺点(见表2-4-2)

表2-4-2 模板合同的优缺点

优点	缺点
减少制定合同的时间及成本(包括法律服务成本)	和协定的合同相比,对于势力较大的采购者来说,标准合同条款可能不是那么有利
避免重复(不过在必要的时候可以根据具体情况通过专用合同进行修改)	可能没有包含符合采购者利益要求的特别条款或要求
行业模板合同被广泛接收,从而减少了谈判时间及成本,从设计上对双方都是公平的	如果有大的修改变动,仍需要法律顾问
从设计上对双方都是公平的	需要花成本培训采购人员使用模版合同

⫸⫸⫸⫸ 4.5 解读关键条款

4.5.1 合同中"时间是极其重要的"的含义

如果延期会对货物的价值造成实质性的影响,那么关于履行时间的明示条款通常被作为商业合同或其他合同的条款;若履约时间出现延误,受损害的采购方会把它视作合同违约,并拒不支付任何费用,且有权拒绝延迟交付的货物。

4.5.2 所有权保留条款或罗马尔帕(Romalpa)条款的含义

(1)采购方希望规定在商品正式交付和接收,并通过检验或其他程序后,所有权再正式转移。

(2)供应商希望规定在收到商品全款后,才将所有权转移。

4.5.3 标准的所有权保留条款

(1)一经检验和付款,采购方即可获得货物的所有权,但他可能会请求供应商保留对部分或者全部货物的占有,以减少自己的库存压力。

(2)有一种销售形式是在一确定的时间段内托售,即如果买方表示接收货物,或者在一确定的时间内保留而没有拒绝,那么所有权就转移给了购买者。

4.5.4 合同被违约的一方可采取的法律补救办法

(1)损害赔偿金。

(2)强制履行。

(3)按合理价格支付(适用于合同已部分履行的情况)。

4.5.5 赔偿金

1.赔偿金的定义

赔偿金:为了确保受伤害一方能得到与合同正常执行时所获得的相同利益,对因违约造成的损失给予财务补偿。

②. 规定的违约赔偿金条款和未经算定损害赔偿的区别

(1)规定的违约赔偿金条款:合同明确约定了违约需要赔偿的金额,而且该条款对违约前的损失估算的意图是真实的。

(2)未经算定损害赔偿:合同中没有任何关于损害赔偿金的约定,法院仍会判定应支付损害赔偿金。

4.5.6 免责条款

①. 免责条款的用处

(1)完全免除一方承担某种违约责任。

(2)以某种方式限制债务或责任。

(3)寻找提供某种担保,以替代通常的违约责任。

(例:因不可抗力不能履行合同的,根据不可抗力的影响,部分或者全部免除责任,但法律另有规定的除外。当事人迟延履行后发生不可抗力的,不能免除责任。)

②. 有效的免责条款的两方面的检验

(1)此类条款必须包含在合同中。

(2)条款本身必须是清楚的和精确的。

4.5.7 赔偿

①. 赔偿条款的定义

赔偿条款是为了确保对方能在出现问题的时候切实进行赔偿的条款,即确保一方会承担其合同执行过程中给对方造成损失的责任,并给受到伤害的一方或各方赔偿。

②. 赔偿的内容

偿还费用或债务:

(1)赔偿由于疏忽或质量不合格对采购方财产造成的损失或损坏。

(2)赔偿因供应商低劣的专业建议造成的商业损失。

(3)由于一方员工的疏忽对另一方员工、客户或第三方造成的伤害。

(4)条款本身必须是清楚的和精确的。

4.5.8 施工合同中的不可抗力、不利物质条件和异常恶劣气候条件

①. 不可抗力(Force majeure)

不可抗力是指为了免除合同各方违约的责任,由于不可预见、不可克服、不可避免的事由导致合同双方或一方不能履约或继续履约的情形。

简单的不可抗力条款如下:"如在合同签署后因为不可抗力的原因导致合同无法履行,则任何一方无须承担违约责任。不可抗力包括但不限于:战争及其他战事、恐怖活动、革命、暴乱、地震、水灾或其他自然灾害,以及产业纠纷(不限于合同双方或其分包商的雇员)。"除上述法定不可抗力的条件外,合同当事人还可以对不可抗力的情形补充约定。

发生不可抗力事件,一是及时统计损失;二是及时通报合同当事人另一方;三是依照合同约定承担各自的损失。

②. 不利物质条件(Adverse material conditions)

不利物质条件是不可预见、不可避免、可以克服的自然条件。除专用条件另有约定外，一般指承包人在施工场地遇到不可预见的自然物质条件。非自然的物质障碍物和污染物，包括地下和水文条件，但不包括气候条件。

遇到上述情形，承包人因采取合理措施而增加的费用和(或)工期延误，均由发包人承担。

③. 异常恶劣气候条件(Unusually harsh climate conditions)

气候条件是施工工程合同履行的一个重要条件，是可以预见、不可避免、不可克服的自然条件。在施工专用合同中，应对异常恶劣气候条件做定义，如三十年一遇的暴雨、五十年一遇的室外温度等。

出现合同约定的异常恶劣气候条件导致工期延误的，承包人有权要求发包人延长工期(或增加费用)。

4.5.9　担保条款

货品销售合同或服务提供合同通常都会包含担保条款(Guarantee or warranty clause)。通常，供应商都会担保，如所供应的产品有瑕疵并在合理的时间内收到通知，则负责赔偿或修复。这类条款一般都会说明所提供的保护不会影响购买者的法定权益。

除了担保条款外，还有担保合同也会涉及担保。在担保合同中，一方会承诺为另一方担保(或作为担保人)债务、错误或其他问题。这类合同必须是书面的，有担保人或其他相关授权人的签字。如果不是书面的，合同就不能强制执行，也就不能对其采取任何法律手段。

案例 2-4-1　　中国化学工程海外项目合同条款的科学设置

——波黑斯坦纳里火电站项目采购

波黑斯坦纳里火电站项目位于波黑北部塞族共和国 Stanari 镇，在 Banja Luka 和 Doboj 之间，为坑口电站，电厂场址平坦，场地范围规整。最近的铁路车站 Stanari 距离项目现场 3 km，运输条件良好。

中能建所属天津电建负责建筑安装工程施工总承包，合同范围包括建筑施工、设备安装、试验、单体调试、配合整体启动、性能试验及履行两年质量保证期内所应承担的各项义务(含设备维护、消缺)，并提供相关服务。项目执行欧美标准，经业主、咨询工程师批准，可参考中国标准。

在波黑属地化采购主要面临采购周期短，加上波黑独立后又发生了内战，经济受到了严重损害，经济虽然在逐渐复苏，但还处于从计划经济到市场经济的转型阶段，经济脆弱，通胀率较高，属地供应量较小，而且在某些材料方面，价格可能要比国内高得多。

针对上述情况，天津电建采用大规模开发属地供应商，做到有保证供货，对于价格偏高或者属地无法采购的材料，提前策划周期，国内订购，做到不影响工程进展。对于通货膨胀的风险，投标报价时对比近几年来波黑的 CPI、PPI 指数，做了详细分析预判，计入报价用于防御未来的通货膨胀有可能带来的涨价风险；设置调值公式为合同谈判做进一步准备，以降低项目可能遇到的涨价风险。

(1)调价因素

本项目允许调价的因素仅为：

①波黑当地购买的材料：砂石、水泥、钢筋、柴油。

②波黑当地人工月净平均工资。

除非合同其他处另有规定外，其余材料、机械和人工均为固定价格，不允许调价。

（2）调价公式

本项目采用的调价公式按建筑部分和安装部分分别调价，建筑部分和安装部分按里程碑节点汽机台板就位进行划分。汽机台板就位前，采用建筑部分调价公式进行调价；汽机台板就位后，按安装部分调价公式调价。调价公式为：

①建筑部分

$$Pn=0.35+0.439\overline{Lo}+0.046\overline{Eo}+0.057\overline{Mo}+0.093\overline{Qo}+0.015\overline{Ro}$$

②安装部分

$$Pn=0.446+0.53\overline{Lo}+0.024\overline{Ro}$$

其中：

"Pn"为某进度款支付节点所在月份 n 的工程款调整系数；

"Lo""Eo""Mo""Qo""Ro"分别为波黑当地人工月净平均工资，以及砂石、水泥、钢筋、柴油的基础价格指数或参照价格，每一参数为对应于合同生效当月的相应价格指数或参照价格。

（3）调价依据

各调价因素取值依据波黑统计局（AGENCY FOR STATISTICS OF BOSNIA AND HERZEGOVINA）发布的月报告，其中波黑当地人工月净平均工资取值为报告"AVERAGE MONTHLY PAID OFF NET EARNINGS OF PERSONS IN EMPLOYMENT"中"Average monthly paid off net earnings"对应的价格。

砂石价格指数取值为报告"INDUSTRIAL PRODUCER PRICE INDEX ON DOMESTIC MARKET IN BOSNIA AND HERZEGOVINA"中"Other mining and quarrying"对应的价格指数。

水泥价格指数取值为报告"INDUSTRIAL PRODUCER PRICE INDEX ON DOMESTIC MARKET IN BOSNIA AND HERZEGOVINA"中"Manufacture of other non-metallic mineral product"对应的价格指数；钢筋价格指数取值为报告"INDUSTRIAL PRODUCER PRICE INDEX ON DOMESTIC MARKET IN BOSNIA AND HERZEGOVINA"中"Manufacture of basic metals"对应的价格指数。

柴油价格指数取值为报告"AVERAGE CONSUMER PRICES IN BOSNIA AND HERZEGOVINA"中"Euro diesel"对应的价格。

（4）调价原则

若 $Pn-1$ 在±8%内（包含±8%），不予以调价；

若 $Pn-1$ 大于8%，对超出8%外的部分应予以补偿，即调整价格＝V×（$Pn-1-8\%$），其中 V 为该期支付的工程进度款；

若 $Pn-1$ 小于−8%，对小于−8%的部分应予以扣除，即调整价格＝V×（$Pn-1+8\%$），其中 V 为该期支付的工程进度款。

项目延期对调价公式的影响：

该价格调整公式在合同约定的工期内有效。如果由于乙方责任，未能在规定合同期限内完工,则实际竣工时间内的价格调整既可采用原定竣工日的价格指数,也可采用调价时的现行价格指数,将由甲方选择对其有利者。但是如果由于甲方责任造成延期,则甲方应对整个正常延期支付全部调价款。由于乙方原因造成工程中断,甲方可以拒绝进行调价。

(5)调价结算支付

通过调价公式调整的工程价款在每笔里程碑支付当月计算,原则上按年结算支付。

在项目履约过程中,通过签订固定单价的采购合同,降低了属地采购因通货膨胀而成本增加的风险。

【专家点评】

在境外施工订立的合同一般采用 FIDIC 合同,本合同采用 FIDIC(红皮书)合同条件13.8"因费用波动而调整"条款列示的调价公式用来约定价格调整。该公式第一项为固定系数,表示不调整的那部分合同款;其余各项分别表示为人工费、不同材料和设备等。

该项目考虑到项目所在国通货膨胀的风险,因为在施工和安装过程中,人工、采购、设备、管理等风险因素不同,公式中不同因子的权重也不同,风险大的权重大。权重的设定体现了项目经理对市场物资预测的准确性并直接影响合同收益。此外,该合同确定了调价原则,体现了合同的公平,也最大限度地维护了中方企业的合法权益。

本章思考题

1. 什么是合同?

2. 简述条件条款(Condition)和保证条款(Warranty)的区别。

3. 描述合同成立和生效的区别。

4. 描述合同中关于不可抗力的规定及其责任。

5. 描述哪些文件可能会导致条款之战。

6. 采购人员应如何克服条款之战?

7. 列举一些公布的模版合同。

8. 列出采购方合同与销售商合同中条款和条件可能会不同的一些方面。

9. 合同中"时间是极其重要的"含义是什么?

10. 什么是 Romalpa 条款?

11. 如何区分规定的违约偿金和未经算定损害赔偿?

12. 什么是免责条款的合法性测试?

13. 列出供应合同可能包括的有关道德和 CSR 方面的条款。

第5章 评估定（计）价方法

在商业需求协议或合同的众多要素中,价格是其中的核心要素,价格没有绝对的高低,高低都是基于一定的质量、服务的假设。本章将工程合同的定价计划单独列出来阐述。

◎**本章目标**

1. 理解合同中有关价格的条款规定。
2. 理解工程项目合同计价的形式。
3. 掌握不同计价形式产生的风险。

≫≫≫ 5.1 关于合同的计价形式

5.1.1 合适的价格

1. 价格的定义

价格:用标准货币单位计量的商品或服务的价值。

2. 供应商收取的合适的价格的界定

(1)市场可以承受的价格。

(2)使得销售商可以赢得竞争、获得生意的价格。

(3)使得销售商能够收回成本的价格。

3. 采购方支付的合适的价格的定义

(1)采购方能接受的价格。

(2)公平合理的价格,相对于所采购的总收益而言是具有资金价值的。

(3)能够给采购方相对于其竞争对手以成本或质量优势的价格。

(4)采用良好的采购实践价格。

5.1.2 关于合同中的价格条款

(1)定价计划的类型。

(2)价格表或费用表。

(3)采购方返还供应商的成本或费用。

（4）新的价格或价格变化的方法。

（5）可提供的折扣及给予折扣的条件。

（6）支付或赊欠条款。

5.1.3 关于合同的计价形式

确定合同计价形式的实质就是通过公平的风险责任分配保证合同的顺利履行。

依据合同履约价格调整的规定，合同计价可分为：固定价格合同和可调价格合同。

固定和可调价格合同还可以分别分为固定总价合同和固定单价合同；可调总价合同和可调单价合同。

此外，还有成本加成计价合同，适用于项目标的物数量模糊或者紧急状况下的合同。

在施工合同履行中，由于施工地质条件等多方面的不可预见性，即使是固定价格合同也没有不做变更、不做调整的。固定价格合同的价格调整和可调价格合同中价格调整的区别是，固定价格合同中的调整是在约定的风险范围之外的调整，即所谓固定是在约定的风险范围内固定；而可调价格合同中的调整不按照风险范围区分，而按照双方约定的条件调整。

1. 总价合同

总价合同"包图纸"。固定总价合同和可调总价合同的适用范围汇总表详见表2-5-1。

表2-5-1 固定总价合同和可调总价合同的适用范围汇总表

	总价合同	
	固定总价合同	可调总价合同
含义	承包方的报价以发包方详细的设计图纸及计算为依据，并考虑到一些费用上升的因素，如图纸及工程质量不变总价固定，俗称"包图纸"	按照招标文件的要求及当时物价计算总价合同，在执行合同中由于通货膨胀引起工料或成本增加到某一限度时，合同总价相应调整
风险分割	承包方承担了全部的工作量和价格风险，因此报价中的风险费用较高	发包人承担了通货膨胀的风险，而承包方承担了合同实施中实务工程量、成本和工期因素
适用条件	1. 适用于设计深度已经达到施工图要求，合同履行过程不会有较大的设计变更； 2. 工程量小，工期短，施工过程中环境因素变化小； 3. 工程缔约合同期相对宽裕，承包方对项目调查详细，计划周密	适用于工程内容和技术经济指标规定很明确、工期在一年之内的工程项目

固定总价合同就是在合同约定的风险范围内"包图纸"，图纸之外的变更按照约定增加价款、延长工期。在此合同约定内，承包人对图纸包含的工程范围、质量、工期、技术条件承担全部风险，即对其施工管理和技术能力承担完全风险。但是承包人对市场承担的风险只能在风险约定范围之内，即承担有限风险；同时，承包人不承担国家政策变动对合同价格造成的风险。

在总价合同中，风险责任示意范围见表2-5-2。

在固定总价合同中，合同约定范围之外的工程变更不在图纸范围之内，当然应当由业主承担的风险较大，但是承包人对失败的推断性变更造成的范围调整变更则应当由承包人自己负责。由于是总价合同，价格波动和工程量的风险主要由承包人承担，但超过约定风险范围可以按照合同约定调整。一般，人工费的风险范围是5%；材料的风险范围是10%；机械设备使用费的风险范围是 10%。总价合同中的这些约定体现了合同公平原则,否则将属于合同法中显失公平的范畴不做适当的调整无法完成合同,详见表 2-5-2

表 2-5-2 总价合同风险责任示意范围表

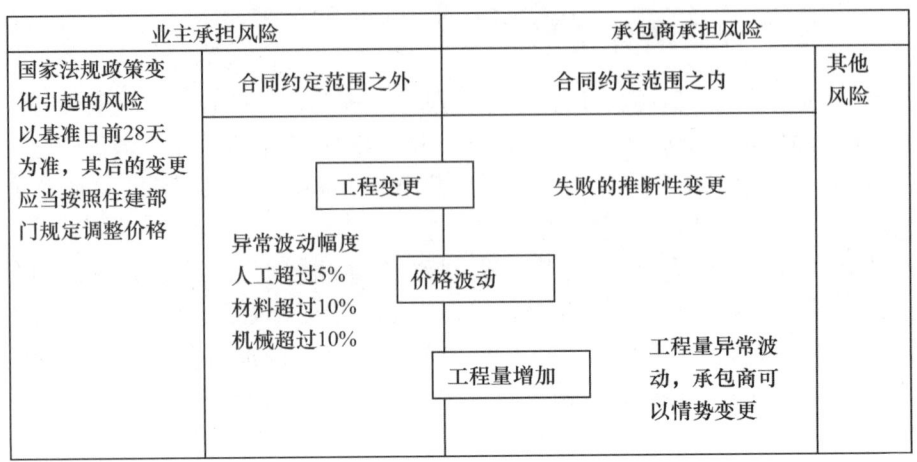

业主承担风险	承包商承担风险		
国家法规政策变化引起的风险以基准日前28天为准,其后的变更应当按照住建部门规定调整价格	合同约定范围之外	合同约定范围之内	其他风险
	工程变更	失败的推断性变更	
	异常波动幅度 人工超过5% 材料超过10% 机械超过10% 价格波动		
	工程量增加	工程量异常波动,承包商可以情势变更	

② 固定单价

固定单价"包清单"。固定单价合同和可调单价合同的适用范围详见表 2-5-3。

表 2-5-3 固定单价合同和可调单价合同的适用范围表

	单价合同	
	固定单价合同	可调单价合同
含义	固定单价合同是指在合同中约定综合单价,包含风险范围和风险费用计算方法,在约定的风险范围内风险范围的综合单价不再调整。风险以外的综合单价调整方法,应当在合同中约定。俗称"包清单"	可调单价是指在合同中签订的单价,根据合同约定的条款可做调整,可调价格包括可调综合单价和措施费等
风险分割	实际完成工作量与原估计的工程量不能有实质性变更,如果相差超过±10%,一般允许承包方调整合同单价,也有些固定单价合同在材料价格变动较大时允许承包方调整单价	在工程实施过程中如物价发生变化等,可做调整
适用条件	适用范围比较广,特别适用于工程性质比较明确(如已经完成初设),但工程量并不能分准确的项目	适用施工图不全、工期长的工程项目

固定单价合同是一种适用范围很广泛的合同计价形式,俗称"包清单",即清单之内的子目价格固定,工程量承担"数量"的风险;承包人承担各子目"价"固定后的风险。显然,合同应当对"量"和"价"的风险范围有个约定,否则对双方都不公平。单价合同风险责任范围见表 2-5-4。

在单价合同中,由于量价的责任不同,所以在合同约定范围之外,承包人工程量的增加的风险较大,承包人在风险范围之内承担的风险大。

实践中,我们一般用"深度"和"波动"的不同来确定合同的计价形式。深度是指设计图纸的深度,波动是指合同履行期限。其中深度指标是确定总价或单价合同的基础,波动是确定合同风险大小的依据。如甲方提供了施工图纸,工期也不长,采用总价合同;工期较长,风险估算要偏大;达到一定程度应考虑单价合同;如提供初设图纸即深度不够,一般只能采用单价合同,工期的长短即波动决定了风险值的大小;如深度、波动太大,即应考虑成本加酬金合同。

表 2-5-4 单价合同风险责任的适用范围

业主承担风险		承包商承担风险	
1. 国家法规政策变化引起的风险	合同约定范围之外	合同约定范围之内	其他风险
2. 施工图(含变更)与清单特征描述不符的风险	价格波动	材料5% 设备使用10%	
3. 清单出现漏项工程量计算偏差风险	工程量增加	总价子目部分的工程量变动	
4. 非承包人原因的工程变更			
"量"的风险		"价"的风险	

3. 成本加成计价

(1)成本加成定价法的定义

成本加成定价法:采购方同意返还供应商所有在履行合同过程中发生的正当的、可分摊的、合理的成本,并支付一笔固定的或一定百分比的费用作为供应商的利润。

(2)成本加成定价方法的各种变化形式

①成本加固定费用合同:成本支出,再加一笔事先确定的固定金额。

②成本加激励费用合同:成本支出,再加一笔较高的费用,前提是供应商达到或超过绩效要求、成本目标或关键绩效指标。

③成本加奖励费用合同:成本支出,再加一笔基于承包人绩效的奖金。

④仅成本不加费用,这是针对非营利性的供应商。

⑤成本分摊,采购方与供应商达成公平分摊成本的协议。

⑥时间及材料,通常应用在没有办法预先预测出精确工作量的情况,双方会谈妥一个每工时的固定收费,再加上所供应材料的成本。

(3)成本加成定价法对采购方的缺点

①财务风险:因事先无法知道全部的价格情况,故采购方就需要承担所有的风险。

②供应商激励:既然所有的采购风险都由采购方承担,供应商不会有任何动力去监督或管理与成本相关的风险。

③行政管理及合同管理成本:供应商成本清单需要跨职能团队的每个组成人员仔细地进行审核监督,以确保准确计算成本并进行补偿。

(4)成本加成定价法对采购方的优点

成本加成定价法制定的最后成本可能会比采用固定价格合同低,因为供应商不需要按通胀后的价格进行报价或谈判,以防止自己承担和成本相关的风险(期货)。

(5)目标成本定价法和成本加成定价法的区别

①成本加成法:对产品成本的构成逐一进行分析,并在此基础上加上利润,最终得出产品的销售价格。

$$销售价格 = 成本 + 利润$$

②目标成本法:从方程式的另一边开始。首先对于某产品,供应商预估其最高销售价

格,然后计算获得合理利润所需的生产成本,且不断压缩成本以得到期望的利润。

$$成本 = 预估最高销售价格 - 期望利润$$

(6)有最高价格的目标成本的含义

合同中会规定一个目标价格和一个最高的价格。任何超出的成本,超过最高价格的部分,都由供应商来承担。任何节约的成本,则按照双方协商确定的比例,由供应商和采购方分享。

(7)没有最高价格的目标成本的含义

没有设定最高限价以保护采购方。根据目标成本确定一个目标价格,任何超出的成本,超过目标价的部分,都由供应商和采购方按照协定的比例进行分摊。任何成本的节约、低于目标价的部分,也同样按照比例进行分享。

5.1.4　合同条款的风险

1. 各种不同定价协议,对采购方可能带来的财务风险和履约风险(见图 2-5-1)

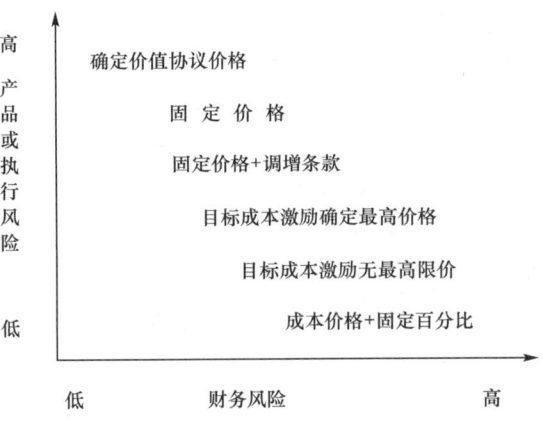

图 2-5-1　各种不同定价协议,对采购方可能带来的财务风险和履约风险示意图

2. 固定总价合同常见风险因素

(1)在预测阶段对成本估算不足。

(2)价格上涨,材料成本逐步提高。

(3)大宗商品及能源价格波动;工资上涨,劳动力成本逐步提高。

(4)汇率波动。

(5)超时,或者为激励供应商"赶"进度所需支付的激励成本。

(6)因未预见的质量问题而导致失败的成本。

(7)合同范围发生改变(增加规格要求)。

(8)未预见到的意外事故(运输中雪灾)。

5.1.5　合同价格调整(CPA)条款的运用

有很多原因会导致供应商的成本和供应合同所规定的水平有出入,合同价格调整协议是一种既可以保护采购者又可以保护供应商的方法。

在合同中确定一个固定价格,同时插入一条 CPA 条款,允许在出现某些特定意外情况的时候对价格进行调整。根据下列情况规定价格调整方式:

（1）在整个合同期内,供应商无法控制的材料、劳动力、大宗商品或能源的成本,超过规定范围的实际提高量或减少量。需要确定什么是合适的成本、哪些是需要考虑的意外事故,并对供应商的成本机构及价格表进行审查。

（2）那些能反映供应市场成本变化情况的各种具体指数:商品指数、劳动力市场指数。

5.1.6   指数、价格指数及价格调整公式的应用

（1）指数:反映一段时间内一系列数据平均变化情况的统计上的衡量指标。

（2）价格指数:被用于显示价格与指数升降之间的关系商品指数,或者商品价格指数。

被用于跟踪特定商品价格的加权平均值,代表一大类商品或一小类商品(例如能源、金属或农作物)的价格变化情况。

价格指数有世界银行商品价格指数、高盛商品指数、汤森路透杰弗里斯 CRB 指数、标普高盛商品指数、美林大宗商品指数(MLCX)等。劳动力市场指数(LMI),则被用于跟踪工资及薪水的加权平均值。这种指数是根据劳动力的类型及所处地区来制定的,是反映劳动力成本状况的指南。

带有合同价格调整或指数条款的固定价格,这种合同模式特别适合那些在合同期内供应市场成本可能出现不稳定的情形。比如,它们常常被用于采购大宗商品及建造服务。

（3）价格调整公式的应用

对一种物品或一组物品在一段时间内的价格或成本的平均变化情况进行计算,可以用于:

①依据相似物品过去的价格或成本数据,预测产品的当前平均价格或成本。

②在分析价格及成本趋势的时候,减少通胀或紧缩的影响。

③在估计或谈判未来价格或成本的时候,给货币波动留下空间。

④比较不同供应商的成本表现,或者某个供应商在一段时间内的成本表现。

⑤找出并确定价格成本的平均变化情况,作为合同成本或价格调整计算的基础(这又将成为价格调整条款的基础)。

5.1.7   各种不同类型的激励或激励性合同方案

（1）谈定一个目标供应价,并据此确定一个最高价格。

（2）阶段性付款、临时付款、提前付款。

（3）根据关键绩效指标、成本节约或项目改进目标的实际情况,给供应商支付固定价格以外的特定奖金。

（4）所得、利润或收入分享。

（5）在整个合同期,逐年降低产品或服务的固定价格,激励供应商不断提高效率,以保持利润率。

（6）未能达到要求的绩效所采取的价格惩罚措施。

▷▷▷▷ 5.2   支付条款

5.2.1   一般支付方式

1. 提前付款

提前付款:一般的供应商,特别是所供应的产品或服务是高风险的供应商,常常会要求

采购方提前付款。采购方通常需要在合同签订的时候或者在采购订单的时候就支付款项。

②. 货到付款

货到付款：通常也是下订单的时候付款，不同的采购只有确认收到并接收了商品或服务后才付款。

③. 记账交易或赊购

记账交易或赊购：采购方和供应商之间有一种赊账的往来账户，供应商允许采购方在物品交付或收到供应商发票后一段时间内支付款项（信用期）。

5.2.2 阶段性支付模式

①. 阶段性支付模式的定义

阶段性支付模式：在下采购订单的时候会支付一笔首付款，之后再在双方协定的阶段按照一定的百分比按期支付后续款项。

②. 阶段性支付模式的适用情况

通常用于资本项目；偶尔也会用于库存周转期很长的阶段性支付模式：在下采购订单的时候会支付一笔首付款，之后再在双方协定的阶段按照一定的百分比按期支付后续款项。

5.2.3 未按合同付款供应商可以采取的法律补救措施

延迟付款或没有按照合同约定付款是一种违约行为。

（1）我国 2021 年颁布的《民法典》第五百八十五条规定：

"当事人可以约定一方违约时应当根据违约情况向对方支付一定数额的违约金，也可以约定因违约产生的损失赔偿额的计算方法。

约定的违约金低于造成的损失的，人民法院或者仲裁机构可以根据当事人的请求予以增加；约定的违约金过分高于造成的损失的，人民法院或者仲裁机构可以根据当事人的请求予以适当减少。

当事人就迟延履行约定违约金的，违约方支付违约金后，还应当履行债务。"

（2）我国住建部颁布的《建设工程施工合同》（示范文本 2013 版）16.1.1 规定了发包人违约的 8 种情形，其中第二项："因发包人原因未按合同的约定支付合同价款的。"16.2 规定了发包人的违约责任："发包人应承担因其违约给承包人增加的费用和/或延误的工期，并支付承包人合同的利润。此外，合同当事人可在专用合同条款中另行约定发包人违约责任的承担方式和计算方法。"

 本章思考题

1. 从采购者的角度，什么是"合适的价格"？

2. 解释一下，根据各种不同的定价协议，应如何权衡采购者的财务风险及执行风险。

3. 简述固定总价合同中业主和承包商承担的风险。

4. 简述固定单价合同中业主和承包商承担的风险。

5. CPA 条款是如何被运用的？

6. 列出可以包含在定价安排中的供应商激励条款。

7. 列出成本加成定价协议可能的变化。

8. 解释目标成本法和传统的成本加成定价法的不同。

9. 在什么情况下常常会应用阶段性付款方式?

10. 如果采购者没能付款或者延迟付款,供应商可以采取哪些法律补救办法?

第6章　建筑业供应链金融

近年来,我国的供应链市场得到快速发展,随着社会化生产方式的逐步发展,现在商业市场的竞争已经转变为行业供应链之间的竞争。在这种商业现实下,供应链管理成为建筑企业提升自身核心竞争力的主要方式,而通过供应链金融方式整合行业生态各方资源,也被广泛应用到供应链创新当中。从行业特征及市场主体情况来看,建筑行业生产总值在 GDP 中占比较高,具有巨大市场空间,且建筑行业属于资金密集型行业,核心企业及上下游中小企业资金需求迫切。因此,维护供应链资金的有效运转,提高供应链资金的应用效率,降低供应链融资成本,成为建筑产业链发展的必要条件。

◎ **本章目标**

1. 理解供应链金融的内涵。
2. 掌握工程供应链金融的主要模式。
3. 熟悉供应链金融的实施办法。

≫≫≫ 6.1　供应链金融概述

6.1.1　供应链金融定义

供应链金融是供应链和金融两个领域交叉产生的创新。多年以来供应链一直是运营管理的主要内容,近年来供应链中的资金流获得了越来越多的研究关注。

在国际研究中,埃里克·霍夫曼(Erik Hofmann)在 2005 年较早地探讨了供应链金融这一概念,提出供应链金融是:"供应链中两个或两个以上的组织,包括外部服务提供商,为共同创造价值,而对组织间金融资源进行有效计划、监督和控制的过程。"按照国际商会(ICC)主导,全球银行家协会(BAFT)、欧洲银行协会(EBA)、国际保理商联合会(FCI)及国际贸易和福费廷协会(ITFA)共同参与制定的《供应链金融技术的标准定义》中,供应链金融的定义是:"利用融资和风险缓释的措施和技术,对供应链流程和交易中营运资本的管理和流动性投资资金的使用进行优化。供应链金融通常用于赊销交易,由供应链事件引发。融资提供方对基础贸易流程的可见性是这种金融安排必不可少的组成部分"。

国内对供应链金融的概念比较统一的定义是:"银行围绕核心企业,管理上下游中小企业的资金流和物流,并把单个企业的不可控风险转变为供应链企业整体的可控风险,通过立体获取各类信息,将风险控制在最低的金融服务"。[郑殿峰、齐宏,2020. 产业供应链金融.一:4.]

2020年9月,人民银行联合八部委发布《关于规范发展供应链金融、支持供应链产业链稳定循环和优化升级的意见》(下称《意见》),第一次明确了供应链金融的内涵和发展方向,向市场传递清晰的信号。《意见》指出,供应链金融是指从供应链产业链整体出发,运用金融科技手段,整合物流、资金流、信息流等信息,在真实交易背景下,构建供应链中占主导地位的核心企业与上下游企业一体化的金融供给体系和风险评估体系,提供系统性的金融解决方案,以快速响应产业链上企业的结算、融资、财务管理等综合需求,降低企业成本,提升产业链各方价值。[喜平,2021. 建筑行业供应链金融发展情况分析. 筑建供应链.]

可以看出,国内供应链金融的主要资金方还是以商业银行为主,获取供应链整体性信息,提供全产业链一体化金融服务。与传统的融资业务相比,供应链金融能够有效解决大型企业上下游中小企业的资金需求,具备降低供应链企业财务成本、垫资压力,降低金融机构业务成本和风险等优势,属于多方共赢的资源整合型金融业务。

6.1.2 供应链金融产生的背景

从宏观发展趋势上看,生产链和供应链在全球化背景下联系日趋紧密,供应链和资金链的资源协同需求越来越强烈。贸易的全球化趋势要求金融市场以供应链为中心提供更为灵活、成本更低、效率更高、风险可控的融资模式。供应链金融正是在这种背景下产生的。

从行业特点来看,建筑行业供应链较长,其核心产业链为"项目业主—总包—分包—供应商",链条上的交易主要涉及原材料物料供应和劳动服务两大类,交易特点在于垫款规模大、时间长,合同多为按项目进度进行结算。多数建筑业企业由内部造价部门或成本部门验收工程进度后,出具项目监理报告予以最终确权,这为开展供应链融资业务提供了基础。

建筑行业的供应链融资产品首先应围绕于依托核心企业信用的上游供应商融资,围绕招投标、合同、订单、物流、结算支付等场景,以融资和结算产品的综合应用共同构造建筑行业金融服务模式,打造基于商流、物流、资金流、信息流"四流"数据共享的综合化金融服务方案。

6.1.3 供应链金融解决的问题

1. 解决资金兑付压力

相较于西方发达国家,建造企业依靠技术优势和资源组织能力处于产业链上游地位,具有强大话语权。国内建筑业企业往往处于产业链下游,进入门槛低、劳动密集型、同业恶意竞争等问题长期存在。受宏观金融政策收紧影响,特别是受地产开发项目和地方政府平台针对性收紧的政策影响,建筑企业产业链下游企业(施工企业)的资金状况日趋紧张。[刘鹏,2020. 价值重塑工程建设行业投融资文集. 基于供应链的建筑企业融资方式探析:166.]我国建筑企业在施工期间必须持续垫付资金,根据合同进度要求,按一定期限和比例从甲方回收资金,但工程款拖欠时有发生。建筑企业的上游企业,根据国家政策要求须按时支付农民工工资,而材料供应商自身融资困难,垫资能力有限,从而导致整个供应链资金链断裂。

对建筑企业来讲,供应链金融是一种非常有效的融资模式,不仅可以充分发挥供应链上下游企业融资便利的优势,也能够使企业在面临传统流动资金贷款额度受限时,获得必要的融资支持。并且，供应链融资产品一般期限不超过一年，且融资成本低于流动资金贷款，因而能有效降低财务成本。

2. 缓解建筑业中小企业融资难

中小企业在促进我国经济增长、提供服务、解决就业等方面发挥了突出作用，已成为国民经济和社会发展中不容忽视的重要组成部分。但目前中小企业发展中的筹资难问题严重阻碍了其健康发展。建筑行业中小企业获得融资更是存在重重障碍，一是中小企业一般为轻资产经营模式，可抵押物少，抵押物的折扣率高；二是管理不规范，资本技术密度低、技术装备水平落后；三是信用观念淡薄，缺乏信誉，难以获得金融机构授信。［王宏，2013. 论中小企业融资难的原因和对策. 江苏财经信息网. http://cnc. jscj. com/jscj/64/20061219121512. php］

从金融机构来看，我国金融改革力度加大，银行加强了信贷风险的控制，责任风险管理责任制度日益强化，并且大部分实行了终身责任追究，按照银行传统授信模式，大部分中小企业很难达到授信和融资的条件。

供应链金融实质是围绕供应链条上的核心企业，依托产业链运营，为产业链条上企业授信。供应链金融将单个企业的不可控风险转变为供应链企业整体的可控风险，让金融机构获得风控抓手，从根本上转变风控模式。帮助中小企业获得门槛较低、成本相对优惠的融资支持，这成为化解中小企业融资难的突破口。［刘江，2020. 价值重塑工程建设行业投融资文集. 科技+产业双驱动供应链金融破解中小企业融资难：160.］

3. 改善建筑业粗放式管理风险

2020 年，建筑行业总产值占我国 GDP 总额约 25%。如此庞大的产业规模背后却是管理手段落后、信息化程度落后等一系列制约行业发展的瓶颈问题。资质非法挂靠、招投标围标串标、违规转包等情况普遍。资金管理方面，建筑业存在大量现金支付行为，难以通过信息化管理全面管理资金往来。企业资金管理、成本管理能力薄弱，信誉水平低下。在传统模式下，建筑企业很难获得金融机构的授信，制约了行业的发展。

近年来通过在建筑企业推行供应链融资，金融机构对上下游交易、贸易背景、企业经营状况的全面审核，以及对操作风险的全面把控，助推建筑企业的规范化、标准化管理，由粗放式转变为精准化、精细化的管理模式。

6.1.4 建筑行业供应链金融生态解析

随着我国供应链市场的加速发展，市场参与主体也呈现多元化特征，由单一金融机构拓展到多种类型的参与主体。万联供应链金融研究院和中国人民大学中国供应链战略管理研究中心联合发布的《2019 中国供应链金融调研报告》的数据显示：供应链管理服务公司、B2B 平台和商业银行数量规模占据市场前三，合计占比 56.86%。在建筑业生态中，供应链金融业务的主要参与方包括金融机构、核心企业、供应商、B2B 平台、金融科技公司等。

1. 金融机构

作为供应链金融的核心力量，金融机构是供应链金融产品和资金的主要供给者。2019年 7 月 6 日，中国银保监会发布了《中国银保监会办公厅关于推动供应链金融服务实体经济的指导意见》（下称《意见》）。《意见》要求，银行保险机构应依托供应链核心企业，基于核心企业与上下游链条企业之间的真实交易，整合物流、信息流、资金流等各类信息，为供应链上下游链条企业提供融资、结算、现金管理等一揽子综合金融服务。

2. 核心企业

作为供应链金融的信用源头,核心企业为供应链金融提供信用支持,它的运营状况对供应链的运行情况有着至关重要的影响;核心企业的参与和作用往往十分突出,处于强势地位,且对供应商、经销商、下游企业都有严格的选择标准和控制。在做供应链金融产品设计和开展业务时,需要评估核心企业的信用情况、经营水平、上下游合作关系等,以帮助金融机构调研贸易背景,把控实质风险,完成资金受托支付等。

3. 中小供应商

作为供应链金融的服务对象,中小供应商融资难融资贵已经是不争的事实。支持中小供应商开展供应链金融的核心意义在于针对其授信额度小、融资规模小、融资成本高的问题,利用信用传导机制,通过核心企业和供应链整体贸易背景为其增信,改善靠单一企业授信融资难的困境,实现供应链上下游资金融通的需求。

4. 行业平台

作为供应链金融的资源整合方,行业平台为参与供应链金融的各个主体提供互动的场所,尤其是在交易双方和金融机构之间充当平台或中介的作用。行业平台逐渐沉淀积累供应链上下游交易信息,且积累一定客户资源,因此在供应链金融中,平台提供方的主要作用是信息呈现和流程操作,为融资的信用提供风险管理服务。

5. 金融科技公司

作为供应链金融的科技解决方案提供方,金融科技公司在推动行业金融数字化、提高供应链融资效率、降低金融风险方面发挥了自身优势。近年来,央行体系、大中型银行加大金融科技投入,成立金融科技子公司;建筑行业大型央企也基于自身行业优势布局金融科技;区块链公司、大数据科技公司纷纷嵌入供应链金融领域提供技术运营解决方案,通过科技手段赋能供应链金融。

≫≫≫ 6.2　建筑行业供应链金融模式分析

6.2.1　供应链金融主要模式

随着供应链金融在经营活动中发挥的作用愈加重要,越来越多的建筑企业参与到供应链金融中,建筑行业常用的融资模式主要包括保理、国内信用证、商业汇票、订单融资、保理资产证券化融资等。

1. 保理

（1）应收账款保理

应收账款保理模式是指核心企业为取得运营资金,将赊销形成的未到期应收账款转让给银行,加快资金周转。应收账款保理按照是否可以向核心企业行使追索权,分为有追索权保理(非买断型)和无追索权保理(买断型);按照是否通知应收账款债务人,分为明保理和暗保理。

建筑企业在承建项目过程中,由于工程款支付存在时间差,会形成一定应收账款,银行会基于建筑企业信用,对企业和基础资产进行综合评价,核定保理业务授信额度。针对每个建设项目申请的应收账款保理,银行均需要审查下游付款的支付能力、项目进度以及合同、发票等贸易背景资料。

一般来说,商业银行出于风控考虑,更倾向开展有追索权保理业务,如建设方到期未及时付款,则建筑企业承担到期还款责任。而大型国有建筑企业则更倾向于无追索权的模式,企业可以实现资产出表,优化资产负债表,缩短应收转款的周转天数,实现商业信用风险的转移。

(2)应付账款保理

应付账款保理,是指核心企业将本公司的应付账款转让给银行,银行基于核心企业良好的信用,以供应链上游供应商为融资主体,发放供应链融资,核心企业提供增信或担保。该模式的上游供应商一般为中小供应商,有效解决了中小企业融资难的问题,通过核心企业增信,有效降低了融资成本,核心企业也实现了延长账期的诉求。综上,应付账款保理是目前建筑行业应用最为广泛的融资形式之一。

(3)保理池

保理池,一般指将一个或多个具有不同买方、不同期限以及不同金额的应收账款打包一次性转让给金融机构,金融机构再根据累计的应收账款情况进行融资放款。保理池模式有效整合了零散的应收账款,帮助融资企业免去多次保理服务的手续费用,简化了多次繁杂的流程,有效提高了融资效率。同时,由于供应商分散,不易同时发生不还款的情况,可一定程度上降低客户授信风险。但该模式对保理商或银行的风控体系提出更高要求,需要对每笔应收款交易细节进行把控,避免坏账风险。

2. 国内信用证

国内信用证是适用于国内贸易的一种支付结算方式,是开证银行依照核心企业(购货方)的申请向受益人(销货方)开出的有一定金额、在一定期限内凭信用证规定的单据支付款项的书面承诺。[刘鹏,2020. 价值重塑工程建设行业投融资文集. 基于供应链的建筑企业融资方式探析:167.]

建筑企业支付物料货款和劳务分包款项时,可以采取开具国内信用证的方式,同时在银行申请国内信用证贴现额度,供应商拿到信用证后可以持有到期,也可以在开证银行进行贴现获得流动资金。

3. 商业汇票

商业汇票是由出票人签发的、委托付款人在指定日期无条件支付确定的金额给收款人或者持票人的票据。商业汇票包括银行承兑汇票和商业承兑汇票两种。

当前,供应链创新与应用迎来发展机遇期,票据市场也随着上海票据交易所(简称"票交所")的成立向全国统一、安全高效、电子化的现代市场转型。推动商业汇票在供应链金融中的应用,能够有效推动集成创新和协同发展,促进拓宽中小微企业的融资渠道,确保资金流向实体经济。

票据在建筑行业亦有广泛应用,建筑企业基于自身的信用,可以在银行申请银行承兑汇票或商业承兑汇票保贴额度,用于支付贸易项下分包款或材料款等,达到建筑企业延迟付款、上游供应商提前获得流动资金的效果。

4. 订单融资

订单融资是一种比较典型的供应链金融中的信用融资模式。订单融资在建筑业的应用是,供应商为了采购原材料或者组织生产向银行等金融机构申请所需资金,银行则根据供应商的信用决定是否向其授信。在这种模式下,信用的提供方和融资的受益方都是供应商。

订单融资的另一种延伸模式是采购方保证的订单融资,这在实务中也比较常见,它与传统订单融资的不同之处在于信用的提供方为买方。在这种模式下,建筑企业为核心企业,买方的信用保证能为供应商,通常为中小企业,带来更高效的融资和更优惠的利率条件,但这种模式不能视为基于数据的纯信用融资,因为其本质上也涉及核心企业的配合,也利用了核心企业的信用溢出。

⑤. 保理资产证券化融资

保理资产证券化,是指将保理机构从各个债权人手中收购的应收账款集中起来,形成应收账款资产池,并对这些资产进行信用增级,将其转变成可在金融市场上流通和出售的证券。目前在建筑领域里,央企应用较多。一方面,保理资产证券化能够提升央企资产运营效率,助力降两金、去杠杆,优化财务报表,优化资产负债率。另一方面,发行资产支持证券能够通过盘活存量资产的方式,进一步使央企拓宽融资渠道。同时,探索发行资产支持证券,能够将央企资产与资本市场有效对接,打造更加高效的国有金融服务平台。

6.2.2 常见供应链融资模式

①. 核心企业主导型供应链金融

核心企业一直以来被视为开展供应链金融业务的依托,在产业供应链的组织形态中居于核心地位,通过共同利益所产生的凝聚力把产业链相关企业整合起来。在实际业务中,核心企业往往是整个供应链网络的组织者、管理者和协调者,扮演着供应链中的信息交换中心、物流中心和结算中心的角色。[云朵匠(数商云),2020. 供应链金融业务三大类平台解析,https://www.shushangyun.com/article-3584.html.]目前,各大建筑央企均已成立金融公司,如中建集团旗下中建资本,开展围绕集团子企业上下游的供应链金融服务,推动产融结合。

就建筑业供应链金融生态而言,以核心企业为依托开展业务具有以下几方面优势:

一是核心企业信用背书。利用核心企业相对中小供应商的更高信用,以核心企业信用为整个产业链整体信用做背书。在应收账款融资模式中,"核心企业确权"就是这一点的典型表现。二是核心企业带来的批量的融资客户,即依托核心企业平台可以快速触达大量具有融资需求的节点企业。三是核心企业对上下游企业隐性能力的识别。在建立良性的推荐或合作机制的基础上,依靠核心企业对本行业节点企业隐性能力的识别,其推荐引入的客户本身会更有质的保证。

相对于传统金融机构基于资产、核心企业信用等显性资源作为评估识别融资对象的标准,核心企业因为对本行业的运行特点有更深的认知,基于长期的交互合作,对于中小供应商企业是否具备竞争优势具有更准确的判断,所以可以突破显性资源的约束,使更多有发展潜力的中小企业获得融资机会。

核心企业主导供应链金融对金融业务风控有极大帮助:

首先,在数据方面,核心企业掌握了大量供应链上下游企业贸易背景数据,这些数据的动态变化是风控预警的重要依据。第二,在行为方面,核心企业的业务经营管理流程与供应链金融业务流程在实务中交织关联,核心企业的配合行为,比如核心企业操作人员在施工上项目确认收货、建筑采购企业承诺付款等本身就是重要的风控手段。第三,在生态影响力方面,核心企业不仅能增加整个供应链金融生态的黏性,更重要的是它对供应链网络的影响力能形成供应链上下游企业的违约成本。当核心企业与该供应链金融生态深度绑定、利益高度相关时,供应商企业为了保持其与合作伙伴关系的连续性,一般不会做出冒险投机行为。

2. 银行主导型供应链金融

银行等金融机构在开展供应链金融业务时,雄厚的资金实力和相对较低的资金成本是其独有优势。银行等金融机构的主营业务之一即是开展信贷业务,在强监管制度下建立了完善的借贷流程和风控体系,因此商业银行也是最早开展供应链金融业务的机构之一,如平安银行、工商银行、招商银行等。

商业银行主导模式有以下几点优势:

第一,银行具备低成本、大规模获得资金的能力;

第二,各行业或地域性客户资源丰富;

第三,商业银行多年深耕金融领域,积累了大量风险管理案例经验,对市场风险、业务风险、操作风险等有完善严密的应对措施。

第四,银行具有线上线下全面渠道服务能力,能够深入产业链各环节提供专业金融服务。[宝象金融研究院、零壹研究院,2017. 互联网+供应链金融创新,4:73.]

当然,银行主导供应链金融也面临一些局限:第一,商业银行对供应链整体运行没有实际控制力,作为外部服务机构,不能实时、全面掌握交易四流信息。由于缺乏有效的数据信息来源,商业银行无法单独构成供应链金融的核心。第二,近年受监管要求,银行对不良率考核日趋严格。国家虽倡导普惠金融,大力支持中小企业,但银行由于缺乏有效的风控抓手,不能全面覆盖支持中小企业融资业务需求。第三,从建筑业融资需求来看,供应链上下游需要符合行业支付规律的、低成本、高效的融资业务,银行在标准产品的创新响应能力上相对有限。

3. 电商平台主导型供应链金融

电商平台主导模式是供应链金融发展的新趋势,指电商平台通过获取供应商上下游完善的电商销售、物流服务信息,或联合金融机构,或利用自有资金,根据用户需求提供供应链金融服务。

电商平台主导模式能够实现监督其交易背景的真实性、资金流向的确定性、实现操作的封闭性以及资金的自偿性。资金方依据电商平台采购体系、资金流体系综合分析,提供资金服务,这是一种较为新型的基于供应链体系拓展的金融服务。着重点在于电商平台的采购、运输、销售、资金体系是否具有完整性。代表案例有中建集团云筑网、中国中铁鲁班网等。

当然,该模式也存在弊端,如电商平台虽产生大量交易数据,但缺乏完善的金融风控机制,无法完成风险定价,开展供应链金融业务仍需依赖金融机构。且相较商业银行,缺乏专业的金融风险管理团队和经验。

4. 供应链协同服务商主导供应链金融

常见的供应链协同服务商主要包括金融科技公司、信息化管理服务商、大数据科技公司、供应链管理公司等,其优势在于科技能力和信息数据处理能力。这类服务商在经营过程中,通过为产业链上下游企业提供供应链金融相关解决方案,沉淀了丰富的产业数据及金融资源,并将各方资源整合,通过合理的合作机制推动供应链金融业务的开展。如广联达、中企云链、联易融等。

6.2.3　供应链金融业务模式

供应链金融业务模式及供应链各环节示意图。

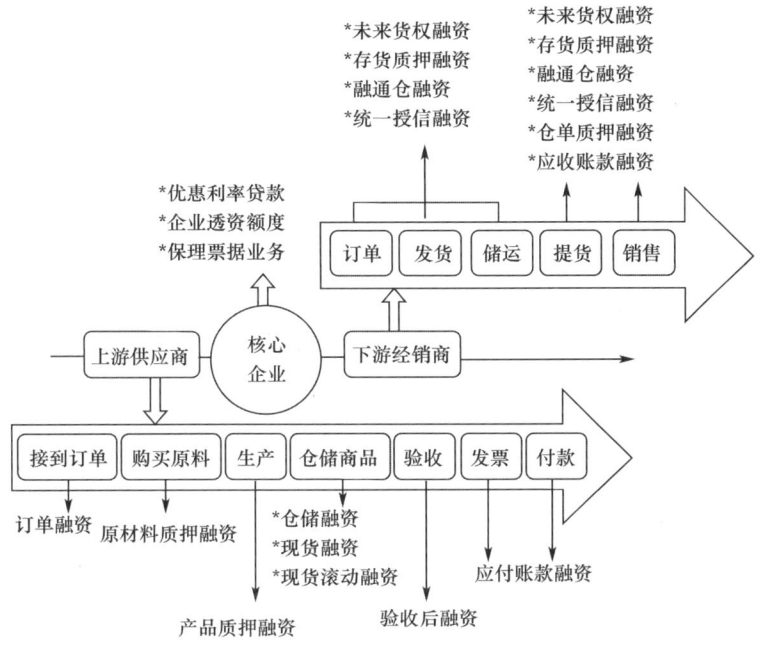

图 2-6-1　供应链各环节金融业务服务模式
（引自 2019 年中国供应链发展报告 P119）

⟫⟫⟫ 6.3　新技术赋能供应链金融

6.3.1　区块链赋能供应链金融

区块链技术在推动新基建升级提速的同时，也成为"新经济""新基建"的重要基石。区块链是点对点通信、数字加密、分布式账本、多方协同共识算法等多个领域的融合技术，更具有不可篡改、链上数据可溯源的特性，非常适用于多方参与的供应链金融业务场景。

1. 区块链的技术特征

区块链技术是分布式数据存储、点对点传输、共识机制、加密算法等计算机技术的新应用模式，对解决供应链金融领域的众多问题具有重大意义。

（1）网络结构方面

区块链基于点对点的网络结构，使得参与方能够对等、网状协作。这为参与方之间没有显著的层级或从属关系的跨机构协调，提供了便利，无须在组织结构上进行协商，只要将业务规则固化到区块链的初始设置中，即可开展，简单快捷。

（2）系统稳定方面

区块链具有高度稳定的特性，能够作为供应链金融运作的基础平台，满足开展供应链金融业务对系统稳定性的基本要求，供应链数据能得到有效保护，供应链金融业务流程可以在区块链系统上稳定运作。

（3）信任体系方面

各个节点可以在无信任基础下进行安全交易。区块链最大的作用是可以有效解决"信任"问题。区块链上的数据安全性高、交易无法撤回，同时应用区块链技术的供应链金融系统往往会进行较为严格的身份认证与反洗钱，构成了区块链的信任体系。

（4）存储技术方面

分布式、集体维护的存储方式使交易者可以匿名，交易信息完全透明。参与者共同维护一个数据全体可见的账本，通过数据的分布式加密存储，数据不可篡改，完整性得到了有效保证。［基于区块链技术的供应链金融分析，2019. https://baijiahao. baidu. com/s？id＝1664656551906430868&wfr＝spider&for＝pc］

2. 基于区块链的供应链金融解决方案

（1）供应链信息透明化

供应链生态中的参与方依协议共同维护一个公共账本，每一笔交易经全体共识后记账。公共账本上的数据全体可见，可有效保证数据主体的访问权和数据可携权，赋予数据主体对自身数据更为灵活的处置能力。通过数据链上、链下分级加密存储，可在数据安全和隐私的前提下，保证数据的准确性和不可篡改，实现数据在不同应用间更高效的自主流转，符合欧盟《一般数据保护条例》（General Data Protection Regulation，简称 GDPR）发布后的技术发展趋势。

（2）信用传递

在传统的融资过程中，核心企业背书信用会随着应收账款债权的转让不断减弱。区块链技术能够把现实的应收账款债权映射到链上，并能基于显示法律和合规要求实现转让、清算等业务动作，区块链的共识机制设计，链上数据不可篡改，可溯源，可承载价值，核心企业背书效用能够沿着可信的融资链路传递，进而解决核心企业信用难以传递到供应链尾端的难题。

（3）智能合约管控履约风险

金融的价值核心是通过跨周期资金配置所产生的资产，而区块链的智能合约技术能够承载这种多样化场景的资产。智能合约是区块链应用于商业场景的重要发展方向。它是一种特殊协议，封装了若干状态与预设规则、触发执行条件以及特定情境的应对方案，以代码形式写入区块链合约层。基于智能合约的履约形式不但能够在缺乏第三方监管的环境下保证合约能够顺利执行，而且杜绝了人工操作可能带来的违约风险。

（4）监管便利性提升

将供应链金融的信息上链加密并实现可追溯，确保了数据的真实性与准确性；同时通过区块链实现纸质文件的电子化以及对智能合约的应用，可以有效地获取监管信息，对资金流分析预警，能够及时对贸易背景的真实性进行分析与核实。因此，区块链技术的运用大大便利了监管，顺应了当前金融监管日益严格的趋势。

（5）降低融资成本，提高融资效率

区块链技术与供应链金融的结合使得链条上的上下游中小企业可以更高效地进行贸易真实性审查和风险评估，同时由于核心企业能够信用传递，传统流程中由于信任危机而增加的烦琐核查程序可以得到大幅削减，金融机构借贷拒贷的现象也能够有所改善。

6.3.2　大数据赋能供应链金融

大数据主要可以解决供应链金融的三个问题：

传统金融机构为了控制风险,对于中小企业的贷款实行信贷配给。对于产业和贸易,金融机构信贷人员往往基于财务报表等规则来判断和监管企业,但是对一些行规和潜在的贸易规则并不了解。由于之间存在严重的信息不对称,金融机构为了获得有效的信息和实施贷后监管,需要付出较高的信息收集和管理成本。

大数据的出现恰好缓解了金融机构与中小企业之间的信息不对称情况。作为金融行业的主要组成部分,金融机构利用数据来提升竞争能力具有得天独厚的条件。通过运用科学分析手段对海量数据进行分析和挖掘,可以更好地了解客户的消费习惯和行为特征,分析优化运营流程,提高风险模型的精确度,研究和预测市场营销和公关活动的效果。在这种情况之下,利用大数据的能力将成为决定银行竞争力的关键因素。

第一,大数据技术可以极大地扩展数据来源。利用大数据平台,金融机构能从互联网、移动平台等多种非传统渠道中即时捕捉以前无法获得或使用的客户和市场数据,这使得供应链金融业务的事前风险预判结构更准确,更具指导意义。

第二,大数据可用于资信评估和风险分析。在客户许可的情况下,金融机构可以利用大数据对客户财务数据、生产数据、电水消耗、工资水平、订单数量、现金流量、资产负债、投资偏好、成败比例、技术水平、研发投入、产品周期等这一系列数据进行综合深度研判。相较于以往,金融行业只看财报和交易数据,仍然不能完全精准识别造假风险,通过大数据来掌握融资企业及供应链上下游情况,造假概率将大大降低。[中琛魔方,2020.大数据如何解决供应链金融问题.http://www.qianjia.com/zhike/html/2020-05/12_23750.html]

第三,通过大数据技术可以将许多非结构化数据与传统数据快速整合、关联补充,完成企业行为模式分析和发现。这有助于监管企业运营状态变化规律,建立运营状态变化路径,按变化路径设置风险控制点,逐点评估业务风险,从而形成全新的事中风险动态计算体系及管理模式。

6.3.3　物联网赋能供应链金融

物联网是通过二维码识读设备、射频识别(RFID)装置、红外线供应器、全球定位系统和激光扫描器等信息传感设备,按照约定的协议,把任何物品与互联网连接,进行信息的交换和通信,以实现智能化识别、定位、跟踪、监控和管理的网络。

"物流网技术+供应链金融"模式主要是通过 GPS、生物识别等手段,对目标进行识别、定位、跟踪、监控等系统化、智能化管理,然后进行数据汇总并分析,使客户、监管方和银行等各方参与者均可以从时间、空间两个维度全面感知和监督动产存续的状态和发生的变化,进行风险监控和市场预测。这种无遗漏环节的监管,将会极大地降低金融企业项目投资风险。

物联网技术的应用对供应链金融的赋能主要体现在以下方面：

一是物联网技术解决了动产质押物流和库存监管问题。我国动产质押贷款市场需求量巨大,特别是动产资产占比高的中小企业,融资需求十分迫切。然而,由于质押动产监管难,多地频现动产质押贷款违约事件,加大了动产质押融资风险。而物联网可以利用传感技术、导航技术、定位技术等方式让物流环节(尤其是仓储和货运环节)变得可视化。这样不仅有利于银行对于企业的物流以及库存监管,同时减少了人为操作上的失误。在物联网技术批量生产之后,必然会降低银行的融资成本。

二是物联网解决供应链金融当中的"牛鞭效应",优化整个产业供应链链条。由于企业对物流配送端到端全过程的实时状态无法做到有效的即时监控,因此迫于生产保障压力,企业都往往放大物料需求量,从而在上游形成牛鞭效应,造成物料仓储和配送运输的附加成本增加,增加企业的风险,甚至影响到企业还款。物联网可实现万物可追踪、万物可相连。物联网技术中的 RFID 技术、EPC 技术在供应链各个环节的应用,对整个供应链上每一个零件、每一个配件、每一件产品的数据进行实时跟踪、实时监控,形成供应链系统上下游企业信息的畅通,从而使牛鞭效应的影响变为可控。[纪律曾经,2020. 物联网在供应链金融的具体实践. https://page.om.qq.com/page/OOOAa8D5ccKJA9BgQhj-zwVg0]

6.3.4 人工智能赋能供应链金融

人工智能(AI)在供应链金融领域的应用,需要行业大数据和适当的不同维度的模型,加上软硬件,可以自动地获取知识,进而循环出更大的数据和价值。因此,推动 AI 在供应链金融领域快速发展,从而实现业务上的高效率和准确性,更加高效地推动建筑行业的信息化、数字化、智能化发展。

在供应链金融领域,应基于符合行业需求的算法和机器学习,对企业等相关数据做出判断,应用于建筑业中小微企业的信用风险的评价、定价等,这样才能既为金融机构有效甄选和推送相关优质资产,又同时促进了电商平台生态体系的优化。

在风险控制方面,通过机器学习和深度学习自动化挖掘因子、模拟风险环境,自动判断因子权重,根据实时动态的数据因子变化,实现高准确率和高召回率的风险预警,并通过建立图谱推理事件逻辑传导,为风险提供可解释性分析,为潜在风险和损失提供早期预警,有效规避重大金融风险。

在其他应用方面,应用人工智能,可基于领先的语义理解模型,赋予机器无限接近人类的文本阅读能力,助力传统金融机构实现数字化转型升级。通过挖掘、分析、构建、绘制和显示金融数据及企业之间的复杂关系,从"关系"维度深度整合产业链上下游、行业和个股数据,有助于搭建产业图谱,帮助金融机构深入了解行业并控制风险。另外,金融营销推荐,通过 AI 画像模型,强化金融业务场景数据的使用深度和广度,实现精度预测,精准推荐,提供可解释的营销辅助决策分析与建议。[小冰系统,2020. 人工智能金融. 框架—小冰商业解决方案(xiaoice.com)]

>>>> 6.4 供应链金融风险管理

供应链金融的重心为金融,但开展供应链金融的前提是供应链的有效运行与管理,因此其风险管理也涉及产业供应链和金融两大领域。同时,由于建筑行业供应链生态相关方众多,金融机构性质多样化,且产业链条较长,各垂直细分领域如物资类供应链、劳务分包类供应链都具备不同的属性和特点,业务流程复杂,且各个环节彼此牵连,一环出现问题,都可能影响建筑产业链的正常运行。因此,供应链金融的风险具有传染性、聚集性和周期性等特点。对于建筑业供应链金融的各个参与方来讲,风控制度显得尤为重要,应遵循业务闭合化、管理垂直化、收入自偿化、交易信息化和风险结构化的原则,并重点关注资产对应资金的

真实贸易。[乔建升,2019.建筑企业供应链金融应用分析.铁路采购与物流,006:38-39.]

6.4.1 常见风险类型

1. 市场风险

产业市场风险也被称为系统性风险或不可分散风险。在传统信贷业务中,主要指由于未来市场价格波动所导致的银行预期收益和实际收益出现偏差的风险。在供应链金融中,主要指质押物的市场价格波动所导致的质押物实际价值低于银行给予中小企业的融资额度,中小企业无力偿还贷款,或恶意不履行合同义务时,可能出现的违约风险。这类风险主要出现在应收账款融资和存货融资业务中,一般有利率、股市或商品价格等市场因素的波动。另外,我国建筑行业供应链金融业务,也会涉及国际贸易;如果通过多种货币结算支付,也涉及汇率变动风险。[郑殿峰、齐宏,2020.产业供应链金融,八:146.]

金融机构通常具备一定利率风险和汇率风险处理能力。在供应链金融的各类市场风险中,作为质押物的货品价格波动所带来的价格风险,对金融机构及供应链带来的影响是更大的,且是更难管理的。建筑施工企业因行业特性,超过50%的成本来源于材料,如钢材、混凝土等主材的市场价格变化频繁,导致企业施工成本难以控制,也对供应链金融造成一定影响。

2. 核心企业信用风险和道德风险

在建筑业供应链金融中,往往大型建筑总包企业,即产业链核心企业掌握了供应链的核心价值,整合并掌握了供应链商流、物流、信息流、资金流的关键要素。资金方基于核心企业的整体实力、信用评价及其对供应链的整体管理程度,对其进行授信。因此,核心企业的经营质量、市场规模、发展潜力决定了产业链上下游的发展质量,并影响供应链上众多的中小企业的生存质量。如核心企业出现信用风险和道德风险,必然会随着供应链条扩展到上下游企业,从而导致供应链金融的整体风险。

3. 上下游融资企业信用风险

部分供应链金融业务的授信及融资主体是中小企业。建筑行业的中小企业往往存在公司治理结构不健全、财务管理不完善、资产规模小、生产经营不稳定、人员更替频繁甚至空壳公司等情况。一直以来,建筑业管理粗放、信息化水平较低,近年虽有改善,但仍有大量中小企业经营行为不规范、透明度差、交易单据以及财务报表造假等诸多问题。[宝象金融研究院、零壹研究院,2017.互联网+供应链金融创新,6:127-128.]虽然供应链金融通过多重信用技术降低了银企之间信息不对称和信贷风险,通过供应链管理机理弱化上下游中小企业自身的信用风险,但在市场环境影响下,中小企业的信用风险不仅取决于其自身风险因素的影响,而且还受政策导向、供应链整体运营情况、核心企业经营状况等各类因素的综合影响,导致其出现信用风险。

4. 贸易背景真实性风险

供应链金融最显著特点为自偿性,实现自偿的基础就是贸易背后的真实交易。商业银行开展供应链金融,均以经济活动中产业链买卖双方的真实交易需求和交易往来为基础,利用交易过程产生的应收应付账款、预付账款、存货为抵质押资产,为供应链企业提供融资。而融资业务风险把控的最有力抓手即是真实交易背后的存货、应收账款、差额补足、交易对手担保等。一旦以骗贷为目的,虚构贸易背景,伪造贸易合同、交易凭证,或融资对应的应收账款的真实性和合法性出现问题,或抵质押物权属或质量有瑕疵,金融机构将会面临巨大的不良业务风险。

5. 操作风险

在供应链金融中,建筑行业交易模式多样化、品类繁杂、交易凭证数量繁多,更需要金融机构根据建筑业产业链特点和需求开展有行业特色的金融服务,并对操作环节的严密性与规范性提出了较高的要求。金融机构需要通过设计多元化的合同契约,协调各参与主体之间在物流、资金流、信息流等方面的权利和义务,这其中业务操作的规范性、合法性和严密性是供应链金融风险控制的重要保障。如果对于贷前、贷中和贷后的契约设计不完善或有问题,供应链金融操作过程、人员、信息或外部事件不能得到准确有效的管理和配置,不能及时捕捉到授信企业经营活动异常的蛛丝马迹,对抵质押物采取保全措施,提高受信企业的违约成本,将可能引发操作风险,进而影响供应链融资的到期偿还。

6.4.2 风险管理措施

1. 金融机构风险管理

金融机构可采取的风控措施主要从以下几方面入手:

一是加强对市场风险的管理。从风险识别入手,鉴别风险来源。控制利率风险最根本的方法在于推动利率市场化。另外,加强行业研究,深入了解建筑业供应链运行规律和交易模式,将市场变动风险进行前瞻性把控,重点应关注国内外宏观经济环境、法律政策环境,如国家出台的环境规制政策、节能减排硬性指标、税收补贴、优惠政策等。

二是强化供应链相关融资主体的综合准入管理。首先要关注对核心企业的授信准入管理。各类供应链融资业务都与核心企业经营状况和信用水平相关,因此其履约风险在供应链上也有直接的传导性。同时,要准确评估上下游中小企业的信用风险。金融机构应通过企业经营效益、公开信用记录、交易对手情况、合作稳定性等方面综合客观评价,选择背景优质的企业开展融资业务。

三是规范并优化业务操作流程。针对建筑业供应链金融操作流程长、风险复杂多变,金融机构应根据行业特点设计业务流程。通过设置专业业务部门,制定行业相关融资业务操作指引,并建立有效的内控管理制度,建立规范性的操作规范要求,实现供应链金融的专业化运作。

2. 建筑企业供应链金融风险管理

随着供应链金融近年来的快速发展,建筑企业骗贷的案例屡见不鲜。银保监会出台相关指导意见,对供应链金融的风险管控做出更加细化的规定。建筑业发展供应链金融应吸取前车之鉴,严把风险控制关,防止因部分企业的失信行为影响了合作企业的正常发展。

第一,发展实体经济,施工企业要提高自身核心竞争力,提高行业地位,同时与优质上下游企业构建长期、稳固的战略关系,完善实体企业间合作机制,增强产业链条的经营稳定性和竞争优势,提高供应链整体业务和应对风险的能力。作为供应链的核心企业,尤其要提高集中管理的全面风险控制能力,让资本市场敢于提供信贷、乐于提供信贷。

第二,核心企业应主动对交易的真实性进行充分自查,确保不被经过处理的二手信息误导。

第三,提高信息化管理水平,应用信息流系统、动态控制业务流转和资金动态,从事前、事中、事后全方位跟踪、监控管理。

第四,信用背书的核心企业应主动承担更多职责,与金融机构合作,帮助金融机构了解供应链上下游企业的真实信息,协助建立完善的建筑供应链风险管理体系。坚持信用背书的交易真实性审查,不给虚假的交易提供担保,关注上下游企业的风险变化,推动银行和上下游企业的增信,实现全链条协同健康发展。[周韵,2019.供应链金融在建筑施工企业应用的可行性研究.商情,41.]

③ 科技赋能风险管理

第一,通过大数据、AI、风控模式算法等技术精准描绘用户画像,深度剖析产业链关系,包括招中标关系、上下游关系、人企关系、资金交易关系、担保关系、舆情等相关事件关系等等,有效地帮资金方认定真实贸易背景、企业的还款能力、还款意愿,进行风险定价。

第二,通过区块链、电子签章等技术确保产业数据的不可篡改,并具有可追溯性。区块链作为去中心化的传输和账本记录机制,在供应链金融应用中,还起到了记录交易流程、监控报警等作用,为多方参与的复杂交易流程提供了防篡改、可溯源、具有公信力的客观记录。随着法律法规的日渐完善,区块链账本将会被司法机关采纳作为法律证据,进一步降低企业在商业纠纷中维权取证的难度和成本。

第三,通过机器视觉、生物识别、OCR、自然语言处理、电子证书、AI等科技手段对用户身份、交易背景真实性进行识别。建筑行业信息化水平较低,票据、订单、仓单等交易文件尚未全部实现电子化,仅仅通过交易流水、财务报表等数据不足以证明其交易的真实存在。机器视觉技术可以自动识别不同的证件和票据,通过自然语言处理智能化分档归类;通过OCR识别技术可以提取票据和证件中的结构化信息,减少人工操作,降低风险发生的可能性。[万联供应链金融研究院,2020.2019中国供应链金融创新实践白皮书.]

总体来看,鉴于当前阶段中国资本市场对传统建筑行业开放的渠道有效,行业本身的信用体系建设不完善,且金融机构受政策、市场环境影响,并未对建筑行业构建完善的供应链金融服务体系。在科技创新快速发展的新阶段,构建符合建筑行业特点与需求的供应链金融解决方案,特别是为优质中小建筑企业提供便捷高效的融资渠道,将对促进建筑业健康快速发展起到极大的助推作用。

案例2-6-1 **中交集团国际贸易中供应链金融的应用**

——中交路桥建设有限公司

1. 案例背景

中交路建(以下称"公司")承接境外某施工项目。应业主及总包方要求,该项目所使用物资设备需由供应商以"一般贸易"方式出口并收汇,与常规境外项目以"对外承包"方式进行出口的方式差异较大。

常规境外项目的物资设备供应,由专业化公司在国内自行组织采购,以总包方名义签订内贸合同,总包方对供应商在境内支付货款。采用此方式,则付款时间基本可控。出口时,以总包方名义采用"对外承包"方式办理出口手续,随后办理退税,最终由总包方统一进行外汇核销。

在此案例所属项目的背景下,先由公司在国内自行组织采购,由境外项目公司与境内供应商签订采购合同,供应商自行办理出口手续并收汇核销。采用此种方式,则惯常做法为境外项目公司在货物运抵项目所在国后即一次性支付全部货款,考虑境外项目资金回笼周期长,导致货款支付时间相应延长。

且在此种情况下,存在以下几个问题:

（1）采购方为境外项目公司，国内供应商对境外项目公司各方面情况不甚了解，存在不信任的情况。

（2）境外项目公司回款存在较大程度的滞后，导致供应商不能及时核销外汇。

（3）出口报关与外汇收款之间有一个较大时间差，汇率波动风险比较大。

（4）回款滞后，供应商投标响应程度不高，并且投标价格存在虚高的现象。

如果能引入专业的贸易公司，则能补充供应链条上的缺失、规避或减弱上述几项风险，能大大提升公司作为采购方的议价能力，更能充分增加供应商投标响应的积极性，实现采购过程中的充分竞争。

经过公司相关领导和同事的周密研究，决定引入中交集团的境外公司"中和物产株式会社"以及其在境内的子公司"中和日盛（北京）国际贸易有限公司"作为供应链条的补充，以尽可能地规避风险。

2. 操作方法

中和物产株式会社是集团在日本成立的中日合资企业，在日本具有良好的信誉，能以较低的成本进行融资。而其子公司中和日盛（北京）国际贸易有限公司在中国境内主要从事进出口贸易、租赁业务等。经沟通，中和物产提供给中交路建的融资成本控制在年化 4% 以内。

公司在此案例项目的采购中，作为采购方以招标采购的方式确定供应商。在招标中，公司特此明确后续的采购合同由指定的代理作为买方签订。最终确定供应商后，即启动出口供应流程，简要流程如下：

2.1　中和物产、中和日盛、中交路建签订三方委托采购协议，明确出口手续费率、资金使用费率等内容。其中，明确资金使用时间为 6 个月。

2.2　由中和日盛与供应商签订境内采购合同，由中和日盛负责对供应商支付货款。借由此采购合同，中和日盛根据公司与供应商谈定的付款条件进行付款，提高了供应商资金周转效率，也提升了公司作为采购方的议价能力。

2.3　中和物产和中和日盛之间签订一份外贸协议，用于出口和收款。通过本合同，中和日盛在完成出口手续后，甚至在完成出口手续之前即可由中和物产支付其相应的货款，规避了汇率波动带来的风险。

2.4　中和物产和境外项目公司签订转口贸易合同，本合同项下款项根据境外项目公司的付款节奏付款。境外项目公司付款与中和日盛对境内供应商的付款之间的时间差，则记为公司资金使用时间。

3. 应用成果

通过引入中和物产和中和日盛，提高了对供应商的支付效率，大幅缩短了在案例项目上对供应商的支付时间，改变原来以供应商为出口报关主体的方式，由中和日盛进行报关出口，及时收汇，避免了汇率波动的风险。

在物资设备的供应过程中，潜在的风险都有极大可能衍生额外费用。而通过引入专业化的机构或单位，对供应链中一些环节进行补充，由此将供应商视角下的较大风险点予以充分具象化、透明化，进而进行化解，既可以降低供应商的风险，又可以在充分竞争的情况下以更优惠、更实在的价格采购到贴合自身需求的产品。

【专家点评】

本案例充分利用集团在境外合资公司做平台，通过缩短资金使用时间，避免了汇率风险，降低了资金成本;同时避免了物资供应中可能出现的其他风险,是供应链金融服务的一个特例。

 本章思考题

1. 在供应链金融模式中,"保理"包括哪些形式?

2. 简述在供应链金融模式中,"保理资产证券化融资"的内容。

3. 简述"区块链技术"在供应链金融方案中的应用。

4. 简述供应链金融常见的风险类型。

5. 建筑企业供应链金融风险管理应当注意哪些问题?

第 7 章　分包与外包

分包与外包是企业寻源战略的组成部分。

每个企业都必须决定在多大程度上愿意自己生产,多大程度上愿意对外采购。这就是自制还是购买决策。

◎ 本章目标

　　1. 外包与其他采购形式的区别。

　　2. 评价外包如何影响采购。

　　3. 制订工作或服务外包的计划。

>>>> 7.1　"自制还是购买"的决策

7.1.1　自制还是购买决策中需要考虑的因素

（1）项目或活动是否属于企业重要的战略性或者核心的部分。

（2）购入成本或者内部相关成本对总成本的影响,以及内部供应与外部供应相比是否有竞争力。

（3）内部是否具备所需的能力及产能,能否便捷地获取或扩张,将来是否还可以持续地获得。

（4）是否具备合适的供应商和积极的供应商关系。

（5）根据评估,将活动交给外部供应链有哪些风险。

（6）对人力资源的影响,如果决定外部购买,是否会导致裁员;如果决定内部自制或提供服务,是否需要进行培训或招募新人。

（7）希望维持一支稳定的队伍。在销售下降的时候自制,在销售上升的时候外包。

（8）是否可以缩短前置期。自制如果能缩短前置期,可考虑选择自制。

（9）所需数量。所需数量少,自己生产不经济,考虑选择外部采购。

7.1.2　采购职能部门能为自制还是购买决策做出的贡献

（1）采购职能部门适合评估购买这一选择。

（2）采购职能对外包的成功实行和控制有关键作用，途径包括：供应商评估与选择、价格谈判、质量及服务水平规格、合同授予、持续性的合同及关系管理。

（3）技术性的意义，能够打造供应链的协作关系。

7.1.3 供应链管理同样会影响到自制还是购买决策的原因

（1）鼓励从战略层面做决策，考虑长期目标及决策对整个供应链的影响。

（2）支持应用价值流或者价值体系作为战略框架。

（3）管理者从长远的角度出发，将供应链视为一个技能及专门知识的储藏库。

（4）成熟的供应链关系能够为决策提供支持。

>>>> 7.2 外包与分包

在这种决策中，关键在于企业的核心能力。企业希望至少将核心能力保留在自己内部，非核心活动则可以考虑外包。合理的外包是企业供应链管理中价值增值的战略举措。

7.2.1 外包与分包定义

1. 外包定义

采购实体将大宗的非核心活动或职能以合同形式授权给专业的外部服务提供者，可能是以长期的关系为基础。

外包的方式：

（1）基于项目，如 IT 系统开发、研发、管理咨询、搬迁等。

（2）基于长期、持续的方式，外包供应商被授予关于特定职能的全部职责，如保洁或安全等。

2. 分包定义

采购实体是在临时出现资源短缺或产能不足的时候，使用外部组织完成买方组织自己所无法完成的工作。

7.2.2 服务合同、分包、外包和内包的区别

表 2-7-1 服务合同、分包、外包和内包的定义

定义	解释
服务合同（Service contract）是一种供应合同，只不过供应的是一种服务而不是有形的商品。 管理下的服务：将某项任务交托外部供应商而非自行承担的做法，正逐渐取代外包	A 公司希望采购某种服务，如咨询或保洁服务，与一家选定的供应商（B 公司）达成合同，依照约定的条款来履行服务
分包（Subcontracting）是在临时出现资源短缺或产能不足的时候，使用外部组织完成买方组织自己所无法完成的工作，是战术性的风险	A 公司与 B 公司（主承包人）订立执行特定工作的合同，如保洁服务。B 公司能力不够，无法独自完成全部的工作（比如说合同太大，或者正赶上繁忙时段），为了满足 A 公司的要求，B 公司在与 A 公司的合同允许的前提下将一部分工作分包给 C 公司

(续表)

定义	解释
外包(Outsourcing)是将原本内部承担的大宗工作承包给一个外部的服务供应商,是战略性的分工	外包方(A公司)会起草一个长期合同,把外包供应商(B公司)所从事的工作和必须达到的服务水平规定清楚。外包方依然保留着工作得以圆满完成的责任(这就需要对合同、绩效以及关系的严密管理),但将日常运作委托给外包供应商
内包(Insourcing)是外包的反面	采购实体决定将以前外包出去的工作收回

7.2.3 外包的发展

随着经济的发展,社会分工将越来越细,"专业"的事是由"专家"去做。各种分包外包形式的出现就成为必然。

❶ 外包是对速度多元化的应对

公司大力实行多样化,通过并购和收购进入多个不同的行业,以求将商业风险分散,但大多数都不成功。很多组织审核了自己的活动,决定还是将注意力集中在核心活动上,非核心业务外包出去。

❷ 全球化促使外包发展的原因

(1)全球化对分散在世界各地的、日益增长的经济活动进行整合。全球化使消费者的需求及愿望彼此靠拢。

(2)生产的全球化。

(3)这些刺激了外包的发展,发达国家将产成品及零部件生产大量外包给中国、韩国、印度等国家。

❸ 促进外包发展的其他因素

(1)质量控制:质量要求提高,短期无法保证,为获得过渡性的资源和产能来满足需求。

(2)成本驱动:降低成本,支撑竞争优势。

(3)业务驱动:注意力和资源集中到增值、产生收入的活动上,而非次要的、辅助的活动上。

(4)财务驱动:解放资金,投资有竞争力、增值的业务上。

(5)关系驱动:减少供应链的冲突和利益分歧,通过外包共享资源。

(6)人力资源驱动:比招聘和培训更为快捷地获得技能、知识和经验。

▶▶▶ 7.3 外包的风险、成本及收益

7.3.1 外包采购实体的好处和风险

❶ 外包对采购实体的好处

(1)将管理、人员及资源集中在核心的、具备竞争力的能力上。

(2)对于非核心活动,借助供应商专业知识和规模效益,可实现比自行承担更低的成本和更大的增值。

（3）提高产能灵活性以应对需求波动。

（4）从活动的成本确定性中获益。

2. 外包对采购实体的风险

（1）选择了错误的供应商。

（2）没能控制好服务的标准和员工待遇标准。

（3）服务或者道德方面出现问题可能导致的声誉损害。

7.3.2　战略外包的优点和缺点

1. 战略外包的优点

（1）支持采购实体的合理化和精简化。

（2）把管理、人员以及其他资源投入到组织的核心活动和核心竞争力上面。

（3）获取和利用承包人的专业知识、技术以及资源。

（4）获取规模经济效益。

（5）增加了竞争性的绩效激励。

（6）可达成协作性的供应关系，获得协同效应（1+1>2）。

（7）在需求和成本不确定或有波动的情形下可以确定成本（议定合同价格），分担财务风险。

2. 战略外包的缺点

（1）与内部供应成本比较，可能导致高成本。

（2）难以保证服务质量一致性及企业社会责任（监控的难度和成本）。

（3）可能失去自己内部的专业知识、联系人和技术，这些可能在未来还会有用。

（4）绩效和风险的关键领域可能失去控制，对供应商过度依赖。

（5）削弱与内外部客户的沟通和关系，弱化对市场的了解。

（6）可能被不匹配或绩效不佳的关系所绑定：文化道德不匹配，关系管理困难，利益冲突。

（7）保密数据和知识产权有失去控制的风险。

（8）活动移交或停止所带来的道德和员工关系问题。外包失败，重新内包带来的潜在风险、成本以及困难。

7.3.3　外包的相关成本

（1）计划及采购成本：进行商业论证分析的成本，识别、选择供应商的成本，谈判及制定合同的成本。

（2）合同价格：支付给供应商的金额。

（3）失败成本：供应商绩效不佳出现的成本。

（4）执行成本：系统及流程改变成本；转换及学习成本；合同和绩效管理成本；沟通交流成本。

（5）隐含成本：采购人员帮助履行合同成本；规格不明确成本；服务水平过高成本；机会成本。

7.3.4　外包不能带来期望中收益的原因

（1）采购实体未能正确区分核心活动与非核心活动。

（2）采购实体未能挑选出合适的供应商，导致外包活动绩效低下，甚至造成供应商倒闭。

（3）采购实体对外包供应商有着不切实际的期望，可能是因为对方在谈判中夸下海口，也可能是低估了成本风险（及成本增加的潜在可能）。

（4）外包合同的一些条款和条件不到位或不合适。

（5）合同中没有明确关键绩效指标或者服务水平，这就意味着很难确定是什么地方出了问题。

（6）采购实体不具备相应的管理技能，无法控制供应商的绩效与关系。

（7）采购实体逐渐放弃了对承包人绩效的控制，导致承包人得以利用组织对自己的依赖来取利。

7.3.5 在外包及分包中，要特别注意的一些关键性问题

（1）外包决策要基于明确的目标和可衡量的收益，要经过严格的成本—收益分析。

（2）严格筛选供应商。

（3）严格要求供应商合同授予程序，对各种风险、成本及债务的分担要平等，明确约定期望的服务水平。

（4）双方一致认可的服务水平、标准及关键绩效指标，辅以适当的惩罚和激励，以激励合规性、一致性。

（5）依照服务水平协议及关键绩效指标进行严格的质量监督。

（6）对合同进行重审，从合同的履行中吸取经验教训。

7.3.6 离岸外包

1. 离岸外包的定义

离岸外包：将商业流程搬迁到成本低的地方，经常是海外。顾虑：专利保护、运输和物流风险、文化、法律及语言的差异等。

2. 离岸外包的好处

（1）商业流程搬迁到成本低的地方，节约成本。

（2）自由贸易的好处，为贫穷国家提供就业，降低本国的成本。

2. 离岸外包的缺点

（1）从海外中心得到的客户服务和技术支持差。

（2）离岸外包存在对欠发达国家工人的剥削。

（3）增加了供应链的风险水平，采购者很难对距离遥远的提供者施加影响。

≫≫≫ 7.4 外包的领域

7.4.1 竞争的资源及能力

1. 采购实体内外部环境分析对其竞争地位的影响

（1）基于定位的战略方法：组织的竞争优势主要源自其战略适合于外部的环境，能抓住

机会,将威胁最小化。(自外而内)

(2)基于资源的战略方法:组织的竞争优势主要在于如何运用其独特的内部资源和能力,并据此设定战略目标。(自内而外)

2. 基于定位的竞争优势不具备长期可持续性的原因

(1)商业环境中变革的速度与不可预见性,让定位的基础无法成立。

(2)定位是基于普遍性的优势来源,而这些迟早会被竞争对手复制。

3. 采购实体资源产生竞争优势的条件

(1)价值高:让企业能够实施比竞争对手更高效也更有效地满足客户需要的质量,从而为客户创造价值。

(2)稀有且需求高。

(3)竞争对手无法效仿或者很难模仿。

(4)难以替代。

4. 能力

(1)能力:组织高效部署或者利用其资源的活动或者流程。

(2)临界能力:支撑特定战略或让组织能在特定市场进行竞争的基本能力。

(3)核心能力:独特的能够增值的技能、能力或资源。

7.4.2　适合外包的领域

1. 业务活动外包

(1)非核心能力。

(2)对于外部承包人具有所需的能力的那些活动。

(3)从获得的服务水平看,通过外包能获得资金价值的活动。

(4)具有下列特性的活动:资源密集型、相对独立、需求和工作模式波动性大、依赖于专业化的能力、处于变化迅速而剧烈的市场之中。

2. 采购职能外包

(1)采购属于边缘活动而非核心活动。

(2)供应商群体很小,合作已久,供应不受限制。

(3)供应商群体很小,提供的是非战略性、非关键性、低风险的品项。

3. 物流和配送服务的外包

(1)承包出去可以解放资源(尤其是财务资本和管理层的时间)用于利润更高的核心活动。

(2)物流专业企业很善于发现并回应客户不断提高的期望。

(3)在困难时期,外包可以提供更大的灵活性。

(4)买方企业可以获得相关专业的专门知识,改进配送体系,为客户提供更好的服务。

7.4.3　外包的成本和风险

1. 采购职能外包的成本。

(1)采购实体失去一个关键的商业技能和知识库。

(2)采购实体可能会失去一些重要的数据和知识产权的控制权。

(3)需要额外的管理层来管理外包商。

2. 物流和配送服务外包的风险。

（1）外部承包人无法提供所需的服务水平的风险。

（2）大量不同的外包导致管理复杂化的风险。

（3）可能失去控制权的风险。

≫≫ 7.5　外包的商业论证

7.5.1　对采购提议进行商业论证的主要标准

1. 成本与收益。

2. 可选方案评估。

3. 与组织的需要和时间表相一致。

7.5.2　外包商业论证时，要做好成本收益分析

1. 考虑外包合同的时候，内部提供的边际成本论证的重要性

内部开发和完成更为节约成本，或代表更好的价值。因此，考虑外包合同进行商业论证时，一个关键要素就是对外部采购或内部提供这两者的边际成本进行分析。

2. 在自制还是采购决策中，需与外部供应商提供的价格进行如下比较

（1）内部生产或提供的边际成本：边际成本是指因产品不是由内部生产，而可以避免的该产品的单位成本。

（2）从外部采购产品或服务可能导致的利润损失。

3. 外部服务商可能受益的方面

（1）规模经济效益。

（2）由于业务量大，手中所掌握的专业人员、资源和技术越多越好，因此能达到更高的生产率及效率。

4. 外包的操作问题

（1）除成本之外，人们采取外包的其他原因

——外包人无法跟上某特定活动的技术变化步伐。

——外包人在完成特定工作上缺乏具有竞争力的生产率或生产量。

——外包人将用在自制的资源，投入到其他能节省成本、获得更多收入的活动中。

（2）是否采取外包，管理者需要考虑的问题

——外包活动是否可以最大限度地降低相关风险。

——可依赖的外部供应商的生产量、质量、服务水平、交付时间及价格稳定性等是否可以满足。

7.5.3　进行外包决策时，需要考虑的备选方案与商业需求一致性问题

1. 进行外包决策时，需要考虑的备选方案

（1）自己生产商品或提供服务。

(2)将技术或设计以授予许可证的方式提供给外部生产商。

(3)向合格的外部供应商购买。

(4)与另一个组织联合开发一个项目。

(5)形成长期发展或供应合作伙伴关系。

(6)获得世界一流的供应商(后向整合)。

2. 需要证明外包备选方案与组织目标及要求存在如下关系

(1)需要进行外包的项目是适合外包的。

(2)外包提案可能利于组织或采购职能部门战略目标的实现。

(3)可以对外包的战略风险进行有效管理。

3. 需要证明外包备选方案是最有效、成本最节省的解决方案

(1)比起其他的采购解决方案,外包可以提供更高的资金价值、更多的运作及其他方面的增值优势。

(2)供应市场(或预先识别的供应商)有能力持续满足服务规格草案及服务水平协议草案提出的各项采购要求。

(3)组织有能力有效地管理风险、绩效及外包合同关系。

(4)外包安排可以随时根据要求及时到位(例如 T 或建造项目)。

(5)相关的风险是可管理、可减缓的。

>>>> 7.6　外包的流程

7.6.1　外包采购过程(八个阶段)

表 2-7-2　外包采购过程

No. 1	可行性研究及商业论证	组织跨部门的工作组考虑:把什么包出去(是否适合外包),外包的商业论证(战略原因:内部供应和外部采购成本比较;可能产生的收益及风险/问题;以及对人员、资金、财务及竞争优势可能产生的影响)
No. 2	确定需求	确定外包业绩或技术规格、合同草案及关键绩效指标草案;拟定采购需求说明,并对具体要求进行描述
No. 3	对供应商评估或资格预审	由采购人在潜在供应商中经筛选进行评估和资格审查(通过对话、现场访问、财务评估等确定外包供应商),确定外包供应商短名单
No. 4	依据需求竞争采购	依据采购制度规定的竞争办法邀请短名单内的供应商"投标"
No. 5	确定外包供应商	依据预先公布的成交标准确定成交人
No. 6	合同谈判	和成交人进行合同谈判,形成明示合同条款、服务关键绩效指标以及服务水平的协议
No. 7	授予合同	谈判结束后将合同授予成交供应商
No. 8	实施合同、绩效评价及关系管理	合同相对人保持密切联系,对合同履行的包括服务水平进行监督或阶段性评价,并及时反馈信息,对存在的问题及时处理,必要时进行调整

7.6.2　普通采购要求说明包括的内容

（1）简介：业务描述，市场测试目标。

（2）范围：包括的服务内容，没有的服务内容，与其他供应商的关系。

（3）服务要求：明确的服务要求，服务水平要求，绩效监督及测量方法，关键绩效指标，关于转换的各类安排。

（4）服务管理：标准、方法及最佳实践的期望，合同事项，服务约束条件。

（5）指南：采购/招标程序及时间表，供应商资格预审和选择所依据的标准，招标后谈判的可能性，递交提案或表达兴趣的格式、条款及条件。

7.6.3　对供应商进行评估和资格预审

（1）外包决策和外部供应商筛选的关键决定要素。

（2）外包供应商可靠地交付所要求服务的能力和效率。

（3）卡特的供应商资格逾渗模型（10C）

①供应商履行合同的能力（Competence）。

②供应商满足采购组织目前和未来需求的产能（Capacity）。

③供应商对关键价值要素与采购组织保持长期关系的承诺（Commitment）。

④有现成的控制系统（Control systems）。

⑤现金资源（Cash resources）。

⑥在交付和改进质量与服务水平中的一致性（Consistency）。

⑦成本（Cost）。

⑧供应商与采购组织的兼容性（Compatibility）。

⑨合规性（Compliance）。

⑩有效沟通（Communication efficiency）。

7.6.4　实际外包合同包括的内容

（1）规格及招标书。

（2）供应商的书面提案。

（3）谈判时达成的一些条款或修正意见。

（4）双方共同认可的服务水平协议等内容。

7.6.5　合同后管理

1. 合同后管理的处理事项

（1）合同中规定双方承担的义务及后续采取的行动。

（2）应对风险或意外事件的处理方式。

（3）若外包供应商在履行合同时有困难，需要采取一些补偿措施。

（4）如果合同履行未能达到原定标准，可采取方法强制执行或采取补救办法。

（5）合同期内，若环境及要求发生变化，要重新谈判、修改合同条款。

② **合同后管理所涉及的关键要素及流程**

(1)合同制定。

(2)合同沟通。

(3)合同管理。

(4)管理合同绩效。

(5)关系管理。

(6)合同续订或终止。

7.6.6 外包对商业(供应商)关系产生的影响

(1)组织对外部供应商的依赖度比以前高。

(2)组织需要思考与供应商发展什么样的关系。

(3)个体在认识这种改变的意义方面比较慢。

(4)双方建立的关系应以绩效或价值为导向,不仅仅是舒适的关系。

⟫⟫⟫ 7.7 外包合同需要注意的条款

有效的合同谈判及管理是确保外包成功的基本条件。

7.7.1 外包合同需要注意的条款

① **保密性条款**

保密性条款:承包人不应透露,并应当确保自己的员工、分包商及代理人不对外透露任何因本合同或其他双方达成的合同的原因而使供应商所获得的具有保密性的信息(如富士康应遵守苹果公司的保密条款)。

② **资产的转移条款**

合同条款应明确规定:

(1)转移给外包提供者的资产的价值,应如何折旧或评估价值。

(2)在合同终止的时候,做好将转移给外包提供者的资产收回到外包人,或做其他处置的安排。

(3)在合同终止的时候,做好将文件、数据及专有的信息返回给外包人的安排。

(4)在履行合同期间形成或创造的资产的所有权。

(5)给资产上保险的责任,以及维护和管理资产的责任。

③ **绩效管理条款**

(1)有关检查权的条款。

(2)合同履行进度的条款。

(3)对没有达到特定绩效的进行惩罚,对达到绩效水平或取得改进的进行激励。

④ **赔偿金条款示例**

赔偿金条款:如因承包人违反任何本合同规定的义务,导致采购方遭受损失,不管是直接的还是间接的,供应商都应赔偿采购方所有的成本和索赔要求(假一赔十)。

7.7.2 外包合同和一般服务合同的区别

表 2-7-3 外包合同和一般服务合同的区别

定义	解释
服务合同是一种供应合同,只不过供应的是一种服务而不是有形的商品	A 公司希望采购某种服务,如咨询或保洁服务,与一家选定的供应商(B 公司)达成合同,依照约定的条款来履行服务
分包是在临时出现资源短缺或产能不足的时候,使用外部组织完成买方组织自己所无法完成的工作	A 公司与 B 公司(主承包人)订立执行特定工作的合同,如保洁服务。B 公司能力不够,无法独自完成全部的工作,比如说合同太大,或者正赶上繁忙时段。为了满足 A 公司的要求,B 公司在与 A 公司的合同允许的前提下将一部分工作分包出去(参见第7 章)
外包是战略性地将原本内部承担的大宗工作承包给一个外部的服务供应商	外包方(A 公司)会起草一个长期合同,把外包供应商(B 公司)所从事的工作和必须达到的服务水平规定清楚。外包方依然保留着工作得以圆满完成的责任(这就需要对合同、绩效以及关系的严密管理),但将日常运作委托给外包供应商
内包是外包的反面	组织决定将以前外包出去的工作收回

>>>> 7.8 建立外包的撤出计划

7.8.1 如果外包合同失败,采购方可以采取的措施

(1)将合同转给原候选供应商清单中的第二位,或者重新进行合同招标或谈判。

(2)将工作收回组织内部,即内包。

7.8.2 相关定义

1. 撤出计划的定义

撤出计划:不管最后采取哪种解决方案,都需要制订应急情况以及业务可持续计划,一旦服务中断,可以很好地管理相关风险。

2. 介入条款的定义

介入条款:明确一旦出现严重的违约或者服务失败,外包人有权暂时重新承担起工作的所有责任。

3. 交接条款的定义

交接条款在新的合同期内,因为当前供应商违约/破产导致合同终止,新的供应商拿到业务。合同中的明示交接条款就是为了确保从当前外包供应商到新供应商的顺利交接。

7.8.3 关于重审及不再更新的合同规定

合同续签的条件可以包括:

(1)合同的开始期间。

(2)可延长的期间,如有。

（3）符合延长资格的标准。

（4）结束合同的程序。

（5）授予新供应商合同的程序。

7.8.4 转换供应商安排

采购方必须意识到,更换外包供应商可能会导致巨大变动并产生费用,对更换供应商可能导致部分成本与风险。详见本册第三部分1.2.5条款。

本章思考题

1. 为什么说在考虑外包合同的时候内部提供的边际成本很重要?

2. 请列出一个组织之所以考虑采用外包方式的原因。

3. 列出外包采购过程的各个阶段。

4. 列出采购要求说明(SSR)的典型内容。

5. 列出卡特供应商评价的"10C"。

6. 描述在进行合同后管理时必须完成的一些工作。

7. 对于和供应商的关系,外包会产生什么样的影响?

8. 请给出组织外包协议中(a)保密性条款及(b)赔偿金条款的示例。

9. 如果外包合同失败,采购方可能采取的措施有哪些?

10. 什么是"介入"条款?

11. 什么是"交接"条款?

第三部分

采购实施与合同

第1章　采购寻源

寻源(souring)是供应管理专业人员最重要的职责之一。在CIPS体系中寻源也称作供应源搜寻。

供应源搜寻(寻源)分为战略层面和战术层面。

战略寻源指依据企业发展战略和供应链管理战略目标对供应商的分类、评估和选择的活动,战略寻源关注总体拥有成本(TCO)和可持续发展,愿意和供应商建立长期合作关系。

战术寻源指在一般交易活动中一次性的采购决策。

在确定采购需求后即应制定一个和品类计划目标一致的寻源战略。就必须对供应商的选择作出战略性决策,包括是购买还是自制,是选用老供应商还是新供应商,需要哪些供应商能力和特征、国际还是国内。其中国际寻源也称作"离岸外包"(Offshoring).

◎ 本章目标

1. 了解中国特色的工程资质管理制度。
2. 理解从外部供应商搜寻资源的主要可能方法。
3. 编制采购寻源计划书。

≫≫≫ 1.1　采购有关的供应源搜寻过程

1.1.1　供应源搜寻的定义

1. 采购过程包括两个阶段

(1)合同授予前阶段:包括识别和定义需求、市场调查研究、制订采购计划、制定合同、评估和选择供应商、接收和评估报价、合同授予。

(2)合同授予后阶段:包括催货、付款、合同与供应商管理、资产管理及合同后的经验教训总结等。

2. 供应商搜寻基本通用模型

(1)识别需求:包括需求的再评估,以及在产品或服务规格中对需求做出界定。

(2)拟定供应源搜寻计划:首先做出自制还是外购的决策;其次确定采购的类型;最后供应源搜寻相关政策。

（3）市场分析：在供货市场上识别新的潜在供应商。

（4）供应商资格预审。

（5）供应商报价和选择的评估。

（6）合同或合作关系的形成。

3. 不同采购情形的供应源搜寻

（1）采购仅仅直接向现有供应商再次购买。

（2）有修改的重新采购。

（3）新的采购。

4. 供应源搜寻工作的排序工具

（1）帕累托原理。

（2）卡拉杰克的采购定位矩阵。

采购选择工具详见本书第三部分第 2 章的方法。

1.1.2　中国特色的工程资质管理制度

在我国工程建设领域，资质条件是选择供应商的前提条件。

1. 资质的概念

1973 年，美国哈佛大学教授麦克莱兰德在其发表的题为《测量资质而非智力》的论文中，首次提出了资质（Competence）一词。这个词在国内有四种翻译法：胜任力、胜任特征、素质、资质。我们现在所提的企业资质一般包括资格和能力两重含义，是由国家、行业或企业相关部门按照一定的标准，对合同向对方的管理水平、人员素质、财务状况、资源配置、业务能力等进行审查，以确认其承担任务的范围并颁发相应的资格证书，资质因此也就成为其进入特定领域的准入证。

2. 资质管理的作用

从管理部门划分，资质条件包括国家相关法规规定的资质标准、行业部门制定的技术标准和企业依据自身条件确定的资质要求三大类。从管理效力划分，可分为强制认证和非强制认证两大类。

资质管理一方面是政府规范市场的手段，同时资质过多又严重束缚市场的公平竞争，增加了成本。

（1）资质体现其主体在某一领域和行业中的专有能力，在合同关系中体现履约能力。资质条件一般由以下方面构成：①主体实力，我国的企业资质一般通过净资产或设备条件等体现。②主体能力，主要通过业绩体现。在货物招标中，生产厂的业绩体现制造能力，供应商的业绩体现服务能力。③主体信用，发达国家通过信用记录体现，我国正在建立信用体系。④主体负责人及其团队能力。通过政府行政手段设置必要资质制度，在我国市场成熟度有待提高、信用状况不尽人意的环境下，对防范合同风险有积极的意义。特别是在通过招标采购工程建设项目和企业物资设备等活动中，是确定潜在投标人能否购买招标文件、投标后能否中标的前置条件。

（2）资质管理和供应商库有密切的联系，资质条件是供应商能否入库的门槛条件之一，因此，企业采购管理人员应当密切关注国家对相关资质管理的变化、关注采购项目实际需要的能力。资质管理是最容易排斥潜在投标人的环节之一，在加强监督的前提下，招标人应当熟悉采购项目对合同履约能力的实际要求。

1.1.3　供应源搜寻团队和寻源过程

1. 寻源团队

表 3-1-1　与供应源搜寻过程的利益相关者形成的团队类型

团队类型	团队成员	特点
跨职能团队	来自不同职能部门的人	成员融会贯通、相互交流
多技能团队	团队成员每一人都可以承担任何一任务	工作可以灵活地分担共享
项目团队	成员从各职能部门抽调过来	为特定目的而组建,任务完成即告解散
虚拟团队	成员并非身处一地	共享信息、共担任务

2. 潜在供应商信息来源

(1)买方自己关于当前和过往供应商的数据库。

(2)正式的信息索取函。

(3)潜在供应商的市场宣传活动。

(4)互联网查询。

(5)在线商品交易所。

(6)出版的供应商和批发商的名录。

(7)行业出版物。

(8)行业会展、会议。

(9)行业推介机构。

(10)与同事和其他采购经理人之间的非正式信息交流。

3. 供应商信息的获得途径

(1)请供应商填写自我评估问卷。

(2)财务评估。

(3)工作抽样。

(4)检查供应商的认证、鉴定证书、质量奖项和政策说明。

(5)现有客户的推荐、介绍、评估报告、表扬信等。

(6)供应商审计。

4. 供应商评估计划与过程

(1)计划

——评估目的。

——需要评估的供应商数量。

——所要使用的过程范围、严格程度、正式程度。

——该过程可以占用的时间。

——该过程所需的资源。

——供应商对该评估过程可能的看法和响应。

——成本效益分析。

(2)过程

——计划与准备。

——执行和个别评判。

——评估和结果报告。

——推荐与反馈。

5. 供应商早期参与(ESI)

(1)含义

要点在于早在产品或服务的研发和创新阶段就要让供应商参与进来,最好是在概念设计阶段就参与进来(有时候这样做不现实)。

(2)目的

让已通过资格预审的供应商提供买方所不具备的专业技术知识,请他们参与改进产品设计,或降低生产成本。供应商可以通过多种途径为产品研发过程做出贡献。

(3)特点

优点:可通过更现实的技术标准提升产品质量、缩减开发时间、降低研发和生产成本。

缺点:局限性大、过于依赖供应商、保密安全问题。

6. 供应商评估内容

表 3-1-2　供应商评估内容

《采购与供应链管理》 (莱森和法灵顿)	《采购原理与管理》 (柏利、法默、吉索普和琼斯)	《采购与供应管理》 (多布勒和伯特)
个人态度	任务变量,如质量、服务以及价格	基本调研结果
生产设备的适合程度以及保养水平	财务稳定	财务稳定
质量控制手段	管理良好	管理良好
整洁程度	现场访问结果	现场访问结果
技术队伍的能力水平	能够支持电子数据交换	服务质量
管理层的能力水平	准时制能力	准时制能力

7. 卡特尔的 10C 模型及应用(供应商评估)

——能力(Competence):是否能够生产所需类型的物品或提供所需类型的服务。

——产能(Capacity):供应商满足采购组织目前和未来需求的产能。

——承诺(Commitment):对关键价值要素和与采购组织保持长期关系的承诺。

——控制(Control):现有监控和管理系统。

——现金(Cash):供应商的财务状况和稳定性。

——一致性(Consistency):在交付和改进质量与服务水平上的一致性。

——成本(Cost):所提供的价格、全生命周期成本和资金价值。

——兼容性(Compatibility):供应商与采购组织的兼容性。

——合规性(Compliance)(或企业社会责任):符合环境、企业社会责任或可持续标准和法规。

——沟通(Communication):有效沟通及相应的技术。

≫≫≫ 1.2　比较各种主要的供应源搜寻方法

1.2.1　单源、双源和多供应源搜寻

1. 多源供应源搜寻的特点

(1)优点:有多家关系稳固、批准的供应商可作为替补;买方可以随机应变;有利于保持

供应商基础的竞争力。

（2）缺点：采购成本高；错失紧密合作的机会；导致浪费。

②. 供应商基础优化

（1）原因：可使采购人员专注于更少数的几个经过开发的和可靠的供应伙伴。

（2）优点：避免多供应源的缺点和低效率；与少数供应商关系更紧密；保证供应安全性。

（3）目的：为了充分利用组织的购买能力，以最少的供应商数量，且符合供应安全，以有竞争力的价格满足对高质量货物和服务的需求。

（4）存在的风险：对供应商的过度依赖性；供应中断；首选供应商的友好合作态度降低；不思进取；被长期合作关系"绑架"；错过与新供应商的合作机会。

③. 单供应源搜寻与双供应源的特点及要点

（1）单、双供应源搜寻的缺陷：不论单、双供应源搜寻，供应商的进取心都是个大问题，值得密切关注。

（2）单、双供应源搜寻的要点：密切监控其财务稳定性和风险因素，并在供应链风险管理过程中加以高度关注；有效的备选供应商应急计划可化解供应商失败的不利影响。

④. 伙伴式供应源搜寻的优点和缺点（见表 3-1-3）

表 3-1-3　伙伴式供应寻源的优点和缺点

对于买方而言的优点	对于买方而言的缺点
供应和供应价格的稳定性提高	不思进取导致的成本/质量风险
分担风险和投资	根据需要更换供应商的灵活度降低
由于彼此的投入和互惠，供应商更加积极、反应更迅速	可能导致保密、知识产权方面的风险（例如供应商同时也为竞争对手供货的情况）
缩小了供应商基础、协作降低成本，节省成本	可能被不匹配或不够灵活的供应商绑定
可以使用供应商的技术和专业知识	在欧盟的公共采购领域受到规章限制（如每 3~5 年重新招标的要求）
共同拟定计划、分享信息，有利于产能规划和提高效率	在供应市场发生改变、有新的机会出现时被当前关系所绑定
可以制订长期的改进计划	关系管理成本
更加注重关系管理，例如更易联络到客户经理	相互依赖可能导致灵活性和控制权的丧失
对于供应商而言的优点	对于供应商而言的缺点
业务稳定、业务额高，有利于业务发展的投资	可能被不匹配或不够灵活的客户绑定
与客户合作有利于改善服务、学习以及研发	收入/风险的分担可能不公平（取决于力量对比）
共同拟定计划、分享信息，有利于产能规划和提高效率	客户滥用透明性的风险（如利用成本的透明强迫降价）
分担风险和投资	关系管理投资
效率提高、合力降低成本、按时付款带来的成本节约	对客户的依赖可能导致灵活性和控制权的丧失
可以使用客户的技术和专业知识	在欧盟的公共采购领域受到规章限制
更加注重关系管理，例如更易联络到采购经理	在供应市场发生改变、有新的机会出现时被当前关系所绑定

1.2.2　独家供应源搜寻

（1）含义：某项采购在市场上只有唯一一家供应商，也即垄断。

（2）垄断的形成条件：独此一家；门槛高；无替代。

（3）垄断的特点：成为价格制定者。

（4）劣势：垄断供应商具有绝对权力；无法完全定制所需物品规格。

1.2.3 企业集团内部交易和调拨的定价安排

1. 目的

充分发挥供应方实体或单元的生产能力；在经济衰退、外部订单不足的时期，帮助供应方实体分担固定成本；保证供应方实体或单元的营利性；保证集团总体的营利性。

2. 调拨定价

（1）设定调拨价格考虑的因素：目标一致性；绩效测量；保持部门的自主性。

（2）设定调拨价格的方法：成本加成定价法；双重定价；两部收费法。

1.2.4 面向中小企业的寻源

扶持和帮助中小企业是国有企业的社会责任。因为中小企业可以容纳大量的就业职工，就业稳定是国家稳定的重要条件。因此，在满足生产需要的基础上，作为国有企业的社会责任，寻源应注意向中小企业的政策倾斜。

1. 中小企业的不利地位

（1）筹集贷款和股票融资（因为它们的风险性较高）。

（2）现金流管理（如果延迟或未能付款，对它们的打击更大）。

（3）承受财务风险的能力（包括在研发领域的投资）。

（4）应付各种官僚主义的要求。

（5）享受不到大型供应商所具有的规模经济效益。

2. 与中小企业交易的潜在价值

（1）接触更广阔的供应市场，潜在地提高竞争性。

（2）行政和管理成本降低带来的有竞争力的价格。

（3）更优的反应速度和灵活性。

（4）通过及早引入新技术、在新的或未开发的市场中推出产品或服务或者运用创新能力，把自己和市场上地位稳固的竞争对手区分开。

（5）专注于小众市场所形成的专业知识。

（6）承接小批量、小众、定制订单的意愿和能力。

（7）更高的专业产品，因为他们有更好的技巧、原创性及专注度。

（8）更注重服务且服务水平更高。

3. 妨碍中小企业参与的障碍

（1）无法获知商业机会。

（2）缺乏营销资源。

（3）认定招标过程必定是（过分的）复杂而且耗资巨大的。

（4）缺乏解读复杂的需求文档或拟写高质量标书所需专门知识。

（5）不具备履约记录或若干年的财务记录。

（6）缺乏承接大单所需的产能。

1.2.5 寻源中的供应商转换

（1）供应商转换的理由：现有供应商绩效或可靠性问题；准备续约的时候，一个供应商提供更有竞争力的要约；新供应商具有老供应商不具备的能力，能更好地抓住新出现的机会；风险度低、供应充裕、标准化程度高、与供应关系不密切、纯粹交易性的采购项目，这些让买方很容易在供应商价格竞争中见机转换。

（2）供应商转换的风险与成本（见表3-1-4）。

表 3-1-4 供应商转换的风险与成本

供应商转换的风险	供应商转换的成本
新供应商可能表现不佳（如为了争取合同而夸大其词）	识别新的供应商并进行资格审核
流程不兼容（如与老供应商整合了系统并且根据与对方的具体交易情况做了调整）	发起与管理招标程序或其他询价及合同授予过程
文化以及人际方面的不兼容（如在原有合作中形成的理解事物的方式和行为模式）	老供应商尚未交付的货品如何处置；未结清款项如何处理；"分手费"怎么算（如提前取消合同的违约金）
知识的损失（例如与老供应商的协作流程未形成文档）	为配合新供应商而改变内部系统和流程
学习曲线：新供应商需要一定时间才能达到巅峰绩效，需要磨合	需要培训和帮助新供应商熟悉各种系统、程序以及要求
可能遭遇新的、原先不了解的供应风险（政局不稳、劳工问题、企业社会责任问题、汇率风险、运输风险）	合同的拟定和管理（在合作关系的早期阶段可能需要密切的监控和联络）
知识产权和保密数据可能外流（在互信尚未建立之际）	风险减缓措施（如保险）以及纠正措施（如重新磨合）
新老供应商交接可能出现问题：拿不到设计、文档、资产、在制品等	

>>>> 1.3 全球国际供应寻源

1.3.1 国际供应源搜寻内容

1. 国际供应源搜寻的驱动因素

（1）运输技术的进步。

（2）信息与通信技术的发展。

（3）贸易壁垒的不断降低。

（4）供应源搜寻的效率。

（5）特定国家或地区供应因素。

（6）技术标准的兼容性。

2. 支持国际供应源搜寻的观点

（1）国际贸易可以促进本地经济的发展（因为比较优势）。

（2）在发展中的经济体，还可以改善当地的人权和劳工状况。

（3）全球消费者都可以从更丰富的产品和服务选择中以及更具竞争力的价格中获益。

（4）积极的国际关系和抑制国际纷争。

3. 反对者认为国际供应源搜寻的缺陷

(1)鼓励为了降低产品的成本而剥削发展中国家的劳动力。

(2)将污染、滥砍滥伐、城市化以及其他环境损害转嫁到发展中国家。

(3)提高发达国家失业率。

(4)将国内小供应商挤出供应市场,对竞争、沟通和文化造成不利影响。

1.3.2 国际商会《国际贸易术语解释通则》的应用

1. 国际商会《国际贸易术语解释通则》的基本内容

表 3-1-5 国际商会《国际贸易术语解释通则》的基本内容

性质	国际贸易惯例有约束力,是合同中采纳的合同条件或条款
2010 年版本	《通则》自 2011 年 1 月 1 日起生效
使用	在合同中规定采用《通则》,各方必须遵循具体规定(产生了法律效力)
通则界定双方责任范围	货物发往何处;谁投保;保险承保程度;单证的提交

2.《国际贸易术语解释通则》的结构

表 3-1-6 《国际贸易术语解释通则》的结构

分组	买卖双方的责任
E 组条款	卖方的唯一责任就是在其场地内准备好货物,可以辅助运输工作,但非强制要求
F 组条款	卖方要承担所有发运前的工作,但是主要的运输安排还是由买方负责
C 组条款	卖方负责安排货物的运输,但是一经发出,其责任就算履行完毕
D 组条款	卖方的责任延伸到将货物运送到指定地点,所以要承担运输中损坏或丢失、投保运输险等责任

3.《国际贸易术语解释通则》的解释

表 3-1-7 《国际贸易术语解释通则》概览表

术语解释通则	含义	风险和责任移交点
EXW	工厂交货	指定地点
FCA	货交承运人	指定地点
FAS	装运港船边交货	指定装运港
FOB	装运港船上交货	指定装运港
CFR	成本加运费	指定目的港
CIF	成本、保险费加运费	指定目的港
CPT	运费付至(指定目的地)	指定目的地
CIP	运保费付至	指定目的地
DAT	目的地或目的港的集散站交货	制定目的地集散地
DAP	指定目的地交货	指定目的地
DDP	完税后交货	指定目的地

4. 国际付款方式的种类

(1)赊销贸易(Open account trading)。

(2)预先付款(Payment in advance)。

(3)汇票(Bills of exchange)。

(4)信用证(Letters of credit)。

5. 信用证结算基本方式及流程(见图3-1-1)

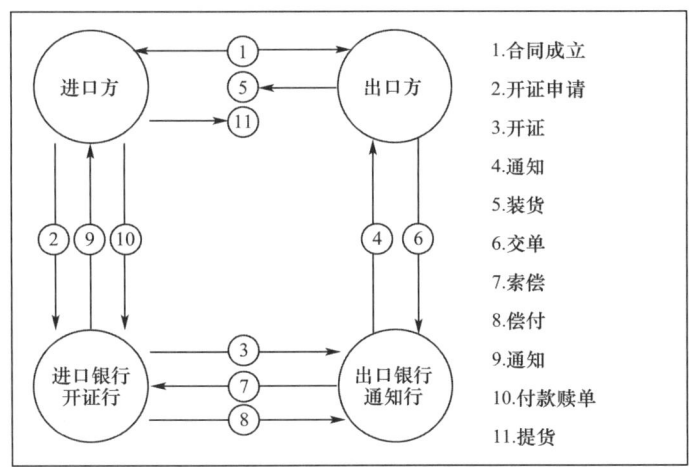

图3-1-1　信用证结算流程

1.3.3　国际供应源搜寻中的机会

1. 国际供应源搜寻独特机会

(1)获取本地供应市场上所没有的物资设施以及技能。

(2)具有多样化特性商品只能在出产地买到或在产地有价格优势。

(3)接触更广大的供应商基础,有机会选择最有竞争力出价且有转换供应源的灵活性。

(4)成本节约的机会。

(5)兑换率优势。

(6)质量竞争优势。

(7)专业化。

(8)较轻的监管和合规性的负担。

(9)互惠贸易。

2. 支持和反对本地化和国际供应源搜寻的优缺点

表 3-1-8　国际供应源搜寻的优缺点

国际供应源搜寻的优点	国际供应源搜寻的缺点
可以获得所需的物资以及技能,供应能力和竞争力更强	汇率风险,货币管理问题等
具有竞争力的价格和成本节省(规模经济,劳动力成本低)	询购和交易成本高(风险管理,关税和非关税壁垒)
环境和劳工方面的限制较少、成本较低	降低成本和较低的标准可能造成可持续性、合规性以及声誉方面的风险
可充分利用信息和通信系统	不同的法律框架、时区、标准、语言和文化
(据认为)国际贸易可以促进发展、繁荣、国际关系等	额外的风险:政治、交通(交货前置期、日晒雨淋)、付款、供应商标准监控
公共部门:强制要求在欧盟范围广告询购	交通运输对于环境的影响(特别是空运)
资助了本地社区、雇用了本地员工、培养了本地人员的技能等(此外还有声誉和品牌效益)	本地可能缺乏所需的物资、技能或者能力(或者价格更高)

（续表）

国际供应源搜寻的优点	国际供应源搜寻的缺点
有利于供应商开发和合同管理（如现场访问）	与供应商社会关系过于密切可能导致道德和声誉方面的风险，拉帮结派之类
供应商了解本地市场、可持续性事宜、法规标准等	供应商较小，没有规模经济效益（成本更高），依赖性问题更严重
运输、支付、文化方面的风险和成本减少	本地供应源搜寻政策可能导致本地的供应商不思进取
缩短供应链，例如可实现准时制，运输对环境造成的影响小	公共部门：不允许地域歧视
避免全球化的"罪名"	公共部门：可能不能获得"资金价值"

1.3.4 国际供应源搜寻的风险

1. 国际供应源搜寻中的价格和成本风险

（1）识别、评估以及开发新的供应源所带来的额外的成本。

（2）交易成本升高（国际贸易单证复杂性）。

（3）距离造成的运输风险和延误。

（4）汇率风险：买方所在国或供应商所在国货币价值波动引起的汇率风险及货币管理成本。

（5）支付风险：因为距离的关系，供应商会担心收不到款以及风险管理措施的复杂性。

（6）与成本相关的各种关税和非关税贸易壁垒。

2. 国际供应源搜寻中的质量风险

（1）远距离或报告机制不同，难以获取经过验证的供应商资格预审信息。

（2）对供应商质量管理体系监督困难，难以远距离对产出品进行取样检验。

（3）文档体系不健全，通信设施落后，供应商自身供应链追溯很困难。

（4）价格竞争被认为是最重要的，因而鼓励质量上投机取巧。

（5）关于消费者保护、标签以及其他质量方面的问题，监管体系存在差异。

（6）质量标准方面的差异以及其他的一些因素。

3. 国际供应源搜寻中的合规性、法律和声誉风险

（1）法律框架的不同：如合同法、健康与安全、雇佣、环保以及知识产权保护。

（2）这些差异可能造成直接的商务和项目风险（违规的合同）。

（3）供应链劳工待遇低或者对环境造成不良影响，买方的声誉也会受到损失。

（4）关于"适用法律"的问题，发生纠纷时应该采用哪个国家的司法体制。

（5）伦理标准的差异和相关管理的成本与复杂性。

1.3.5 货币和兑换风险的管理

（1）采购方或许可以要求对方用采购方国家的货币报价，从而将风险转移给供应商（可能很难）。

（2）在合同中规定如果汇率波动超出了一定的百分比，就重新议定价格。

（3）双方或许可以约定在合同签署时立即付款，但买方需要承担风险。

（4）签订外汇期货合约。

(5)如果汇率风险很严重,那么买方就应该考虑暂时转向国内或汇率波动不剧烈的市场。

>>>> 1.4 编制采购搜寻计划书

1.4.1 关于供应商和供应市场的数据来源

1. 一手数据来源

(1)与供应商沟通。

(2)买方关于供应商和市场数据的数据库信息。

(3)供应商市场宣传。

(4)在线交易所。

(5)咨询和信息服务机构。

(6)专业采购咨询机构。

(7)评估常用的市场数据。

(8)展会。

(9)与利益相关者的非正式沟通等。

2. 二手数据来源

(1)相关网站。

(2)供应商和批发商的印刷名录。

(3)(财务/行业)专业刊物。

(4)经济指标。

(5)行业和市场分析。

(6)政府调查报告等。

1.4.2 市场信息筛选识别

1. 相关需求的预测

(1)许多外购品属于相关需求。

(2)对于外购品项的需求取决于其所属的更大品项的规格和生产量。为避免浪费和损失,最理想的就是生产出的商品刚刚好满足实际需求,正好与客户订单相吻合。

(3)一般情况下,生产量还是必须给予对市场需求的预测,或者对潜在销量的预估。

2. 独立需求的预测

(1)其他库存品项则属于独立需求,不与其他产成品的产量相挂钩。

(2)预测基础:预计使用量(补货率)。

3. 买方在需求预测时通常会使用到的信息来源

(1)历史数据。

(2)当前数据和信息。

(3)市场研究和环境监测。

4. 统计预测工具

(1)简单移动平均法:没有考虑平均数的波动性。

(2)加权平均法(指数平滑法):贴近近期走向,增加复杂性也提升了准确度,是更为主观、概略的方法。

(3)时间序列(趋势)分析:稳定或波动的趋势。

(4)回归分析:在特定的衡量变量之间寻求关联,预测一个变量的改变对于另一个变量的影响。

1.4.3　商品定价的四类参与者

(1)生产者。

(2)买方。

(3)贸易商。

(4)投机商。

1.4.4　供应市场分析评估

1. 市场结构特性

(1)市场中的买方数量。

(2)市场上供应商数量。

(3)市场的定价方法。

(4)市场上产品的差异化程度。

(5)市场上的技术发展情况。

2. 供应市场分析工具

(1)环境审计和 PESTLE 分析:对影响市场的外界环境因素分类。

(2)行业分析:关键参与者以及业内竞争的性质和强度。

(3)SWOT 分析和风险分析:供应市场上的各因素对组织的意味。

(4)竞争对手分析:分析供应链行动、优势和弱势。

(5)关键性成功因素分析:取得竞争优势需要实现的目标。

(6)供给、需求和产能预测:预估未来供应源搜寻需要。

(7)供应商分析:评估(识别、评估和预审)当前供应商的绩效及潜在供应商能力和适合度。

(8)市场分析:参考供应因素、风险、价格来评估整个供应市场状况。

3. PESTLE 分析(见表 3-1-9)

表 3-1-9　PESTLE 分析

因素	描述	分析
政治	政府关于行业/供应市场的政策及其影响	如果政府或者欧盟的政策发生改变会造成怎样的影响?
经济	增长趋势;用工模式,收入,利息/兑换率/税率等	一旦发生改变将会对你的产品/服务的未来需求以及未来的供给和输入成本造成怎样的影响?
社会文化	人口构成、态度、价值观、消费模式和价值观的改变	一旦发生改变会对客户、供应商以及其他利益相关者的需求和预期造成怎样的影响对于技能型人才的可用性又会发生怎样的影响?

（续表）

因素	描述	分析
技术	设计/制造、信息通信等工具的改变	有增长的机会或者过时的风险吗？竞争对手是否适应得更快？
法律	影响供应市场的法律法规	组织需要怎样调整其政策和做法以符合这些新的要求？

④ **风险评估矩阵表**（见表 3-1-10）

表 3-1-10　风险评估矩阵表

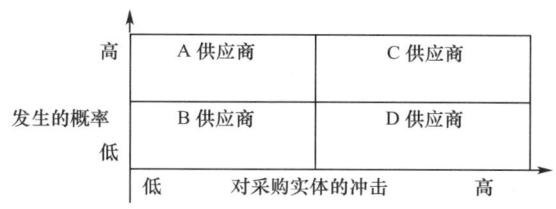

A 象限：包含的是发生的可能性相对较大，但不会有太大影响的事件。

B 象限：包含的是不大可能发生，即便发生也没有什么影响的事件。

C 象限：包含的是既有很大的出现概率、影响又很严重的事件。

D 象限：包含的是不大可能发生，但一旦发生就会产生巨大影响的事件。

⑤ **波特五力模型**（见图 3-1-2）

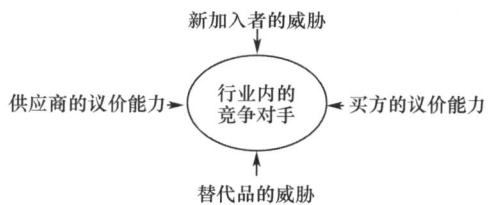

图 3-1-2　波特五力模型

波特五力模型在分析企业面临外部环境时是有效的，但也存在局限性，包括：

（1）该分析是静态的。事实上企业竞争环境始终处于变化之中，变化也是不确定的，变化速度要比模型显示得更为快速。如果经分析后的战略应用于已经变化的外部环境之中，对企业而言会带来更大风险。

（2）该方法可以确定行业盈利能力，但对于非营利机构则无法使用该方法，因为非营利机构的目标就是不同的。

（3）它基于一定的假设，即在某种环境分析结构下企业如何制定战略，但过于理性。

（4）它假设战略制定者全面了解行业信息，这在现实中很难实现。对任何企业而言，掌握整个行业信息不可能也不必要。

（5）它低估了企业与供应商、客户或分销商、合资企业之间可能建立长期合作关系以消除替代品威胁的可能性。现实中可以看到许多建立长期稳定客户关系的商业模式，有时双方共赢可能比你死我活的竞争对大家更有益处。

1.4.5　典型供应商选择标准

1. 财务能力、状况以及稳定性（财务指标）

①供应企业三年来的营业额（总收入）。

②企业三年来的盈利能力及其毛利润和净利润之间的相对关系。

③固定资产总值、固定资产回报率以及已投资资本回报率。

④供应商的借贷规模以及资产负债率。

⑤被收购和并购的可能性。

⑥是否过度依赖于少数大客户。

⑦足够的资源和产能。

2. 技术能力和产能

（1）技术或运营能力因素

①提供所需产品及服务的能力。

②培养创新能力的意愿。

③生产能力。

④运营层面的项目运作能力。

⑤应变能力。

⑥生产精准度能力。

⑦设备的保养水平。

⑧高效的流程安排及工厂布局。

（2）评估产能注意因素

①工期内能达到的最大生产力。

②产能在目前是否透支或投入是否充分的状况。

③对现有产能提升的潜力。

④客户占用的产能百分比。

3. 系统能力

供应商开发并使用的运营系统和程序能力衡量指标：兼容性；愿意遵循买方的程序、规则或体系；注重质量管理；IT 开发。

4. 质量和质量保证

（1）从五个维度对服务做出评估：有形物；可靠性；响应性；保障性；感同身受。

（2）质量管理体系的作用（目的）：

①让买方可以相信供应商有能力依照买方的需要和预期，可靠地提供产品和服务。

②通过过程控制和减少废品，使供应链的质量目标始终如一且高效地得以实现。

③通过清晰的预期和过程要求，提升员工的能力、培训水平以及职业道德素养。

④达到并保持质量收益。

5. 环境、可持续性以及企业社会责任

①买方在评估潜在供应商的环境绩效时应考虑的因素：地理位置；绿色包装；绿色设计和循环利用能力；制定并实施环保政策。

②环境管理体系要求：环境政策说明；识别组织有可能对环境造成影响的各种活动；绩效目标和环境绩效目标；实施一套环境管理体系来达到这些目标；定期进行审计审核。

③社会责任、商业道德及劳工标准内容。

1.4.6 典型合同授予标准

1. 合同授予的两个标准

(1)技术标准:考察的是供应商达到或超过相关要求的能力。

(2)商务标准:考查的是相当于当前供应市场是否达到了成本的价值最优化。

2. 不符合资质条件的原因

(1)供应商的个人状况。

(2)财务能力。

(3)技术能力。

(4)职业资格。

(5)在合同授予方面,只可以用两种评判标准,即最低价格或者经济最有利。

3. 最佳价值标准

(1)质量。

(2)在指定时间内交付。

(3)技术优势。

(4)创新。

(5)风险分担。

(6)健康与安全。

(7)环境绩效等。

1.4.7 供应商评估和选择模型

1. 评估与选择模型——供应商选择的八个角度(见表3-1-11)

①固定资产。

②供货能力。

③成本。

④效率。

⑤财务稳定。

⑥合作能力。

⑦质量承诺。

⑧环境和道德。

2. 评估与选择模型——雷·卡特尔的"10C"模型

①能力(Competence)。

②产能(Capacity)。

③承诺(Commitment)。

④控制(Control)。

⑤现金(Cash)。

⑥一致性(Consistency)。

⑦成本(Cost)。

⑧兼容性(Compatibility)。

⑨合规性(Compliance)(或企业社会责任)。

⑩沟通(Communication)。

表 3-1-11 FACE-FACE 供应商评估模型

固定资产(Fixed assets) 满足买方需要所需的有形资产	财务稳定(Financial Stability) 保证供应的持续性
供货能力(Ability to deliver the goods) 产能以及可靠的交货/质量/服务	合作能力(Ability to work with the buyer) 双方文化和联络方面的兼容性,愿意合作
成本(Cost) 具有竞争力的总获取成本,愿意商谈条款	质量承诺(Commitment to quality) 在质量标准和体系方面可靠,愿意进行改进
效率(Efficiency) 高效使用资源,将浪费最小化	环境和道德(Environmental/ethical factors) 政策和做法考虑了企业社会责任、商业道德以及环境管理

✎ 本章思考题

1. 简述供应商搜寻基本通用模型。

2. 联系现代企业运营实际,说明卡拉杰克矩阵在供应源搜寻中的应用。

3. 简述供应商评估计划及评估过程和评估内容。

4. 联系现代企业运营实际,说明卡特尔的"10C"模型及应用。

5. 简述编制采购寻源计划书的流程。

6. 列举编制采购寻源需要的四种预测工具。

7. 列举供应市场分析的若干工具。

8. 简述 FACE-FACE 供应商评估模型。

第2章　采购工具及流程

采购工具包括采购组织、采购方式、评价方式、评价因素、合同类型与采购环节相关的方法、程序和格式等。《国有企业采购操作规范》针对各种采购方式规定了相应的流程。本章主要对采购组织和采购方式展开讨论。

◎ **本章目标**

1. 了解企业采购工具的形式。
2. 理解依法必须招标和自主招标的区别条件。
3. 掌握编写采购文本的技能。

>>>> 2.1　采购组织形式

2.1.1　集中采购

1. 集中采购定义

集中采购是指相同或类似货物或服务的批次集中采购;技术相关较强的工程、货物、服务的关联集中采购;在工程建设项目中的物资的区域集中采购。即批次集中、关联集中和地域集中等3类集中。

2. 集中采购管理

(1)企业基于成本压力对企业采购权利的调整,包括需求集中、供应商集中和采购组织机构的集中等3项集中。

(2)企业集中采购是采购部门向供应管理发展的重要里程碑。集中采购必须和具体的采购方式结合采购完成采购任务,如招标方式集中采购、谈判方式集中采购。采购签订的合同可以是框架协议,也可以是具体的供货或服务合同。因此,集中采购是一种采购组织形式。

2.1.2　框架协议采购

1. 框架协议定义

"框架协议"本身是一种合同形式,一般属于预约合同。如用招标的方式集中采购,签订一份框架协议。

② 框架协议采购

（1）"框架协议采购"是联合国贸易法委员会公共采购示范法指南规定的一种制度安排和程序规则。其适用于在中短期内不定期出现、重复出现、不止一个供货来源、紧急出现采购任务的四种情况两阶段采购，还包括了第二阶段无竞争的"封闭式"框架协议、第二阶段有竞争的"封闭式"框架协议和开放式框架协议三种程序规则。

（2）框架协议采购组织方式最显著的特征是其采购至少为两阶段，第一阶段采购人签订合同框架，明确采购标的、规格、型号，但不确定时间、数量或只有一个没有约束力的数量和时间；第二阶段完成合同。此外，在这种采购组织安排下成交的供应商一般不止一个。

（3）集中采购和框架协议采购有一个共同特点，即其必须和各种采购方式如招标、谈判等组合才能完成采购任务。也正因为如此，中国物流与采购联合会 2019 年颁布的《国有企业采购操作规范》将两者定义为采购组织形式，其程序规则基本沿用示范法的规则，方便企业使用并和国际通行规则接轨。

>>>> 2.2 强制招标制度

供应链管理中通过招标和谈判方式采购是采购人主要的采购工具。

2.2.1 招标和招标采购

① 招标

联合国贸易法委员会公共采购示范法第二条定义(p)项：

"招标"是指邀请投标、邀请递交提交书，或者邀请参加征求建议书程序或电子逆向拍卖程序；即招标是各种采购方式的要约邀请。示范法第 33 条至 35 条对公开招标、限制性招标、竞争性谈判等 11 种采购方式包括单一来源都有用招标办法的解释规定。如"向单一供应者或承包商征求建议或者征求报价"就是所谓单一来源采购的招标。即招标是指采购人在各种采购方式中邀请供应商参与采购活动的意思表示，不是特指一个采购方式。

国际上，采购方为了与供应商发起交易，与同一个和多个供应商发送询价单"信息请求单（RFI）"、"报价邀请单（RFQ）"或"提案邀请（RFP）"，也是上述意义上的招标。

② 招标采购

"招标采购"是指某种特定的竞争性采购方式，示范法规定了公开招标、选择性招标、限制性招标等。

③ 招标的特点

招标有两个特点，一是缔约过程具有最强的竞争性；二是缔约结果的不确定性。

招标的主要缺点：一是效率低；二是难以满足供应链管理要求的同供应商建立稳定长期关系的需要。

小贴士

在美国管理学刊中，有篇文章对美国和日本供应商的平均利润进行了研究，发现美国的客户和供应商是典型的短期关系——招标采购；日本的客户和供应商是典型的长期关系订单采购。研究结果表明，美国供应商给美国客户的报价平均利润率更高，因为招标采购体现短期关系,供应商的不确定性因素多,需要更高的利润来抵消相应的风险;日本是订单采购,战略合作,体现长期合作关系,供应商面临的不确定因素较少,才可能薄利多销,所以报价也就低。这也就是说,过于充分的竞争导入了太多的不确定性,反倒使系统增加了交易成本。(引自刘宝红著《采购与供应链管理》P163)

2.2.2　招标采购的分类

1. 依照采购公开程度区分

公开招标:以招标公告的方式邀请不特定的潜在投标人投标的方式。

邀请招标:以投标邀请书的方式邀请特定的潜在投标人投标的方式。

2. 依照法律强制性区分

(1)依法必须招标:国家法律规定在法定范围内单项合同估算价达到法定规模的项目主要是工程建设项目,必须采用招标方式采购。

(2)自愿招标:采购人认为符合"采购需求明确、具有竞争条件、采购时间允许、交易成本合理"的条件,使用的一种竞争性采购工具。

在自愿招标中,招标人执行该法的一般性规定,其中《招标投标法》有12条专属规定可以不执行或参照执行。如该法规定,公开招标应当发布招标公告,依法必须招标的项目应当在国家指定媒体发布公告。

2.2.3　我国《招标投标法》规定强制招标的范围和规模

1.《招标投标法》关于强制招标的规定

《招标投标法》第三条:"在中华人民共和国境内进行下列工程建设项目,包括项目的勘察、设计、施工、监理以及与工程建设有关的重要设备、材料等的采购,必须进行招标:

(1)大型基础设施、公用事业等关系社会公共利益、公众安全的项目;

(2)全部或者部分使用国有资金投资或者国家融资的项目;

(3)使用国际组织或者外国政府贷款、援助资金的项目。

前款所列项目的具体范围和规模标准,由国务院发展计划部门会同国务院有关部门制定,报国务院批准。法律或者国务院对必须进行招标的其他项目的范围有规定的,依照其规定。"

2.《招标投标法实施条例》第二条对"工程建设项目"的解释

"《招标投标法》第三条所称的工程建设项目,是指工程以及与工程有关的货物和服务。

前款所称工程,是指建设工程,包括建筑物和构筑物的新建、改建、扩建及其相关的装修、拆除、修缮等;所称与工程有关的货物,是指构成工程不可分割的组成部分,且为实现工程基本功能所必需的设备、材料等;所称与工程建设有关的服务,是指为完成工程所需的勘察、设计、监理等服务。"

3. 部门规章对强制招标范围和规模的具体规定

经国务院批准的国家发展和改革委员会2018年6月1日颁布实施的《必须招标的工程项目规定》(16号令)规定:

"第二条　全部或者部分使用国有资金投资或者国家融资的项目包括:

(一)使用预算资金200万元人民币以上,并且该资金占投资额10%以上的项目;

(二)使用国有企业事业单位资金,并且该资金占控股或者主导地位的项目。

第三条　使用国际组织或者外国政府贷款、援助资金的项目包括:

（一）使用世界银行、亚洲开发银行等国际组织贷款、援助资金的项目；

（二）使用外国政府及其机构贷款、援助资金的项目。

第四条　不属于本规定第二条、第三条规定情形的大型基础设施、公用事业等关系社会公共利益、公众安全的项目，必须招标的具体范围由国务院发展改革部门会同国务院有关部门按照确有必要、严格限定的原则制定，报国务院批准。

第五条　本规定第二条至第四条规定范围内的项目，其勘察、设计、施工、监理以及与工程建设有关的重要设备、材料等的采购达到下列标准之一的，必须招标：

（一）施工单项合同估算价在 400 万元人民币以上；

（二）重要设备、材料等货物的采购，单项合同估算价在 200 万元人民币以上；

（三）勘察、设计、监理等服务的采购，单项合同估算价在 100 万元人民币以上。

同一项目中可以合并进行的勘察、设计、施工、监理以及与工程建设有关的重要设备、材料等的采购，合同估算价合计达到前款规定标准的，必须招标。

第六条　本规定自 2018 年 6 月 1 日起施行。"

上述规定表明，强制招标主要仅限于一定范围的工程建设项目，即以范围为前提，范围内单项合同估算价为强制招标的依据。

2.2.4　依法必须招标和采购人自愿招标的本质区别

1. 强制招标是优化市场资源配置的制度规定

我国颁布的《招标投标法》的立法意图是通过招标投标制度优化国家资源配置，是针对工程建设项目中涉及社会和公共利益的基础设施的管制措施。该制度以法定范围为前提，在范围内以单项合同估算价的规模为依据规范招标，体现了公权对私权的适当管制。

2. 自愿招标是一种采购工具的选择

企业在经营活动中的物资和原材料采购、设备租赁或采购（商务部目录规定的进口机电产品除外）都不是依法必须招标的项目。但是，这不妨碍企业在符合一定条件下采用招标采购这一竞争方式组织采购。在企业自愿招标中，招标采购是一个竞争采购的工具，完全属于私权范畴的一般交易行为。

小贴士

如何理解必须招标的工程项目规定的适用范围。

在国家发展改革委网站，2021 年 5 月 27 日法规司针对总包后的采购是否还强制招标做了以下答复：

请问：必须招标的工程项目规定，（国家发展改革委 2018 年第 16 号令）第 5 条所称的"与工程建设有关的重要设备材料等的采购"是否包括国有施工企业非甲供物资采购？国有施工企业承接的符合第 2 条或第 4 条的工程项目，由施工企业实施重要设备材料采购的是否必须招标？

法规司答复：根据《招标投标法实施条例》第 29 条规定，招标人可以依法对工程以及工程建设有关的货物、服务全部或者部分实行总承包招标。以暂估价形式包括在总承包范围内的工程、货物、服务属于依法必须进行招标的项目范围且达到国家规定规模标准的，应当依法进行招标。国务院办公厅《关于促进建筑业持续健康发展的意见》（国办发〔2017〕19 号）规定，除以暂估价形式包括在工程总承包范围内且依法必须进行招标的项目外，工程总承包单位可以直接发包总承包合同中涵盖的其他专业业务。

2.2.5　国有企业采购的特点

1. 在合规的基础上以采购结果为导向

国有企业使用国家财政资本开展经营活动,其采购行为属于公共采购的范畴,因此,其采购行为应当以合规为基础;其次,国有企业的企业属性要求其采购应以结果为导向,因为盈利是企业的基本属性。

2. 以项目特点决定采购办法

国有企业采购应当依据采购项目的特点决定采购方式,在招标采购中,招标人和供应商的关系是短期行为;在供应链管理中,采购人和供应商的关系是长期关系。因此不能单纯依据采购金额决定是否招标采购。企业经营采购除了机电产品进口目录管制的少数设备外都不属于依法必须招标的范畴。企业制度规定的采购金额标准应当是企业财务管理层级权限的规制,而不是是否应当招标采购的依据。

3. 采购的目标应和供应链管理目标一致

在供应管理中,采购部门应当追求供应链总成本(TCO)最低而不是单纯考虑合同价格最低。采购策略和目标应当和供应链管理的目标一致。

4. 采购应体现国家社会政策目标

国有企业采购还应考虑其承担的社会责任,如绿色采购、扶持中小企业,通过供应链管理创新推动集团和国家产业链的提升等。

针对国有企业采购的上述特点,中国物流与采购联合会于2019年组织部分央企编制并颁布了推荐性团体标准《国有企业采购操作规范》T/CFLP 0016—2019。该规范针对依法必须招标之外的采购办法做了规定,可作为企业制定采购制度的参考。

鉴于企业采购的上述特点,中国物流与采购联合会组织部分央企编制了《国有企业采购操作规范》,适用于国有企业依法必须招标之外的采购活动。

>>>> 2.3　企业公开采购

招标采购在一定程度上可以减少腐败的漏洞,关键在于过程的公开性而不是其竞争性。因此,国家国资委对央企采购方式对标的考核指标是公开采购率。同时,为了鼓励使用电子化采购平台,还设置了网上招标率的指标,主要体现"公开性"考核企业如采用招标方式进行采购,应尽可能在企业电子商务平台进行,以进一步增加采购的公开性,在满足企业正常经营活动的同时,减少腐败的漏洞。

2.3.1　国有企业采购制度设计的原则

1. 制度设计应满足供应管理需要

依据《联合国贸易法委员会公共采购示范法》(示范法)颁布指南案文评注129条解释,作为一个采购制度的设计,"至少应规定一种可用于低价值和简单采购的方法;一种可用于紧急情况和其他紧迫采购方法;一种可用于进行较为专业或较为复杂采购的方法"。因此,《国有企业采购操作规范》设计了招标采购、询比价采购、谈判采购和直接采购四组方法。每一组方法包括2~3种采购方式,以满足上述要求。

② **采购需求是否明确是制度设计的分水岭**

依据采购需求是否明确采购方式可分为招标采购和谈判采购两个类别。在示范法中,第三、第四章是针对采购需求明确的采购方式,合同无须和供应商讨论、对话和谈判;第五、第六章是针对采购需求有待完善的采购方式,依据项目的不同,设计了程度不同的采购方式,其特点是合同需要和供应商讨论、对话和谈判。

在示范法中,"讨论"是指整个采购过程中采购人和供应商的互动性,允许供应商协助采购人确定技术规格和工作范围。"对话"是指采购人和供应商对采购实体技术、质量和性能等方面的需求以及财务事宜进行沟通,可以有符合采购人需要的多种技术方案供采购人决定。"谈判"主要是指合同双方就财务和价格问题进行协商。

③ **公开采购是国有企业的基本采购制度**

公开采购是指采购人以采购公告的方式邀请不特定的潜在供应商参与采购项目的方式。公开采购要做到采购信息公开,不以不合理的资格或技术条件排斥任何潜在供应商、不采取任何手段阻碍潜在供应商参与采购项目。公开采购包括:公开招标、公开竞争性谈判、公开询价、公开竞价等方式,单一来源采购也可以采取事前公示的方式予以公开。中央企业在法律允许的情况下,根据管理需要实行合格供应商入围制的,如果入围供应商是以公开方式产生的,则面向集团全体合格供应商的采购可以认为是公开采购。

国有企业采购操作规范规定了法律规定的强制招标之外的采购办法,包括了招标采购、询比价采购、谈判采购和直接采购四组采购方法。国有企业可参照制定修改完善企业采购制度。采购实体应严格执行企业关于采购管理办法的规定。

2.3.2 招标采购

(1)采购方式:公开招标和邀请招标。

(2)适用条件:采购需求明确、具有竞争条件、采购时间允许、交易成本合理。

(3)程序规则:执行《招标投标法》的一般性条款和程序规则。该规范对专属规定明确了以下程序规则,主要是:

①从招标文件发出之日起,至投标截止时间不少于7日;

②评标委员会的结构、成分、专家资格、聘请方式由企业自主规定,可以全部或部分指定专家;

③招标文件可以约定评标委员会对评标结果是否排队和推荐人数的要求;

④招标人在评标委员会推荐的中标候选人中确定招标人。

2.3.3 询价采购、竞价采购和询比价采购

(1)采购方式:询价采购、竞价采购和询比价采购。

(2)适用条件:采购需求明确单不符合招标其他条件的简单采购项目。

(3)三种方式的区别:

①询价采购:采购标的标准化程度高、非价格因素差异不大、合同金额较小的货物采购,一次报价。

②竞价采购:采购标的标准化程度高、非价格因素差异不大的货物或服务项目,可以多次报价。

③询比价采购:非价格因素有差异的简单项目,包括施工、货物和服务采购,可以修改合

同非实质性条件并多次报价。

在企业采购实践中,比选、比质比价、竞标、议标等都属于询比范畴。

(4)采购程序:企业可参照《国有企业采购操作规范》制定。

2.3.4　谈判采购

(1)采购方式:合作谈判、竞争谈判、竞争磋商。

(2)适用条件:采购需求不够明确,需要和供应商讨论、对话、谈判,对合同条件补充完善的采购活动。

(3)三种方式的区别:

①合作谈判适用于企业战略采购,其合同形式除了长期合作协议外,还包括参股、入股、成立股份公司等以保证供应链的安全。

②竞争谈判适用于企业的紧急采购,供应商可提出实现采购目标的不同路径,由采购人确定最优方案。

③竞争磋商适用于复杂大型项目的采购,评审委员会通过和供应商反复沟通谈判确定最优采购方案并要求供应商最终报价,评审委员会经评审向采购人推荐供应商,采购人和入围供应商进行财务谈判,最先和采购人达成一致的确定为成交人。

(4)企业可参照《国有企业采购操作规范》对三种采购方式的程序进行规定。

2.3.5　直接采购

直接采购是上述三种采购方式的特例,其显著特征是供应商缺乏竞争。

1. 采购方式:单源直接采购和多源直接采购

(1)单源直接采购包括唯一来源和单一来源的直接,前者指只有唯一的供应商,后者指由于某种客观或主观要求,虽然供应源不唯一,但需要向某特定供应商采购的民事活动。

(2)多源直接采购是指任何一家供应商都难以满足采购人需求,且采购人依据市场确定采购价格,供应商依采购人规定的条件供货的民事活动。

2. 单源直接采购的适用条件

(1)采购标的只能从某供应商获得,或者某供应商拥有与采购标的相关的专属权,不存在其他合理选择或替代物,也不可能使用其他任何采购方式。

示例:同一产品项目由于生产计划调整,需要追加采购同种物资的跟踪采购;生产过程中无法保障对企业正常供应的求援、短缺物资采购。

(2)生产经营发生了不可预见的紧急情况,不能采用其他方式且只能从某特定供应商采购。

(3)采购人原先向某供应商采购货物、设备、技术或服务的,需要与现有货物、设备、技术或服务配套。

示例:为满足特定软件的升级维护服务而须向原开发服务商采购的项目。

(4)向某供应商采购符合保护国家基本安全利益或企业核心利益;或者有利于实现国家社会经济政策的采购。

示例:涉及国家秘密或企业秘密不适宜进行竞争性采购的项目;供应商与采购人存在控股、管理关系的采购项目;为振兴国内制造业或提高重大装备国产化水平等国家政策需要的项目。

（5）采购金额小，需求技术规格简单通用，市场价格透明和竞争度高，可以直接比较和判断选择的采购项目。

3. 多源直接采购的适用条件

（1）企业生产需要、有多家供应商可以提供且不符合招标或其他竞争条件，采购人进行价格邀约，多家供应商承诺并签订合同的采购。

（2）货源质量经评估，采购人依质量等级确定价格，采购人和众多供应商签订合同的采购。

2.3.6 影响企业运营采购选择的其他因素(见表3-2-1)

表3-2-1　影响企业运营采购选择的其他因素表

常用类别	通用商品	专用商品
战略采购	招标采购、竞争谈判	合作谈判
重复采购	框架协议(招标)合作谈判	合作谈判、邀请招标
偶尔采购	公开招标	竞争谈判、询比采购
日常采购	公开招标、询比采购	邀请招标、询比采购
紧急采购	竞争谈判、直接采购	框架协议、直接采购
复杂采购	邀请招标、竞争磋商	竞争磋商
简单采购	询价、电子商城(直接采购)	询比、框架协议

2.3.7 各种采购方式的逻辑关系(见图3-2-1)

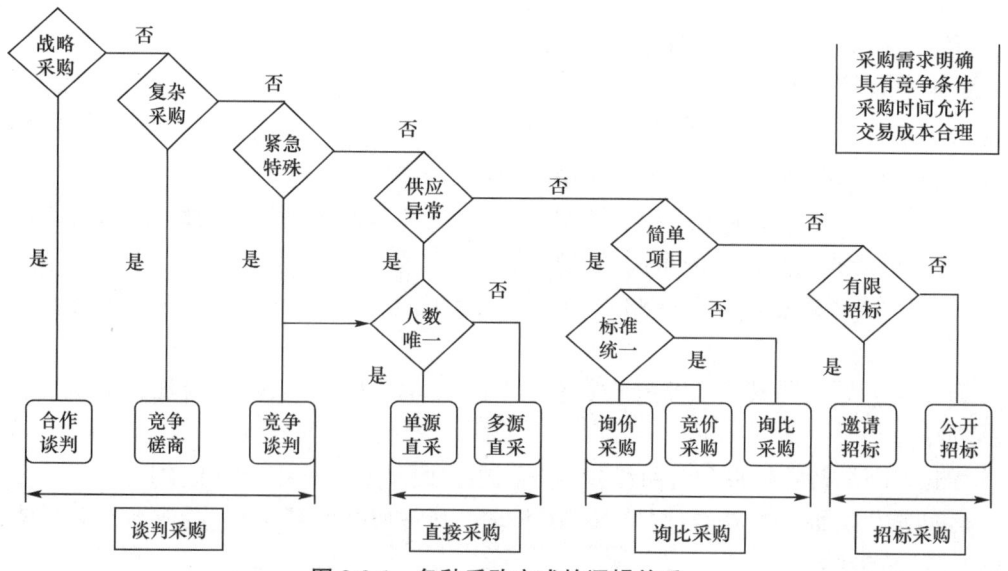

图3-2-1　各种采购方式的逻辑关系

案例 1-3-2　中国铁建重工集团细化品类的采购管理

中国铁建重工集团在供应链采购管理中首先将物料品类细化,按照三个维度,一是按照采购物料种类分为外购、外协、BC(海外直邮)、非产品四类;二是按照物料属性分为战略件、关键重要专用件、关键重要通用件、一般专用件、一般通用件、标准件六类;三是按照物料规模数量、标准化、通用化、常用化、技术复杂度等确定了九种采购方式。

在此基础上将物料采购分为年度重复采购和项目单次采购。之后依据卡拉杰克模型,从供应风险及其收益两个维度分析,将年度重复采购物料逐项归类分析,制定最适宜的采购策略方案,评审后有序推进,取得很好的经济效益。

>>>> 2.4　国际通行的其他采购工具

2.4.1　示范法规定的电子反向拍卖

1. 反向拍卖(reverse auction)

从字面意思上来讲,就是颠倒传统的拍卖。通常情况下在正向拍卖(forward auctions)中,买家为了竞争产品或服务给出越来越高的报价;而在反向拍卖中,卖家竞相卖出,提供越来越低的价格。

2. 奥布赖恩(O'Brien)列举了电子拍卖的不同形式

(1)标准反向拍卖(Standard reverse auction):基于在预先确定的时间内满足一个单的需求,其中供应商将以它们能提供的最低价格作为对所需求供应的报价。

(2)挑选式拍卖(Cherry-picked auction):涉及发布多个需求的广告,其中供应商可以选择自己有兴趣满足的需求,并单独对这些需求进行竞价。

(3)捆绑拍卖(Bundle auction):涉及将多种需求捆绑在一起,供应商必须竞投整个标的。

(4)荷兰式拍卖(Dutch auction):拍卖需求的价格由高到低依次递减,直到收到第一个投标后关闭。

(5)挑选荷兰式拍卖(Choose from Dutch auction):一种多批需求的拍卖,价格由高到低依次递减,直到收到对该批需求的第一个投标后关闭。

(6)日本式拍卖(Japanese auction):拍卖由一个预先设定的价格点开始并逐步降低。
每个供应商必须接受每一步的价格,否则必须离开拍卖。

3. O'Brien 指出的如果采购实体要成功进行电子拍卖必须考虑的一些因素

(1)批次策略(Lotstrategy):如何将需求分解成可以投标的独立的工作包。

(2)规格(Specification):由于价格是唯一的焦点,所以必须有明确定义的规格。你指定的是什么你得到的也将是什么,所有的决策因素都应该纳入电子拍卖中来。

(3)价格意识(Price awareness):在进入拍卖前买家应了解该类别的市场,并有一个明确的底线(历史参考价),这将有助于确定报价是不是个好的交易。

(4)邀请合适的供应商:满足供应所需的最低技术和商务标准的预审合格供应商。RFI可能适于在电子拍卖开始前为当前任务设立合适的供应商基础。参与供应商的数量也很重要,所有受到邀请的供应商必须接收相同水平的信息。

(5)选择标准:中标可能以最低的价格满足在一开始就设定的需求,但在签订任何合同之前都应该对其进行验证。

(6)资源、培训和沟通:电子拍卖在理论上是很简单的,但它们需要学习包括自身的技术要求、支持人员的需求、运行规则、法律文件等在内的信息系统。在电子拍卖开始前对于潜在供应商应有一个熟悉期,应该确保相应的组织资源到位以支持电子拍卖。

(7)拍卖后:应该以透明和完整的方式告知所有参与者拍卖的结果。

(8)拍卖不是万能的,组织应该意识到拍卖可能会由于提供给供应商的信息不完善或者误解,导致拍卖的结果不尽如人意。组织也需要知道,拍卖活动本身也是有成本的。挑选合适的商品种类(标准或商品),根据采购量的不同安排拍卖活动,对于成功的拍卖是必须的。

2.4.2　联合提案改进

(1)联合提案改进(Joint proposition improvement)是一种方法,即买方和供应商在其合同内一起合作,共同提高绩效或使合同向相互增益的方向发展。

(2)这种联合提案改进的方法也有许多潜在的风险:

①与已经嵌入的供应商合作可能会导致一个过于非正式的、没有归档的、不够深入的过程。

②买方和供应商的关系可能会受到影响。

③买方或供应商的退出和更换可能会出现问题。

2.4.3　邀请和请求

(1)要约邀请(invitation to treat):组织发出邀请或请求,仅仅只是表达其有兴趣从市场接收报价(不是有意购买)。

(2)RFX:组织的采购流程从信息请求(RFI)进行到提案请求(RFP)再到报价请求(RFQ)的一系列流程的统称。

(3)提案请求(RFP)具有以下功能:

①邀请供应商参加业务投标。

②寻求某个问题或需求的解决方案。

③传达关键的业务需求。

(4)侧重于供应商的经验、资历和建议。

(5)O'Brien 认为报价请求(RFQ)应当:

①针对特定的产品或服务来请求报价和可用性。

②对于需求有明确的规格和定义。

③方法上极具竞争力。

(6)采购实体组织的 RFP 或 RFQ 的过程可称为要约邀请(ITT),见表 3-2-2。

表 3-2-2　RFP 或 RFQ 可能需要包含的组成部分

	组成部分	RFP	RFQ
介绍和背景	介绍组织,RFP/RFQ,其目的以及组织如何运行这个阶段	是	是 *
范围和界限	品类涉及的范围和界限,包括地域	是	是 *

（续表）

	组成部分	RFP	RFQ
联系方式	回应和提问的详细联系方式。需要注意的是,这些联系人或授权代表的联系方式在这个过程中必须时刻保持畅通	是	是
保密声明	以保护双方的敏感信息	是	是
非承诺	请求是对于接受或继续进行不具约束力的承诺	是	是
招标过程中的细节	所有必要的程序指令,如格式、期限、呈递、关于质询和澄清的说明、下一步、选择过程、评价标准	是	是*
需求	业务需求、做出的假设、对未来的愿景	是	是*
预计数量	当前数量和预计数量。不涉及具体数量的承诺	是	是
问题	具体问题及信息或提案请求	是	也许
替代方案	供应商可以根据组织的规范提出更有效的替代方案	也许	也许
定价	供应商应被要求对成本细分中的每个要素进行报价	否	是
条款和条件	应用的条款和条件及供应商做出的响应	是	是
附录和附件	附录、附件和更多的信息	若需要	若需要
* 除非这些已经包含在单独的 RFP 中,在这种情况下可以查阅			

⟫⟫⟫ 2.5　关于评审因素和评审办法

为把操作规范落到实处,2021 年,中国物流与采购协会组织编制了《国有企业采购示范文本》(后简称《示范文本》)。该文本对涉及操作规范的评审因素、评审办法和采购文件的模块化组合做了规定。

2.5.1　评审因素

国家有关部委颁发的施工,货物(设备、材料)和工程有关的服务(勘察、设计、监理)招标文件中,都设置了响应的评审因素,示范文本参照标准文件做了规定,同时对评审因素的设置原理进行了总结。评审因素可分为价格因素和非价格因素。

1. 价格因素

所谓招标中的"标",就是通过竞争性程序采购的目标明确、功能清晰、规格具体的工程、货物或服务,要求投标人在满足特定使用价值(质量、工期等)基础上的报价。因此,价格因素是招标人最关注最重要的因素之一。

2. 非价格因素

除了价格因素之外的其他全部因素,包括工期、质量等全部商务和技术指标。

3. 评审因素的层级

采购文件一般将评审因素进行了层级设计。

一级指标包括价格、质量、工期和其他,在施工项目中,报价、施工组织设计、项目管理机构构成一级指标;

二级指标在一级指标框架内细分,如质量指标可细分为技术先进性、可靠性、节能性等;

三级指标,如可靠性指标可分为耐用性和可更换性。

某施工招标文件权重设计示范见表3-2-3。

表 3-2-3 评审因素及权重设计示范

第一级评价因素		第二级评价因素	
评价因素	基准权重分	评价因素	基准权重分
投标价格	70	总价	42
		分部分项价格	28
施工组织设计	15	内容完整性和编制水平	3
		施工方案和技术措施	3
		质量管理体系与措施	2.25
		安全管理体系与措施	1.5
		环境保护管理体系与措施	1.5
		工程进度计划与措施	1.5
		资源配置计划	2.25
项目管理机构	15	项目经理任职资格与业绩	6
		技术负责人资历与业绩	6
		其他主要人员	3

④. **一级指标以重要性的大小确定权值**

一级指标以重要性的大小确定权值。如业主要求项目进度是关键,则采购文件进度权重设置为 0.5 或更多,质量为 0.3,价格为 0.1,其他为 0.1;要求质量是关键质量权重增加,如 0.5 或更多。

⑤. **二级及以下指标以差异性的大小确定权值**

赋予非价格因素的权重是为了冲抵非价格因素导致价格因素的差异。如质量好,价格可能高。在确定价格、质量、工期三大权重范围后,二级及其以下的指标应当以差异性确定权值。

当非价格因素差异较大时,采购文件赋予非价格因素较大的权值,以冲抵较大的价格差异,体现质量、性能优先的采购原则(冲淡了价格因素的权重)。

当非价格因素差异较小时,采购文件赋予的权重较小,体现价格优先的原则。

当非价格因素差异小到忽略不计时,非价格因素的权重为零,就是最低价成交(中标)。

⑥. **带 * 号项目**

各级指标中最重要的指标可设置 * 号,一票否决。

2.5.2 评审办法

在《招标投标法》中,法律规定了评价、评分和其他三种方法。示范文本也做了同样的规定。

① . **经评审的最低价法(评价)**

在《招标投标法》中称作"经评审的最低投标价法",在《中华人民共和国政府采购法》(以下简称《政府采购法》)中类似的办法称作"最低评标价法"。两种评审办法的内涵是一致的,都是只对供应商响应文件中的报价进行评审,把商务条件统一在一个平台上,经评审后的最低报价供应商确定为成交人。鉴于《示范文本》涵盖的采购方式中有些没有确定的"标",需要和供应商澄清确定。因此,将该类评审办法称为"经评审的最低价法"。虽然评审结果由价格决定,但强调了对商务条件的评审。

②. 综合评分法(评分)关于评分的方法

在《招标投标法》中称作"综合评估法",评估体现了评审过程的主观性。应当说明,招标投标制度规定的综合评估法也包括评"价"的办法,即把商务和技术条件都折算为评审价格(机电产品国际招标使用的评审办法之一)。该办法对编制招标文件人员的能力要求较高,目前在工程建设招标领域使用得不多;在《政府采购法》中称为"综合评分法",体现了评审结果的表现形式;《示范文本》采用《政府采购法》的规定。

③. 直接评估法

针对大型复杂项目采购或小额采购需求,总结我国企业采购的实际经验,《示范文本》设计了"直接评估法"。该评审办法实质上是管理咨询专家的头脑风暴法,要求对每子项目排队,最后通过积分排序。该办法和综合排队法相比,多了一些边界和规则。

该办法在初步评审完成后由评审专家模糊评价,见表3-2-4。

表 3-2-4 评审专家模糊评价

序号	评价因素	考核内容	权重	评分标准				得分
1	对供应商总体评价	经营状况		优□	良□	合格□	差□	
		履约能力		优□	良□	合格□	差□	
		□征信情况		优□	良□	合格□	差□	
		□质量认证		优□	良□	合格□	差□	
		其他因素		优□	良□	合格□	差□	
2	□响应方案的总体评价	响应方案的完整性、针对性、合理性		优□	良□	合格□	差□	
		项目难点、重点分析		优□	良□	合格□	差□	
		质量、进度、安全保障		优□	良□	合格□	差□	
		其他因素		优□	良□	合格□	差□	
3	□响应方案性价比分析	报价合理性		优□	良□	合格□	差□	
		□全生命周期费用考量		优□	良□	合格□	差□	
		□与同类行业、企业、类似方案的比较		优□	良□	合格□	差□	
		其他		优□	良□	合格□	差□	
4	□其他			优□	良□	合格□	差□	

计算上述考核项目得分, $\Sigma = 1 \sim 10$ 项。

得分最高的确定为成交候选人。

④. 其他方法

考虑到项目的复杂性,评审办法难以穷尽。《示范文本》用"其他方法"表示,方便采购人选用其他较为适宜的评审方式,如最低报价法、投票法、排序法、两步法、综合排队法等。

本章思考题

1. 依法必须招标和自愿招标的本质区别是什么？

2. 集中采购的集中有哪些形式？

3. 集中采购管理是指什么集中？

4. 为什么集中采购、框架协议采购称作采购组织形式？

5. 公开采购包括哪些采购方式？

6. 叙述自愿招标的使用条件。

7. 解释信息请求（RFI）、提案请求（RFP）、报价请求（RFQ）的含义。

8. 叙述"联合提案改进"的风险。

第3章　谈判采购

在供应链管理中谈判采购是主要的采购方式之一,商务谈判一般是经济与管理类专业(如工商管理)的专业基础课。商务谈判是买卖双方为了促成交易而进行的活动,或是为了解决买卖双方的争端,并取得各自的经济利益的一种方法和手段。从20世纪60年代开始,谈判学作为独立学科出现。一般来说,谈判没有类似招标采购那样比较严格的程序,但谈判是一门艺术,也有技巧,因此单独列为一章。

◎ 本章目标

1. 理解谈判在采购过程中的作用。
2. 理解与外部供应商在商务谈判中所应用的主要方法。
3. 理解如何准备与外部组织的谈判。
4. 理解应当如何进行商务谈判。

⋙ 3.1　谈判在采购供应中的作用

3.1.1　商务谈判

❶ 谈判的含义与过程

(1)含义:一个被买方和卖方用来达成可接受协议或妥协的计划、复核和分析的过程,它包括商业交易的所有方面,而不单是价格。

在这一更宽泛的背景下,可以更宽泛地将谈判定义为:"在两方之间存在一些利益分歧或冲突的情况下,他们走到一起进行磋商以达成一个共同接受的协议的过程。"

(2)过程

——有目的的说服:每一方试图说服另一方接受其情况、察看其观点或服从其希望。

——建设性的妥协:双方接受向彼此立场靠近的需要,识别出存在让步余地的有共识的领域。

❷ 达成协议的备选方法

(1)说服:在你方不做让步的情况下鼓励另一方接受你的观念。

(2)让步(或"调整")在不要求对方让步的情况下接受另一方的情况。

(3)逼迫:坚持另一方应满足你方要求,"否则的话……"。

(4)解决问题:通过合作消除目标或利益上的分歧(寻求一种双赢解决方案),从而无须谈判。

(5)竞争性招标供应商根据规格对条款和价格提出要约,买方选择最有利的要约。

3. 战略和战术性谈判

(1)战略谈判:在较高层次上由双方高级管理团队进行的谈判。它解决涉及战略性的长期的供应链关系的方向和目标等长远问题。

(2)战术谈判:较为常见,并且通常由双方的职能团队或跨职能团队在较低层次上进行。它解决涉及战术关系中的运营、资源分配、绩效和风险管理以及利益共享等短期问题,并且是在战略关系的日常管理层次上进行的。

3.1.2　供应搜寻过程中的谈判

1. 供应源搜寻过程

详见本书第一章。

2. 识别和描述需求

(1)通过谈判达成一个具有更有商业适当性的、节省成本的解决方案的协议。

(2)跨职能谈判(价值定义、必要和期望的特性、优先权和目标),价值分析方法。

(3)保证采购人员或供应商参与开发过程,可能更需要谈判。

3. 合同和关系管理过程中的谈判

(1)任一方都有要跟进的义务和行动。

(2)如果危险事件或意外事件产生,合同可能(或可能没有)载明下一步怎么办,可能需要通过谈判共同确定前面的路该怎么走。

(3)如果绩效不符合约定的条款和标准,将有各种选择可以解决纠纷、强制执行合同条款或获得补救。

(4)在合同生命周期内情况和要求可能会发生改变,可能需要相应地重新洽谈、同意和修正合同条款。

3.1.3　解决冲突的谈判

1. 采购实体内部冲突的性质

(1)建设性冲突

——推出了问题的不同选项和解决方案。

——更清楚地界定势力关系。

——鼓励创造性和对想法进行尝试。

——为情感打开沟通的大门。

——为宣泄提供机会。

(2)冲突的破坏性(消极冲突)

——分散对任务的注意力。

——导致极端化观点和使团体或团队"失去定位"。

——成为沟通障碍。

——使目标偏离,指向次要目的和议程。

——鼓励"防御性"或"毁坏性"的行为。

——刺激情绪化的、我赢你输的冲突或敌意。

（3）采购实体中冲突的来源

——相互依赖性和分享资源。

——在目标、价值观和认识上的差异。

——势力失衡。

——模糊性。

（4）组织中冲突的表现形式

——制度化的冲突。

——功能性冲突。

——一线人员/职员冲突。

——资源冲突。

——政治冲突。

2. 采购实体内部其他职能部门之间的冲突

——降低成本。

——规格。

——供应优先权。

——预算分配和优先权。

3. 采购方与供应商之间可能产生的冲突

——买方延迟付款或付款不可靠。

——受到买方不公平对待。

——经常修改设计和规格。

——任一方进行不道德的交易。

——供应商绩效差。

——信任丧失。

——违约。

3.1.4 项目团队内部关系的谈判

1. 团队的定义

团队是指一个具有互补技能的人员团体,该团体致力于他们共同为之负责的目的、绩效目标和方法。

2. 需要正式谈判的情况

——怨恨和冲突处理。

——群体问题解决。

——对条款和条件进行谈判。

3. 谈判中的利益相关者

——谈判者。

——合同经理。

——双方组织中的成员。

——用户。

——采购的预算持有人或出资人。

——双方组织的高级管理层。

4. 谈判中的利益相关者(门德娄势力/利益矩阵)(见图 3-3-1)

	低		
影响力	A 供应商 最小努力	C 供应商 保持告知
高	B 供应商 保持满意	D 供应商 关键角色
	低	利益	高

图 3-3-1　门德娄势力/利益矩阵

A 象限:既没有利益也没有影响力的利益相关者,是一个优先较低的群体。不浪费资源考虑他们的目标,并且他们单纯接受结果即可。

B 象限:此象限利益相关者由于具有高度影响力而比较重要,当前他们的利益要求较低。但如果他们的利益得不到满足或对其关心不够,那么他们的利益要求会上升。应考虑这些利益相关者的利益。

C 象限:此象限利益相关者因具有高度利益而比较重要,他们的直接影响力较低。但除非让他们保持在"圈内"并理解所做出的决策,否则他们会寻求其他势力联合起来保护他们的利益。

D 象限:此象限利益相关者是关键角色:他们有影响力并为自己的利益有动机使用这一影响力。在谈判时应咨询这些利益相关者,甚至可让他们作为参与者参与谈判团队。

5. 未通过谈判达成内部协议将产生的后果

——资源不可用。

——实施将会摇摆不定。

——存在内部抵抗甚至破坏的危险。

——团队成员缺乏一致的声音。

——存在与内部支持者关系疏远的危险。

⟫⟫⟫ 3.2　谈判理念和谈判分类

3.2.1　谈判理念

一般来说,有三种不同的谈判理念,表 3-3-1 给出了三种谈判理念的特征。

表 3-3-1　三种谈判理念

双赢	单赢	双输
合作的	对立的	对抗的
整合的	分散的	不感兴趣的
广泛的互动	适度的互动	很少的互动
长期的	中短期的	临时的/过渡的

3.2.2　分配式谈判

1. 分配式谈判

涉及有限资源的分配或"划分一个固定的馅饼"。一方的"馅饼切片"越大,给另一方剩下的就越少。一方的盈利仅能以另一方的损失为代价,这就是我赢你输的结果。也称作索取价值谈判(Claiming Value)。

2. 分配式谈判的基本策略

(1)推动一个方案尽可能靠近另一方的抵制点,以保障我方取得最好的交易。

(2)通过影响对方的观点来降低其抵制点。

(3)使另一方认为这种解决方式是他希望得到的最好的解决方式。

3. 分配式议价的战术

(1)提出被夸大的初始立场、要求或开场出价,以便为预期的行为和妥协留出余地。

(2)夸大两方立场的初始距离,并将冲突观点极端化,以便说服对手其立场不切实际。

(3)隐瞒那些有可能突出你议价立场中的共同点或弱点的信息。

(4)使用可用的一切工具,威逼、压迫或操纵对方做出让步。

(5)不以让步为回报(除非被强迫这样做),即使获得较低的成本报价。

4. 关于目标价、价格底线和开价

图 3-3-2 上图标示了存在重叠区的谈判区间,谈判能够成功;下图标示了没有重叠区的谈判区间,谈判很难成功。

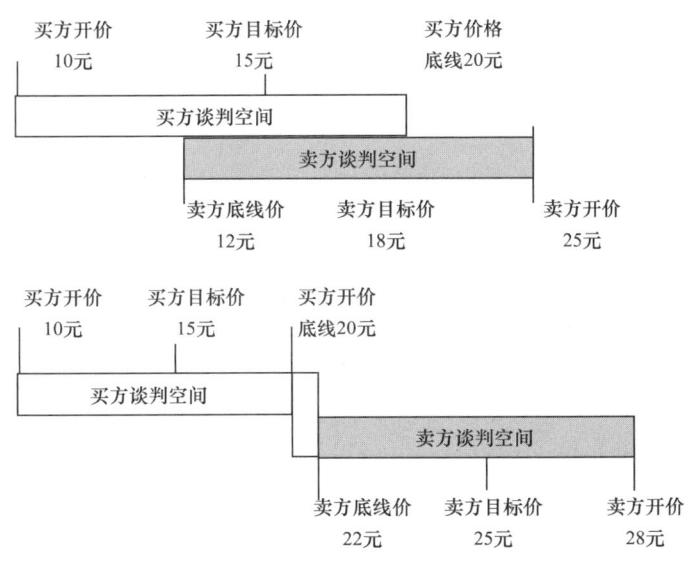

图 3-3-2　目标价、底价和开价

3.2.3　整合性谈判

1. 整合性谈判

涉及协作性的问题解决,增加可供选择的方案,目的是探求双方找到一个相互满意或双赢的方案,还可以将它定义为增值谈判。也可称作创造价值的谈判(Creating Value)。

2. 整合性谈判的基本方法

第1步:愿意对目标和需求、谈判的基本规则和方法、成本、风险、认知问题、建议和解决方案进行自由的信息交换。

第2步:找出各方提出某种需求的原因。

第3步:找出双方利益的吻合点。

第4步:设计新选项,使每个人得到比他们所需要的更多。

第5步:合作。将对方当成合作伙伴而不是对手。

2. 整合性谈判的战术

(1)公开你自己的需求和关注点,并寻求理解另一方的需求和关注点,把所有牌放在桌面上。

(2)拟合作方式形成方案(可能比任一方提出的方案都更具有创造性)。

(3)聚焦共同点和相互利益领域,以保持一个积极和合作的氛围。

(4)通过强调解决问题、提供附加信息和帮助跟进等,支持另一方接受你的建议。

(5)提出和邀请合理的反邀约和妥协,从而保持和践行灵活性。

3. 整合性谈判者的特点

(1)具有优异的倾听技能。

(2)全局导向。

(3)增值思想。

(4)成熟和自信。

(5)诚实和信任。

(6)情商。

4. 支持整合性谈判的因素(使用情况)

(1)存在合作的强烈动机。

(2)各方存在共同的目标。

(3)双方准备说明需求,并愿意接受新问题的重新定义和解决方案。

(4)双方感到有信心。

(5)各方之间存在信任。

(6)在谈判中进行清楚和准确的交流,并愿意交换信息等。

3.2.4　两种谈判方式的特点和区别(见表3-3-2)

表3-3-2　两种谈判方式的特点和区别

	分配性/竞争性	整合性/协作性
支付结构	固定量资源划分	可变量资源划分
目标	追求自己的目标	共同目标
动机	自己的结果最大	联合结果最大
关系	短期	长期
信任开放	对对方的信任度低	信任,共同探索
态度	我赢,你输	双赢
中断补救	调解人/仲裁人	一方有活力的推动

3.2.5　对抗和合作谈判的特点(见表 3-3-3)

表 3-3-3　对抗和合作谈判的特点

	分配性(对抗性)谈判	整合性(合作性)谈判
重点	以另一方为代价实现目标	确定与另一方共有的目标
战略形成	基于保密性、低信任度	基于开发高信任度
所期望的结果	经常被误述,很少关心另一方的需求	使对方知晓,相互理解和关心
战略	不可预测	可预测,较为灵活
战术	各方使用威胁恐吓等手段	各方不用威胁手段
立场	坚持一个固定的立场	灵活的立场
方法	竞争性、敌对性和攻击性	积极、自信但没有攻击性
逻辑极端	不健康的	健康的
关键态度	我们赢,你输	双赢
僵局时	可以终止谈判	较高管理者、调解人、仲裁人介入

>>>> 3.3　组建谈判团队

3.3.1　组建谈判团队

和招标采购或其他采购方式不同,组建谈判小组一般都不能通过随机抽取的方式聘请专家参加谈判小组。企业组建谈判小组必须遴选,谈判小组的成员应分工明确、专业互补。成员资格选拔的基本标准是经验和能力。国际商务谈判应配备专业翻译。

3.3.2　选择谈判团队成员的原则

谈判团队的建立与否取决于谈判的复杂程度,谈判的复杂程度则取决于:
(1)所采购标的的复杂程度(可能需要专门的技术专家)
(2)供需双方所发展的关系性质(可能涉及多个部门利益)

对于仅仅涉及交期价格或某一供应特定需求所进行的谈判,可以由个人完成,但相对一个设计产品和服务提供全案的谈判标的,特别是战略合作谈判,应当建立一个跨职能团队来进行谈判。

谈判团队队员必须在谈判前的准备阶段就参加进来,并理解和认可各自在谈判中的角色和职责,对谈判中设立的各个问题应该在谈判前充分沟通,以消除团员之间的意见分歧。谈判团队需要一个合适的领导来统筹谈判,领导一般需要具备以下条件:

一是为产品和流程方面的专家,至少要对产品和流程有比较充分的了解;

二是谈判经验丰富,谈判技能高超;

三是与采购组织利益的相关方,以及同谈判团队成员拥有比较好的人际关系。

组建团队进行商务谈判的优点,如表 3-3-4 所示。

表 3-3-4　组建团队进行谈判的优点

优 点	解释
1. 团队改善绩效和决策	当需要多项技能、经验和知识时,团队可以提高任务的绩效 实践证明,团队的决策比个人单独做出的决策得到了更好的评估(虽然决策数量较少并且有时更具有风险性) 团队包括各种角色,可以对团队维护和任务绩效做出贡献(例如:领导者、建议者、批评者或质疑者、跟进者、细节安排者和策划者)
2. 团队促进协作	团队可以促进工作流程、工作努力和信息的协作,因为他们是跨越组织边界集中在一起的、有共同目标并可以进行结构化沟通。这在谈判中特别宝贵,可使关键利益相关者参与交易或在交易中代表关键利益相关者(例如一个跨越职能部门谈判团队)
3. 团队促进沟通	团队可以促进信息交流和人际关系,这在以下方面特别有用: 产生、检验和批准各种想法(因为能够征求其他人意见和获得不同输入) 商议和谈判(能够交互性地交流看法和影响) 解决冲突(代表和调和不同的有分歧的观点和利益,以实现共同的、全局的目标)
4. 团队激励个人	团队能够激励个人为实现组织目标付出更多精力和努力,因为:它们促进对绩效的相互责任,促进团队成员之间的建设性竞争

3.3.3　不宜参与谈判的人员

(1)董事长或董事会高级成员。

(2)工程类型的人,他们对技术特性的热情会使他们看不到商务的现实问题。

(3)最终用户。

(4)任何有可能丧失专注力的人。

(5)其他。

⟩⟩⟩⟩ 3.4　研究谈判环境

对谈判环境进行全面的分析研究是谈判获得成功的前提条件。谈判环境包括宏观经济形势、微观经济形势,主要是相关市场机制、市场结构以及文化背景、谈判对象个人特点等。

3.4.1　宏观经济分析

1. 宏观经济环境

包括经济系统里一般的活动和增长水平,以及经济繁荣和萧条周期效应。

2. 宏观经济因素的信息来源

(1)政府或政府机构公布的预测、报告和统计调查。

(2)在主流和金融媒体以及网站上公布的分析报告。

(3)由金融机构和分析师公布的数据。

(4)由金融市场以及商品市场和交易所公布的资料。

(5)已公布的经济指数。

(6)贸易和出口促进机构的网站和信息服务。

(7)出版的和在线的宏观经济分析报告。

3. 宏观经济因素分析

（1）经济活动。

（2）经济周期。

（3）就业和失业水平。

（4）通胀率。

（5）税率。

（6）汇率波动。

（7）利率波动。

4. 商业周期环境

经济活动水平、输出和就业的定期波动,从繁荣到萧条,并再返回的过程,见表3-3-5。

表 3-3-5　商业周期的各个阶段特征

萧条	消费者需求低;空置生产能力;价格稳定或下跌;商业利润低;高失业率;商业信心低
复苏	消费者支出增加;开始投资;价格稳定或上升;利润和就业开始增加;信心增长
繁荣	消费者开支增加迅速;生产能力饱满,劳动力短缺,所以只对劳动节约型技术进行新投资才能增加输出;投资支出高;需求的增加刺激价格上升,商业利润高
衰退	消费开始下滑;生产减少;失业率开始上升;利润下跌和一些企业倒闭;很多投资突然变成无利润和新投资减少

3.4.2　微观经济环境中的市场机制

微观经济环境主要由市场机制和市场结构体现。

1. 市场机制

市场机制是供需之间的关系,以及价格对二者的影响方式。

（1）需求环境

——需求是消费者愿意和能够购买的商品数量,它随价格而改变。

——需求取决的因素。

①替代品的价格。

②互补商品的价格。

③可支配收入。

④消费者的偏好。

（2）供给环境

——企业愿意并能够销售的量,随价格而变化。

——供给影响因素。

①生产成本。

②技术。

③供应商的数量。

④预期。

（3）价格环境

——均衡价格:在该价格上生产商希望销售的数量与消费者希望购买的数量相等,见图3-3-3。

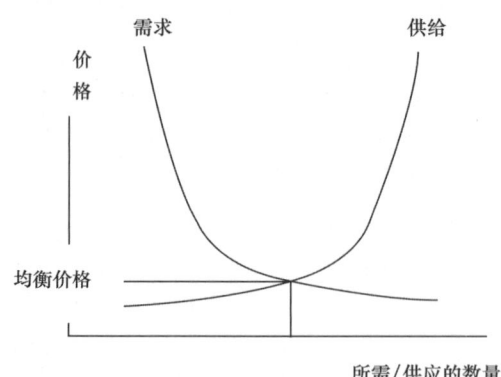

图 3-3-3　均衡价格

（4）需求弹性

描述需求对价格变动的敏感性。需求的弹性越大,在降低价格时需求的增加就越多,并且在提高价格时需求的减少就越多。

3.4.3　微观环境中的市场结构

基本的市场结构包括完全竞争、垄断竞争、寡头垄断、垄断,见图 3-3-4。

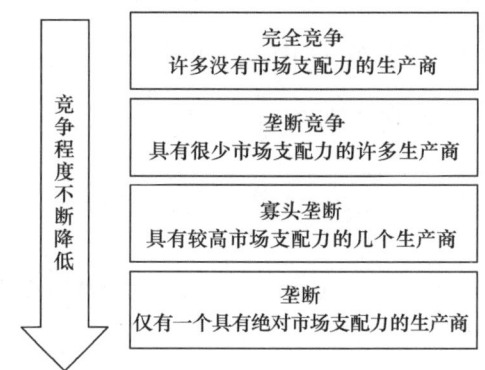

图 3-3-4　不同市场结构和竞争的关系

3.4.4　微观环境信息获取的方式

（1）原始数据(供应商沟通,行业数据,在线市场交易所,咨询和信息服务等)。

（2）二手数据(金融或产业出版物,经济指数和商品市场指数,市场分析报告等)。

3.4.5　文化背景与个人性格

1. 文化背景

了解对谈判对手的文化背景,有利于理解对方语言行为的潜台词,避免己方出现对对方忌讳的言语或行为,获得对方的好感和认同,促进双方的理解和良性关系的建立。

文化特征是一个国家、一个地区、一个民族、一个组织或一个群体所共有的和认同的风格习惯、生活方式、行为规范、思维方式、价值观念和宗教信仰等方方面面的结合,具有不同文化特质的人在语言表达、行为方式、认知模式、时间观念、爱憎好恶等方面往往会表现出较高的差异性。因此,对于谈判人员来说,分析和把握好谈判对手的文化特征的能力,对谈判的过程进展成功与否,会产生相当大的影响。

在文化特征分析方面,谈判人员还应当对谈判对手成员的构成、谈判人的性格特征,进行方方面面的分析。对文化特征进行分析和把握的工具,影响力较大的主要有杰尔特·霍夫斯泰德(Hofstede)的文化五维度框架和爱德华·霍尔以语言在文化交流中的角色为理论基础的高低语境文化二分法。

②. 性格分析

现在有许多的性格分析工具方法,其中影响力较大的有九型人格分析等,我们仅以五大人格分析为例,来了解性格分析对谈判的作用。比如在一场"单赢"的谈判中,情绪不稳定的性格往往会激怒对方,并造成对方在谈判的失误。而在进行运营商整合型或适应型的谈判的时候,开放性高的性格往往会容易获得成功,这是因为他们更富有创造性,且容易提出和接受新颖的解决方案和建议。

3.4.6　环境分析的其他因素

①. 汇率的影响

(1)进口商希望他们的货币价值尽可能高。

(2)出口商希望本国的货币价值尽可能低。

②. 通过谈判管理汇率风险的方式

(1)买方通过让供应商用本国货币报价,尽可能把风险转移给国外供应商。

(2)如果波动不是很厉害,也许可以估计在支付时所使用的汇率,并相应谈判价格。

(3)也许可能在签订合同时付款,不用等交货才付款。

⟫⟫⟫ 3.5　收集整合谈判对手信息

3.5.1　双方优劣势的分析研究

谈判团队可以使用 SWOT 工具,对自己所在的采购组织和供应商分别进行分析:

(1)如何充分发挥采购实体的每一项优势。

(2)如何将采购实体存在的不足淡化和消除。

(3)如何向供应商传达采购实体拥有的每一个机会的价值。

(4)如何针对采购实体面临的威胁,做好应对措施或淡化或消除其影响。

3.5.2　成本价格分析和供应商财务稳定分析

(1)利用财务工具对谈判对象的标的物进行成本分析,并进行财务稳定性评价,收集对方相关成本与价格信息。

(2)利用价格指数管窥谈判双方可能拥有的谈判力量。选择谈判策略。

3.5.3 谈判变量的预评估(见表 3-3-6)

表 3-3-6 谈判变量的预评估

价 格	交 货	合 同
定价协议	交货/完工时间	合同类型和定价
价格复核机制	减少前置期	使用分包商
价格调整	未达到里程碑目标的补救措施	付款
支付条款	服务水平	健康与安全问题
分期付款	未能按规定时间交货的损失赔偿	纠纷的解决
折扣	运输问题	知识产权和保密性
付款奖励		不可抗力
分担成本的依据		终止权利

>>>> 3.6 谈判计划和会谈准备

谈判计划主要包括目标、预案和规则的确定。其中谈判目标是最重要的计划指标,谈判预案是实现目标的底线,应当绝对保密。谈判就是妥协的过程,因此必须拟定谈判的最优备选方案,其缩略语为 BATNA。谈判计划还应当确定主谈、第一副谈、第二副谈等制度规定。

3.6.1 确定谈判目标

1. 盖温观点

(1)必须实现的目标(Must achieve)。

(2)打算实现的目标(Intend to achieve)。

(3)想要实现的目标(Like to achieve)。

2. 列维奇观点

(1)极限点也叫抵制点或离开点;

(2)目标点是你现实的期望实现的点。

备选方案是谈判者能够实现并仍能满足他们需要的其他交易,据此明确本次谈判的具体目标:

(1)我们想要什么?

(2)我们每个想要的对我们的价值如何?

(3)为什么这是我们想要的?

(4)我们的切入点是什么?

(5)我们的退出点是什么?

3.6.2 确定谈判策略

依据环境分析和对方谈判团队的信息搜集评估,确定本次谈判的谈判策略。

在现代供应管理中,我们基本放弃了"双输"的选项,一般提倡"双赢"。针对采购实践,除了整合型和分配型的采购方法外,有学者还提出一种"适用型"的谈判方法。三种采购战略选项的特点见表3-3-7。

表3-3-7 三种采购战略的特点

谈判战略	特点
分配型	"非赢即输"谈判理念,更关注对己方有利的谈判结果, 对供应商的信任度较低,无意建立长期的合作关系, 将信息保密视为谈判的力量来源, 在谈判中经常采用各种强硬和有误导性的谈判战术和技巧
整合型	双赢的谈判理念,希望谈判结果对双方都有利, 对供应商的信任度高,希望建立长期的合作关系, 将信息分享视为谈判成功的基础, 关注对方的利益并重视满足对方的需要, 在谈判中很少采用强硬的或有误导性的谈判战术和技巧
适用型	双赢或者你输我赢的谈判理念,但通过满足对方,谈判结果更优, 视双方的合作情况及未来的需要,确定长期合作关系, 采购组织需要坦诚对待供应商,但可能只是单方的信任,不牢靠, 在谈判中不能采用强硬的或有误导性的谈判战术和技巧

3.6.3 编制谈判计划

1. 期望、需要和可交换条件

(1)通常谈判各方各自固执己见、一厢情愿地力图在谈判中达到己方的期望,而非满足对方的需要,成为阻碍谈判达成双方满意结果的壁垒。因此,谈判应关注双方的需要,而不是期望共同努力,用对自己而言成本不高,但对方来说价值是较高的可交换的条件来满足对方需要。

期望通常是公开表达出来的,比较具体,明确的要求却是可以衡量的;需要通常是直接陈述出来的"期望"背后的动机。其区别见表3-3-8。

表3-3-8 期望和需要的区别

期望	需要
想要什么东西	为什么想要这个东西
明确具体的要求	可能是比较抽象的
易于度量的	可能不宜度量的
物理的、可见的	属性、特征、特点
通常只有一种满足的途径	统称有多种方法可以满足
可能不合理	合理的利益诉求
成本导向	战略与长期导向
规避风险	价值最大化

(2)可交换条件

通常谈判的目标是达成双方都满意的结果和协议,因此在谈判中存在大量的舍与得的交换,可交换的条件就是在谈判中用对己方而言成本不高,但对对方来说价值较高的来满足对方的需要,并获得己方价值较高的"得"。比如,当采购实体没有现金流的压力和己方的财务机会成本较低,但供方存在较大的现金流压力和成本几乎很高时,采购人员通常把付款账期作为换的更好的价格与服务的一个可交换的条件。

2. 制订谈判计划

通过前面各种信息收集与分析和谈判战略的确定,谈判人员需要制订详细的谈判计划并形成书面文件。一份好的谈判计划,需要包括以下 10 个方面的内容:

(1)对采购方真实需要的识别和确定,包括寻源策略、未来的采购计划、预算状况、战略机会等方面。

(2)可以满足采购实体根本需要的最佳备选方案(BATNA),包括资质和外采价格替代规格,可有需求可选项。

(3)对供应商真实的需求的估计以及供应商提供产品服务成本的预估分析。

(4)通过对宏观环境供应市场的分析以及双方优劣势的分析,从而得到双方在谈判中的有利与不利的因素。

(5)己方的谈判战略,以及对对方可能采取的谈判战略的预估。

(6)通过对对手文化特征及性格特征的了解和分析,从而确定恰当的谈判战术和技巧。

(7)对谈判过程中可能出现的问题的预估,以及己方可能的应对措施。

(8)谈判中可以提供的可交换条件,以及可交换条件对己方的成本和对对方的价值。

(9)谈判,模拟演练计划。

(10)谈判团队组建与实施进度计划。包括:

——确定主谈、副谈。

——确定谈判议题及其顺序。

——什么样的妥协可以被对方接受。

——在哪里谈,何时进行谈判。

——何时透露己方的相关信息,透漏多少。

——何时探索对手包括底线在内的相关信息,怎样获取。

3. 确定最佳备选方案

谈判过程是个双方共同妥协的过程,因此采购实体必须准备最佳备选方案(BATNA)。

如果采购实体有其他方案可选,采购实体就会有更大的谈判优势。这些方案是在眼下的谈判无法达成时可以被采购实体选用的最好替代方案,被称作最佳备选方案。

BATNA 可能是供应商的竞争对手及替代供应来源,也可能是谈判标的的替代品和替代技术,也可能是采购实体,可以通过内部自制来获取供应。

BATNA 可以说是任何谈判中最有力的工具,如一个谈判方拥有很多的更有利的 BAT-NA,即拥有更多的谈判优势。

3.6.4 谈判会议准备

1. 商谈并确定谈判议程

包括主持人、发言顺序、桌签位置、预计时间、茶歇、餐饮服务等。

2. 确定己方参会人员和分工

依据谈判计划确定本轮谈判参加谈判的人员,明确主谈、副谈等,以及各自的角色分工。

③ **确定谈判轮次和地址**

（1）"在家"谈还是"离家"谈

"在家"谈的好处是：

——熟悉环境、设施、文化等。

——能够利用更多资源。

——支持网络近在咫尺。

——"离家"方在受到"在家"方的热情接待后感到的义务感，使他在硬件的议价中处于不利地位。

（2）房间布置应考虑的因素

——座位安排和房间布置（促进或阻碍合作性谈判、设定谈判基调、发出权力认知或身份认知信号）。

——使用信息和通信设施。

——由谈判场所设定的"基调"。

——房间、家具和设施的整洁性、舒适性和质量。

——房间大小、可舒适容纳的人员数量。

——隔离间的提供。

——用于休会、中间休息的休息间和茶歇。

——服务人员的选择和培训。

谈判场所和会议服务人员的服务质量形成的"软氛围"有利于谈判的顺利进行。

④ **虚拟会议选择**

（1）适宜采用视频会议的情形

——存在无法解决"'在家'和'离家'的问题"，如疫情隔离。

——各方在地理上相距遥远。

——可提供进行远程或虚拟会议的电信和 IT 工具。

（2）列维奇关于虚拟谈判的十条规则

——在谈判前或至少在谈判早期，采取步骤创造一种面对面的关系。

——对在谈判中遵循的过程态度鲜明。

——确保每个人了解谁在虚拟谈判中出场及其原因。

——选择在获得所有公开信息和详情时最适合的渠道（电子邮件、电子拍卖、网络会议等）。

——避免激动：在表达你的信息时的过度情绪化。

——使要约与反要约同步化，如果不清楚该轮到谁了，应清楚说明。

——检查你对另一方的利益、要约、建议和行为所做的假设。

——电子邮件是书面媒介，因此切勿做出可被用来向你发难的不明智的承诺。同样，不要试图利用另一方因粗心犯下的错误。

——抵制使用不道德战术的诱惑，即使这些战术在一个事实更难以确立的虚拟环境下更易于实施。

——形成一种个人谈判风格，以便与你所使用的沟通渠道有良好的适应。

>>>> 3.7　组织并进行谈判

3.7.1　谈判会议的一般流程（见图3-3-5）

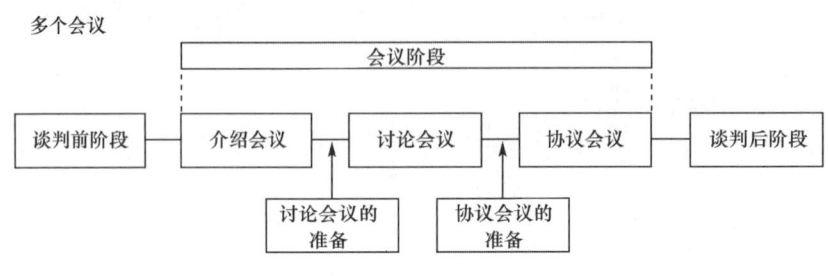

图3-3-5　会议流程图

3.7.2　分配型谈判的开场（开局）

1. 构建和谐关系

（1）和谐关系的定义

和谐关系是在我们与他人交往时发生关系或联系时共存共荣的感觉。

（2）构建和谐关系的作用

——有助于你与另一人之间在共同点上建立信任和信心。

——可以创造一个理由让人们接受你，或做你想要他们做的，因为他们喜欢你。

——可以克服因势力失衡和利益冲突所产生的一些障碍。

2. 界定整合性谈判的开场问题时所涉及的要素

（1）以双方可互相接受的方式定义问题。

（2）问题的陈述应当着眼于实用性和综合性。

（3）将问题作为一个目标进行陈述，并指出实现这一目标的障碍。

（4）应消除问题的个化。

（5）将问题界定与寻找解决方案分开。

（6）寻求理解问题。

3. 谈判开场阶段的有效行为

（1）和谐关系建设。

（2）果断沟通。

（3）用提问诱使另一方提供信息和进行澄清。

（4）积极和有效地倾听。

（5）促进行为：检查理解、澄清、要求提供信息、总结各个讨论部分等。

（6）使用语言和非语言"信号"来调节另一方。

（7）创造一个有助于达成协议的氛围。

3.7.3　试探和提议(试探)

1. 试探

(1)定义

广泛涉及证实谈判团队假设质量的过程,归根结底它们的谈判战略和战术是基于这些假设。

(2)如何进行试探

——对在准备和计划阶段提出的假设进行测试和确认。

——试探另一方的立场、他们的合作意愿、他们拒绝或采取不灵活态度的意图。

——澄清所陈述的问题,以及另一方给予他们的重要性。

——设法确定接下来是否会出现任何意外,另一方是否会推出我们在计划时未考虑的新信息。

2. 提议

(1)定义

提出克服争议的建议,即提出一种可以克服问题的解决方案。

(2)选择方案的评价涉及的任务

——收窄解决方案选项的范围,侧重于一方或另一方强力支持的那些解决方案选项。

——在评价选项前,就选项的选择标准达成一致。

——提供个人为其偏好进行辩解的机会。

——留心无心因素影响。

——采用子团队来评价复杂的选项。

——暂停工作以便冷静下来。

3. 说服

三个"说服"的方法:

(1)诉诸"情感"。

(2)诉诸"逻辑"。

(3)威胁。

3.7.4　议价(协商)

1. 议价定义

我们传递的关于我们将会选择的特定条款的点。

2. 在分配性谈判中,让步作为交易筹码的战术

(1)避免第一个做出让步(示弱表现)。

(2)根据从另一方获得等值或更大价值让步的情况来确定自己的让步。

(3)做出成本对自己尽可能低的让步,获得对手尽可能高价值的让步。

(4)给人以你做出的让步都是一个大的让步的印象。

(5)尽可能少让步,以避免产生虚弱印象。

(6)使对手在早期做出微小让步,以便建立一种可用于以后更重要事项的模式。

3. 让步模式(见图 3-3-6)

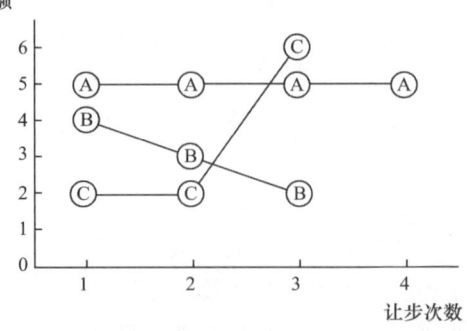

图 3-3-6　谈判让步

(1)供应商 A 做了四次让步,每次让步价格是 5 元。看来似乎还有很多可以通过寻求进一步让步获得的东西。

(2)供应商 B 做了三次让步,每次让步的价格分别是 4 元、3 元和 2 元。可能这个供应商已达到他的抵制点了。

(3)在两次小的让步后,供应商 C 突然做出了一次大的让步(价值 4 元)。这表明他要么采用了某种战术手法,要么犯了一个严重错误,并在现在打算纠正错误。

3.7.5　协议和结束(成交)

1. 谈判协议结束阶段总结的重要性

(1)可以确保按谈判会议的约定进行最终总结。

(2)基于对正式相互约定的条款和条件的承诺,为持续买方与供应商关系提供了一个基础。

(3)在各批准方的权力基础上,为获得利益相关者对协议的认同提供了一个工具。

(4)为行动、责任和义务的分配提供了一个议程,从而所有各方都知道他们需要做什么。

(5)如果跟进、控制和/或纠纷解决等需要的话,会议纪要或总结可起到协议的书面记录和确认书的作用。

(6)可以在不进行进一步讨论的情况下将正式相互约定的要点纳入合同制定。

2. 帕累托效率边界如何与谈判相关

(1)圆半径表示在谈判中我们创造了多少价值。

(2)沿圆周运动表示如何在谈判各方之间共享总价值,买方和卖方谁占有更大的价值份额。

(3)分布在圆周上的所有解决方案可以说成具有帕累托效率,不可能在不损害一方地位的情况下做出改善另一方地位的重新安排。

(4)如果图 3-3-7 上的点 A 代表一个谈判协议,这不是帕累托最优。

(5)由于我们的原始协议不是帕累托最优,因此我们可以设想对其进行改进:提出一个将协议从点 A 移向点 B 的改进建议。

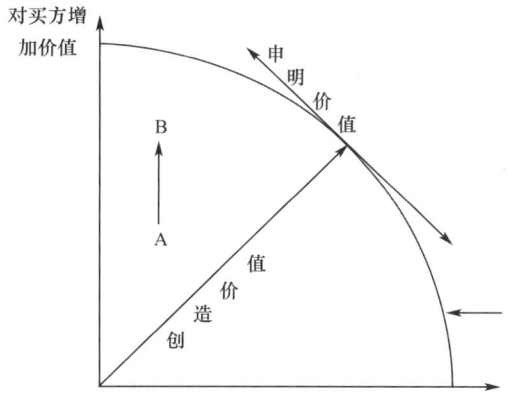

图 3-3-7　创造和申明价值以及帕累托效率边界

3. 评价谈判

（1）用原先设定的目标与实现的实际结果进行比较。

（2）回顾所达成的协议,并分析所实现的目标以及为了实现它们所给予的让步。

（3）作为一个整体评价个人和团队的绩效,识别需要改进和/或学习、培训和发展的领域。

（4）一个供将来谈判使用的学习要点检查清单。

≫≫≫ 3.8　谈判的影响和说服

3.8.1　影响和说服的概述

1. 影响的定义

影响是运用某种形式的力量或施加压力的过程,目的是改变其他人的态度或行为,以确保他们遵守（要求）、符合（规范或预期）、（对需求）让步、同意（立场或主张）或（对共同愿景做出）承诺。

2. 推动影响和拉动影响（见表 3-3-9）

表 3-3-9　推动和拉动的区别

推动方法	拉动方法
施加势力或权限	说服或人际影响
被影响者完全意识到该过程（过程是明显的）	如果有效使用,被影响者可能不会意识到该过程
旨在保证遵守,通常受到被影响者的抵制	可以保证遵守,如果影响者的建议或观点与被影响者自己的目标和利益相符合

3. 谈判者在分配型和整合型议价中的行动（见表 3-3-10）

表 3-3-10　谈判者在分配型和整合型议价中的行动

行为类别	整合性方法	分配性方法
场景设定行为	建立一个开放氛围;产生问题解决的信息;形成对潜在利益的理解	建立或确认势力,分配性地产生以后使用的信息

（续表）

行为类别	整合性方法	分配性方法
规定行为	形成有关利益和立场的进一步细节；作为问题解决和信息交换的一部分来识别困难和问题	在向议价阶段移动前拖延时间（通过提问使另一方谈话）
社会行为	在谈判中发展个人之间的关系	与整合性方法相同
发起行为	由于对谈判本身的过程更开放，程序性建议使用得比其他议价行为多	在分配性情形下，议价行为使用得更广泛；反建议表明你在提出自己的要约前未听取另一方的提议
反应行为	表现开放性；寻找对另一方响应的更好理解；用支持行为把另一方拉进进一步的披露行动之中	表达对一个意见或要约的不满。战术性支持可以用来产生供后续使用的信息。防守/进攻是攻击性的对抗行为
澄清行为	试探对讨论的理解；积极倾听	试探（不相信的、合理的）可以在战术上用来表示对另一方意见的怀疑

4. 影响与谈判的不同

（1）影响不是一个单独事件或一系列事件，它是一个持续的过程；

（2）对任一方或双方而言，影响不需要是一个有意（或自觉）的过程；

（3）影响不需要涉及磋商或双向赠予，它只被简单地由一方施加给另一方；

（4）影响不需要以明确的共同协议而告终；

（5）影响不需要涉及双方为达成中间立场而进行的妥协或行动，其目的在于将被影响者拉向影响者的立场。

3.8.2 说服方法

1. 定义

说服是一种通过使用权力或势力以外的其他方法对人们施加影响的手段。

2. 说服的关键

（1）说服的关键途径是具有逻辑性的争论。

（2）其本质是一种促进性方法，借助该方法，可以清楚地解释和关联争论的每个步骤。

（3）说服的效果：说服的效果取决于沟通的有效性。

3. 促进性的沟通技巧

（1）使用问答，以支持信息交流。

（2）以若干易处理的分段呈现复杂的论据。

（3）对每一部分的讨论或争论进行总结，以加强理解。

（4）要求反馈，以检查理解。

（5）对另一方"发出"的语言和非语言信号响应的灵敏性和灵活性：抵制、困惑、准备前进，等等。

4. 斯蒂尔提出的谈判中五个可能的说服方法（见表 3-3-11）

表 3-3-11　斯蒂尔谈判说服方法

方法	解释
威胁	对因未能行动或同意所产生的消极后果、风险、惩罚或制裁进行隐含或明确的陈述；仅在分配性谈判中适合，因为它在方式上明显属于对抗性的

（续表）

方法	解释
感情	诉诸供应商对问题或结果的诚意（好意）或感情，例如诉诸（对失败、损失或信誉损失的）担忧或骄傲（强调地位或信誉收获）
逻辑	基于逻辑的说服，是大多数谈判中的一个中心工具：细心整理支持一个案情的论据、事实、数字和赞同意见。如果能够使供应商同意一个逻辑争论的每一步骤，则很难使他们对最终结束步骤说"不"（没有显示不合逻辑的心理上不舒服）
妥协	通过向彼此立场靠拢，发现买方与供应商之间的中间立场："使彼此在中途相遇"均摊差额，或做出相互让步。通常是推向结束的一个容易的选择（以及一个双输的结果）：仅应在买方放弃了获得它想要的全部时才可以采纳该选择
议价	通过交换每一方珍视的各项（筹码），从交易中汲取价值

3.8.3 影响战术

1. 三种基本影响类型

（1）印象管理。

（2）政治影响。

（3）积极主动的影响。

2. 界定整合性谈判的开场问题时所涉及的要素（见表3-3-12）

表3-3-12 积极主动的影响战术

战术	方法	优点	缺点
理性说服	具有逻辑性的论据和证据，旨在令人信服地证明你的立场或解决方案是可取并可行的	促进协议和承诺，而不是仅仅遵守 用专家势力和认知客观性支持低的势力	如果论据软弱或面临真正的利益或思想冲突，可能是困难或无效的
令人鼓舞的诉求	诉诸被影响者的理想、价值观和愿望和/或信念和鼓励的陈述，唤醒自信和热情	涉及强有力和积极的激励因素适合基于价值观的文化	可能被认为肤浅和具有操纵性，尤其是如果许诺的结果没有产生
协商	邀请被影响者参与制订解决方案，或显示考虑被影响者的想法和顾虑的意愿	输入可以增强决策、责任心、实施 促进沟通和协作	费时间 会产生利益的分歧和冲突（注意：这可能是有用的反馈，有助于达成真正一致意见）
逢迎	使被影响者在提出一个请求或需求前对你有好感或处于一种合作的心态（有时叫恭维）	对信任、和谐关系和关系建立所做投资的回报 有助于调节响应	可以是透明的，可能被认为是具有操纵性并以怀疑的态度加以对待（他想要什么？）
交换	提供收益的相互交换，或许诺共享从计划产生的利益或增值	识别具有分歧的利益或目标被认为是公平：不是基于势力的失衡 探讨"筹码"可产生双赢	在势力失衡的关系中不太有效（较弱方可提供什么有意义的东西作为回报？为什么较强方要给予所有的东西？）
个人感染力	诉诸影响者与被影响者之间的个人友谊和忠诚	对和谐关系、信任和关系建立所做投资的回报	可能被认为是（或导致）缺乏客观性，而显得不道德 在信任或和谐关系不存在时无效

(续表)

战术	方法	优点	缺点
联合	寻求别人的帮助以说服被影响者,或用这些人的支持作为被影响者也同意的一个理由	提升影响且不产生个人威胁 帮助传播影响和信息	可能被视为具有政治性 可能产生愤恨
合法化	确立一个请求的客观合法性(例如在法律、政策、习惯、合同条款基础上)	通过诉诸共享的客观责任(必须履行的)使冲突不具有个性化	可能被看作一个升级的威胁或为了躲避解决被影响者关注的事情
压力	威胁进行制裁,或采用接近武断的攻击要求遵守	可以保证立刻遵守 可以消磨抵抗	遵守,而不是承诺 可导致漠然、抵抗、冲突

③. **分配性谈判中的谈判战术**

(1)评估另一方的目标结果、抵制点和终止谈判的成本。

(2)掌控另一方对己方目标结果、抵制点和退出成本的印象和假设。

(3)改变或重构供应商的认知。

(4)运用延迟协议或终止谈判的成本。

④. **整合性谈判中的谈判战术**(见表 3-3-13)

表 3-3-13 重新聚焦问题以揭示各种双赢选择

扩大馅饼	各方的目的是找出增加可用资源的途径,而不是对有限的资源进行议价
滚圆木(互助合作)	各方应识别他们具有不同优先级的问题,以便他们用那些对给予者而言低优先级的项目换取对接收者而言较高优先级的项目
非特定补偿	一方通过提供非特定的或不直接相关的利益以寻求获得让步
削减遵守成本	一方寻求使遵守或同意另一方提议的成本和风险最小化,从而使它更容易说"是"
搭桥	各方重构或重新制订问题,以便能够形成各种全新的"双赢"解决方案

⑤. **尤里提出的应对"困难"谈判的五阶段方法**(见表 3-3-14)

表 3-3-14 尤里应对困难谈判的策略

合作障碍	挑战	策略
你对另一方的竞争性行为的自然反应	不做出反应	"到阳台去"(在心理上把自己与他们的战术隔离开)
另一方的消极情绪	解除他们的武装	"走到一边"(对他们的消极方法积极地做出响应)
另一方的立场行为	改变游戏	不要拒绝:重构问题以寻找新的解决方案
另一方怀疑协议的益处	让说"是"成为一件容易的事	"给他们架一座金桥"(提出一个他们可以接受的要约)
另一方眼中的势力	让说"不"成为一件难事	实情检查:确保他们理解我们的 BATNA

⑥. **推动谈判结束**

(1)提供备选方案。

(2)假定成交。

(3)均摊差额。

(4)爆炸式报价。

(5)甜味剂。

(6)结束。

案例 3-3-1　中交集团某公路项目主要建材战略采购的谈判

中交集团在新疆某公路项目中,针对新疆地区资源匮乏且分布不均衡,部分行业垄断现象突出,物资保供压力大,维稳要求高,采购成本难以控制的困难,积极运用现代供应链管理思维,创新采购方式,联合集团相关企业,牵头与中建材天山股份、中石油、宝武集团八一钢铁进行战略谈判采购。

以水泥为例:项目水泥总体需求约 486.78 万吨,需求周期长达 9 年。通过市场调查了解到,区域内水泥生产企业组建了水泥协会,进一步强化了供给侧的市场地位。按照物资采购常规思路,水泥采购应采用招标方式实施。但项目集采中心通过前期充分的水泥市场调查,并结合项目实际情况,在坚持中交集团利益最大化的原则下,进一步强化"一盘棋"思想,从资源、市场、成本、质量、保供、发展等方面进行了总结分析,确定了战略谈判采购方式。通过在出厂价格、调价机制、结算、支付、运输、保供、技术服务等方面与天山股份进行的多轮谈判,有效控制了采购成本的同时在疫情期间区域其他项目缺货严重的情况下保障了供应。

战略谈判采购实现集中采购以量换价,有效控制了采购成本;建立了长效的沟通机制,加强和深化了供需双方战略合作关系;保障了本项目关键物资的供应,确保了施工生产进度;保证了关键物资质量稳定受控;实现动态调整运行机制,不断调整优化采购方案;战略谈判采购策略拓展性、复制性强,新疆乌尉项目钢材、润滑油战略谈判采购也得到应用,实现了打造优质供应链的目的。

≫≫≫ 3.9　提高谈判技巧和能力

3.9.1　谈判者的行为

❶ 谈判者身上发现的一些问题

(1)考虑更大范围的行动结果或方案。

(2)对所预期的共同点和可能的一致意见给予更多关注。

(3)更多考虑问题的长期意义。

(4)在上下限范围内设定目标。

❷ 围绕问题进行计划

(1)使用行为标识来集中注意力和帮助理解。

(2)询问更多的问题。

(3)总结并测试理解情况,以便使误解的风险最小化。

(4)对感觉发表意见:建立透明性以激励信任。

(5)更少使用"刺激语"。

(6)更少使用直接的反建议。

(7)避免"防御与攻击的恶性循环"。

(8)在单个强有力的证据就足够的情况下,要避免堆砌多个证据,以免削弱他们的争论。

(9)关于谈判后跟进。成功的谈判者会留出时间来反思自己的表现并从中吸取教训。

3. 人格的定义及其相关概念

以一种独特而一贯的方式,对于不同情形,跨越不同时间,影响个体特征行为模式的心理素质。

(1)人格特质:个人人格的相对稳定的属性或素质。它导致他们按一定方式行事的倾向。

(2)人格类型:描述性标识。用于区分不同的反映潜在心理偏好的特质模式或特质群体,包括外向型与内向型。

4. 男性谈判者与女性谈判者之间的一些区别

(1)对他人的理性看法。

(2)对代理的内嵌看法。

(3)对能力和价值的信念。

(4)通过授权控制。

(5)通过对话解决问题。

(6)认知和成见。

3.9.2 人际和沟通技巧

1. 人际和沟通的技能

人际和沟通技能包括人际交往技能和内心技能。

(1)"软技能"涉及主观的、侧重于人的领域的技能。包括人际交往技能和内心技能。

(2)"硬技能"涉及技术能力、事实、逻辑和方法的技能。例如,使用计算机系统、成本和绩效数据等。

2. 人际交往技能的层次

(1)一级技能:观察、倾听、提问、建立和谐关系、表达共鸣、自信的沟通、给出和接受反馈。

(2)二级技能是指在特定背景下或为特定目的应用一级技能,例如,谈判、影响和说服、团队合作、冲突管理等。

3. 谈判者需要具备的沟通技能

(1)探询。

(2)积极倾听。

(3)表达共鸣。

(4)自信的沟通。

(5)建立和保持和谐关系。

(6)着眼于人际交往关系。

(7)采用和解释非语言提示。

4. 在谈判时沟通的内容

(1)要约和反要约。

(2)关于备选方案的信息。

（3）关于结果的信息。

（4）社交考虑。

（5）关于过程的沟通。

5. 建立和谐关系的技能

（1）巧妙地匹配或"镜像"他人的姿势、身体语言和/或音量、语速和声调。

（2）熟悉他人的技术词语、俗语和比喻的使用，并使用它们或将它们纳入意见和讨论总结中。

（3）熟悉他人经历和表达事物的主导方式。

（4）要专注和积极地倾听别人谈话。

（5）找到共同感兴趣的题目，并在可能时指出、强调和确认一致之处或共同点。

（6）应记住和使用他人名字。

6. 情商（EQ）的五个基本要素（见表 3-3-15）

（1）自我意识。

（2）情感弹性。

（3）动机。

（4）人际交往敏感性。

（5）影响。

（6）直觉性。

（7）责任心和诚实性。

表 3-3-15　谈判过程的情商

阶段	EQ 要素	活动
探讨和探查： 获得信息 检验假设 调节供应商预期	自我意识	有一个积极的观点和态度
	情感弹性	在这个谈判阶段，始终使你的表现保持一致
	动机	始终关注于实现你的目标
	人际交往敏感性	积极倾听并承认另一方的观点和解释
	影响	设计和指导调查，以便使你能够为以后的讨论设定调节战略
	直觉性	知道你在什么时候有足够的信息实现你的目标，以便将这一过程向前推进
	诚实性	在提取信息时要有道德
谈判	自我意识	意识到，影响并利用双方在谈判中产生的感受
	情感弹性	能够将"挫折"放在一边并将注意力集中于向前推进上
	动机	具有成功和"赢得"谈判的干劲和热情
	人际交往敏感性	理解另一方的个人状态（感情），在谈判中建立一个对各种想法的共同愿景和共同义务
	影响	在谈判中争取他人改变观点
	直觉性	在谈判中面对不完整或模糊信息时仔细考虑你的直觉
	诚实性	确保有道德地并以组织授权的个人承诺应对谈判

（续表）

阶段	EQ 要素	活动
结束谈判：反思实施的动力利用承诺	自我意识	掩饰由谈判产生的积极和消极情绪
	情感弹性	面对消极响应时能够维持谈判
	动机	分析你的个人表现，并反思各种积极方面和学习的机会
	人际交往敏感性	理解另一方想要如何向前推进
	影响	确保捕捉、总结协议要点，并完成协议要点直至交付
	直觉性	考虑进一步的信息是否会影响所做的决定
	诚实性	为优先事项建立一个透明和彻底的方法，并为向前推进项目创造一个支持环境

3.9.3　有效倾听

1. 选择性倾听和适应性倾听的含义

（1）选择性倾听：听者仅听他期望、想要或能够听到的。

（2）适应性倾听：听者只听表面上合乎他自己的经历、预期或态度的某方面消息，并让这方面信息粉饰全部消息。忽视新的或不同的方面，并用他自己的认知填补"空白"，好像他就是当事人一样。

2. 倾听模式

（1）被动倾听：倾听但没有试图吸引另一人注意。

（2）认可：通过向另一人发出你在倾听并听到消息的反馈信号，表明你给予了基本的关注。

（3）主动倾听：充分利用语言沟通的反馈潜能。

3. 与主动倾听相关的行为

（1）建立和谐关系。

（2）发出注意力集中和感兴趣的信号。

（3）发出同理心的信号。

（4）积极参与该过程。

（5）警惕认知偏差。

（6）给出鼓励和澄清的反馈。

（7）注意非语言提示和过程。

3.9.4　提问技巧

1. 问题的类型

（1）开放式问题：问题的答案完全开放，鼓励另一方进行沟通。例如："我们怎样才能改进那个问题？"

（2）封闭式问题：要求从"是"或"否"或"非此即彼"等选项中做出一个特定选择。例如："你能在 4 月 18 日前交货吗？"

（3）探究性问题：要求更多细节、分类或解释。例如："你采用什么具体实验确保质量一致？"

（4）多重问题：涉及一个以上问题，也许要给回答者施加压力。例如："你如何确保固定价格，以及这些如何影响质量和交货？"

（5）引导性问题：施加影响。例如："这个价格一年不变是吗？"

（6）反思性问题：对一个议题评论，引导另一方做出响应。例如："你似乎对我们的建议有点不高兴。"

（7）假设性问题：提出"如果……怎么样？"直至得出结论。例如："如果将合同延期到两年会怎么样？"

② 不易把握的问题（见表3-3-16）

表3-3-16　不易把握的问题

不易把握的问题	示　例
收尾问题：强迫另一方以你的方式看待事情	"你不会在此设法利用我们，是吗？"
既定观点的问题：使另一方尴尬，不论答案如何	"你打算告诉我，你只能接受这些条款吗？"
激烈的问题：强烈的感情性，可引发情绪响应	"你不认为我们已花费了足够时间讨论你们这个荒唐的建议吗？"
冲动性问题：无计划地一时冲动提出的，往往使谈话脱离轨道	"既然我们讨论这个问题，你认为我们应告诉那些向我们提出类似要求的团队些什么？"
捉弄人的问题：似乎需要一个坦诚的回答，但实际上答案"装载"在它们的含义里	"你打算做什么——屈服于我们的要求，还是将这个问题提交给仲裁？"
捉弄人的反问式问题：通过反问使另一方同意你的观点	"这就是我如何看待这种情况的，你不同意吗？"

③ 易把握的问题（见表3-3-17）

表3-3-17　易把握的问题

易把握的问题	示　例
开放式问题：不能简单地用"是"或"否"回答的问题，即谁、什么、何时、何地以及为什么的问题	"为什么你在这些考虑中采取那样的立场？"
开放的问题：请求他人思考	"你认为我们的建议如何？"
引导性问题：指向一个答案	"你不认为我们的建议是一个公平合理的提议吗？"
冷静的问题：感情性低	"如果你们在该房产上改进，我们需要支持多少额外价款？"
计划好的问题：事先形成的、具有逻辑性的系列问题的一部分	"在你们对该房产进行改进后，我们何时可以使用？"
款待式的问题：在你请求信息的同时恭维对手	"你能向我们提供一些你对这个问题的高见吗？"
窗口问题：辅助洞察他人的内心	"你能告诉我们，你是如何得出那个结论的吗？"
指导性问题：侧重于一个特定要点	"在做出这些改进后，每平方米租金是多少？"
测量问题：确定他人感受如何	"你对我们的建议感觉如何？"

④ 在严峻形势下可提出的问题（见表3-3-18）

表3-3-18　在严峻形势下可提出的问题

形势	可能的问题
"要么接受要么放弃"的最后通牒	如果我们能提出一个比那个方案更有吸引力的方案，你仍想让我们"要么放弃"你的要约吗？ 我需要现在决定，还是可以用一些时间想一下？ 你感觉到使谈判结束的压力了吗？

（续表）

形势	可能的问题
承担着对一个不合理截止时间做出响应的压力	我们为什么不能就这个截止时间进行谈判？ 如果你承担着满足这个截止时间要求的压力，我能做什么帮助消除一些该压力？ 今天下午有什么不可思议的事发生？早晨要办的第一件事又如何？
虚报高价或虚报低价战术	你持此立场的理由是什么？ 如果我把它看成一个公平要约你怎么想？ 你认为最终解决应满足什么标准？
僵局	为弥补我们立场之间的差距，我们任一方还能做些什么？ 你需要我特别地做出什么让步才能马上将这个问题敲定？ 如果现在是六周以后，并且我们回头看这次谈判，我们希望把什么带到谈判上？
在接受和拒绝一个提议之间犹豫不决	除了立刻接受我的要约，你的最好备选方案是什么？ 如果你拒绝这个要约，你知道有什么能更好地替代你从我这里所取得的？ 你怎么能肯定在别处会得到更好的交易呢？
一个有关你刚提出的要约是否与提供给其他人的要约一样的问题	你把什么看成是一个公平要约，并且假如是那样，你认为我当前给你的要约如何？ 你认为对你不公平能为我带来最大的利益吗？ 你相信能够区别待人，但仍公平待人吗？
加压、控制或操纵的企图	我们难道不应该都满意地离开这次谈判吗？ 如果将我们的角色颠倒过来，让你感到我现在感受到的压力，你会觉得怎样？ 你是否在经历着达成这些谈判的外部压力？

3.9.5　非语言沟通

（1）身势语行为（身体语言）：手势、面部表情、目光接触和身体姿势等活动。

（2）空间关系学：站得或坐得离他人多近，靠拢还是远离，两者之间设置了什么空间或者障碍。

（3）辅助语言：声调、速度、强调和其他音质。

（4）客体语言：个人修饰、衣着、家具和符号标记。

3.9.6　文化的影响

1. 霍夫施泰德（Hofstede）的文化差异模型

（1）模型维度

——权力距离：一个社会中成员对不平等权力分配的接受程度。

——规避不确定性：一个社会的成员受到多少不确定的和模糊的情形威胁。

——个人主义与集体主义：关心自己和自己家庭的倾向与为集体利益而共同工作的倾向。

——男性主义与女性主义：高度坚持男性价值观为主。

——长期导向：与尊重传统、履行固定义务和保护某人的脸面（短期导向）相比，对节俭和坚持不懈的珍视程度（长期导向）。

（2）影响谈判的方面

——谈判者的选择。

——谈判议程。

——谈判时间表。

——谈判战术和风格。

2. 豪(Hall)的沟通模型

(1)弱背景文化:倾向于沟通表面内容,词语指表其意。

(2)强背景文化:解释和交换更复杂的消息。

3. 在决策中的文化差异(见表3-3-19)

表3-3-19 决策中的文化差异

决策步骤	文 化 差 异	
	A	B
1.问题识别	解决问题:应改变形势	接受形势。应接受而不是改变一些形势
2.信息搜索	收集事实	收集想法和可能性
3.备选方案建设	新的、面向未来的备选方案	侧重点包括过去、现在和将来的备选方案
4.选择	个人做决策 迅速做出决策 决策规则:它是真还是假?	团队做决策 缓慢做出决策 决策规则:它是好还是坏?
5 实施	慢 从顶层管理 一人负责	快 各级参与 团队负责

4. 非语言提示差异

(1)美国无力的握手表示缺乏自信。

(2)拉丁美洲亲吻脸颊是很常见的。

(3)各个国家手势意思不一致。

5. 赞成谈判者坚持自己的风格的理由及应对方法

(1)理由(列维奇)

——不会有效地改变自己的风格。

——即使改变自己的风格,也不一定会导致更好的结果。

——适当调整行为可能比全盘采纳另一方的方式更有效。

(2)方法(斯蒂芬·韦斯)

——如果我们很不熟悉另一种文化,合适的做法也许就是使用一个当地人或文化专家代理人或顾问,以适当的方式代表我们进行谈判。

——如果我们对另一种文化有一定的了解,我们可以通过调整来适应另一方的行为或建议协同调整。

——如果我们非常熟悉另一种文化,我们可以接受另一个谈判者的方法。

3.9.7 反思批判绩效

1. 构成性评价与总结性评价

(1)构成性评价

——在谈判前,需要检查所计划的方法、目标和战术是否有可能达到所期望的结果,并论证投资于该过程的合理性。

——在谈判中,需要强调指出要调整的任何问题或计划的偏差。

（2）总结性评价

为了给将来的谈判提取经验教训,可以在谈判后进行总结性评价。

2. 科尔布的经验学习循环（见图 3-3-8）

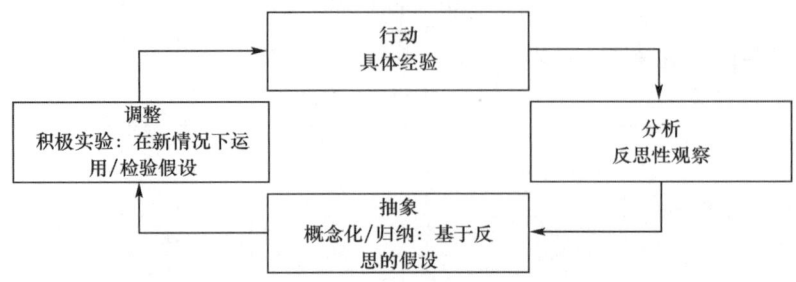

图 3-3-8　科尔布的经验学习循环

3. 结构化反思工具

（1）行动,在行动中获取具体经验。

（2）分析,对行动进行反思性观察。

（3）抽象,概念化归纳:基于反思的假设。

（4）调整,积极实验:在新情况下运用/检验假设。

4. 反思谈判绩效的工具

——使用个人发展日记。

——使用关键事件分析。

——正式的谈判后回顾与评价。

——从谈判小组的其他参与者那里寻求对自己绩效的反馈。

——监控谈判后的行动,以及在实践中的效果和效率。

5. 评价过程（见表 3-3-20）

——使用个人发展日记。

表 3-3-20　评价过程

谈判过程的阶段	评价检查表
准备	我们的市场评估是否识别出了所有的相关因素？ 我们的供应商评估是否识别出了所有的相关因素？ 我们的供应商成本结构分析正确吗？ 我们选择了一个适当的谈判策略吗？
关系建设	我们是否选择了一个适当的关系作为努力目标？ 为了选择关系策略,我们是否有关于供应商的足够信息？ 我们建立了信任与和谐关系吗？
信息收集	我们收集了我们需要的所有信息吗？ 我们收集的信息正确吗？ 我们询问了有关供应商的正确问题吗？
信息使用	我们识别了共同利益吗？ 我们识别了可以交易的适当变量吗？ 我们识别了一系列可能的问题解决方案吗？

（续表）

谈判过程的阶段	评价检查表
招标或谈判采购	我们做出了足够(不是太多)的让步吗？ 作为回报，我们获得了足够多的有价值让步吗？ 我们使用了适当的说服技巧吗？ 我们适当交易了变量吗？
达成交易	我们对结论进行了书面总结？ 我们给供应商写信使协议正式化了吗？
实施协议	我们是否达成足够的细节以便能够顺利实施？ 我们是否留下了没有解决的任何重要问题？ 协议在实践中履行得良好吗？

3.9.8　改进和提高

1. 学习需求分析的含义

（1）评价员工为了胜任工作以及符合绩效目标和PI,需要什么能力。

（2）评价员工实际能做什么。

（3）识别这两者之间的差距,作为学习、培训和提高的潜在需要。

2. 采购人员学习和提高谈判绩效的方法

（1）在职。例如,通过在谈判实践中学习、练习、思考和反馈。

（2）脱产。例如,通过课堂教授和讨论会、使用案例学习和角色扮演以及网上在线学习。

（3）正式。例如,课程、有计划的辅导、谈判和影响技能培训等。

（4）非正式。例如,从阅读中取得信息,观察他人是怎样谈判的,或从同事那里取得建议和反馈。

（5）辅导。涉及短期成长关系,其中由一个更富有经验的个人提供在职指导、建议、纠正和授课,以改进绩效。它是教练与一个不太有经验的学习者之间的一个合作过程。

（6）启导。它是一种长期的成长关系,其中一个更高级的人员在组织中担任教师或教练、辅导员、榜样、支持者或赞助者,批评人和鼓励者。一个启导顾问应帮助学员实现更大的自我意识;鼓励他制定和明确职业和个人发展目标,并支持他负责自己的自我成长。

（7）经验学习。它是发展谈判等人际技能的一个关键方法。在可能的情况下,应积极主动地计划各种机会以进行观察、练习,并获得经验。

3.9.9　谈判后的关系管理

1. 合同管理涉及的过程

合同制定、合同行政管理、合同绩效管理、合同回顾、合同关系管理、合同续订或终止。

2. 积极的合同管理的优缺点

（1）优点

——改善在合同制定和管理中的风险管理。

——改善供应商的履行和承诺。

——持续的关系发展和绩效改进的激励和动力。

——更好的资金价值。

（2）缺点

——供应商可能取得了对合同绩效和问题解决的控制权，从而导致做出不符合买方组织利益的决定。

——没有在恰当的时机做出决策。

——买方和供应商可能未能理解和履行他们的义务和责任。

——可能存在各种误解和异议。

——进度可能较慢。

——可能无法从合同中实现预期的利益和价值。

——可能错失改进资金价值和绩效的机会。

3. 积极主动的供应商关系的增值项

——公司可减少识别、评定和培训新供应商的成本，更低的交易成本，以及通过发展少数核心的可信任供应商群体，降低多供应源和交易成本。

——通过此期间内的反馈、问题解决和合作，逐步解决质量和其他问题，并持续改进。

——在紧急情况下，积极关系所发展的信誉能够从供应商处获得优惠待遇和灵活性。

——可以更好地激励供应商提供更好的绩效。

——受到激励的供应商可能愿意共同投资。

——可降低供应商不履约或绩效差的风险。

4. 提高供应商承诺的方法

——供应商激励和绩效管理。

——确保因绩效和关系改进获得有意义的激励，并在收获时给予奖励。

——与供应商保持积极的、建立关系的接触与沟通。

——保证双方组织管理高层的承诺和支持。

——培养私人交往和网络，在每一方建立信任和商誉。

——通过有道德的、建设性的、合作性的以及（在可能时）"双赢"的谈判。

——做一个有吸引力的顾客。

——使供应商参与共同投资和共同发展。

——尽可能确保遵守互惠互利或"双赢"原则。

📝 本章思考题

1. 什么情况有利于整合性谈判？

2. 简述整合式谈判的步骤。

3. 对抗和合作谈判各有哪些特点？

4. 简述选择谈判团队成员应当注意的原则。

5. 简述研究谈判环境的必要性。

6. 简述三种采购谈判战略的特点。

7. 一份好的谈判计划，需要包括哪些方面的内容？

8. 为什么说BATNA可以说是任何谈判中最有力的工具？

9. 分配型谈判过程包括哪些环节？

10. 影响与谈判有哪些不同？

11. 简述斯蒂尔提出的谈判中五个可能的说服方法。

12. 分别叙述分配型和整合型谈判的谈判战术。

13. 列出促进沟通的一些技巧。

第 4 章 合同管理

在工程施工中,合同管理以合同作为组织纽带执行项目运作规则是工程项目区别于其他类型项目最显著的标志,合同管理也是项目管理的难点之一。

◎ 本章目标

1. 理解合同管理的主要方法。
2. 理解合同及供应商管理的主要技术。

>>>> 4.1 合同和工程合同

4.1.1 合同的内容

1. 典型合同

依据《民法典》合同编,我国法律规定的典型合同分为 19 个类别,包括:

——买卖合同;

——供用电、水、气、热力合同;

——赠与合同;

——借款合同;

——保证合同;

——租赁合同;

——融资租赁合同;

——保理合同;

——承揽合同;

——建设工程合同;

——运输合同(客运合同、货运合同、多式联运合同);

——技术合同(技术开发合同、技术转让合同、技术咨询合同、技术许可合同、技术服务合同);

——保管合同；

——仓储合同；

——委托合同；

——物业服务合同；

——行纪合同；

——中介合同；

——合伙合同。

此外在第三分编对准合同做了规定。所谓准合同是指无因管理和不当得利形成的民事财产的处理合同。

2. 建设工程合同

（1）定义

《民法典》第七百八十八条规定：建设工程合同是承包人进行工程建设，发包人支付价款的合同。建设工程合同包括工程勘察、设计、施工合同。

（2）形式

《民法典》第七百八十九条规定：建设工程合同应当采用书面形式。

（3）内容

建设工程合同同简单买卖合同不同，建设工程合同是一部系统文件。包括：合同条件、协议书、投标书、图纸、规范、工程量清单等。

4.1.2　建设工程合同的重要性

1. 合同在工程项目中的基本作用

在工程项目中合同具有特殊的作用，对于整个项目的设计计划实施过程有决定性影响。合同分配的工程任务项目目标和计划的落实是通过合同来实现的，其详细、具体地定义了与工程任务相关的各种问题。例如：

（1）责任人，即由谁来完成任务，并对最终成果负责；

（2）工程任务的规模、范围、质量和工程量以及各种功能要求；

（3）工期及时间的要求；

（4）价格包括工程价格、各分项工程的单价和合价及付款方式等；

（5）不能完成合同任务的责任等。

2. 合同确定了建设项目的组织关系和运作规则

（1）规定了参与项目的各方的权利和责任；

（2）确定项目的各种管理职能和程序，所以它直接影响着整个项目组织和管理组织的形态和运作。

3. 合同作为项目任务委托和承接的法律依据

合同是工程过程中相关方的最高行为准则，工程过程的一切活动都是为了履行合同，都必须按合同办事，各方面都要用合同来约束。

4. 合同是工程项目建设的指挥棒

合同将工程所设计的生产材料和设备供应运输专业设计和施工的分工协作联系，

协调并统一项目各参加者的行为,如果没有合同和合同的法律约束力,就不能保证项目各参加者在项目实施的各个环节,都按时按质按量地履行各自的义务,就不能顺利实现工程总目标。

⑤ 合同是工程过程中解决可能冲突的依据

由于项目组织成员利益的不一致,在工程项目中难免会发生争执,产生经济利益的冲突,具体表现为:双方对合同理解的不一致,合同实施环境的变化,以及有一方违反合同而未能正确履行合同。

合同对争执的解决有两个作用:

一是以合同作为法律依据判定责任人;

二是以合同为依据提出解决争执的程序和办法。

4.1.3 建设工程项目中的主要合同关系

由于现代社会化大生产和专业分工,一般规模较大的工程项目,其相关的合同就有几十份、几百份甚至几千份。这些合同都是为了完成项目目标、定义项目的活动,它们之间存在着复杂的关系,形成项目的合同体系,这些体系中业主和承包商是两个最重要的节点。

① 业主的主要合同关系

业主必须将经过项目工作结构分解所确定的各项工程活动和任务,通过合同委托出去,由专门的单位来履行与业主签订的合同,通常称为主合同。根据工程承包发包模式的不同,业主可能签订了许多份合同,例如将各专业工程分别甚至分段委托,或将材料和设备供应分别委托,也可能将上述委托以各种形式合并,只签一份甚至一份组合,所以一个具体的工程项目订立合同数量很大,一份合同的工程范围差别也很大。通常,业主必须签订咨询监理合同、勘察设计合同、供应合同、工程施工合同、贷款合同等。

② 承包方的主要合同关系

承包方要承担合同所规定的责任,包括工程量清单中所确定的工程范围的施工竣工及保修并为完成这些任务提供劳动力施工设备、建筑材料、管理人员、临时设施;有时,也包括设计工作,当然任何承包商不可能也不具备所有专业工程的施工能力和材料设备供应能力,他可以将一些专业工程和工作委托出去,所以围绕着承包商,常常会有复杂的合同关系,他必须签订工程分包合同、设备和材料供应合同、运输合同、加工合同、租赁合同劳务合同等。

③ 其他方面的合同关系

(1)分包商有时也可以把其他工作再分包出去,形成多级分包合同;

(2)设计单位、供应单位也可能分包;

(3)承包商有时也承担部分设计任务,也需要委托单位;

(4)如果工程的付款条件苛刻,承包商需要垫资承包,他还必须订立贷款合同;

(5)在许多大型工程中,特别是 EPC 总承包工程中,承包商往往是几家企业的联营体,这些企业之间必须订立联营承包合同。因此在工程中,特别是大型工程中,合同关系是极为复杂的。

4. 上述合同关系构成了工程合同体系（见图3-4-1）

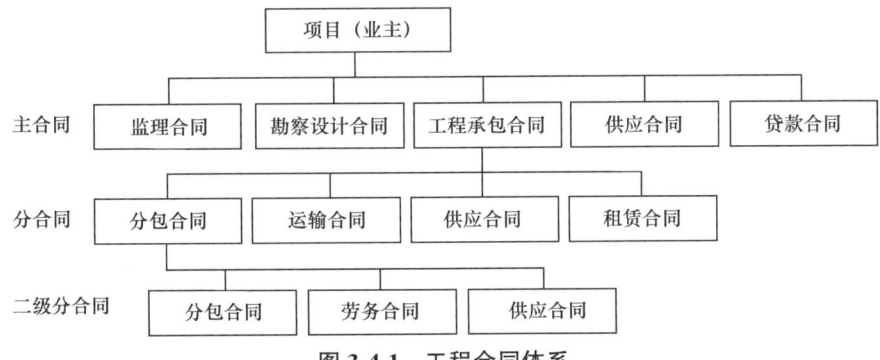

图3-4-1 工程合同体系

4.1.4 工程项目合同管理工作程序（见图3-4-2）

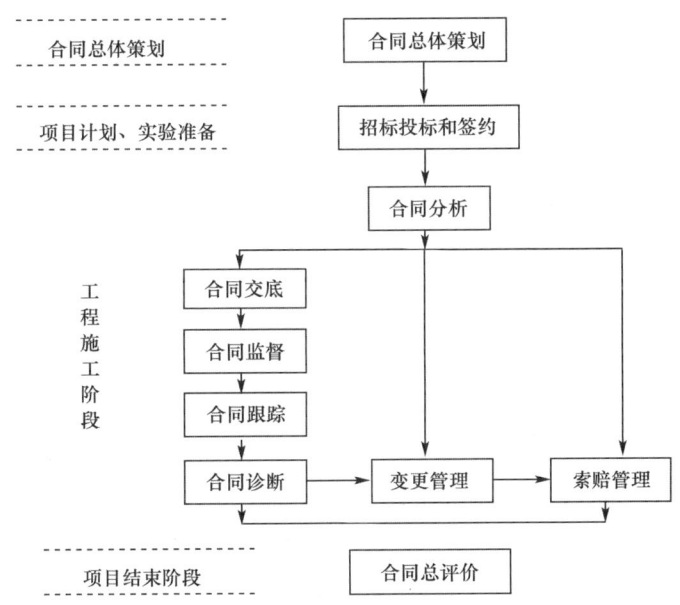

图3-4-2 工程项目合同管理工作程序

4.1.5 FIDIC合同

FIDIC是"国际咨询工程师联合会"法文的缩写，相应英文名称是International Federation of Consulting Engineers。它于1913年在英国成立。第二次世界大战结束后FIDIC迅速发展起来。至今已有60多个国家和地区成为其会员。中国于1996年正式加入。FIDIC是世界上多数独立的咨询工程师的代表，是最具权威的咨询工程师组织，它推动着全球范围内高质量、高水平的工程咨询服务业的发展。

FIDIC专业委员会编制了一系列规范性合同条件，构成了FIDIC合同条件体系。它们不仅被FIDIC会员在世界范围内广泛使用，也被世界银行、亚洲开发银行、非洲开发银行等世界金融组织在招标文件中使用。在FIDIC合同条件体系中，最著名的有：

（1）《施工合同条件》

《施工合同条件》（Conditions of contract for construction），简称"新红皮书"。该文件推荐

用于由雇主或其代表——工程师设计的建筑或工程项目,主要用于单价合同。在这种合同形式下,通常由工程师负责监理,由承包商按照雇主提供的设计施工,但也可以包含由承包商设计的土木、机械、电气和构筑物的某些部分。

(2)《生产设备和设计——施工合同条件》

《生产设备和设计——施工合同条件》(Conditions of contract for plant and design-build),简称"新黄皮书"。该文件推荐用于电气和/或机械设备供货和建筑或工程的设计与施工,通常采用总价合同。由承包商按照雇主的要求,设计和提供生产设备和/或其他工程,可以包括土木、机械、电气和建筑物的任何组合,进行工程总承包,但也可以对部分工程采用单价合同。

(3)《设计采购施工(EPC)/交钥匙工程合同条件》

《设计采购施工(EPC)/交钥匙工程合同条件》(Conditions of contract for EPC/turnkey projects),简称"银皮书"。该文件可适用于以交钥匙方式提供工厂或类似设施的加工或动力设备、基础设施项目或其他类型的开发项目,采用总价合同。在这种合同条件下,项目的最终价格和要求的工期具有更大程度的确定性;由承包商承担项目实施的全部责任,雇主很少介入,即由承包商进行所有的设计、采购和施工,最后提供一个设施配备完整、可以投产运行的项目。

(4)《简明合同格式》

《简明合同格式》(Short form of contract),简称"绿皮书"。该文件适用于投资金额较小的建筑或工程项目。根据工程的类型和具体情况,这种合同格式也可用于投资金额较大的工程,特别是较简单的、重复性的、工期短的工程。在此合同格式下,一般都由承包商按照雇主或其代表——工程师提供的设计实施工程,但对于部分或完全由承包商设计的土木、机械、电气和/或构筑物的工程,此合同也同样适用。

FIDIC 编制的文件中,有许多关于咨询业务的指导性文件,主要有工作程序与准则以及工作手册等。这些文件对于规范工程市场活动、指导咨询工程师的工作实践、提高服务质量均有重要的借鉴和参考价值。

>>>> 4.2 招标采购工程合同的特殊性

① 无论是依法必须招标还是自愿招标,其采购合同均适用于《合同法》

采用招标方式订立的合同属于一种特殊的合同。其要约邀请、要约和承诺与《民法典》合同编中的概念相近,但又有不同;同时,其订立合同的步骤也有其特殊性,我们把它称为包含有预约合同在内的本约合同。所谓预约合同是指"约定将来订立一定合同之合同",其将来应订立的合同称为本约合同。

② 《合同法》中的要约邀请、要约和承诺

作为市场经济产物的合同是商品交换在法律上的抽象形式,《民法典》合同编就是调整合法的财产流转关系的法律体系;是当事人在商品交换中有稳定的合理预期;是调整商品交易的基本规则;是商品交易中鼓励交易的有效工具。

(1)《民法典》关于要约的规定:

"第四百七十二条 要约是希望与他人订立合同的意思表示,该意思表示应当符合下列条件：

（一）内容具体确定；

（二）表明经受要约人承诺，要约人即受该意思表示约束。"

（2）《民法典》关于要约邀请的规定：

"第四百七十三条　要约邀请是希望他人向自己发出要约的表示。拍卖公告、招标公告、招股说明书、债券募集办法、基金招募说明书、商业广告和宣传、寄送的价目表等为要约邀请。"

（3）《民法典》关于承诺的规定：

"第四百七十九条　承诺是受要约人同意要约的意思表示。"

❸. 招投标活动中的要约和承诺

从公法范畴考量，《招标投标法》属于经济法领域中的一部特别法；从私法范畴考量，《招标投标法》是我国民商法领域的一部特别法。采用招标方式订立的合同是一种特殊的合同。通常，我们把招标公告和招标文件称为要约邀请；投标人的投标文件称为要约；招标人发出中标通知书称为承诺。但是，在招投标活动中，这里的要约邀请、要约和承诺同《合同法》中的规定有差异。其差异归纳于表 3-4-1 中。

表 3-4-1　招投标活动中的要约邀请、要约、承诺和《合同法》对应关系的差异表

	一般民事合同	采用招标采购方式订立合同
要约邀请	要约邀请和要约最大的区别在于要约邀请内容的不完整性和不确定性，其对象的不特定性，合同订立过程中的不具有法律约束性	要约邀请的资格预审公告、招标公告和招标文件的内容明确、完整、稳定，招标文件在招投标活动中对招标人、投标人、评标委员会具有约束力
要约	首先，一般要约人是明确的单人； 其次，要约生效采用到达主义，即使对方未拆封也生效； 再次，要约被拒绝经相对人同意即可	要约人是多数人，公开招标是不特定的多数人； 投标文件必须开标后才生效； 要约是否拒绝首先经评标委员会判定
承诺	承诺到达后合同成立并生效	中标通知书作为承诺表明合同成立但未生效。双方还必须按照招标文件和中标人的投标文件订立合同。如果双方签订的合同对生效条款有其他规定，合同的生效从其规定。如履约保函、定金要求条款等

❹. 招标采购合同的特征

我国招标采购合同的内容涵盖了国民经济领域各行业和各部门，依照国际惯例一般分为工程、货物和服务三个类别。由于其采购标的大都涉及国家和社会公众利益，通过招标采购形成的合同与一般工商及其他合同相比有以下特征：

（1）招标采购缔结的合同属于不可转让的合同。依照《招标投标法》第四十八条规定，"中标人不得向他人转让中标项目，也不得将中标项目肢解后分别向他人转让"。

（2）招标采购合同具有较强的国家管制性；国家多部门可以对该类合同进行监督，工商管理部门对其合法经营进行监督，行业行政部门对其履行招标采购合同进行监督，行政监察和审计部门也依法在其职权范围内对其进行监督。

（3）鉴于《招标投标法》规范的重点是依法必须招标的工程建设项目，在该类合同履约过程中，非法转包和违法分包是该类合同监督的重点。

◢◢◢◢ 4.3 合同履约中应关注的法律问题

4.3.1 口头陈述与表述

（1）一个在合同谈判中做出的书面的或口头的陈述（Statement）可以理解为：

①一个后续合同的条款。

②仅为一个为"诱导"（或鼓励另一方签订）合同的一次表述（例如，一个供应商对较短前置期或提供价格折扣的声明）。

（2）重要的是要确定一个陈述是否变成一个合同条款，或始终仅是一个表述。因为对受害方提供的补救（在产生纠纷时）将根据是否违反了合同条款还是仅为一个误述而有所不同。

①如果一个表述最终被作为合同条款之一纳入合同中，并且如果后来发现它是不真实的，那么被误导方不仅可获得违反合同的补救，还可获得误述的补救。

②如果表述未变成一个合同条款，则被误导方将仅因误述而获得补救。

（3）一个陈述是否变成一个合同条款取决于各方意图，这与合同法的规定很相似。法院在裁决事项时将考虑以下因素：

①陈述是在何时做出的。

②在做出陈述后是否将其付诸书面。

③陈述对接受者的重要性。

④做出陈述的人是否已经建议另一方检查其有效性。

⑤做出陈述的人是否具有有关陈述主题内容的特殊知识或技能。

4.3.2 合同中的明示条款和默示条款

1. 明示条款

在合同中明确阐述的、合同各方都正式认可的条款。可以是书面的，也可以是口头的。

举例：

如各方详细规定价格、发货时间、运输和保险费用如何分担等；除外与免责条款。

2. 默示条款

任何一方都没有在合同中明确但却必须去遵守的条款（如普通法、成文法和惯例）。

3. 形成合同默示条款的原因

①合同的性质。

②商业有效性的需要。

③成文法的规定。

④行业惯例。

举例：

合同法所规定的、合同未写但必须遵守的，如当事人应当按照约定全面履行自己的义务，当事人应当遵循诚实信用原则，根据合同的性质、目的和交易习惯，履行通知、协助、保密等义务。

4.3.3　条件条款和保证条款

1. 合同终止或结束的方式

(1)合同履行到期届满:合同双方都完全地遵守了合同条款,不再具有合同规定的进一步的义务的时候,合同终止。

(2)合同双方协议终止:双方一致同意终止未履行的义务,接受合同的部分履行。

(3)合同一方违约:合同一方在履行他所承担的部分或全部合同义务中出现了无法辩解的错误,合同义务终止。

(4)合同落空:是英美法术语的一种,指订立合同后,如果出现了双方当事人事先预料不到的意外事故,致使合同的履行已经成为不可能的事情,则合同当事人解除履行合同的义务。这种情形,在大陆法中称为情势变迁,中国和东欧国家则称为不可抗力原则。

2. 条件条款

条件条款是合同的关键条款,如违反这些条款,则无过错方有权拒绝履行合同中规定的义务。

3. 保证条款

保证条款是合同中的非关键条款,违背这些条款不构成实质不履约。

4.3.4　界定合同的不合规/违约

1. 部分履行的含义及其后果

如果一方接受了另一方的部分履行而授予他的利益,法庭会断定他承诺了对收到的利益付款,而由此赋予另一方根据"按劳计酬"索取合理的货款的权利。

如果一方别无选择,只能接受部分履行,那么另一方就不能要求付款。

实质履行:完全履行规定的一种例外。

2. 合同落空

(1)含义

合同落空旨在减少一般规则的残酷性,允许一些理由充足的未履约行为的存在。

(2)合同落空的一些例子

——合同标的物的毁灭。

——合同所基于的事件没有真正发生。

——无法完成个人履约行为。例如,雇佣合同因雇员的死亡而无法履行。

——外部的影响导致合同无法进一步履行或者无法按照原约定履行。

在发生合同落空的情况下,合同各方可依照不可抗力条款执行。

3. 不可抗力

详见本书第二部分第4章。

4. 合同违约

(1)当一方没有履行合同规定的义务时;违反了合同的某个条件条框;不正当地拒不履行(或结束)合同;或者在合同履行过程中阻碍自己一方或另一方对合同的执行。这是实际违约。

(2)在要履行一项义务的规定时间之前,如果一方明确地或按时拒不履行自己的合同义务,这就表示有不履约的意图。这称为预期违约(Anticipatory Breach)。

(3)违约责任依合同约定承担。

5. 合同终止条款

写入合同中的,规定任何一方如果要求结束合同所需要的时间安排具体环境情况,以及应采取的方法。具体有:

(1)期限条款:明确的开始和终止日期。

(2)终止条款:任一方在书面通知另一方时可以立即终止合同的各种情形。

(3)中断条款:买方加入合同中的有些严格的条款,赋予卖方不管是否违约,都可以取消合同的权利。

(4)过渡条款:确保从当前供应商,顺利地转换到任何已经拿到新合同的新供应商。

⟫⟫⟫ 4.4 关于合同的风险管理和信息管理

4.4.1 合同的风险管理

1. 影响合同的风险

(1)合同风险的定义

——合同或商业关系之中的风险,即由合同或关系本身产生的因素。

——合同或商业关系的风险,即对合同或关系造成影响的因素,这些因素会危害合同履行的效果或效率。

(2)风险分类的示例(见表3-4-2)

表 3-4-2 合同风险类型

风 险	解释
供应风险	产生于:供应商破产、供应失败、供应链和物流的长度和复杂性等
合规风险	采购实体或其供应链做出的违法或不合规活动的曝光,导致信誉的、运营的和财务的处罚
信誉风险	采购实体或其供应链所做出的不道德的、没有社会责任感的或破坏环境的活动的暴露,可能损害组织在其客户、投资者、员工和供应市场等中的形象、品牌和可信性
经济或财务风险	经济损失风险,产生于不良投资或财务管理不善、销售额下降、成本增加或宏观经济因素
市场风险	由外部供应市场因素或变化引起的经济或供应风险。需求下降、产品老化或竞争者获得主动权,也可能引发产品市场风险
环境风险	由于外部环境 STEEPLE 因素变化引起的中断或延迟供应、供应成本上升的风险
运营风险	运营故障、质量缺陷、健康和安全风险、运输问题或设备崩溃的风险
技术风险	由于技术活力降低和技术陈旧、系统或设备故障、数据损坏或被偷窃、新技术的初期困难、系统不兼容等引起的运营问题风险和产生的经济损失

(3)合同履行的风险

——缺乏合同与供应链关系相关的风险评估和管理。

——制定的规格、KPI、改进协议或服务水平协议不合理。

——供应商评估和资格预审、选拔开展得随意或不充分。

——过度依赖于单一供应商。

——合同履行的责任和角色不清晰,缺乏治理结构。

——内部利益相关者关系和沟通不善。

——缺乏有效、集成和安全的信息系统来监督和管理供应商绩效和合同。

（4）影响关系的 STEEPLE 因素（见表 3-4-3）

表 3-4-3　影响关系的 STEEPLE 因素

因素	示例
社会文化的	各方的文化差异 一方适应社会价值观，而另一方却不适应
技术的	一方开发出新技术，带来兼容性问题 一方向另一方施压，要求采用 EDI 或其他系统 由于技术变化导致产品或流程变得陈旧
经济的	经济衰退或不景气引起价格或利润压力 汇率和工资成本使得供应商缺乏竞争力
环境的	天气和资源可利用性影响供应商绩效 采用环保做法，对此一方可能缺乏相应能力
政治的	进出口政策改变了供应可获得性和市场动态
法律的	公共部门中强制性的竞争招标使长期关系发展更为困难 倾向于使用损害关系的诉讼来解决争议
道德的	一方受到另一方不道德的对待 由于供应伙伴的不道德行为遭到曝光，买方的信誉受到损害 买方要求提高道德标准，这对供应商来说可能代价高昂

2. 合同风险的评估

（1）管理周期（见图 3-4-3）

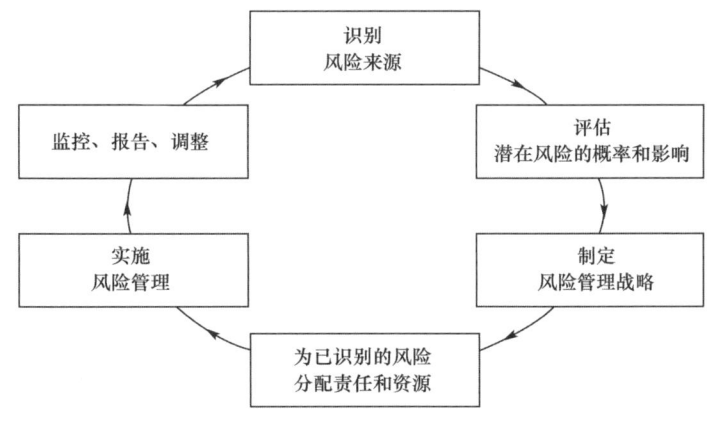

图 3-4-3　风险管理周期

（2）风险管理过程

①风险识别

尝试识别潜在问题或不确定性领域的过程。

②风险评估

对已识别的潜在风险事件概率和重要性的评估。

③风险管理战略

——容忍（或者接受）风险

如果评估后风险的可能性或影响可以忽略不计(或者没有可行的方法来降低风险),那么当下就不需要或者没有理由采取进一步的措施。

——转移(或者分散)风险

采取积极的步骤对风险进行控制,将风险可能性或潜在影响减小或最小化,或者同时将二者减小或最小化。

——终结(或者避免)风险

如果与某一具体项目或决策有关的风险太大,并且不可能减轻的话,组织可以考虑不投资或不参与到这项活动或机会中。

——处理(减轻、最小化或控制)风险

采取积极的步骤对风险进行控制,将风险可能性或潜在影响减小或最小化。

④分配责任和资源

⑤实施风险管理

⑥监控、报告和调整

(3)风险登记簿

①定义

风险登记簿是一份简洁的、结构化的文档。该文档应包括企业、项目或合同中包括的所有风险,以及风险分析结果(影响和可能性)、最初的减轻计划和每个风险当前的状态。

②风险登记簿栏目

——风险类型和性质的说明。

——风险责任人。

——风险事件发生的概率。

——风险事件如果发生所造成的影响、成本或后果。

——明确的可能应对措施或减轻措施。

——定期更新每个风险的状态信息。

4.4.2　合同履行的信息管理

(1)信息保障的作用

①信息保障含义

信息保障即与信息或数据的使用、处理、存储和传达有关的,和为此目的采用的与系统和流程有关的风险管理实践。

②内容

——公司治理。

——与关键系统风险有关的应急、业务持续性和灾难恢复计划。

——战略性 IT 系统的开发与管理。

(2)一个典型的 IA 项目包含的步骤

——系统风险评估。

——制订风险管理计划。

——风险管理计划的协议、实施、测试和评估,常借助于系统审计来完成。

(3)与信息相关的风险

——来自知识产权非授权访问和敏感经济数据的知识资产风险,可能是由于工业间谍、黑客、网络钓鱼或数据偷窃等原因造成的。

——与组织共享资源的其他各方滥用数据导致的知识资产和经济优势等方面的风险，以及买方违反保密原则或滥用知识产权承担责任的风险。

——数据完整性和安全方面的风险。

——由于缺乏变更控制规程，使数据完整性和价值面临风险。

——管理信息系统、外部网、合同数据库和其他系统的设计和实施存在风险和没有效率。

——关键人员流动以及由此造成知识产权的流失。

——通过某职能外包给外部供应商导致的组织知识、信息和能力的丧失。

4.5 关于合同的变更和索赔

4.5.1 关于合同的变更

1. 合同的变更

变更是索赔的重要依据，因此对合同变更的处理要迅速、全面、系统。合同变更指令应立即在工程实施中贯彻并体现出来。在合同变更中，量最大、最频繁的是工程变更，它在工程索赔中所占的份额也最大。这些变更最终都是通过各分包商体现出来的。对工程变更的责任分析是工程变更起因与工程变更问题处理、确定索赔与反索赔的重要的直接的依据。

2. 重视书面来往函件保存

在工程实施过程中，首先，要建立严格的质量保证体系，使总承包合同的实施程序化、规范化，按质量保证体系进行工作。其次，还要建立文档系统。项目上要设专职或兼职的合同管理人员。合同管理人员负责各种合同资料和相关的工程资料的收集、整理和保存。再次，还要建立报告和行文制度。总承包商和业主、分包商之间的沟通都应该以书面形式进行，或以书面形式为最终依据。在工程中合同双方的任何协商、意见、请示、指示都应落实在纸上，使工程活动有所依据。

合同关系是一种法律关系，违约行为是一种违法行为，要承担支付违约金、赔偿损失或强制履行等法律后果。法律顾问部门在审查合同时，选择合适的违约条款和纠纷处理条款显得很重要，一旦发生违约情形，法律顾问要区别情况，及时采用协商、仲裁或诉讼等方式，积极维护企业的合法权益，减少企业的经济损失。

4.5.2 合同的索赔

在合同履行过程中，变更和索赔是一对孪生兄弟。对于合同履行中发生的"状态变化"，承包人或发包人首先通过变更途径解决，如经过努力实在无法通过变更途径解决，当事人可以通过索赔程序依法或者依合同约定索取自己应有的权利。索赔程序可以使承包人或发包人恢复到未发生索赔事件时本应有的状态（资金支付和工期），而不是获取额外利益的手段。索赔能否成功取决于事实是否存在以及是否符合合同约定，索赔的损失需要被证明是确实发生，需要提交证据和有关记录。

依照国际惯例,工程合同的风险分配如表 3-4-4 所示①

表 3-4-4　工程合同的风险分配表

	风险形式	推荐分配	管理措施
1	不可抗力	共担(承包商承担费用,业主承担时间)	列出风险清单,承包商可以进行部分保险来转移部分风险
2	项目预算准确性	业主	获得高质量的设计文件及其估算造价
3	设计准确性	业主	进行适宜的设计限制
4	恶劣气候条件	业主承担时间,承包商承担费用	通过对恶劣气候条件进行量化定义,减少争议
5	含糊的规范	业主	提供完善准确的设计文件
6	危险材料	业主	列出清楚的语言,说明各当事人的责任
7	投标日期后法律的变化	业主	列出一个清楚的声明:责任
8	价格变动	业主	提供清楚公平的条款
9	程序变动	业主	提供清楚有效的程序
10	规范的清晰性和完整性	业主	提供成分的设计文件
11	业主费用估算的准确性	业主	聘请有经验的造价师
12	共同过错工期延误	业主	识别干扰点并建立有效管理
13	承包商资格	业主	建立和加强责任评价体系
14	决策、明确和解决问题延误	业主	任命一个胜任的授权的现场代表
15	图纸和指示的传达延误	业主	任命一个授权的咨询工程师
16	提交问题延误	承包商	列出合理通知条款
17	现场条件差异	业主	使用标准现场条件差异条款提供完全信息
18	业主官僚	业主	授权员工
19	业主决策过程	业主	评价过程并采用适宜的流程
20	业主缺乏建造经验	业主	采纳适宜的专家意见
21	业主提供材料和设备的质量	业主	预先做好磨合
22	业主提供材料和设备的按时供应	业主	预先做好磨合
23	环境适应	共担	识别要求和特别责任
24	环境限制	共担	识别要求
25	施工设备可获得性	承包商	—
26	施工设备适宜性	承包商	—
27	汇率	共担	在合同中列出恰当的风险共担公式
28	现存管线和地下设施	业主	土地测量、全部资料
29	政府行为	共担	
30	政府稳定性	共担	—
31	地基描述	业主	使用地基基准线
32	地基下沉	承包商	明确允许量、保险灾难性风险

① 参见毛林繁、张俊编著:《招标采购理论基础》,中国建筑工业出版社 2012 年版,P201。

（续表）

	风险形式	推荐分配	管理措施
33	地下水	业主	使用地基基准线
34	现场遭遇灾难性工程材料破坏	业主	应用合同条款分清责任和解决程序
35	劳动力可获得性	承包商	—
36	劳动力的生产能力	承包商	—
37	劳动力的技术水平	承包商	—
38	管理和督导能力	承包商	—
39	管理和督导效率	承包商	—
40	材料可获得性	承包商	—
41	材料质量	承包商	—
42	材料短缺	共担	—
43	建造方法	承包商	—
44	检查的质量	业主	聘请充足的有经验的员工
45	现场的可用性	业主	在规划阶段评价需要/约束条件
46	现场拥堵	承包商	—
47	现场排水	承包商	报价时考虑
48	现场保安	承包商	报价时考虑
49	分包商可获得性	承包商	发展长期合作伙伴
50	分包商资格	承包商	制定有效的分包商采购制度
51	分包商的可信任性	承包商	制定有效的分包商采购制度
52	分包商的胜任性	承包商	制定有效的分包商采购制度
53	供应商履约	承包商	制定有效的分包商采购制度
54	第三当事人的影响	业主	在规划期间识别潜在的影响
55	未通过的设计	业主	考虑一个设计评价组
56	不现实的履行时间表	业主	采用理性的计划进程
57	不合理的合同条款	业主	评价和修改合同文件
58	数量变更	业主	使用数量变更条款
59	保证义务	承包商	在报价时应识别所有要求

依据标准施工文件通用合同条款,发包人可索赔事件见表 3-4-5 ;依照标准文件,承包人可以索赔的事件见表 3-4-6。

表 3-4-5 依据标准施工文件通用合同条款发包人可索赔事件

序号	条款号	发包人可索赔事件
1	5.2.5	承包人要求更改发包人提供的材料设备交货时间和地点
2	6.3	承包人施工设备不能满足质量和进度要求时增加或者更换
3	9.1.2	承包人原因造成发包人人员工伤
4	11.5	承包人原因造成工期延误
5	12.1	承包人暂停施工
6	12.4.2	承包人无故拖延和拒绝复工

序号	条款号	发包人可索赔事件
7	13.1.2	由于承包人原因,质量不符合要求造成返工
8	13.5.3	监理人重新检查隐蔽工程质量不合格的
9	14.1.3	监理人重新检验试验材料设备和工程质量不符合合同约定
10	18.7.2	承包人清场不符合约定,发包人委托他人完成的
11	19.4	进一步试验和试运行,责任在承包人的
12	20.6.4	未按约定投保责任在承包人
13	22.1.2(2)	承包人违约
14	22.1.4(3)	合同解除后发包人的损失

表 3-4-6　依照标准文件承包人可以索赔的事件

序号	条款号	承包人可索赔事件
1	15.1(1)	发包人取消合同,工作由发包人或第三人完成
2	3.4.5	监理人未按合同发出指示或指示延误或者错误
3	4.11.2	不利物质条件监理人未发出变更指示承包人采取合理措施
4	5.2.3	发包人提供的材料设备要求提前交货
5	5.2.6	发包人提供的材料设备数量/规格/质量不符合合同约定
6	5.4.3	发包人提供的材料设备不符合要求
7	7.3	发包人提供的基准资料错误
8	9.2.6	发包人原因造成承包人人员工伤
9	11.3	发包人原因造成工期延误的(图纸延误、未及时支付工程款、发包人原因暂停施工、增加合同工作、改变合同工作的质量或者特性、变更供货地点或延期交货)
10	11.4	异常恶劣气候(延长工期)
11	11.6	发包人要求工期提前的
12	12.4.2	发包人暂停施工后不能按时复工的
13	13.1.3	发包人原因造成质量不合格的
14	13.5.3	监理人重新检查隐蔽工程质量合格的
15	14.1.3	监理人重新检验试验材料设备和工程质量符合合同约定
16	18.4.2	发包人在全部工程竣工前使用已接收的单位工程
17	18.6.2	发包人原因造成试运行失败
18	19.2.3	发包人原因造成的缺陷
19	19.4	进一步试验和试运行,责任在发包人的
20	20.6.4	未按约定投保的补救,责任在发包人的
21	21.3.1(4)	不可抗力停工期间监理人要求照管、清理和修复工程的费用
22	21.3.1(5)	不可抗力影响工期以及发包人要求赶工
23	21.3.4	不可抗力解除合同后退还订货而发生的费用
24	22.22	发包人违约,承包人暂停施工

在索赔管理中,项目部必须构建适宜的索赔文档信息管理系统,确保信息的完整性,包括:

一是明确信息流的路径,避免无效信息和信息交流的混乱;

二是建立快捷、有效的项目计算机网络管理系统;

三是提升信息的流速,降低项目管理费用;

四是对对方信息的流入及时进行响应和处理。

>>>> 4.6 关于合同纠纷的处理

4.6.1 通过谈判解决纠纷

1. 合同产生争议的原因

(1)从开始就应当意识到,"争议"是分歧,意见不一致,它不一定意味着采取法律措施或者其他对抗性方法。在友好的、建设性的工作关系中,可能产生各种事宜上的分歧。

(2)合同条款的解释(例如,一个不可抗力事件是否使合同落空?)。

(3)对要求的误解(例如,合同确切规定的是什么?)。

(4)延迟交付或付款,或者质量问题。

(5)一方希望更改或改变合同条款(也许是因为需求或环境发生了变化),受到了另一方的拒绝。

2. 即使是较小的合同争议也要查明原因予以解决

(1)如果未能履行所有合同条款,则不能对此放任自流;否则另一方可能会滋生不满,其履行也可能变得越来越差。

(2)这会给他人一个坏的印象,给人一种该组织在合同管理和履行方面"疲软"的印象。

(3)持续不能履行合同条款,可能反映了供应商(或买方)更大的问题,他们不愿意或者不能如约履行,这种情况最终会导致严重的违约。

4.6.2 替代性纠纷解决机制

1. 替代性争议解决方法(ADR)或有效争议解决方法(EDR)的两种基本形式

(1)调解

调解是指在一位公正的调解员的协调下,在讨论中表达冲突或不满的过程。调解员的作用是管理该过程并给出建设性的建议。

——利用谈判,以达成一个互相可接受的协议,并且如果可能,产生一个双赢的局面。

——调解员并非裁判,而是争议解决"教练"。

——形成的决定不具有法律约束力。

(2)调停

调停是在调解之后,没有达成自愿性的解决方案时所进行的工作。

——辅助式调停,其中调停员帮助双方,让他们自己形成一个解决方法。

——评价式调停,其中调停员通过引入第三方关于案件是非曲直或关于双方之间特定争议的观点,额外地对双方提供帮助。

2. 调停过程的四个阶段

(1)召开联合会议,会上每一方简要地说明其立场。

(2)调停员与参与调停过程的各个团队召开一系列私下的和保密的后续会议。

(3)在适当的情况下,每个团队的一些或所有成员之间召开联合会议。

(4)签署书面的解决条款。

3. ADR 的优点

(1)非对抗性、快速、保密和成本低廉。

(2)解决方法都是争议各方达成的,而不是由第三方强加的。

(3)将情绪和个人因素从该过程中撤去,将谈判重新聚焦到与争议有关的商业问题上。

4. ADR 的缺点

(1)标准合同中的 ADR 条款可能并不总是有强制性的。

(2)不像诉讼和仲裁,ADR 的结果不具有约束力。

(3)ADR 可能仍会最终导致仲裁或诉讼,浪费了时间与金钱。

4.6.3 纠纷解决的其他机制

1. 区分分配式谈判和整合式谈判

(1)分配式谈判

一方所得仅仅以另一方所失为代价而获得的;有时这也被称为零和博弈,或者非赢即输的结果。

(2)整合式谈判

涉及协作性的问题解决,增加可供选择的方案,目的是使双方找到一个互相满意或双赢的解决方案。

(3)两种谈判方法的区别(见表 3-4-7)

表 3-4-7　两种谈判方法的区别

分配式(竞争性)技巧	整合式(合作性)技巧
提出夸大的最初立场或要求,以便为将来留出移动和妥协的余地	坦率说出你自己的需要,并且试图理解另一方需求,把所有牌放在桌面上
将冲突观点极端化,以便说服对手其立场不切实际	合作地产生备选方案,试图找到具有真正相互利益或平衡利益的那些方案
隐瞒那些有可能突出共同点或妥协领域的信息	聚焦共同点和相互利益领域,以保持一个积极的、合作的氛围
使用可用的一切工具,威逼、压迫或操纵对方做出让步	通过强调共同解决问题、提供附加信息或帮助跟进等,支持另一方接受你的建议
即使他们供应价格相对低,也不做任何让步来回应这种低价(除非被迫这么做)	提出和邀请合理的反要约和妥协,从而保持和践行灵活性

4.6.4 具有法律约束力的纠纷解决办法

1. 调解

调解是招标投标争议双方为解决争议而由第三方出面,通过调解和相互妥协解决争议的方式。其分为司法调解和行政调解。

（1）司法调解是指民事诉讼阶段正式宣判前，原告和被告之间同意双方通过协商达成和解的一种方式，和解协议具有法律约束力。

（2）行政调解是指双方在共同的行政机关主持下，进行协商沟通的一种方式。行政调解的协议书双方自愿执行，没有法律约束力。

2. 仲裁

（1）仲裁是当事人双方在争议发生前或争议发生后达成协议，自愿将争议交给第三者做出裁决，并附有自动履行义务的一种解决争议的方式，这种争议解决方式必须是自愿的，因此必须有仲裁协议。

（2）符合下列条件可以通过仲裁解决商务纠纷、争议：

——民事主体之间没有仲裁合意，但发生纠纷后达成了仲裁条款；

——双方发生争议是在合同订立后，合同中约定了仲裁条款；

——采购文件或合同规定了仲裁解决交易争议的办法，明确接受仲裁作为解决争议的方式。

（3）仲裁协议包括三项内容：请求仲裁的意思表示；仲裁事项；选定的仲裁委员会。

（4）仲裁协议的作用：

——合同当事人均受仲裁的约束；

——是仲裁机构对纠纷进行仲裁的先决条件；

——排除了法院对纠纷的管辖权；

——仲裁机构应当按仲裁协议进行仲裁。

（5）仲裁遵循一裁终局的原则，由于仲裁是当事人基于对仲裁机构的信任做出的选择，因此仲裁是立即生效的。裁决做出后，当事人就同一纠纷再申请仲裁，或者向人民法院起诉的，仲裁委员会或人民法院不予受理。

（6）仲裁救济，符合下列条件，当事人可以向人民法院申请撤销仲裁：

——没有仲裁协议的；

——裁决的事项不属于仲裁协议的范围或者仲裁委员会无权仲裁的；

——仲裁庭的组成或者仲裁程序违反法定程序的；

——裁决所依据的证据是伪造的；

——对方当事人隐瞒了足以影响公正裁决的证据的；

——仲裁员在仲裁该案时有索贿受贿、徇私舞弊、枉法裁决行为的。

3. 民事诉讼

（1）民事诉讼是指民事活动的当事人依法请求人民法院行使审判权审理双方之间发生的争议，做出的有国家强制保证实现其合法权益，从而解决纠纷的审判活动。

在采购活动中当事人如果未约定仲裁协议，争议发生后也无法达成仲裁协议，则只能以诉讼作为解决争议的方式。在采购中发生的民事争议都可以通过民事诉讼得到解决。

两审终审制度是采购争议案件经过两级人民法院审理，第二审人民法院的裁判是发生法律效力的终审判决，第一审人民法院的判决，不是终审裁判，当事人有权上诉。

（2）优点

——诉讼程序旨在判定案件的是非曲直，因此其判决（理论上）是公平和公正的。

——判决具有法律上的约束力，所以获取一方具有完全的法律效力将该判决强加给另一方。

（3）缺点

——诉讼成本高。

——由于该体系的特点，事件可能在很长时间后才能得到受理，因此不可能迅速加以解决。

——冲突细节会公之于众，可能会暴露机密或损坏信誉的信息。

——在国际合同的案件中尤其复杂，因为有关各方可能处于不同的法律管辖之下，具有不同的法律体系。

——对抗式的争议解决方法，几乎可以肯定会伤害双方之间的商誉，因此对双方之间持续的工作关系而言是一个障碍。

>>>> 4.7 关于合同的技术和行政管理

4.7.1 合同的技术管理

1. 有关合同履行的数据资料

（1）合同管理的关键流程和活动

——合同制定。

——合同沟通。

——合同行政管理。

——合同绩效管理。

——关系管理。

——合同续订或终止。

（2）公司治理及治理在合同管理中的作用

①公司治理定义

泛指一套规则、政策、过程与组织结构，组织以此进行运作、控制与监管，以确保遵守可接受的道德标准、优良实践、法律与法规。

②治理在合同管理中的作用

——是在跨职能和跨组织岗位上开展工作，这要求有健全的协调、沟通与控制机制。

——是在"保管工作"岗位上开展工作，负责保管股东（或者企业的其他资金提供者和所有者）拥有的资产。

——可能控制着非常大规模的组织资金。

——在供应源搜寻和合同管理过程中，有很多机会进行金融欺诈或者为了个人利益滥用系统或信息。

——对组织在其与供应链伙伴交易中的形象、可信度和信誉负责。

2. 解析有关合同履行的数据资料

合同与沟通结构：

（1）单点联络法

供应商任命一个合同经理或客户经理作为与客户的唯一沟通接口。同时，有一个对应的、买方任命的采购员、合同经理或供应商经理作为"看门人"控制与供应商组织的所有交易。

①单点联络法的优点

——人们清楚他们的联络人是谁。

——在"一站式购物"服务中(而不是从一部门转移到另一个部门)可以增加价值。

——降低由不同联络人发布的需求或信息出现不一致或彼此冲突的可能性。

——提高了合同和关系管理的责任感和责任制。

——与同一个人的重复联络,可以使我们随着时间推移建立起友好融洽和信任的关系,以此作为深化关系的基础。

②单点联络法的缺点

这些联络中有些涉及不同的职能、商业单元或运营场所,仅通过一个唯一的联络点来发送所有信息、服务于所有目的,可能是效率低下的。

(2)多点联络法

——供应商关系有着多种多样的输入,各有其不同的目的。

——当单联络点超负荷的时候,避免了沟通瓶颈。

——在关系、知识和服务方面有更好的连续性,不会因为一个联络点离开或不可用而受影响。

4.7.2 合同的行政管理

1. 客户经理的角色

——管理供应商与买方之间、供应商与买方的内部客户之间的方方面面的关系,充当他们之间的联络人。

——管理项目和关系过程。

——充当关系中所有内外部利益相关者的联络点与信息提供者。

——充当与高级管理层关系的支持者。

——保证根据议定条款和标准交付货物与服务。

——通过维护友好关系、建立信任并积极主动地管理紧张和冲突,对关系的发展进行管理。

——鼓励供应商坚持议定的标准或 KPI,并且寻求关系持续期间绩效的持续改进。

——从关系中监测、检查并吸取教训。

2. 执行发起人的角色

——协调与关键供应商的内外部互动,承担全面供应商绩效和关系发展的责任。

——保证所有联络点组织战略目标与供应商开发目标之间的一致。

——积极推动买方组织内部和供应商组织内部的关系同盟。

——评审双方共同启动一些关键行动,这些行动应当给关系带来增值并确保达到预定的期望。

——化解关系障碍。

——提出未来关系发展的意见与建议。

4.7.3 评价合同管理的责任

1. 合同管理责任

(1)买方合同经理的运营责任

——充当所有合同商务和法律沟通的唯一联络点。

——维护合同绩效测量的规格。

——监督合同绩效和报告综合服务水平。

——将买方的利益告诉供应商。

——监督合同履行与管理。

——对于产生的任何问题,根据与供应商的协议,确定并采取纠正措施。

——在发生违反合同条款的情况下,与供应商协商补救办法。

——必要时,将合同争议升级到更高的层级。

——对合同规格修订与更新进行维护。

——给其他职能的运营经理提出建议并提供支持,可能会移交对他们有所影响的合同日常管理和监督工作。

(2)供应商合同经理的主要职责

——监督合同履行。

——发现并管理例外情况。

——将供应商的利益传达给买方。

——对客户的需求变化做出响应。

——对于产生的任何问题,根据与买方的协议,确定并采取纠正措施。

——在发生违反合同条款的情况下,与买方协商补救方法。

——必要时,将合同争议升级到更高的层级。

——根据规格,履行并管理合同。

2. 合同执行计划与持续需求管理

(1)合同行政管理的含义

买方与供应商之间的运营关系;明确他们之间工作方法和实践的程序的执行;支持合同履行的日常管理和文书职能的顺利开展。

(2)合同行政管理的基本程序

——合同维护、文件管理和变更控制。

——订购程序。

——支付程序。

——预算控制程序。

——资源管理和规划。

——管理报告。

3. 合同管理的计划与监管

(1)订单跟催

①订单跟催,仅仅是指促进事情的进展。

②订单跟催任务由以下几部分组成。

——确保交付截止期限和规格有清晰的规定。

——坚持项目和生产进度计划以及各时间段的材料需求。

——监督或询问在关键阶段供应商的进展。

——与供应商协作解决任何已识别的问题。

——要求得到发货通知,利用跟踪和追溯设施来监督运输进程。

——必要时,对不尽责的供应商施加压力。

——必要时,利用应急计划来寻找备选的供应商、现成的库存或替代的货物,来解决延迟交付造成的临时性短缺问题。

(2)应用文件管理的原则

——明确与合同有关的所有文件。

——实施变更控制程序,并且确保未经适当的审批不得变更。

——记录所有文件的状态。

——保证文件和文件版本的一致性。

4. 合同管理所需的资源

(1)管理报告

需要包括所有绩效测量方面的信息,也可能仅仅是例外情况,即绩效与预期发生差异的情形。

"例外报告"可以将买方评估绩效所需的时间减至最少,并确保将重点放到最需要关注的领域。

(2)支付责任

确保相关的预算持有人按照规定的条款和进度计划审批并进行支付。

4.7.4　解除合同经理的主要职责

1. 绩效管理与确保符合约定的标准

(1)与合同绩效有关的要素

——财务数据。

——技术数据。

——绩效数据。

(2)对于复杂或长期的合同而言,定期的进展报告内容

——报告期完成工作的简要总结。

——买方下一个期间所要求的所有行动项的清单。

——里程碑计划更新,反映实际进展与计划进展的对比。

——资金投入计划更新,对照计划的资金,反映了实际的资金投入。

——一份可能影响绩效或增加风险的因素的报告。

——错过的里程碑通知单(或者进度拖延>成本超支)和恢复计划。

2. 风险评估与管理

(1)产生财务风险的因素

①内部因素

——在确定合同价格时缺少价格和成本分析。

——缺乏合同生命周期内的预算或成本控制与管理。

——财务控制和采购程序设计缺陷,导致财务欺诈。

——签约漏洞或合同不履行招致的财务罚款。

——投资金额巨大,投资评估不充分,缺乏全生命成本计算或贷款资金成本高。

②外部因素

——宏观经济因素。

——供应商的财务实力>稳定性和总体"健康状况"。

(2)供应商存在财务困难的风险

——在质量性能方面快速下滑。

——短期内多名高级经理离开企业。

——公司审计员和财务经理变动。

——不利的新闻报道。

——对信息要求做出反应迟缓。

——供应链问题。

——在应付日期之前提前要求付款。

(3)可能产生法律和合规风险的因素

——合规性管理不善,引起法律和法规方面,不合规和有关惩罚>制裁和信誉损害的风险和相关的惩罚>制裁和信誉损害。

——合同制定的不合理以及签约流程不完善。

——"条款之战"没有得到很好控制。

——合同管理和变更控制不到位。

——缺乏足够的知识产权保护。

(4)可能产生履约风险的因素

①履约风险定义

基本上属于供应风险,产生于供应商的可靠性和履行情况,产生于买方的合同>项目和供应商管理政策与实践。

②履约风险包括以下一些因素:

——潜在供应商的生产能力和生产率。

——已签约供应商的生产能力和生产率。

——当前合同和其他客户所占用的供应商生产能力的百分比(生产能力不堪负荷所引起的脆弱性)。

——突发需求的可能性(生产能力不堪负荷)。

——供应商交付前置期以及是否存在进度"时差"或弹性。

——影响供应链或个别供应商的供应风险,以及风险管理和应急计划的有效性。

——规格、合同条款和买方预期的准确性和清晰性。

——供应链质量保证的脆弱性(特别是当公差很小的时候)。

——进度安排与预测的准确性。

——合同双方与利益相关者之间所共享的信息的质量、可靠性和透明度(保持以风险控制为基础的决策)。

——成本管理:影响成本的内、外部因素;双方议定的价格安排如何(例如,成本加成或固定价格合同)。

——项目和合同管理(用以监督和管理所有上述要素)的有效性。

(5)国际供应源搜寻中的风险

国际供应源搜寻中的风险和交易也会给企业带来特殊的风险。根据特定环境的不同,可能包括如下几点:

——社会文化差异(包括商业习惯、消费者行为、沟通和谈判风格、管理风格和社会价值观)。

——语言障碍。

——法律问题,例如在解决合同争端时该适用哪个国家的法律。

——物流和供应风险,源自长距离供应线路、较长的供应前置期;运输过程中货物损失、损坏或变质的风险。

——合同期间外国货币价值可能波动(要求采取远期汇率合同之类的措施),从而带来汇率风险。

——支付风险,源自合同双方有限的直接接触、不同的法律体系和货币限制的可能性。

——难于监督和保证海外供应商运营质量、环境和道德标准,引起质量、合规性和信誉风险。

——海外环境中一般的 PESTLE 因素风险:政治不稳定;政治体制决定的企业国有化;经济不稳定;通货膨胀产生的影响;保护主义政策(关税、配额等),等等。

(6)道德与道德风险问题

①定义

道德是关于什么是正确的或错误的行为的一套伦理准则或价值观。

②道德风险问题

——在供应源搜寻中促进公平、公开、透明的竞争。

——利用供应源搜寻政策来促进积极的社会与经济目标。

——符合道德要求生产的输入品的规格与采购。

——在供应链所有层次上,以促进合乎道德的贸易、环境责任和劳动标准的方式,选择、管理和发展供应商。

——承诺促进供应链中工作条件的改善,尤其是法规较松的低人工成本国家。

——承诺支持供应商可持续利润获取。

——坚持有关机构的道德框架和行为准则。

——承诺遵守关于消费者、供应商和工人保护的所有相关法律、法规。

(7)产生风险的原因(见表3-4-8)

表3-4-8　产生风险的原因

情　形	特定风险
独家/单供应源搜寻	对一个供应商依赖程度大,面对供应商的破产、自满或过分要求等有较大脆弱性
外包安排	使自己易于遭受信誉、绩效和市场的风险,可能还会有失去控制知识产权和机密数据的风险
长期伙伴关系	伙伴可能变得表现欠佳、不愿配合、战略上有分歧或不求进取。潜在价值得不到实现,内外部变化使伙伴关系失去了价值
供应商分级	供应链没有足够透明度,买方不能深入到较低层级供应商

3. 关系管理

在买方-供应商关系中势力的形式：

①公开影响力

例如：竞争性议价、硬谈判（强行推行方案）、逻辑说服、提供激励。

②隐蔽影响力

隐蔽影响力是微妙、隐藏或隐含的势力，是通过各种间接战术形成的。

例如：隐瞒信息或在谈判或人际网络中将某人排除在外。

③结构影响力

结构影响力是构建在形势、背景或关系中的势力。

正如采购实体要承担的法律和合同义务、买方需要依靠供应商情形一样，结构影响力是明显或透明的势力，是通过各种直接战术形成的。

⟫⟫⟫ 4.8　合同及供应商管理主要技术

4.8.1　合同管理与供应商关系管理的区别

1. 合同管理与供应商关系管理的定义

（1）供应商关系管理与合同管理

——供应合同与供应商关系不一定是一一对应的。

——单个供应合同可能期限较短，并且一般都有固定的期限（需要续订）。

——合同管理的焦点是保证双方遵守合同议定条款。

——合同管理中关系管理的内容同样也是以合同履行为中心的。

——供应合同的条款在理想情况下应是详细的和清楚的。

——合同管理虽然很重要，但它基本上是一种操作性的活动，而供应商关系管理则是一种战术性的或战略性的活动。

（2）相关概念

——合同管理，强调对供应商在合同期内履行某一特定供应合同的管理。

——供应管理，强调对供应过程和采购周期中操作层面的管理。

——供应链管理，强调整个供应链内流程与关系在战略上的整合。

2. 单个合同管理与供应商关系管理的比较

（1）管理向长期伙伴关系转变时考虑的因素

——如果环境发生了变化，则有被锁定在长期关系中的风险，对此应当进行监督与管理。

——在组织之间的所有层级和联络点上，改善沟通。

——执行或改进绩效测量，以确保实现目标，并确保仍保持对持续改进和增值潜力的承诺。

——确保组织之间在战略上、运营上兼容，即他们具有相同的价值观和长期目标（特别是在质量、环境和 CSR 等领域）。

——对同盟目标进行监督，确保公平地分配收益与风险，并管理利益相关者的期望。

（2）供应基础优化

——"供应商基础"是指给一个指定买方供应货物或服务的所有供应商。常常以规模或范围（广泛的、狭窄的、单供应源的）、位置（当地的、本国的、国际的或全球性的）、特征（多样化的或专业化的）等来描述供应商基础。

——一种积极的供应商关系管理方法是"拓宽供应基础"。组织可以对一种物品或一类物品的采购选择多个潜在供应商，将符合资格预审和批准的供应商作为能够满足要求的供应商，以此来降低供应风险。

——拓宽供应基础的另一个好处是，随着环境的变化（无论对采购方还是对供应商而言），供应商在其报价方面或多或少地适应了采购组织，同时有了一些竞争性。

——更为常见的是，牢固的、协作性的供应商关系被用于"收窄供应基础"，这样可以使采购人员专注于更少数的几个经过开发的和可靠的供应伙伴。

（3）供应链分层对于顶层采购组织中供应商管理的影响

——对于一级供应商的供应源搜寻、选择和签约是一项关键、有战略意义的工作。

——减少了需要管理的商业关系，采购职能可以将精力集中于管理发展和改善那些关键的关系。

——为降低商业和信誉风险，采购人员深入供应链各层级，监控政策、系统和绩效，以确保一级供应商的供应链得到了很好的管理。

——买方会对一级供应商施加影响，要求其采用一些它自己现有的供应商作为分包商或更低层的供应商，以便维护业务关系和特定关系的投资和调整。

——由于减少了采购人员的运作性任务和交易工作，采购人员有更多的时间专注于更为战略性的问题。

——与专业的一级供应商共享信息和协作，可以实施更多、更好的供应链改进与创新。

（4）伙伴式供应源搜寻的实施

步骤1：哪些市场，哪些产品和服务；

步骤2：推销想法；

步骤3：选择你的伙伴；

步骤4：明确你想从伙伴关系中得到什么；

步骤5：使你的第一个伙伴关系发挥作用；

步骤6：完善与发展。

4.8.2 解释供应商关系管理的主要方法

1. 供应商选择

（1）在供应商评估的计划阶段，采购人员必须考虑如下问题：

——评估的目的。

——需要评估的供应商数量。

——所要使用的过程的严格程度与正式程度。

——该过程可以占用的时间。

——该过程所需的资源。

——供应商对该评估过程可能的看法和反应。

——成本效益分析是否值得进行这一过程。

（2）评估的内容（10C）

——供应商履行合同的能力（Competence）。

——供应商满足采购组织目前和未来需求的产能（Capacity）。

——供应商对关键价值要素和与采购组织保持长期关系的承诺（Commitment）。

——有现成的控制系统（Control systems）。

——现金资源（Cash resources）。

——在交付和改进质量与服务水平的过程中的一致性（Consistency）。

——成本（Cost）。

——供应商与采购组织的兼容性（Compatibility）。

——合规性（Compliance）。

——有效沟通（Communication efficiency）。

（3）供应商不愿意评估的原因（表3-4-9）

表 3-4-9　供应商不愿意评估的原因

供应商不愿意评估的原因	买方可以采取的步骤
某一特定供应商可能发现买方的业务没有吸引力	评估该业务对潜在供应商的可能吸引力，可以借助于一些工具，如供应商偏好模型
供应商可能之前与这家或其他买方有过糟糕的评估经历	强调评估过程公平、透明，以免供应商认为是在单纯地浪费他们的时间
供应商对该选择过程不太确信，可能怀疑其他一些供应商有内线或者买方并是不认真的	关于选择过程是如何运作的，给供应商提供这方面的全面信息，并且告知供应商各阶段的进展情况
所提议评估的时间安排可能不方便	保证供应商具有足够的时间来准备评估，避免安排在明显的供应商业务高峰期。如果供应商提出了不同的时间表，应当加以考虑
供应商可能认为评估过程昂贵、费时（认为它可能不会最终带来可盈利的业务）	确保尽量简化评估工作，与获得所需的信息相一致。作为评估的一部分，可以考虑试验订购
供应商可能会在评估中对保密信息的共享小心翼翼	准备签署保密协议

（4）建设性的反馈流程的好处

——向供应商提供有助于提升绩效和竞争力、有利于未来业务发展的信息。

——给供应商一些收益，让他们为评估过程的投入能有所回报。

——让供应商对买方的评估和选择过程留下一个正面的印象，让他们对未来的供应源搜寻或者招投标抱有信任和信心。

——有助于在买方和未来的潜在供应商之间维持良好的关系。

——有助于维持买方在供应市场中公平、积极、合乎商业道德、供应源搜寻过程透明度高的声誉。

2. 供应商开发团队的选择与职责

（1）买方-供应商关系中的差异、障碍和冲突的内在原因

——双方之间利益的冲突。

——买方与供应商采用对抗性方法。

——双方间势力不平衡。

——缺乏信任。

——人事变动。

——沟通故障。

——不满意。

——商业因素。

（2）关系衰退买方如何管理

——建立并加强务实的、客观的采购决策标准，辅之以明确的价格数据等。

——重新界定以前分配来管理和执行伙伴关系的人的角色。

——建立松散的交易型采购。

——为日常性采购建立准确的价格库和质量要求，并为比较和合同签订提供清晰的指导方针，以便于用户部门进行采购。

（3）建设性冲突的作用

——澄清问题和权利关系。

——将注意力集中到问题解决上。

——将误解、失望、敌对和抗拒公开，对它们进行处理。

——鼓励对各种想法进行试验和质疑，避免"团组思维"和自满的风险。

——强调改善沟通的必要性。

（4）供应关系破裂的原因

——买方或供应商战略目标或状况发生变化，结果另一方不再适合它的需要。

——进入市场的新供应商提供了供应商无法与之相比的产品、服务或条款。

——冲突，缺乏沟通或关系困境使得关系不那么有效、不那么值得进一步投资，或表明对真正的同盟不再有承诺。

——供应商质量或交付绩效不佳，特别是在违约违法导致法律争端、造成买方与供应商之间严重不和的情况下。

——经济因素使供应商或买方财务上不稳定或处于风险中，这样另一方需要找到未来供应或业务的替代来源。

——买方或供应商组织中管理、人事、文化或体系等方面的变革，造成另一方可能没有能力解决的新的不兼容性。

（5）供应关系终止的原因

——双方通过通知或协议终止关系，如在合同期限结束的时候。

——有对抗性或惩罚性情况出现。

——合同完成。

如：在供应商违约或履行不令人满意的情况下，或者在内部供应链中员工有不当行为时。

（6）供应关系终止的过程

——时机（终止应该与当前协议或合同期满相一致）。

——关系方面（应当建设性和专业性处理，在合适情况下给未来业务留下可能）。

——法律上的考虑（起草合同需要考虑财务后果等问题）。

——接管问题（终止供应关系前，组织应该采取步骤保证供应连续性）。

3. 供应商绩效评价

(1) 供应商奖励

——分期付款、绩效付款或者提前交货提前结款(收货即付)。

——设定具体的与认可或奖赏挂钩的关键绩效指标(KPI)。

——分享收入、利润或收益。

——许诺长期合作或者加大采购额。

——把订货量固定下来或保证最低订货量。

——许诺长期业务协议或增加业务量,或者给予"优先供应商"地位。

——创新的机会。

——对于产品或服务可以实行逐年减少的封顶价。

——为产品开发提供支持。

——实施供应商奖励计划。

——正面反馈。

(2) 供应商激励

——平衡。不能只强调绩效的某一方面而导致其他方面受到损害,包括一些隐性的方面。

——奖励标准要明确,不能过于狭隘,以免因片面地追求某方面成果而扼杀灵活性和创新,只重结果而忽视方法也不好。

——必须公平且易于监督。

(3) 供应商惩罚

——对绩效不佳的供应商减小交易额。

——将对方排出批准的或首选的供应商名单。

——将糟糕的供应商的等级评分公之于众(点名批评)。

——在合同中写明罚则,规定如果因供应商未能按要求履行合同导致买方损失的,买方可以提出索赔。

(4) 供应商绩效评价的作用

——帮助买方识别质量高、绩效优的供应商。

——表明为了改进供应商的绩效应当(或需要)如何提升与供应商的关系。

——有助于保证供应商履行他们在合同中的承诺。

——激励供应商保持和/或持续改进他们的绩效水平。

——通过识别问题及原因或者识别需要得到支持和开发的领域,从而显著提高供应商绩效。

(5) 绩效评价

供应商绩效评价是将供应商当前的绩效与如下各项进行对比:

——已定义的标准绩效(如 KPI 或 SLA),以确立是否实现了目标绩效或达到了议定的绩效水平。

——以前的绩效,以发现趋势是恶化还是改善。

——其他组织(供应商、采购部门)的绩效或者标准标杆,以便找出与最佳实践标准或者竞争对手相比还差在哪些地方,哪些地方还可以进一步改进。

（6）关键绩效指标

①含义

关键绩效指标是一些清楚的、定性的或定量的说明,它定义了在一些关键领域适当的或期望达到的绩效,对照这些指标,可以对进展及绩效进行测量。

②制定 KPI 的过程

——识别关键成功要素(CSF)。

——识别每个 CSF 的成功/改进目标。

——与利益相关者制定 KPI 并达成一致。

③使用 KPI 作为绩效指标的一些好处

——改进关于绩效事宜的沟通状况。

——激励实现或改善特定绩效水平。

——通过整合的或双向的绩效测量,推动买方和供应商的协作关系。

——可以进行直接的年度绩效比较,找出改善或恶化趋势。

——关注关键结果(即关键成功要素)。

——明确地确定共同的目标,促进跨职能及跨组织的团队工作及关系。

——减少由于目标混乱或期望值不明确可能导致的冲突。

（7）对供应商绩效设定关键绩效指标获得益处

——设定明确的绩效标准及期望值。

——管理供应风险。

——支持合同管理。

——找出绩效水平高的供应商,以便将其列入批准的或首选的供应商名单。

——找出有可能与之建立更密切的合作伙伴关系的高绩效水平的供应商。

——提供反馈,以便不断学习并持续改进买方与供应商的关系,这对供应商和买方都是有益的。

（8）供应商绩效的总的 KPI(见表 3-4-10)

表 3-4-10　供应商绩效的总的 KPI

成功要素	关键绩效指标(KPI)示例
价格	基本采购价格(和/或与其他供应商相比的价格) 成本减少额度或百分比
质量和符合性	拒绝率、故障率或废品率(或者服务故障) 客户投诉数量 坚持质量标准(例如 ISO9000)和/或环境和道德标准和政策
交付	交付延迟、错误或不完整发生的频率或百分比 足量按时交付的百分比(即 OTIF)
服务/关系	客户经理的技能及合作态度 满足要求和处理问题的迅速程度 遵守售后服务协议的情况
财务稳定性/资源	兑现财务承诺及要求的能力 保持质量及交付的能力

（续表）

成功要素	关键绩效指标(KPI)示例
创新能力	建议的或实施的创新数量(和/或研发的投入) 跨组织创新团队的协作意愿
技术竞争力/通用性	销售或采购实现交易电子化的百分比 技术崩溃的数量
整体绩效	将其他供应商对标 对持续改进的承诺(例如提出和实施的建议的数量)

④ 设立绩效目标与评估方法

（1）供应商绩效评估的作用

——帮助识别质量最好或绩效最佳的供应商。

——显示应该如何或者是否需要处理与供应商的关系，以提高他们的绩效。

——帮助确保供应商履行合同中的承诺。

——激励供应商保持或不断提高绩效水平。

——通过找出可以消除或改正的问题，以及供应商需要哪些支持或提升，从而极大地提高供应商绩效。

（2）供应商监督与评审的实施方法

——不间断的监督在有些背景下是可行的。

——更为普遍地，我们可以在一个过程、项目或合同的关键阶段对绩效进行监督。

——定期检查也很常见。

——项目和合同完成后评审目的是交流反馈意见，并且借鉴任何未来用得到的经验教训。

（3）供应商等级评定

①等级评定含义

等级评定是指一种评估方法或对绩效打分。

②方法

——供应商等级评定的一种常用的方法是使用供应商绩效评估表，即一份关键绩效要素的检查表，供应商经理对照该表将供应商绩效评估为良好、满意或不满意。

——另一种方法是要素评级法，即对每个关键评估要素打分。

 本章思考题

1.合同管理的目的是什么？

2.请列举供应风险和市场风险的可能例子。

3.请举例说明 STEEPLE 因素如何影响买方与供应商关系。

4.请描述可能产生法律风险和合规风险的因素。

5.列出国际供应源搜寻中的特定风险。

6.列出供应商转换的成本与风险。

7.列出信息保障计划可以采取的一些措施。

8.风险管理周期包括哪些阶段？

9. 列出风险登记簿的典型内容。

10. 一旦合同签订,买方接受的持续责任是什么?

11. 列出合同管理的关键要素。

12. 列出建设工程合同承包人可以索赔的几个案例。

13. "单点联络"是什么意思?

14. 供应商客户管理的好处有哪些?

15. 列出合同行政管理的基本程序。

16. 解释替代性争议解决方法(ADR)或有效争议解决方法(EDR)的含义。

第四部分

仓储与物流管理

第1章 库存管理

经过千百年的发展,如今的仓储已经不再是单一的存储功能,它已经嵌入到企业的物流管理,乃至供应链管理的业务中。原来很多的单一存储功能的仓库,也逐渐演化成动态的、具有多种功能的物流中心,理论上,物流中心的概念大于仓库。仓库仅是物流中心的一种主要形式,围绕着"物"作业,而很多运输和快递业务,也需要物流中心,如车厂、集散地、分拨中心等。

随着国际采购带来更高的复杂性,现代仓储管理更多地聚焦于在更高的客户服务水平与更低的库存量运营成本之间进行权衡取舍。

◎ **本章目标**

1. 理解库存管理的重要性。
2. 掌握库存管理的关键内容。
3. 理解库存对财务的影响。
4. 熟悉库存主管的作用。

≫≫≫ 1.1 库存管理的重要性

1.1.1 库存在营运资金周转中的地位(见图4-1-1)

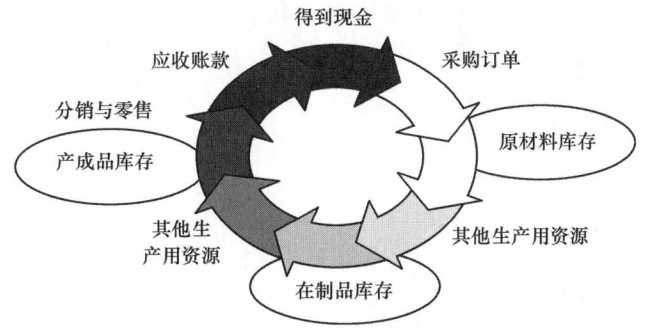

图4-1-1 库存在营运资金周转中的地位

1.1.2　库存管理的目的

(1)分析和评价供应链对保持库存的需求量。

(2)预测原材料和零配件需求量。

(3)建立库存监控和供应计划与控制机制。

1.1.3　企业需要保持一定的采购品库存的因素

(1)需求预测失误。

(2)供应商供货的不确定性和延迟。

(3)供应商最小订货量。

(4)供应商交货间隔。

(5)存货方法与政策。

(6)库存补充间隔及数量。

(7)战略性存储。

(8)采购价格优势。

(9)对用户的前置期短于供应商的前置期。

(10)寄售。

(11)交货成本的最小化。

(12)供应链库存。

(13)预留和预防性库存。

>>>> 1.2　库存管理的关键内容

1.2.1　仓库管理者必须实现的主要目标

(1)最大限度地按时、按量满足订货需求。

(2)仓储运作成本的最小化。

(3)库存周转率的最大化(即物料在库时间的最小化)。

(4)对需求的反应时间和发货差错量的最小化。

(5)保持库存产品的质量、价值和安全。

1.2.2　库存成本内容

(1)仓库租金。

(2)人工费用。

(3)短期银行贷款成本。

(4)防止偷盗及损坏费用。

(5)报废物资的处置费用。

1.2.3　良好库存管理的关键

(1)库存的水罐模型(见图4-1-2)。
(2)降低库存(罐中的水)的方法:
①控制供水管龙头的人可以直接与控制出水管龙头的人进行沟通。
②更为理想的是,能够与预测降雨量和掌握用水需求的人直接沟通。

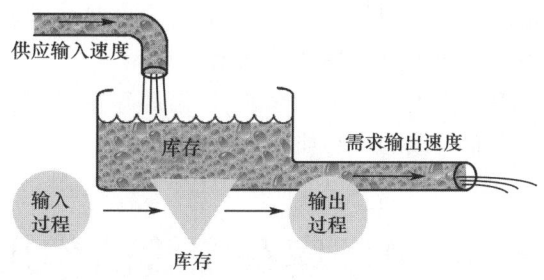

图 4-1-2　库存的水罐模型

1.2.4　库存主管应定期接触的人员

(1)供应商。
(2)物流供应商。
(3)海关官员。
(4)本公司各部门人员(如:采购、物流、生产、维护、营销及销售等部门人员)。

1.2.5　库存主管保持沟通的方式

(1)简单的日常电话、传真或电子邮件联系。
(2)通过计算机网络进行自动数据交换。

1.2.6　数据交换的方式

(1)物资需求计划(MRP)。
(2)企业资源计划(ERP)。
(3)有效用户反应(ECR)系统。

>>>> 1.3　库存对财务的影响

1.3.1　保持库存相关的主要成本

其包括:
(1)库存占用资金成本。
(2)固定仓储成本。
(3)可变库存成本。
(4)库存管理成本。

（5）库存的变质、丢失与废弃成本。

1.3.2 库存缺货成本

（1）供应延迟造成的销售损失。

（2）不能及时和全部交货所造成的商誉及付款延迟损失。

（3）为满足紧急订单所导致的更高运输成本。

（4）生产过程中断导致的裁员、开工不足和更高单位产品资源成本。

（5）由于投入品短缺导致的生产计划活动的低效率。

（6）以高于正常水平的价格进行小批量采购，以解决短期供应不足。

（7）从非正常系统采购而导致的产品质量或规格差异。

>>>> 1.4 库存主管的作用

1.4.1 库存主管的主要职责

（1）优化库存水平。

（2）减少库存成本和供应品种。

（3）达到或超过国际上质量和可追踪性标准。

（4）实现服务水平最优化和库存周转率的最大化，同时降低错误率。

1.4.2 库存主管的主要目标和职责（见图4-1-3）

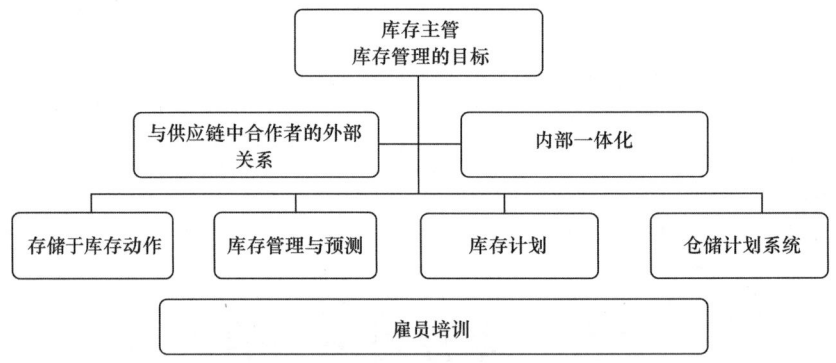

图 4-1-3 库存主管的主要目标和职责

 本章思考题

1.简述库存管理对企业的重要性。

2.企业为什么要保持一定的采购品库存？

3.库存不足的成本包括哪些？

4.库存主管的主要目标有哪些？

第2章　库存设定

对新的企业来说,支持生产和配送所需的仓库数量和供应链战略有关。他们是在设计一个新的物流网络。

◎ **本章目标**

1. 理解库存设定的一般原理。
2. 熟悉库存管理及供应链战略及需求预测。
3. 掌握库存前置期管理的方法。
4. 熟悉企业资源管理的基本原理。

≫≫≫ 2.1　库存管理及供应链战略

2.1.1　精益生产原理

1. 七种浪费对供应链绩效的危害

(1)过量生产。

(2)等待。

(3)运输。

(4)加工处理不当。

(5)不必要的库存。

(6)不必要的活动。

(7)缺陷品。

2. 精益管理特点

(1)基本思想:JIT(JUST IN TIME)——只在需要的时候,按需要的量生产需要的产品。

(2)手段:消除和减少浪费,不断改善。

(3)目标:零库存快速应对市场变化。

3. 精益模式在解决供应链问题上的优点

(1)解决供应链上的浪费。

(2)成本得到控制。

(3)效率得以提高。

4. JIT 系统的理想结构

(1)在供应链上的每一个地方的库存都非常少。

(2)减少占用流动资金。

(3)实现整个供应链上的快速的产品产出。

(4)协调迅速地信息流动。

5. 灵敏供应链取决于两个重要因素

(1)一体化。

(2)灵活性。

6. 精益战略和灵敏战略的正确选择

(1)当价格和质量是实现市场优势的因素时,精益战略是最好的战略。

(2)当客户服务和响应是实现竞争优势的因素时,应运用灵敏战略。

2.1.2 库存所掩盖的问题(见图 4-2-1)

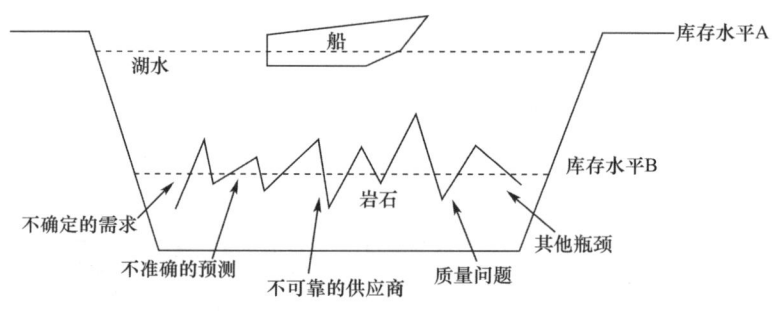

图 4-2-1 库存所掩盖的问题

2.1.3 供应链管理

1. 供应链传统观念认为

(1)如果正在提供高品质的产品,将不得不牺牲快速交货和低成本。

(2)如果想要快速交货,这将会导致质量低劣和高成本。

(3)如果想使产品成本很低,也不能实现高品质和快速交货。

2. 成功供应链的优势在于

(1)以低成本高品质迅速交付产品。

(2)在整个供应链上减少库存水平。

(3)减少质量检测和缺陷修整环节。

3. 推进式战略与拉动式战略最有效的情况

推进式:

(1)产品是标准的,变化很小,需求量很大。

(2)需求相对明确,而且不会有太大变化。

(3)用户希望即时现货供应。

拉动式:

(1)产品构造可变性很高,并经常变化。

（2）需求不确定,变化也很大。

（3）用户为了得到他们想要的准确产品,准备等待较长时间。

4. 用户管理库存安排的优劣势

优势:

（1）由用户提供存储空间。

（2）随用随付款的合约,用户节省订货费用。

（3）采用远距离库存管理系统,可实现自动补充库存。

（4）由用户负责再订货。

（5）可以定期对产品使用和付款情况进行检查。

劣势:

（1）灵活性受到限制。

（2）库存周转速度降低。

（3）精心确定库存水平,防止供应商资金周转期的延长和用户信用成本的增加。

>>>> 2.2　需求预测

2.2.1　需求的三种主要形态

（1）趋势。

（2）随机波动。

（3）季节性。

2.2.2　需求预测的困难

（1）预测有时大于实际需求,有时小于实际需求。

（2）需求预测的方法往往是根据以往的数据推测未来。如果发现了新的影响因素(如经济突然下滑,新的竞争产品上市,等等),便可以用预测纠正这种推测。

（3）基于以往数据进行预测的时期越长远,预测误差就越大,也就会导致越大的库存失衡。各种预测的复杂程度和准确程度有很大的不同,应尽量减少对预测的依赖。

（4）预测技术的选择将主要取决于针对的需求形态。

2.2.3　需求预测的组成

（1）画出"最佳拟合"趋势线。

（2）移动平均数。

（3）移动加权平均数。

（4）移动指数加权预测。

（5）趋势和季节性调整的预测。

▶▶▶ 2.3 库存前置期管理

2.3.1 前置期对库存的影响

1. 福里斯特理论

(1)福里斯特系统动力学模型说明了缺货概率是如何随着内部前置期的延长而增大的。下面以一家零售商向消费者销售鞋子为例来介绍(见图4-2-2)。

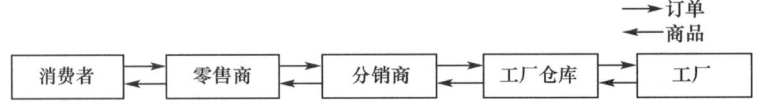

图 4-2-2 订单及商品沿供应链在消费者和工厂之间的流动过程

(2)福里斯特效应表明,延迟会使订货量沿着供应链变得越来越大,或者被放大,并导致供应链的不稳定性和库存水平的提高。

2. 用于缩短前置期和提高前置期估计准确性的技术

(1)平衡线(LOB)供应商监视。

(2)供应商管理库存(VMI)。

(3)电子数据交换(EDI)。

(4)企业流程再造(BPR)。

(5)产业和政府动议。

2.3.2 不同供应链的特征

1. 传统纵向供应链的特征

(1)以市场中的主导企业为中心。

(2)按照顺序的和市场化交易的作业过程。

(3)缓慢和逐级的沟通过程。

(4)易于发生错误,非计算机式互动。

(5)预测信息不准确。

(6)供应链延迟乘数效应。

(7)各供应商或用户之间大量的缓冲或安全库存。

2. 集成化供应链的特征

(1)以用户需求为中心。

(2)集成的和协同的运作过程。

(3)快速、即时的沟通。

(4)准确、计算机化的互动。

(5)对合作延迟的解决方案。

(6)供应链延迟乘数效应很小。

(7)预测水平的改进与库存的减少。

2.3.3 电子数据交换(EDI)的使用范围及优劣势

1. EDI 内涵

EDI 是指电子数据交换(Electronic Data Interchange)。EDI 不是用户之间简单的数据交换,EDI 用户需要按照国际通用的消息格式发送信息,接收方也需要按国际统一规定的语法规则,对消息进行处理,并引起其他相关系统的 EDI 综合处理,是计算机之间信息的电子传递,而且使用某种商定的标准来处理信息结构。整个过程都是自动完成,无须人工干预,减少了差错,提高了效率。

一个 EDI 信息包括了一个多数据元素的字符串,每个元素代表了一个单一的事实,比如价格和商品模型号等,相互间由分隔符隔开。整个字符串被称为数据段。一个或多个数据段由头和尾限制定义为一个交易集,此交易集就是 EDI 传输单元(等同于一个信息)。一个交易集通常由包含在一个特定商业文档或模式中的内容组成。当交换 EDI 传输时即被视为交易伙伴。

EDI 系统由通信模块、格式转换模式、联系模块、消息生成和处理模块等 4 个基本功能模块组成。

2. 使用范围

(1)成熟的制造企业。

(2)政府采购业务。

(3)增值网络的国际通信。

3. 优点

(1)加快响应速度,缩短周期时间。

(2)减少差错、库存和管理活动所导致的成本。

4. 缺点

(1)高安装费用及支持成本。

(2)需要各方对相关领域的信息和数据词表进行协调和统一。

(3)需要灵活和授权的组织结构,该结构下放了责任以便激发基层组织获取最大盈利。

2.3.4 连锁供应(ECR)系统

1. ECR 系统内涵

ECR(Efficient Consumer Response)系统是指连锁供应系统,是为了给消费者提供更高利益,以提高商品供应效率为目标,广泛应用信息技术和沟通工具,在生产厂、批发商、零售商相互协作的基础上而形成的一种新型流通体制。由于 ECR 系统是通过生产厂商、批发商、零售商的联盟来提高商品供应效率的,因而又可以称为连锁供应系统。

2. 使用范围

(1)在产品质量、包装、信息交换、货物搬运和运输等方面实现供应商与用户的集成。

(2)实现可靠的物流和生产运作。

(3)生产与需求保持同步。

(4)制造商、经销商和用户配送中心的合理化,引用越库作业。

(5)可以实现对零售商店的连续补货,进而减少或消除零售点的仓库需求。

(6)实现商店订货的标准化。

2.4 企业资源管理（ERM）系统

2.4.1 ERM 系统

1. ERM 系统内涵

ERM（Enterprise Resource Management）系统是指企业资源管理系统，是服务企业的信息化综合管理平台。

2. 四种企业管理方法

（1）制订资源计划。

（2）准时制。

（3）最优化生产技术。

（4）项目计划与控制和项目评价与检查技术。

3. 制造企业应用的两种主要系统

（1）推动系统。

（2）拉动系统。

4. 主要生产进度计划

（1）主要生产进度计划是 ERM 系统的最重要的输入之一。

（2）主要生产进度计划见图 4-2-3。

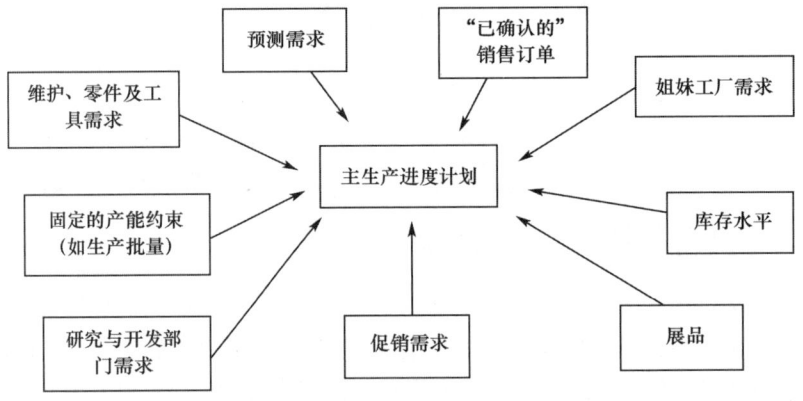

图 4-2-3 主要生产进度计划

2.4.2 MPS 数据库

1. MPS 系统内涵

MPS（Master Production Schedule）是指主生产计划。

MPS 是产成品的计划表，描述一个特定的产成品的生产时间和生产数量。MPS 是一个决定产成品生产排程及可承诺量（ATP）的程序。

依据 MPS，MRP 得以计算在该完成品需求之下，所有组件、零件以至原材料的补充。MPS 不是销售预测，不代表需求。

MPS 须考虑生产规划、预测、待交订单、关键材料、关键产能及管理目标和政策。除了材料外,MPS 也是其他制造资源的规划基础。

2. 所涉及的领域

(1)设备。

(2)人工能力。

(3)生产的协同化和互相依赖化。

(4)库存。

(5)物料清单。

(6)采购与前置期。

(7)交货计划。

3. 物料清单内容及编制特点

物料清单内容:

(1)所有用于完成一件最终产品的原材料;

(2)采购的零部件及自制零部件;

(3)采购的以及自制的组件和部件。

编制特点:

(1)按产品分级结构;

(2)按组装层次。

2.4.3　MRP 系统

1. MRP 系统内涵

物资需求计划(Material Requirement Planning,MRP)即指根据产品结构各层次物品的从属和数量关系,以每个物品为计划对象,以完工时期为时间基准倒排计划,按提前期长短区别各个物品下达计划时间的先后顺序,是一种工业制造企业内物资计划管理模式。MRP 是根据市场需求预测和顾客订单制订产品的生产计划,然后基于产品生成进度计划,组成产品的材料结构表和库存状况,通过计算机计算所需物料的需求量和需求时间,从而确定材料的加工进度和订货日程的一种实用技术。

2. MRP 系统的主要需求

(1)需要准确的物料清单。

(2)需要准确的库存状态数据。

(3)需要准确的需求预测。

(4)必须拥有切实可行的主生产计划。

(5)需要准确的前置期预测。

(6)必须拥有经过良好训练的员工。

3. MRP 系统的弱点

(1)被看作生产导向而不是销售或营销导向。

(2)生产能力往往基于历史产出而确定。

(3)MRP 是推动型计划而不是拉动型计划。

(4)各作业与各生产阶段之间的前置期是基于最佳资源条件估计而事先确定的。

(5)MRP 系统是复杂和费时的。

2.4.4　DRP 系统所具有的益处

1. DRP 系统定义

DRP(Distribution Requirements Planning)系统是基于 IT 技术和预测技术对不确定的顾客需求进行预测分析以规划确定配送中心的存货、生产、派送等能力的计划系统。通过 DRP 系统可以实现成本、库存、产能、作业等的良好控制,从而尽可能使顾客满意。

2. 使用该系统的益处

(1)可以对负责的供应网络中的所有活动,包括对所有预期交易的效果进行模拟。

(2)有助于对各种可能发生的问题预先制定解决方案。

(3)可以明显地减少管理工作和相关的文书工作。

(4)将库存控制、仓库和运输管理系统结为一体。

(5)计划者可以改写某些或所有网点特定产品的通过计算。

(6)计划人员可以将到货限制在特定周期内,以便使到货时间符合已确定的运输计划。

2.4.5　提高企业净资产收益的重点

(1)用户服务。

(2)物流成本。

(3)库存。

(4)资产利用率。

(5)生产成本。

2.4.6　SCM/APS 系统

1. 系统定义

(1)SCM(Supply Chain Management)就是对企业供应链的管理,是对供应、需求、原材料采购、市场、生产、库存、订单、分销发货等的管理,包括了从生产到发货、从供应商到顾客的每一个环节。

(2)高级规划与排程(Advanced Planning and Scheduling,APS)系统利用许多先进的规划管理技术,包括限制理论(Theory of Constraints,TOC)、运筹学(Operations Research,OR)、遗传算法(Genetic Algorithms,GA)、限制条件满足技术(Constraint Satisfaction Technique,CST)等,在有限资源下,寻求供给与需求之间的平衡规划;同时,利用信息的储存与分析能力,以最短的期限,达到最有效的规划。

2. SCM/APS 系统包括

(1)采购与供应管理。

(2)生产。

(3)生产率度量。

(4)质量控制。

(5)运输。

(6)海关与货运代理。

(7)物流。

(8)库存和仓库管理。

3. **扩大范围 SCM/APS 系统包括**

(1) 生产设计。

(2) 物料采购。

(3) 零部件制作。

(4) 产品组装。

(5) 存储。

(6) 配送。

(7) 维护。

(8) 产品与服务再生回收。

(9) 废料处理。

2.4.7 JIT 系统

1. **JIT 系统内涵**

准时生产体制——JIT(Just in time)是日本丰田汽车公司在20世纪60年代实行的一种生产方式,1973年以后,这种方式对丰田公司度过第一次能源危机起到了突出的作用,后引起其他国家生产企业的重视,并逐渐在欧洲和美国的日资企业及当地企业中推行开来。这一方式与源自日本的其他生产、流通方式一起被西方企业称为"日本化模式"。

2. **JIT 的主要益处和消除浪费与延迟的表现**

——益处:

(1) 工作周期短。

(2) 生产设施的设计减少了生产准备时间。

(3) 质量问题可以被很快发现。

(4) 准备期的缩短可明显增强对用户需求的反应度。

(5) 拉动系统要求快速和明确的沟通。

——表现:

(1) JIT 要求简单化的生产过程。

(2) 全面防御式的维护减少了机器故障。

(3) 有效的流程布局。

(4) 生产准备期的缩短。

(5) 数据可见性成为可能。

(6) 合作式供应关系。

(7) 库存控制系统。

(8) 持续的改进。

3. **JIT 人员参与情况**

(1) JIT 管理者对员工进行授权。

(2) 所有人员,尤其是操作和办公人员都参与制定创新性的解决方案。

(3) JIT 强调团队目标和跨职能工作。

(4) 团队工作要求有多技能的员工。

4. **实施 JIT 的一些主要困难**

(1) 需要改变工人的态度,尤其是与团队工作(需要多技能)和接受过程改进所导致的新角色相关的态度。管理人员也往往难于接受对工人的授权。

（2）在持续改进和消除浪费、团队工作和 JIT 系统方面缺乏教育和培训会导致严重的实施延迟和附加支出。

（3）与不能支持 JIT 环境的供应商实行一体化，或通过不可靠的物流通路与供应商连接。

（4）公司的 JIT 系统，以及供应商和用户的 JIT 系统需要更好的管理和同步化，以支持 JIT 需求，包括 EDI 和条形码。

（5）往往不能实现总库存的减少，而且，在真正的 JIT 环境中，供应商应无须用寄售库存满足用户的需求。

（6）在库存降低和生产过程改变时会出现灾难性的停产，这会导致无法满足用户的需求。用户应当能够得知企业实施 JIT 的进展，并意识到这最终对他们是有益的。应制订和公布应急计划。

2.4.8　ERP 涵盖的领域及对企业的益处

1. ERP 系统内涵

ERP 是英文 Enterprise Resourse Planning 的缩写，中文意思是企业资源规划。它是一个以管理会计为核心的信息系统，识别和规划企业资源，从而获取客户订单，完成加工和交付，最后得到客户付款。换言之，ERP 将企业内部所有资源整合在一起，对采购、生产、成本、库存、分销、运输、财务、人力资源进行规划，从而达到最佳资源组合，取得最佳效益。

2. 使用范围

（1）制定和记录销售订单（销售）。

（2）零件预留、采购和交付（采购与供应）。

（3）确定工人作业进度和成本（人力资源）。

（4）当订单完成时，从库存账中减去零件成本，计入营业收入并开具发票（财务）。

（5）制造或组装所需产品（生产）。

（6）按订单将产品交付给客户（分销）。

3. 益处表现

（1）一般适用于一流的大型企业，但近期的版本也可适用于小企业。

（2）投资回报率达到 20% 或更高。

（3）投资回收期短于 5 年。

（4）一家 ERP 供应商有 9 000 个以上的用户，充分说明 ERP 的受欢迎程度。

（5）管制和报告要求迫使企业投资建立诸如 ERP 这样的计算机化的企业资源管理系统。

✐ **本章思考题**

1. 说明库存在供应链战略中的作用。

2. 推进式战略最有效的情况。

3. 提高企业净资产收益的 5 个重点。

4. 最为常见的预测技术。

5. ERP 对企业的益处。

6. JIT 在消除浪费与延迟上的表现。

7. JIT 的主要益处。

8. MRP 系统的主要需求。

9. DRP 系统所具有的益处。

第3章 库存计划

仓储管理系统,是一种专为管理整个仓库中物料的移动、储存而设计的计算机软件,这些软件为企业提供了弹性,其作业模式更像是"高速配速中心"。

在仓储作业中,库存计划是保证供应链环节增值的基础。

◎ 本章目标

1. 理解服务水平政策。
2. 会区分库存分类技术。
3. 理解追踪和减少品种的重要性及库存编码系统的内容。
4. 熟悉担保"流动抵押品"库存的流动和减少所受的限制要求。
5. 理解库存绩效对采购运营的影响。

»»» 3.1 服务水平政策

1. 服务水平的定义

(1)首次订货可以满足需求的百分比。

(2)首次订货可以满足需求的品种的百分比。

(3)现有库存满足需求次数的百分比。

(4)补充订货期可满足需求的百分比。

2. 解决完全满足需求服务与可接受服务水平两者间矛盾的方法

(1)与主要的内部或外部用户商定一个可接受的和可持续的满足其需求的服务水平,双方都要现实对待各自所关注的问题和各自的能力。

(2)确定库存政策:企业对用户的服务标准,在特定市场进行竞争所必须拥有的服务水平,以及用概率统计确定的未满足订单要求时会失去的用户数量。

3. 确定服务水平的统计学基础

设想有一种采购品种100个星期中的交货期需求状况,如下表所示(见表4-3-1)。

表 4-3-1 某品种前置期需求状况

交货前置期需求							
1周	480件	26周	360件	51周	410件	76周	640件
2	430	27	500	52	490	77	610
3	330	28	490	53	520	78	350
4	390	29	480	54	510	79	500
5	550	30	520	55	560	80	510
6	550	31	540	56	470	81	500
7	470	32	520	57	340	82	610
8	600	33	620	58	390	83	380
9	370	34	400	59	620	84	420
10	400	35	460	60	380	85	530
11	410	36	590	61	500	86	500
12	520	37	570	62	500	87	490
13	480	38	430	63	550	88	560
14	500	39	510	64	460	89	490
15	530	40	580	65	450	90	550
16	520	41	660	66	600	91	490
17	650	42	500	67	420	92	450
18	490	43	520	68	490	93	510
19	500	44	480	69	510	94	430
20	510	45	480	70	510	95	480
21	450	46	540	71	540	96	470
22	500	47	440	72	560	97	490
23	520	48	650	73	650	98	570
24	580	49	590	74	470	99	480
25	550	50	440	75	430	100	510

数值位于特定的区间之内。我们为本例所选择的数值区间见表 4-3-2,各区间范围为
50 单位。显而易见,不同的交货期需求状况对应于不同的区间范围。

◆将前置期需求数据分组。

表 4-3-2 前置期需求数据分组

区间	周百分比
325~374	5
375~424	10
425~474	15
475~524	40
525~574	15
575~624	10
625~674	5

表 4-3-2 可转换为图 4-3-1(直方图)。

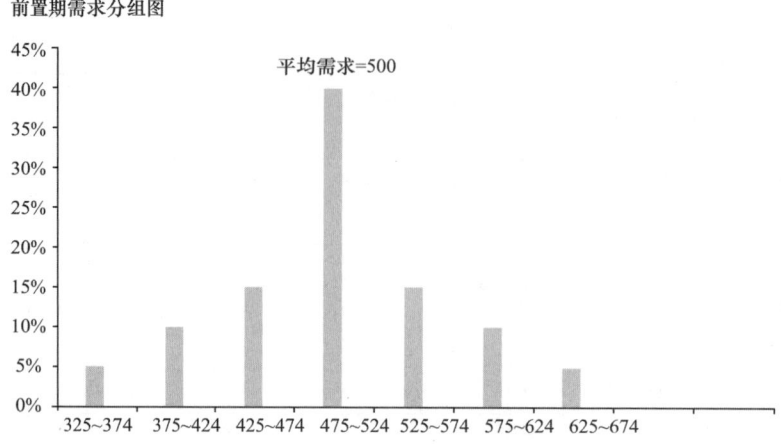

图 4-3-1　前置期需求数据分组

基于以上前置期需求状况,表 4-3-3 和图 4-3-2 表明了安全库存的增量将如何使服务水平的提高幅度越来越小。表 4-3-3 的根据是平均交货期需求为 500 单位。这意味着,如果再订货水平为 500 单位,平均缺货率便为 50%。随着再订货水平的提高,缺货率将下降,服务水平将提高。

安全库存增加导致的服务水平的提高见表 4-3-3。

表 4-3-3　安全库存增加导致的服务水平的提高

再订货水平	平均安全库存	服务水平%	安全库存增量	服务水平增量%
500	0	50	—	—
525	25	70	25	25
575	75	85	50	15
625	125	95	50	10
675	175	100	50	5

正态分布与标准差计算见图 4-3-2。

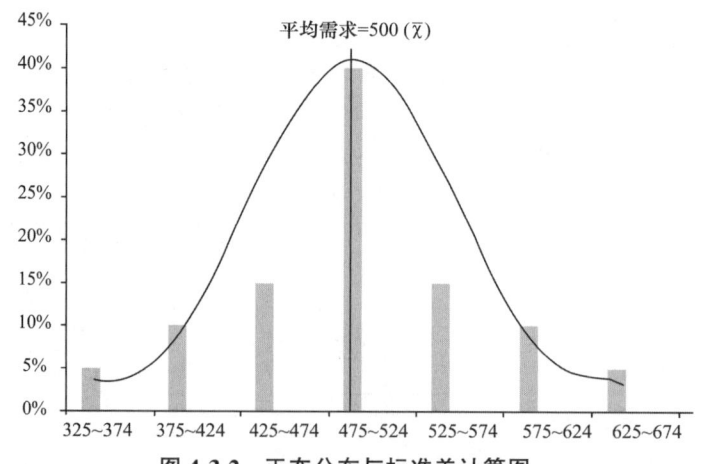

图 4-3-2　正态分布与标准差计算图

公式正态分布以平均值为基准度量偏差,所使用的统计参数为标准差(或 2)。标准差的计算为

$$\sigma = \frac{\sum_{n=1}^{x=1}(x^i - x)}{(n-1)}$$

◆平均值的偏差平方之和的计算见表 4-3-4。

表 4-3-4　平均值的偏差平方之和的计算

实际值 x^i	平均值 $\bar{x}$	高均差 $(x^i - \bar{x})$	高均差平方 $(x^i - \bar{x})^2$	高均差平方和 (累计)
480	500	−20	400	400
430	500	−70	4 900	5 300
				↓
				$\sum_{i=N}^{i=1}(x^i - \bar{x})^2$

当需求的确属于这一模式时,可以用正态分布计算达到特定服务水平所需要的标准差数量。在本例中,68 的需求落在平均值两侧各一个标准差范围之内,95 的需求落在平均值两侧各两个标准差范围之内。在利用计算机计算时,库存管理者可以规定所需的服务水平。计算机将把它转换成标准差所代表的安全库存数量,该数量为实现规定服务水平所必需的库存数量。通过将上述公式应用于前面的需求数据,我们得出标准差为 72.35 单位。由于平均值为 500,这意味着 68 的需求将落于 500 ±72 的范围之内,即处于 428 和 572 单位之间。由于根据定义,50 的需求处于平均值 500 以下,这便意味着,84 的需求(即 50 加上68 的一半)将处于 0 和 572 之间。我们对本例的分析结论为,如果再订货水平确定为 572(即安全库存为 72),那么服务水平便为 84,见图 4-3-3。

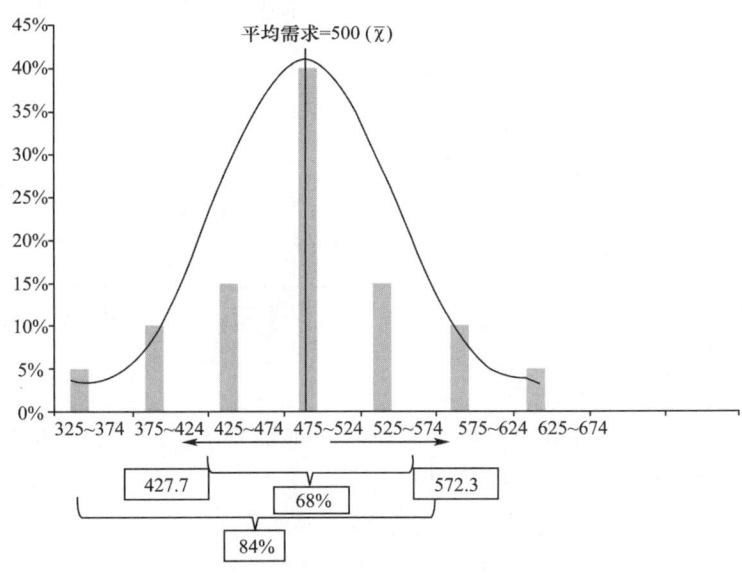

图 4-3-3　正态分布图

4. 对安全库存进行统计计算的局限性(通过上述案例)

(1)该方法计算非常费时,除非得到计算机库存系统的支持。

(2)为建立系统和选择适合各库存品种实际需求模式的数学概率分布,必须进行多种详细的测试。在某些场合,正态分布足以满足要求。而对那些数量少且间断的需求,更适合于用泊松分布。在某些分布中,需求模式是偏向一边的。为确定是否选择了正确的理论分布,需要对一定时期的交货期需求进行分析,并需要对假设分布的适应性进行测试。

(3)在使用计算机系统时,对作为安全库存依据的服务水平的定义或许并非最适合于当前企业。

(4)任何一种确定适当服务水平的技术都没有将用户转换考虑在内。但在现实中,用户很可能在开始时需要一种商品,而在该商品缺货时又会选择另一种商品。

(5)各种订货或需求之间的相互作用和相互依赖性没有被考虑到。

>>>> 3.2 库存分类技术

3.2.1 ABC 分析法

1. ABC 分析法的特点

(1)最为有效的库存管理技术之一。

(2)利用该技术很方便地确定最小和最大库存水平。

2. ABC 分析法案例说明

假设总共有 6 个采购项目,本案例为简化起见,已计算了公司采购的 6 类品项的平均周使用价值,见表 4-3-5。

表 4-3-5 公司采购的 6 类品项的平均周使用价值

品项编号	平均周使用量	χ 单位价值(价格)元	= 平均周使用价值
1	3	2.5	7.5
2	2.5	1	2.5
3	20	5	100
4	175	2	350
5	1	10	10
6	15	2	30

按使用价值对品项进行分类后,我们计算了累积使用价值及其相应的百分比。我们将库存品项划分为 A、B 和 C 类(见表 4-3-6)。

3. ABC 各类品项的划分标准

(1)A 类品项的库存应当保持在最低水平。一般而言,这类品项将占有公司总采购支出的 60% 至 70%,但却仅占有总库存品项数的 10% 至 15%。对于 A 类品项,企业要通过投入更多的努力和使用更好的控制系统,而不是靠更多的库存,来保持高服务水平。

表 4-3-6 对采购品项的排序和 ABC 分类

品项编号	周使用价值(元)	总价值排序	累积使用价值	占总使用价值的百分比(%)	累积占总使用价值的百分比(%)	ABC 分类
4	350	1	350	70	70	A
3	100	2	450	20	90	B
6	30	3	480	6	96	C

（续表）

品项编号	周使用价值（元）	总价值排序	累积使用价值	占总使用价值的百分比（%）	累积占总使用价值的百分比（%）	ABC 分类
5	10	4	490	2	98	C
1	7.5	5	497.5	1.5	99.5	C
2	2.5	6	500	0.5	100	C

（2）C 类品项的管理方法与对 A 类的正相反。为了节约精力和成本,对这类品项的控制程度保持在最低水平。另一方面,库存水平可以保持在高水平,因为库存成本很低。大批量进货减少了交易次数与缺货风险。这类品项通常只占企业支出的 10% 至 15% ,但却占库存品项总数的 60% 至 70%。

（3）B 类品项,该类品项的支出和库存品项数比例通常为 20% 至 30%。在库存水平与管理和控制程度两方面,B 类品项都处于 A 类与 C 类品项之间。

3.2.2　使用 SKU 库存政策

1. 使用 SKU 库存政策的原因

（1）在某些产业,库存需求的变化要求使用特定的存储单元（SKU）。

（2）存储单元可以以尺寸、颜色或其他技术特性为定义标准。季节性变化或某些其他周期性因素也会影响特定产品组中不同存储单元的需求。

（3）在这种场合,用 ABC 方法进行分类不足以保持服务水平和降低库存成本。只采用 ABC 分类法,为保持所有存储单元的供给,就需要持有过多的库存。因此,需要有一种能够反映 ABC 类别产品中各存储单元行为模式的系统。

2. SKU 库存政策的案例

——画出某个生产过程中使用的两种不同尺寸的部件 A 的月需求量（见图 4-3-4）。

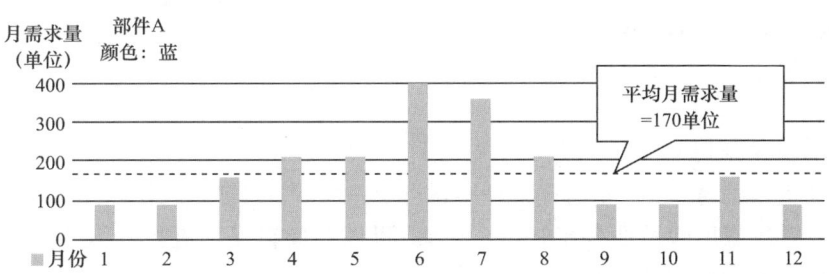

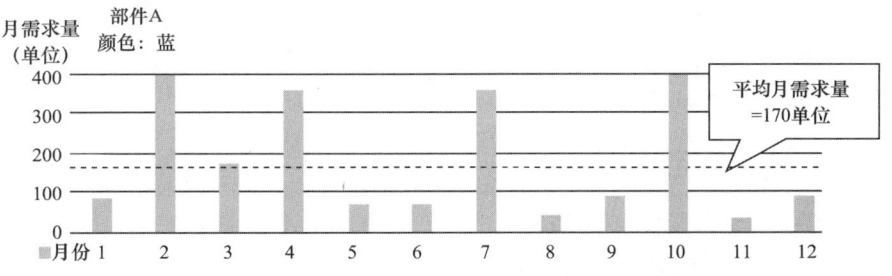

图 4-3-4　生产过程中使用的两种不同尺寸的部件 A 的月需求量

——尽管两种颜色产品在一年中的平均需求相同,对蓝色产品的需求要比对绿色产品的需求更容易预测。蓝色产品需求的变化量只是月平均需求的 2 倍,而绿色产品需求的变化量则高达月平均需求的 4 倍。回顾前面讨论过的安全库存的计算,我们可以看到,这一重要的大幅度变化因素并没有被我们的例子所包括。

——为满足对两种颜色的部件 A 的需求,若采用简单的 ABC 分类法库存政策,制造商持有的绿色品种库存,便需要比蓝色品种大得多。但若根据库存单元水平需求而对库存进行微调,库存主管便可以减少库存成本与风险。

3. **SKU 库存政策的案例中存在的危险性**

(1)按产品线建立库存补充和监测政策,而不考虑尺寸或颜色等因素导致的需求变化差别。

(2)公司的生产要求对两种颜色的部件 A 至少达到 95 的服务水平,不能满足这些要求会导致停工。

3.2.3 三种可能的管理方式

(1)缺货率的最小化。

(2)平均缺货与库存持有成本。

(3)减少库存和供应风险,寻求最佳收益。

3.2.4 将供应风险观念与影响公司业务观念相结合

1. **供应风险水平包括**

(1)供应商交货延迟风险。

(2)物流链上某些环节的延迟风险。

(3)供应商产品质量缺陷及补救风险。

(4)运输损失及丢失风险。

(5)价格或物流成本突然上升风险。

2. **产品缺货对企业的影响**

(1)生产的停顿。

(2)失效。

(3)项目实施的延迟。

(4)对公司关键业务,如研究与开发业务的干扰。

3. **结合考虑供应风险及业务影响两个因素,可以对库存品项进行分类**

(1)H=高影响/供应风险。

(2)M=中度影响/供应风险。

(3)L=低影响/供应风险。

(4)N=可忽略的影响/供应风险。

3.2.5 供应定位模型

1. **供应定位模型分解的 4 类品项**

(1)常规(低支出、低影响/供应风险)。

(2)杠杆(高支出、低影响/供应风险)。

(3)瓶颈(低支出、高影响/供应风险)。

(4)关键(高支出、高影响/供应风险)。

❷. 供应定位模型反映的三个库存管理的问题

(1)安全库存水平。

(2)监视与控制程度。

(3)检查周期。

»»» 3.3　可追踪性和减少品种

3.3.1　追踪库存的重要性

❶. 追踪库存品项和使用的重要性原因

(1)减少不必要品种的数量。

(2)便于在库存盘点和年度库存查账时发现差错。

(3)能够确认要从库存中抽出的品项,这类品项由于某种安全原因而需要被召回时可能要退还供应商。

❷. 减少品种的六个步骤

(1)对产品及采购的零部件,采用功能强大的、精确的层级式库存识别码,在整个企业中采用一致的编码系统。

(2)列出公司产品物料清单中的所有品项,按库存识别码分类,同时标明供应商识别码或参考代码。

(3)根据支出和影响/供应风险水平,将该清单进一步分类(常规、杠杆、瓶颈和关键品项)。

(4)首先对最后一位或两位编码数字相同、但来自不同的供应商或拥有不同产品描述的常规品项进行详细的研究。

(5)对这类品项进行抽样,考察为什么选择了不同的供应商。

(6)之后,确定该品项的独特性有否必需或变更为相同的品项。

3.3.2　盘点的重要性

❶. 需要进行盘点的原因

(1)在每一会计报告期期末,企业都要从其库存记录中直接得到所持有库存的价值,并将其不加调整地记入利润表和资产负债表。这会直接影响到公司的变现能力和盈利水平。

(2)公司账目与实物库存在数量和价值上的任何不符都会直接影响到管理者对企业财务状况和生存能力的理解。

(3)库存记录、实物库存和使用速度之间的任何差错都会导致对生产的干扰,无法按期交货,安全库存水平的提高,现金的短缺,以及最为极端的——企业关闭。

❷. 库存清点需求与作用

(1)财务报告,例如年末报表和保险审计。

(2)安全和防止舞弊。

(3)确保库存补充决策以准确的库存数据为基础。

（4）确保高效利用存储空间。

（5）确保库存产品不变质，进而可以立即为生产过程所使用。

（6）显示在非计划存储区，诸如维修服务车和流动工作站暂时积累的库存。

3. 盘点的两种主要方法

（1）定期盘点。

（2）连续盘点。

4. 定期盘点的缺点

（1）工作量大（一般需要进行一至两天）。

（2）作业人员缺乏良好的训练，库存盘点往往会发生错误。

（3）由于盘点过程造成的干扰，定期盘点往往每年只进行一次。有的差错要整整一年后才被发现。

5. 连续盘点法中用 ABC 分类法对不同类型的产品进行盘点（例）

（1）所有 A 类产品每 2 个月盘点一次。

（2）所有 B 类产品每 6 个月盘点一次。

（3）所有 C 类产品每 12 个月盘点一次。

6. 连续盘点法中用 ABC 分类盘点的优势

（1）保证按预定周期对所有品项进行盘点。

（2）连续性周期盘点可规避上述定期盘点所具有的缺点。该方法还意味库存最少、缺货可能性最大的高价值 A 类品项得以更为频繁的盘点。

（3）采用连续性周期盘 A 可以对总体库存水平进行经常性的准确估计，进而可以及时发现总库存水平方面的问题。

7. 盘点可以实行的偏差允许度

（1）A 类品项：±1%。

（2）B 类品项：±3%。

（3）C 类品项：±5%。

⟫⟫⟫ 3.4 库存编码系统

3.4.1 库存编码

1. 理性的库存编码应具有的特点

（1）适合于企业的业务领域，容量足以包括企业所采购的所有产品。

（2）当企业的业务和所采购的产品发生变化时，编码系统能够适应这种变化，并能够针对环境变化而进行调整。

（3）结构合理、简单、清晰、易于使用。

（4）尽可能地简要。

（5）足够细致和准确，以便能够区分库存产品，并认证每一数码只对应一件单独产品。

（6）附有适当的每一编码产品的说明性词表。

（7）与条形码或其他相应系统相连,以便于对产品进行电子化识别。

（8）能够考虑到相关法律和产业标准。

（9）便于同供应商和供应链上其他公司与组织交换产品信息。

（10）能够为所有编码使用者所接受。

2. 编码系统的类型

（1）简单顺序系统。

（2）结构式编码系统。

3. 简单顺序编码的优点及缺点

优点:

（1）新产品给予新编码时,不需要特殊的知识或对产品了解。

（2）易予扩展。当原用数码已被用尽时,可以对编码进行扩展。

（3）简要。由于编码是连续使用的,现有编码数量会与当前库存品种数量完全相等。

缺点:

（1）不利于品种的减少。这是由于编码系统中不存在可见的产品层级结构。

（2）难以记忆。类似的产品不一定有类似的编码。

（3）需要索引。通常需要另有一套单独品名索引,以便查找特定的编码。

（4）容易出错。字符的多写与少写都会构成另一个有效编码,进而容易产生差错并难以纠正。

4. 结构编码的优点及缺点

优点:

（1）便于减少品种。

（2）便于统一理解。通过避免产品品名或描述的依赖,结构编码有利于明确理解所指定产品,而须用语言描述。

（3）便于使用。每产品大类都可细分为多个子产品类。

（4）有内在的索引功能。由于编码的层级结构,每种产品的编码都具有逻辑和索引特征。

（5）不存在重复编码。

（6）便于发现差错。

缺点:

（1）难于设计。标准的编码系统可能并不能反映库存或采购产品的自然层级。

（2）寿命有限。由于企业业务性质会发生变化,编码结构中的产品分组方法可能会过时。这会要求进行大量的重新编码工作。

（3）编码较长。由于要考虑到结构需求;与简单的顺序编码相比,这种编码一般都更长。

5. 采用现有良好标准编码的优点及缺点

优点:

（1）这种编码已经集中了该领域众多专家的经验。

（2）使用这种编码,可以省去许多初始的投入。

（3）如果标准代码已广泛应用,它还有利于与供应商、运输商、用户、海关以供应链上的其他主体进行通信。

（4）大多数的编码系统通常还经常地被自动更新。

缺点：

（1）这种编码所要满足的是一般性需求，因而不能迎合企业的特殊需求。

（2）可以选择编码中所需要的部分，而放弃所不需要的部分。

（3）可以在原系统中加入适应本企业特殊需求的分类系统。

3.4.2　混合结构分类编码（Opitz）分类法

1. 编码由两个部分组成

前 5 位数字表示零部件的外形，余下 4 位数字表示产品其他特征。

2. Opitz 分类结构（见表 4-3-7）

表 4-3-7　Opitz 分类结构

位数	No.1	No.2	No.3	No.4	No.5	No.6	No.7	No.8	No.9
	类别	基本形状	旋转式加工	平面式加工	其他加工	尺寸	所用材料类型	所用材料形状	要求的精度

3.4.3　其他现有编码包括

（1）标准工业类。

（2）标准国际贸易类。

（3）国际商品统一分类。

3.4.4　编制公司专用编码——基于产品和基于生产的三种类型

（1）基于设计系统。要求精心地分析公司内所有生产过程和这些过程所需要的所有库存产品。

（2）基于产品系统。这类系统通常分为两部分：一部分代表相关产品类别，另一部分为特殊性描述。

（3）基于生产系统。与基于产品系统类似，不同之处在于，第一部分编码代表生产方法或材料，第二部分为特殊性描述。

≫≫≫ 3.5　其他条款

3.5.1　对运输损失所上的保险适用的法律准则

其包括：

（1）商品所有权。

（2）不可抗力。

（3）过失、预见责任范围。

3.5.2　担保"流动抵押品"库存的流动和减少所受的限制

（1）保持特定数量的库存总价值或库存总量。

其确定依据是既定的财务比率、存货周转率或流动比率。

①存货周转率=销售成本/平均库存价值

②流动比率=流动资产/流动负债

(2)加强安保措施。

(3)销售或处置库存需要首先得到银行的许可。

>>>> 3.6　库存管理计划

1. 度量库存绩效的关键步骤

(1)检查库存记录的质量。

(2)确定库存比率。

(3)分析库存结构。

(4)检查仓容利用率和各仓库的存储布局效率。

(5)检查仓库业务流程、设备和雇员。

(6)考察单位储存成本的构成。

(7)考虑减少采购和存储品种。

2. 检查库存记录后要回答的问题

(1)每类库存的总体盘点差错百分比是多少？

(2)在特定定期(或周或月)内,发生账上有货,但无法发货的次数是多少？这种状况是由货物损坏造成的还是无货造成的？

(3)供应商发票数量与实际交货数量之间的不符次数是多少？

3. 可导致的差错原因

(1)"取整发货"而非准确计数发货,以保证足量供应。

(2)盘点或出入库点数差错。通过对商品发货单和用户意见进行分析,保持对各类库存的发货记录。确认那些未及时履行或数量不足的发货。记录每月按时和足量发货的次数,以及发货差错率。

4. 确信库存记录足够准确后应当

(1)在年终将库存账面价值与同样行业其他企业的库存价值进行比较。

(2)计算销售和采购的年度存货周转率。

——特定时期(如月和年)库存周转率的计算公式

——采购库存比率=采购成本/平均库存价值

——销售库存比率=销售收入/平均库存价值

5. 仓容利用率和有效布局

(1)仓容包括:①仓库的设计仓容;②仓库的有效仓容;③实际使用仓容。

(2)仓容三个参数得出的两个指标:①仓容利用率;②仓容使用率。

(3)仓容利用率=实际使用仓容/设计仓容;仓容使用率=实际使用仓容/有效仓容。

6. 制订库存管理计划(见表 4-3-8)

表 4-3-8　库存管理计划

	步骤	目标	行动	预期收益	计划完成日期
1	确定库存数据准确、及时				
2	与物流管理者共同评价作业绩效				
3	分析库存结构				
4	评价包容利用率和设备需求,包括 IT 绩效和要求				
5	考查库存反应时间和过程,以及雇员的培训需求。建立与销售、生产和采购部门进行定期接触的途径				
6	评价分摊固定仓储成本的方法				
7	考虑与运输成本和搬运时间相关的单位仓储成本和仓库位置及运作				
8	同生产、采购和财务人员一道,考查减少品种的范围以及建立统一的产品编码(如果尚未进行)				
9	建立库存管理顾问小组,以便促进库存运作和流程的合理化				
10	制订仓库和库存管理灾害恢复计划				
11	检查报告要求和内部绩效度量。对那些与供应链目标和用户预期不相协调之处提出改变建议				

7. 公司确定实施措施的先后顺序(列举出所有可能的改进措施清单后)

(1)除非需要立即采取措施以防止丢失用户,企业应首先采取措施以实现那些可改进公司现金流或减少其流动资金需求的目标。

(2)企业应考虑其长期目标,并根据实施时间、收益和预期投资回收期而对实现这些目标的各个项目进行分类。

(3)获得最高管理层对这些计划的批准,并将这些计划同一套相应的库存管理和用户服务政策一道在内部公布。

(4)可以进行外部考察以评价其他实施类似项目的企业的经验,可以从互联网上和从各种行业协会而得到相关信息。

(5)每周还应当用一些时间考察企业以外的情况,以便了解仓库和库存管理方面的国际技术进展,并与供应链上的合作者和用户进行接触。

▶▶▶ 3.7　灾害恢复计划与遵守保险和担保条件

3.7.1　防患于未然的计划目标

(1)减小和限制对运作的干扰。

(2)在危机期间和危机之后保证某种程度的组织稳定性。

(3)保持与用户、供应商、利益相关者、财务机构和媒体的沟通。

(4)进行有序的恢复活动。

3.7.2　制订灾害恢复计划应当遵循的步骤

(1)得到企业最高管理层的支持和资助。

(2)进行内部和外部风险评价。

(3)列出并评价仓库管理者在发生灾害时会面对的关键问题。

(4)制定所需恢复战略,并为其制定财务预算。

(5)同供应商和其他商业伙伴商定灾害恢复期的支持安排。

(6)以文件的形式确定计划及各方在危机中的责任。

(7)制定人员训练和测试方案,并在尽可能拟真的情境中演习计划。

(8)检测计划,得到参与者的意见反馈,并对结果进行评价。

(9)批准计划,但要定期对其进行检查和测试。

 本章思考题

1.服务水平的定义是什么?

2.简述 ABC 分析法的特点及各类品项划分标准。

3.供应风险及产品缺货对企业的影响分别有哪些?

4.简述供应定位模型反映的三个库存管理的问题。

5.简述简单顺序编码及结构编码的优缺点。

6.简述追踪库存品项和使用的重要性原因。

7.盘点的方法是什么?

8.列出制订灾害恢复计划应当遵循的步骤。

第4章 库存运作

仓储运作设计每日大量的作业动作,典型的作业流程中,仓储运作流程的管理是仓储管理的基础,运作流程的处理能力也影响着仓库整体能力和资源的配置。

◎ **本章目标**

1. 理解库存运作的基本操作。
2. 熟悉库存运作所需信息及监视库存流动的必要性。
3. 掌握库存估值及库存接收/发放与补货的基本操作要求。
4. 掌握经济批量订货的方法。

>>>> 4.1 库存运作信息

4.1.1 库存运作信息

1. 短期库存运作计划需得到的信息

(1)存货与位置的准确信息。

(2)即将到达的货品及其到货时间。

(3)储存灵活性的限制以及对各种产品的具体需求。

(4)发出的货物、货物的位置以及到达目的地时间。

(5)对各种库存产品当前需求及使用的最佳预测。

(6)各种库存产品的预期供应前置期。

(7)各仓储货位(货架、托盘等)空余仓储空间的数量和种类。

2. 战略计划决策所要求的信息

包括:

(1)各库存产品的库龄及货币价值。

(2)每个库存产品对生产或用户服务过程的重要性。

(3)用户对产品包装的最后需求。

(4)各存储货位的固定及可变运作成本。

(5)新产品的实现、促销及产出的变化。

(6)新供应商、供应产品和交货方式的变化。

(7)供应商和用户的产品信息需求。

(8)可提高效率的技术变革。

3. 获取信息的两个主要条件

(1)良好的业务流程和仓储空间组织。

(2)良好的人员培训。

4.1.2 监视库存流动主要区域

(1)商品接收区域。

(2)检验区域。

(3)损坏库存产品存放区域。

(4)仓库货架区域(存储区域)。

(5)按订单提货或集货区域。

(6)工作台存储柜和机器周围。

(7)在制品存放区域。

(8)组装线。

(9)发货和装车区域。

>>>> 4.2 库存的度量与估值

4.2.1 五种常用的库存估值方法

(1)先进先出法(F1FO)。

(2)后进先出法(L1FO)。

(3)加权平均成本计算法。

(4)标准成本计算法。

(5)重置成本计算法。

4.2.2 估值方法的选择影响库存的货币价值

估值方法不同,结果不同。

案例:54321 号产品

在下表中,我们假设 54321 号产品在 6 月底的库存量为零。在 7 月 1 日,收到 200 件产品,企业为每件产品支付 100 美元。在 10 月 1 日,又收到 200 件产品,每件支付 150 美元。8 月 1 日发出 100 件产品,9 月 1 日发出 60 件,11 月 1 日发出 100 件。

显然,在 10 月 1 日收到 200 件产品之前发出的所有产品,都可以以 7 月份的进货单价 100 美元计价。然而,11 月发出的 100 件产品中,一部分进货单价为 100 美元,一部分进货单价为 150 美元(见表 4-4-1)。

表 4-4-1 库存现状

日 期	单位进货价格	进货数量(件)	发货数量(件)	库存数量
7 月 1 日	100 美元	200		200
8 月 1 日			100	100
9 月 1 日			60	40
10 月 1 日	150 美元	200		240
11 月 1 日			100	140

1. 先进先出法

发出的货物首先按最先收到的货物成本计算,直至最先收到的一批货物被减完。之后按最先收到的货物的价值计算,依此类推。期末库存的价值,按余下库存价值计算。

在上例中,11 月 1 日有 240 件 54321 号产品的库存。其中 40 件以 7 月份价格 100 美元计算,200 件以 10 月份价格 150 美元计算。11 月 1 日发出的 100 件产品的价值为:

发货件数及每件价值	发货总价值
40 件,每件 100 美元	4 000 美元
60 件,每件 150 美元	9 000 美元
总计:100 件	13 000 美元

由于这批发货已经用尽了 7 月份收到的货物,11 月份剩余的库存价值为:

库存数量及每件价值	库存总价值
140 件,每件 150 美元	21 000 美元

2. 后进先出法

发出的货物按最后收到的货物成本计算,直至最后收到的一批货物被减完。之后按最后收到的货物的价值计算,依此类推。期末库存的价值,按余下库存价值计算。

按此方法,11 月 1 日发出的货物的价值为:

发货件数及每件价值	发货总价值
100 件,每件 150 美元	15 000 美元

这是由于,该批发货是按照 10 月份最后收到的 200 件的价值,即每件 150 美元计算的。因此,余下库存的价值为:

库存数量及每件价值	库存总价值
40 件,每件 100 美元	4 000 美元
100 件,每件 150 美元	15 000 美元
总计:140 件	19 000 美元

3. 加权平均成本计算法

计算所有库存的平均价值。将原在库产品的价值与任何新入库产品的价值相加,之后再除以库存总数量。

在本例中,11 月 1 日的库存价值为:

库存数量及每件价值	库存总价值
40 件,每件 100 美元	4 000 美元

（续表）

库存数量及每件价值	库存总价值
200 件，每件 150 美元	30 000 美元
每件加权平均价值＝34 000 美元/240 件＝141.67 美元/件	34 000 美元

各批发货的价值按库存的平均价值计算。在本例中，11 月 1 日所发货物的价值为：

发货件数及每件价值	发货总价值
100 件，每件 141.67 美元	14 167 美元

此次发货后，库存价值为：

库存数量及每件价值	库存总价值
140 件，每件 141.67 美元	19 834 美元

本单位价值将继续适用至以不同的价格接收新货。此时，需重新计算平均库存价值。

④. **标准成本计算法**

计算由多种零部件组成的产品的生产成本。可以为每一种产品设立一个标准成本。例如，根据前期成本均值或未来成本最佳估计值计算。在这种情况下，出库产品的价值计算方法为：用产品的标准成本乘以出库数量。同样，期末剩余库存价值为产品数量乘以单位标准成本。

本例中，如果 54321 号产品的标准成本被定为 130 美元，则 11 月 1 日所发货物的价值为：

发货件数及每件标准价值	发货总价值
100 件，每件 130 美元	13 000 美元

发货后库存价值为：

库存数量及每件标准价值	库存总价值
140 件，每件 130 美元	18 200 美元

标准成本可以通过与实际价格的比较进行定期审查。比较出来的结果称为成本差额。该差额有可能是顺差，也可能是逆差，通常都要对标准成本做一些调整以修正差额。

⑤. **重置成本计算法**

计算方法与标准成本计算法类似，但单位价值根据重置剩余库存所需要的成本计算。该成本可以最好地反映产品的当前市场价值。

如果 54321 号产品的重置成本为 160 美元，本例中的发货价值及剩余库存价值便为：

发货件数及每件重置价值	发货总价值
100 件，每件 160 美元	16 000 美元

库存数量及每件重置价值	库存总价值
140 件，每件 160 美元	22 400 美元

⑥. **库存估值的比较**

（1）如果价格上升，FIFO 计算法将比 LIFO 计算得出更低的发货单位成本和更高的剩余库存货币价值。这意味着，FIFO 法不能像 LIFO 法那样更好地反映当前价格。当价格变化频繁或幅度很大时，重置价值法是最为符合实际的方法。

（2）加权平均成本法可以拉平短期内的价格差异，进而得出更加一致的发货价值。

（3）一致性最强的方法当然是标准成本法。这也是一种最为简单的方法。但该方法只适用于价格波动不大的情况。

>>>> 4.3 库存的收发和补货系统

4.3.1 库存收发程序

1. 库存接收业务程序

（1）接收采购单副本和确认。

（2）送货计划。

（3）送货与卸货。

（4）检验。

（5）入库。

（6）收货通知。

2. 库存的发放业务程序

（1）使用者确定需求。

（2）领料申请、批准和向仓库交单。

（3）货物的识别。

（4）拣货。

（5）交货/取货。

（6）调整库存记录。

（7）成本分摊。

（8）仓库运作过程概览。

3. 库存的发放中提货类型

（1）计划的。

（2）非计划的。

（3）借用。

（4）批量货物。

（5）低值品。

（6）自动补充用。

4.3.2 库存补充系统

1. 再订货水平系统（固定订货数量，可变订货间隔）

（1）计算方法：前置期（库存补充周期）需要的最佳估计量加上安全库存数量。

（2）确定再订货水平的公式：$ROL = (R_d \times L) + S$

式中：R_d = 需求或使用速度（每天/周）；

L = 前置期（天/周）；

S = 安全库存水平。

（3）库存理想状态（见图4-4-1）

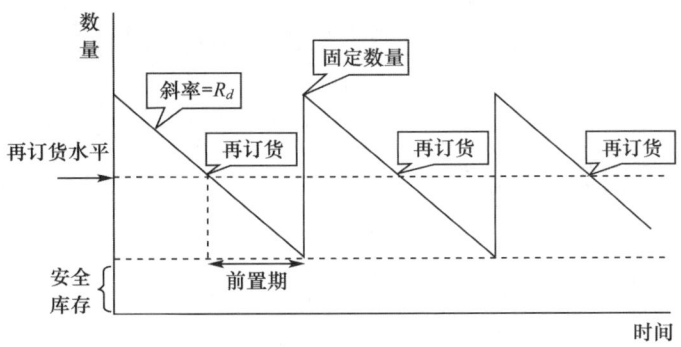

图 4-4-1　库存理想状态

在实际中，需求（从仓库领料）速度和前置期是不规则的。这会影响上述模型的实用性。影响本方法效果的另一个问题是订货的批量。

2. 定期检查系统（固定订货间隔，可变订货数量）

（1）计算订货的公式

订货量 ＝（检查周期内需求＋前置期内需求）－（实际库存）－（在途库存）＋（安全库存）

（2）定期检查库存补充系统（见图4-4-2）

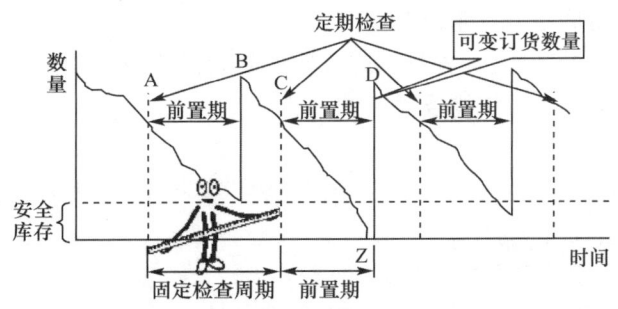

图 4-4-2　定期检查库存补充系统

在上图中，A 和 C 代表定期检查时点，B 和 D 代表订货数量。在每一个检查时点，决定再订货数量。在上图中的 A 点订货时，订货量必须能够满足到时点 D 之前（即检查周期和前置期之和）的需求（即要满足检查周期 A—C 和前置期 C—D 期间的需求），要考虑现有库存和 B 点订货预到货数量。下次检查直至 C 点才会发生。然而，如上图所示，B 点订货要直到 D 点订货到达时才能够满足上升的需求，因此在 Z 点出现了缺货情况。

（3）在定期检查系统中，主要问题不是订货批量而是检查周期的长度。后者将直接影响到前者。

3. 需求驱动精益供应系统（按生产需求的准确数量及时间订货）

需求驱动精益系统的特点：

（1）只有很少或根本没有原材料库存。

（2）从几家选定供应商进行的高频率小批量订货，货物通常用简易包装方式直接送至生产线。

（3）唯一的原材料库存便是存放于工作台附近随时需要使用的库存。

▶▶▶▶ 4.4　订货批量和时间

4.4.1　需要识别的成本

（1）订货成本。

（2）价格折扣成本。

（3）缺货成本。

（4）库存占用流动资金的成本。

（5）存储成本。

（6）过时成本。

（7）低效生产成本。

4.4.2　库存的补充

1. 再订货水平库存补充系统需要关注的地方

（1）需要考虑如何确定成本最低的订货批量。

（2）需要何时订货的问题，即根据预先确定的缺货风险目标确定库存再订货水平。

2. 定期检查库存补充系统需要关注的地方

（1）检查周期定位多长。

（2）确定缺货风险的方法是：根据具体情况调整订货批量，以达到预定的最大库存水平。

4.4.3　库存变化原因

列举一个简化了的某公司产品的库存变化图。每订一次货，将立即得到 Q 件产品（见图 4-4-3）。

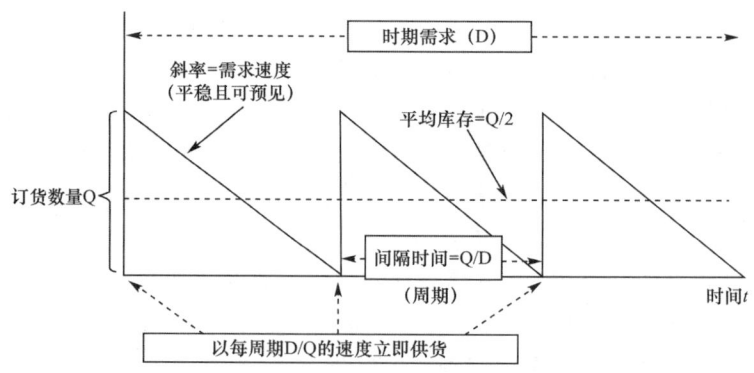

图 4-4-3　库存变化图

（1）上图表示了一个包含三个库存补充周期的时期。每次库存补充订货一次立即全部送到。D 为整个时期（此例中为三个周期）的总需求。需求或使用速度（每日或每周等）不变，故表示各周期库存的斜率不变。当库存被全部用光时，进行另一次 Q 件产品的订货并可立即到货。

(2)在这种情况下:平均库存=Q/2(因为库存由最高值 Q 下降至零,直至下一批订货到货);各次订货之间的时间间隔=总时期×Q/D;总时期内的交货频率=D/Q。

4.4.4 经济批量订货

1. 确定最经济的订货批量

(1)同一产品,两种不同订货数量决策,还需要掌握其他信息。

①单位库存特有的时间总成本;

②每次订货的总成本。

(2)库存持有成本包括:

①流动资金;

②存储;

③废弃成本。

(3)特定订货计划总持有成本近似公式:持有成本(H)=(P)×(i)×(Q/2)

式中:P——单位采购成本(即价格加上运输和其他交货成本);

  i——持有成本率(以 P 的百分比表示);

  Q/2——平均库存(订货批量除以 2)。

(4)订货成本包括:

①进行订货的办公成本;

②通信成本(与供应商、运输商等)。

(5)订货成本(O)=(Co)×(D/Q)

式中:Co——单位订货成本;

  D/Q——期内订货次数(即期内需求量除以每次订货批量)。

由此,每次订货总成本(持有成本和订货成本之和)为:总成本=PiQ/2+CoD/Q。

2. 经济订货批量方法平衡了持有和订货的两种成本

(1)EOQ 存在于总成本曲线最低点,该点正是持有成本曲线与订货成本曲线的交点,即两种成本相等点。

(2)EOQ 计算公式

$EOQ = \sqrt{2CoD/Pi}$

式中:EOQ——经济订货批量;

  Co——单位订货成本(包括办公成本和通信成本);

  D——期内需求数量(以米、加仑、吨等为单位);

  P——单位产品采购成本(包括价格、运费等);

  i——持有成本率(包括库存的财务及实物成本,表示为库存产品平均价值的百分比)。

(3)EOQ 公式的推导过程

由于,Q 为每次订货的批量,D 为期内总需求量

平均库存=Q/2,订货次数=D/Q

持有成本(H)=(单位采购成本)×[持有成本率(%)]×(平均库存量)

所以,H=PiQ/2

订货成本(O)=(单位订货成本)×(订货次数)

因此:$O=CoD/Q$

根据 EOQ 存在于持有成本等于订货成本之处,即:

$PiQ/2=CoD/Q$

或 $Q^2=2CoD/Pi$,因此:$2CoD/Pi$

③ **EOQ 公式的基本假设**

(1)期内(例如一年)需求给定并保持不变。

(2)价格,包括运输成本,不随订货批量发生变化(例如没有批量价格折扣),并在全年保持不变。

(3)订货成本可确定,并保持不变。

(4)前置期为零,或可以准确预见,并保持不变(不存在交货延迟等)。

④ **库存被逐渐补充时的 EOQ**

(1)某些情况中,所订货物不是在某一特定时间一次到货,而是在一定时期中分批到货。此时,库存的补充是通过多次到货,而不是一次到货而逐渐实现的。

(2)连续补充库存系统将供应商直接与买方的持续需求联系了起来,进而排除掉了中间库存。这加快了库存补充速度和周转,并减少了库存及相应成本。

(3)逐渐补充库存方式中,EOQ 的计算公式与前面有所不同。

$$EOQ=\sqrt{2CoD/Pi(1-Rd/Rs)}$$

式中:Co——单位订货成本(包括办公及通信成本);

　　　D——期内(如 1 年)总需求数量;

　　　P——单位产品采购成本(包括价格、运费等);

　　　i——以库存产品平均价值百分比表示的持有成本率(包括库存的财务及实物成本)。

(4)这一形式 EOQ 的推导过程

EOQ 公式的推导(逐渐补充库存方式中的)

确定库存增长速度的另一种方法是用最大库存水平(M)除以各批订货的送货时间长度(Q/Rs)。

因此:$M\div Q/Rs=Rs-Rd$,以及 $M=Q(Rs-Rd)/Rs$

由于平均库存$=M/2$,因此平均库存也$=Q(Rs-Rd)/2Rs$

持有成本(H)=(采购成本)×(持有成本率)×(平均库存)

因此:$H=PiQ(Rs-Rd)/2Rs$

订货成本(O)=单位订货成本×订货次数

因此:$O=CoD/Q$

由于,总成本=持有成本+订货成本,因此

$Ct=PiQ(Rs-Rd)/2Rs+CoD/Q$

如前所述,EOQ 存在于总成本曲线的最低点。在该点,持有成本等于订货成本,即:

$PiQ(Rs-Rd)/2Rs=CoD/Q$,因此有:$Q2=2RsCoD/Pi(Rs-Rd)$

$Q^2=2RsCoD/PiRs-PiRd$

$Q^2=2CoD/PiR5/R5-PiRd/R5$

$Q^2=2CoD/Pi(1-Rd/R5)$

根据此式:

$$EOQ=\sqrt{2CoD/Pi(1-Rd/Rs)}$$

5. 将 EOQ 用于生产和在制造存储的经济批量(EBQ)的计算区别

(1)某些 EOQ 成本项目被另一些项目所代替。

(2)在这种情况中,库存持有成本指的是制成品的库存,而不是购自供应商的原材料和零部件。

6. 价格折扣对 EOQ 的影响

(1)价格折扣,使总成本下降。

(2)总成本曲线会因受到价格折扣而使采购价格降低。

7. 对 EOQ 三个主要方面的批评意见

(1)模型中包含的假设条件。

(2)运作中的实际成本。

(3)将模型当作教条。

8. 对 EOQ 模型假设的重新考察

(1)需求不变。

(2)存在固定和可确定的订货成本。

(3)将持有成本表示为与采购价格或成本直接成比例的线性函数(即 EOQ 图形中一条向上倾斜的直线)。

(4)可确定的缺货成本,等等。

9. JIT 对 EOQ 的影响

(1)JIT 技术暴露了企业长期的真实持有成本。

(2)如果这些成本比通常假设的要高得多,将导致持有成本线斜率的增加和任何订货批量的更高的总成本水平。

(3)实际持有成本越不确定,订货的频率便应当越高,批量便应当越小。

4.4.5　再订货水平和再订货点

(1)订货前置期。

(2)需求速率。

4.4.6　确定安全库存水平

1. 需要考虑的主要因素

(1)在下次订货到达之前,库存尚未全部用光的概率有多大。

(2)预先确定的不发生缺货的可能性。

2. 定期检查库存方法补充库存的系统取决于

(1)前置期间的需求。

(2)检查周期区间的需求。

3. 定期检查补充库存系统中需要考虑的两个问题

(1)确定检查周期。

(2)确定最大库存水平。

4. 表明已达到订货水平的方法。

(1)两箱系统。

(2)三箱系统。

本章思考题

1. 描述 5 种库存评价方法。

2. 列出库存的接收与发货步骤。

3. 描述 3 种主要的库存补充系统。

第5章 仓库计划与系统

仓库的选择,可以上升为供应链管理中一个战略问题。仓库选择不恰当,将可能对日后数年的作业产生负面影响,除了位置的选择之外,对仓库的库区环境可扩容性,建筑形式的选择,也要符合企业自身的仓储运作需要。

◎本章目标

1. 理解并运用仓库计划与系统。
2. 掌握仓库设计布局。
3. 掌握仓库作业应注意的各事项。

>>>> 5.1 仓容需求与设计

5.1.1 仓容需求与仓库设计

1. 计算仓容需求所要掌握的信息

(1)估计最小和最大库存需求,包括体积和重量两方面的需求。

(2)以体积和重量度量的日吞吐量。

(3)入库、出库车辆的体积和总轴负载。

(4)包装尺寸和最大码垛高度。

(5)货架尺寸和单位重量,托盘叉车和其他设备。

(6)仓库区域的湿度、温度和尘埃量安全极限。根据储存的品种而定,例如易腐食物、易挥发化学品、电器元件等。

2. 仓库设计主要标准

(1)包装尺寸。

(2)物料搬运设备的标准。

(3)能够在超窄通道(VNA)作业的电动巷道堆垛机的作业高度。

(4)能够用轻材料低成本建造的安全抗风的仓库的高度。

3. 仓库地面的重要性取决于

(1)地面质量标准。

(2)地面水平度的度量。

（3）地面承重特性。

④ 以下因素导致了仓库设计的变革

（1）准时制（JIT）技术在供应物流中的应用。

（2）采用数学建模和模拟将在途库存量降低到最低程度。

（3）对需求的超短供应反应时间。

（4）经济负载运输极大地提高了车辆利用率。

5.1.2 越库作业

① 保证越库作业顺利进行需做好的准备工作

（1）供应商首先必须将入库散装货物预包装为最终购买者能够接受的最大的存储单元（SKUS），如箱、袋或托盘。

（2）入库单元货物最好被标明最终购买者（如果货物是专门供给特定购买者的），或标有越库作业人员能够识别的代码。这些标志可以是大型条码或射频标签。

（3）出库卡车的装货斜坡台上要标有货物最终用户的标志，该标志通常也是条形码或射频标签。

（4）越库作业人员在通知供应商发送散装货物后，便知道了入库和出库卡车到达站台的准确时间（一般在 10~15 分钟），以及详细的货物构成和包装数量。

（5）越库中心应当为入库卡车分配卸货区域。

（6）应在不远的位置留有空余场地，以便对托盘或单元货物进行集配货和对出库卡车进行装车。

（7）操作员需要有装车货物清单，以便知道向各出库卡车的托盘中装入多少单位的入库货物。

② 计算机进行越库的工作包括

（1）对发出货物进行快速配货。

（2）打印条码标签。

（3）自动识别商品。

（4）制订最经济的送货计划以及对卡车运输进行协调。

5.1.3 调度中心设备

其包括：

（1）手持或便携条形码或射频标签扫描器。

（2）无线信号发送器。

（3）高速叉车。

（4）托盘起重机。

（5）可伸缩传送机、拣选机。

（6）即时贴标签打印机。

（7）仓库管理计算机系统。

➤➤➤➤ 5.2　仓库布局

5.2.1　仓库的区域

1. 仓库布局的重要性

(1)满足预期货物流量需求。

(2)避免货物拥挤堵塞、延迟、混乱和差错。

2. 仓库内的不同组成区域

(1)接货区。

(2)发货区。

(3)控制点或办公室。

(4)物料搬运设施区域(可能包括补货设施)。

(5)拆箱区域。

(6)检验区域。

(7)配货区域。

(8)快速流动托盘区域。

(9)慢速流动货架区域(存储单个货物而不是托盘)。

(10)重物区域。

(11)箱柜区域(用于存储小型物品)。

(12)高价值物品保安存储柜。

3. 良好仓库布局需要考虑的其他因素

(1)设施安全。

(2)标识清晰。

(3)环境舒适。

(4)良好的沟通。

(5)可方便地存取货物。

(6)高效利用仓容。

(7)长久的灵活性。

5.2.2　固定货位和随机货位

1. 固定货位制的优点

(1)新到工作人员可容易和迅速地熟悉仓库布局和货位。

(2)如果货位按产品编码排序,类似的产品将被放在一起。

(3)有利于实行产品的替代。

(4)有利于减少品种。

(5)不要求复杂的当前库存产品查询追踪系统。

2. 随机货位制的优点

(1)可最为经济地利用仓容。

(2)货物的接收、搬运和入库迅速。

（3）给仓库保管员以最大的灵活性。

（4）可最好地适应仓容变化需求。

（5）可减少存储成本。

》》》 5.3 物料搬运及相关设备

5.3.1 物料搬运

1. 高效安全的物料搬运原则

（1）排除不必要的物料流动和相应的物料搬运活动。

（2）清楚地了解危险品等级及标记，以便分派经过培训的人员搬运此类危险品，并能在出现紧急情况时按程序处理。

（3）同时规划布局与物料搬运，以减少总搬运成本。

（4）合理安排物料搬运与流动，以减少提起–放下活动。

（5）尽可能实行单元货垛、托盘或集装箱。

2. 导致重复搬运的原因

（1）货位安排不合理或缺少仓容，致使产品先被暂时地存放于某一区域，之后又被移至他处。

（2）使用了不恰当的搬运设备，如低载重量叉车，进而导致附加的叉车运行次数与路径。

3. 影响物料搬运设备选择的主要因素

（1）产品的类型及特点，如重量、尺寸和特性（例如危险或易损）。

（2）货物流动的数量和速度。

（3）货物流动路线。如果是 u 型流动而不是直线式流动，设备便需要能够转弯。

（4）货架通道高度与宽度。

5.3.2 相关设备

1. 不同物料的存储货架

（1）托盘和托盘货架。

（2）立式托盘。

（3）货架。

（4）抽屉式货柜。

（5）先进先出式货架。

（6）旋转式货架。

2. 卸货/入库和拣货设备

（1）叉车。

（2）伸缩式叉车。

（3）巷道堆垛机。

>>> 5.4 仓库作业

5.4.1 影响仓库的要求与日常运作的主要因素

其包括：

(1)需要搬运的货物和单元货物的类别与数量。

(2)车辆的类型、尺寸和移动。

(3)库区的道路与物流。

(4)车辆运行和停放区域。

(5)站台类型。

(6)站台布局与设备。

(7)控制与保安。

5.4.2 仓库存储的货物以及货物包装和货物单元产生的影响

(1)货车装卸所需要的物料搬运设备类型。

(2)托盘化、深度托盘化、再托盘化和空托盘、笼车等方面的需求。

(3)发货前理货所需空间。

(4)所需质量控制与检查设施。

5.4.3 站台类型与装卸站台的设施

类型：

(1)九十度角高站台。

(2)斜角高站台。

(3)水平站台。

(4)下陷式站台。其设施有：①罩棚；②站台棚。

(5)其他站台装置。

5.4.4 设计货场应考虑的因素

(1)使用的地面。

(2)排水。

(3)安保。

(4)照明设备。

(5)库管人员办公室。

(6)货场布局和装卸货要求。

5.4.5 拣货需注意的各事项

1 拣货需要注意

(1)每种货物在仓库中至少要有一个货位,但其所占面积应当尽可能地小。

（2）拣货和库存补充人员的行走应尽可能地少。

（3）应当减少拥堵。其方法包括将拣货、库存补充作业相分离。

（4）不应当发生缺货,应达到所要求的服务水平。

2. 减少拣货作业拥堵的方法

（1）将拣货库存与储备库存相分离。

（2）拥有足够多的拣货货位。

（3）将拣货作业与库存补充作业相分离。

3. 完成拣货作业所需的信息

（1）拣货货位。

（2）各种产品所需提取数量。

（3）到各货位拣货的顺序。

（4）所提产品的最终目的地。

（5）发生缺货时所应当采取的行动（如是否应提取替代产品）。

4. 度量拣货效率的参数

（1）拣货速度,如每小时拣货数量。

（2）已被处理的订单、包装箱、托盘数量度量的吞吐量。

（3）服务水平。

（4）差错率。

（5）特定时期的缺货次数。

5.4.6 其他

1. 簿籍

（1）库存作业记录。

（2）人工库存管理与控制系统。

（3）计算机系统。

（4）自动数据采集（条形码和扫描系统）。

2. 计算机系统

（1）计算机库存控制系统。

（2）仓库管理系统。

3. 仓库管理系统的功能

（1）支持工作负荷计划。

（2）将每日工作量进行分批或分组以便最好地利用人力和仓库设备资源。

（3）进行微观库存管理,即向操作员指引正确的货物提取或放置位置。

4. 条码

（1）计算机化的各类条码类型

——通用商品代码。

——CODE39 欧洲商品代码。

——其他 EAN 代码。

——第 2 代高密度条形码。

（2）CODE39 欧洲商品代码的特点

——使用便利。

——长度灵活。

——广泛接收。

（3）条形码阅读器的组成

——显示器。

——键盘。

——条形码解码器。

——RS-232 通信口。

——电池。

——数据存储器。

——程序存储器。

>>>> 5.5 国际质量标准

1. 标准内容

（1）商品的搬运。

（2）存储。

（3）包装。

（4）维护。

（5）配送。

2. 根据 ISO 标准做出的文明规定

（1）搬运、存储、包装、维护和送货。

（2）防止损坏或变质。

（3）规定适当的收发货方法。

（4）对包装、打包和打标记过程的控制。

（5）当产品处于供应商控制时,对产品进行维护和隔离的方法。

（6）对运输技术和货运商的选择。

（7）库存管理。

（8）物流过程中的搬运。

（9）在最终检验和测试结束后的最终质量保护过程,包括从送货到配送的各阶段的产品保护。

案例 4-5-1 **中国化学工程液化天然气（LNG）EPC 总承包项目仓储策划管理**

中国化学工程液化天然气（LNG）EPC 总承包项目接收站工程设计年周转 LNG 量为 500 万吨,建造 200 000 m³LNG 储罐 5 个,管道气态输出量 400 万吨/年,最大每小时外输量 167×10⁴ m³/h(折合 LNG 约为 1 250 t/h),LNG 槽车装车撬 16 个,装车外输规模 50 万吨/年,小型 LNG 船转运规模为 50 万吨/年。

根据 LNG 项目范围、采购范围、项目进度、采购进度、总图布置、项目永久性可利用建筑等进行综合考虑,对项目仓储进行策划。项目现场设置一级仓库(总包仓库)和二级仓库(分包仓库),其中一级仓库由总包公司负责建设和维护,二级仓库由施工分包商负责建设和维护。

项目仓储材料的供应关系为:项目业主和总包公司负责供应的材料进入一级仓库,施工分包商从总包公司一级仓库领取的材料和施工分包商负责供应的材料进入二级仓库,施工分包商作业班组从二级仓库领取材料并直接用于施工,二级仓库与预制场联合布置。

1. 实体仓库类型及规划

本项目设置 1 个封闭式仓库和 1 个露天仓库。

1.1 封闭式仓库

封闭式仓库为坚固的建筑物,有比较严密的门窗、监控设施和通风、消防设施,必要时设置恒温恒湿设施,用于存放精密机械设备、小型管阀件、电气设备、仪表设备、贵重仪器和有特殊保存条件要求的材料等。存放危险化学品,需要独立设置,照明采用防爆灯具,设置泄漏围堰及强制通风的风机,并严禁配置插座。

接收站工艺区将优先完成危废暂存间,仓库及维修车间作为项目执行期间的封闭式仓库,临时使用,建筑面积共约 2 350 m²。仓库分区见表 4-5-1。

表 4-5-1 仓库分区

序号	分区名称	面积(平方米)	备注
1	精密设备存放区	49.42	
2	恒温恒湿室	157.73	
3	退库材料堆放区	/	开间
4	开箱检验不合格区	/	开间
5	待开箱检验区	/	开间
6	发料间	62.55	
7	管道货架区	/	开间
8	仪表货架区	/	开间
9	小型工艺设备堆放区	/	开间
10	大型仪表设备堆放区	/	开间
11	大型管道材料(管件、阀门、法兰等)堆放区	/	开间

仓库内部平面布置见图 4-5-1。

1.2 露天仓库

露天仓库要求有固定道路、照明设施及监控设施,并配备装卸机械,用于存放中型工艺设备、大型管道材料及电仪桥架等。

本项目规划工艺区露天仓库,面积约 10 000 m²。根据业主要求,堆场区域全部采用敷设碎石,碎石铺设厚度 50 mm,考虑到现场场地狭小,计划将卸车区缓建,在堆场材料使用差不多时,再行建设。

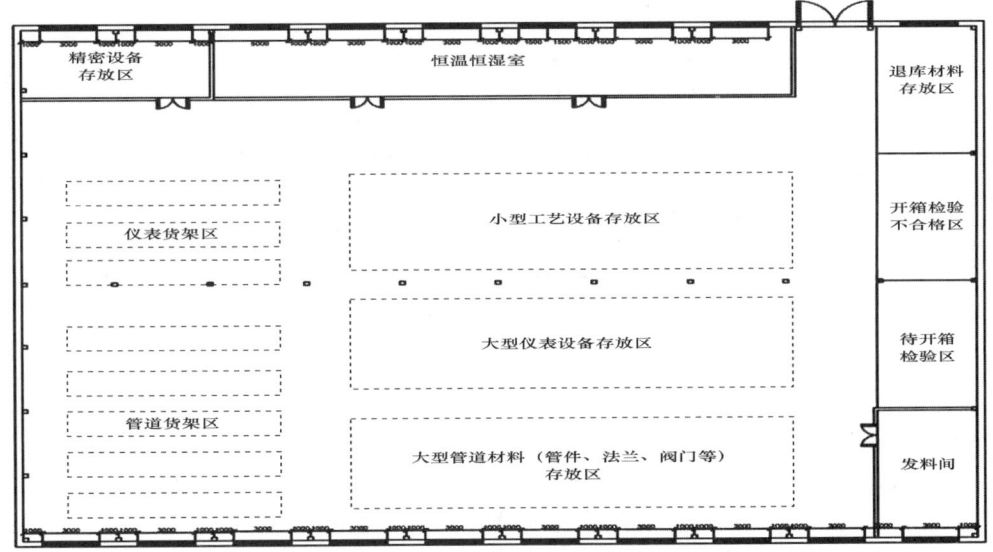

图 4-5-1　仓库内部平面布置图

1.3　堆场平面图

堆场平面图见图 4-5-2。

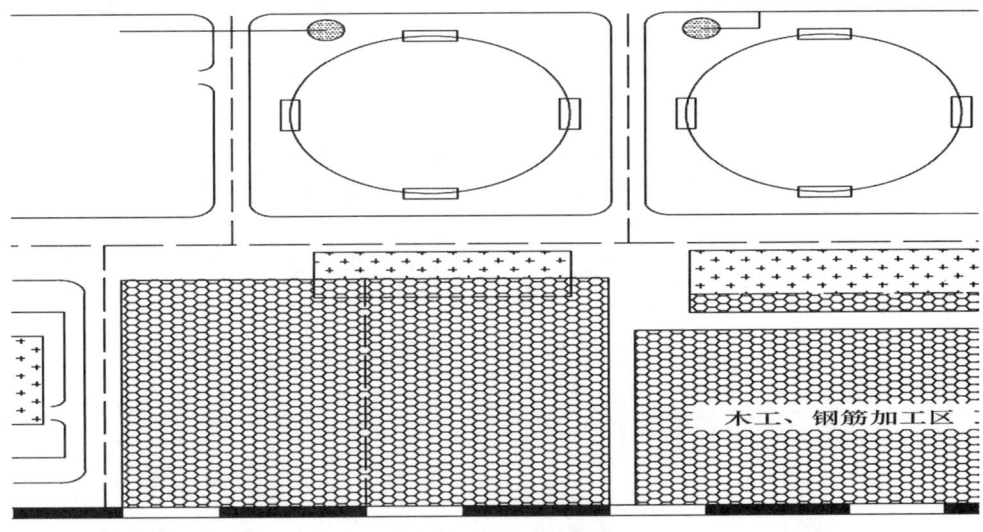

图 4-5-2　堆场平面图

2. 仓储设施及人力机具规划

2.1　仓储主要设施说明

根据仓库物资储存需求,需要在相应区域内搭设货架、铺设木板、铺垫道木和垒砌砖支堆等设施,做到防火、防水、防潮,避免设备/材料在仓库存储期间受损,并且全部设备/材料需要悬挂材料标识牌进行标识,以方便设备/材料的查找。

仓库货架采用脚手架搭设,分上、中、下 3 层,铺设全新模板。货架搭设图样见图 4-5-3。

封闭仓库内货架采用脚手架+敷设模板,尺寸采用 1 500 mm 高×1 500 mm 宽×6 000 mm长(具体结合脚手架长度)。

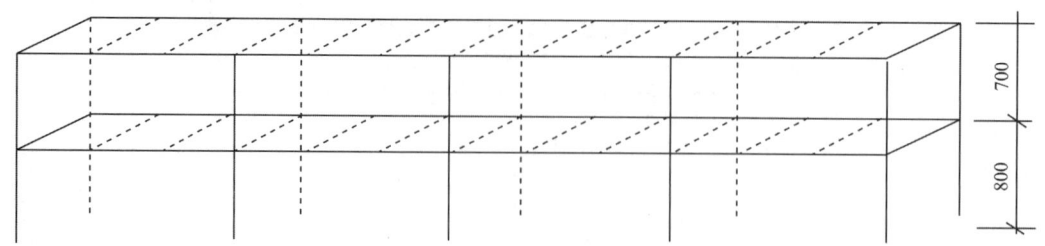

图 4-5-3 货架搭设图样

2.2 仓储设施及机具

现场实体仓库配备必要的、能够保证仓储管理工作需要的相应设施和机具,根据项目进度逐步投入和撤出。原则上货物卸车到现场(包括直接交付施工单位但暂存在总包仓库的货物)的货物由相应施工单位负责卸车。

2.3 仓储人员配置规划

现场实体仓库配备必要的、能够保证仓储管理工作需要的人力,包括仓储主管、仓储工程师、资料管理员、安保、力工等人员,根据项目进度逐步投入和撤出。

3. 仓储智能扫码应用

仓储智能扫码是指在总包公司现有公司级编码基础上,在到货设备材料上粘贴普通或者 RFID 标签,使用手持 PDA 端进行货物扫码出入库,可有效提高仓储管理的工作效率。

3.1 应用范围

本项目部分设备材料入库、出库及盘库工作拟采用智能扫码模式进行,拟采用智能扫码的设备材料种类见表 4-5-2。

表 4-5-2 拟采用智能扫码的设备材料种类

专业	类型	材质	型号	制作要求	粘贴形式
管道材料	管子	不锈钢	≥DN200	12	4
			DN200<~≤DN80	12	5
			≤DN65	12	6
	管件	不锈钢	≥DN200	12	7
			<DN200	22	8
	法兰	碳钢、合金钢、不锈钢	≥DN50	22	9
			<DN50	22	10
	阀门	ALL	ALL	22	12
	螺栓、垫片	ALL	ALL	22	11
工艺设备	工厂供货定型	ALL	ALL	25	12
	备品备件、专用工具	ALL	ALL	25	11
电气	电缆	ALL	ALL	23	12
	桥架	ALL	直通、弯通、配件等	24	11

（续表）

专业	类型	材质	型号	制作要求	粘贴形式
仪表	仪表设备	ALL	仪表阀及测量仪表	25	12
	电缆	ALL	ALL	23	12
	桥架	ALL	直通、弯通、配件等	24	11

以上设备材料均由厂家贴码，到货后如出现脱落、损坏，由现场仓储工程师视情况补贴。

3.2 工作方式

入库清点：仓储工程师手持PDA端，如果整批到货设备材料均贴有RFID标签，当PDA端靠近时，可实现即时感应入库。如果到货材料分属于不同合同，则需要人工扫码入库。

出库：实现扫码直接出库。

库存管理：入库清点完成后，小口径材料上货架管理，仓储工程师可将RFID标签贴在货架上，盘库时，通过扫码修改实际库存数量。如果在仓库查找某种贴有RFID标签的设备材料，可使用PDA端查找，当靠近时会有提示音。

【专家点评】

工程项目仓库精细化管理对保证工程项目施工生产供应、控制库存、产品追溯、准确作业等有着重要意义。从材料采购进来，运到各个工区，最后到工程结束，各种材料又分别收集存放，都是仓库的验收、使用、存放的体现。合理的安全库存，可以实现降低库存数量和周期的目的，从而降低工程项目供应链显性成本和隐性成本。

 本章思考题

1. 企业对仓库的选择会考虑哪些方面的因素？

2. 仓库设计时对仓容的需求有哪些？

3. 简述固定货位与随机货位的优点。

4. 良好的仓库布局需要考虑的因素有哪些？

5. 度量拣货效率的参数有哪些？

6. 简述ISO质量管理标准的内容。

第6章 物流概述

建筑业物流管理主要是建筑材料、半制成品等原料输送的管理。除了个别特殊采购外，地域性是承包商选择供应商的首要条件。其物流呈现短途、低值、量大的特点，且多以公路运输为主。

◎本章目标

1. 理解物流相关理论。
2. 理解物流成本类型。
3. 分析精益、敏捷生产理念的差异。
4. 理解供应链战略目标。
5. 分析通过供应链关系取得增值的来源。

>>>> 6.1 物流管理的战术

6.1.1 物流管理定义

物流是有关物流供应的应用性管理科学。美国供应链管理专业协会(前美国物流管理协会)将物流定义为："物流是供应链流程的组成部分，它的职能是在兼顾效率与效益的前提下，为满足用户的需求，对产品、服务的相关信息从起源地的流动和储存，进行计划、实施与控制的过程。"

总的来说，物流描述的是原材料和产品流入、流经和流出企业的全过程，也就是要保障：

——将正确的(Right)物料；

——以合适的(Right)数量；

——在恰当的(Right)条件下；

——于正确的(Right)时间；

——以合理的(Right)成本；

——送达到合适的(Right)地点和客户。

此外，还须将另外两个"Right"加入上述列表中，即：

——为卖方提供其需要的合适的(Right)个性化服务，如：对用户的技术支撑、维护和修理等；

——在物流进行过程中和结束时为客户提供正确的(Right)信息,如:运输追踪信息,检验和测试结果,符合环保、健康、安全和社会要求(可追溯性)的信息等。

买卖双方在商订售货合同或运输合同时一般会对什么是"Right"进行界定。供应商或物流企业必须从服务中赚取足以维持其长远经营的利润;而买方的目标则是在相当长的时期内使物流服务的总成本最小化,显而易见,要实现这个目标,只有通过供应链管理的综合手段才能完成。

6.1.2 物流的战术任务(见图4-6-1)

物流在大多数企业中都会涉及三个阶段:

阶段1:进向物流

物流作业的第一阶段包括将货物从供应商处运送到采购方的作业地点或仓库。在物流作业过程中,尤其在涉及国际货运的阶段。所有相关企业都必须明确自己应在何时、何地承担所运货物的成本和风险方面的责任,这一点很重要。该阶段确定了各方在此过程中对搬运、保障安全和产品使用的权利和义务。

阶段2:内部分拨(也称物料管理)

物流作业的第二个阶段涉及原材料和零部件在企业内的移动,包括将大批量的货物拆解成较小的批量,再组合配送到作业库、生产线或零售店。在处理入库的供给品时,切忌并非所有供应品都是企业自有或采购的。某些货物可能是以样品、特许经营、寄售或以协议租赁的形式来供应的。所有货物送抵时都要谨慎操作。对于非企业自有的货物要在仓库中分开,以便识别,可能还要为此准备物品状况报告。如果这些货物受损或延误,企业可能面临高额处罚。

阶段3:外向物流

外向物流是从企业到客户的配送流程和运输方式,该阶段不是到达另一个生产流程,就是零售,或者到达某个供应链成员之处。许多公司在探索物流整合的方案,即将上述各物流阶段联结起来使其成为一个整体,共同对组织总体目标的实现起到有效的保障。

物流管理的战术方面

图 4-6-1 物流管理战术示意

6.1.3 物流的日常工作和职责

以下列举了一些物流经理在企业日常经营活动中的职责范围:

(1)对供应商、承运人与企业用户或者顾客之间有关货物的交易金额过程进行管理。

(2)为生产作业安排并组织物料供应,以及确定最经济的装载量。

(3)依照要求和供应计划表组织货品的拣选和包装。

(4)根据采购说明确保做好准备工作,贴标签、清洁、分类和各种安排。

（5）根据要求和规章管理货物运输。

（6）跟踪在途货物,进行绩效分析和做好交费记录。

（7）在装货、卸货、送货和拆装时,组织货物的装卸、搬运和检查工作。

（8）按照信用证和合同条款管理单证交换。

（9）与船务代理、港口、海关取得联系以确保单证齐全和及时交货。根据合同条款要求安排货物清关。

（10）确保物流作业的整个过程符合货物的装卸和安全要求。

（11）组织"返程货源",即利用返空车辆,以最大限度地提高运输效率。

（12）对于那些可能要退回供应商的货物(反向物流)或送去再循环的货物进行包装、运输和管理。

>>>> 6.2　平衡成本与风险

物流经理的主要任务之一就是不断地在下面两组要素之间进行平衡,一组是持有存活的风险和成本,另外一组是运输和订购成本,见图4-6-2。

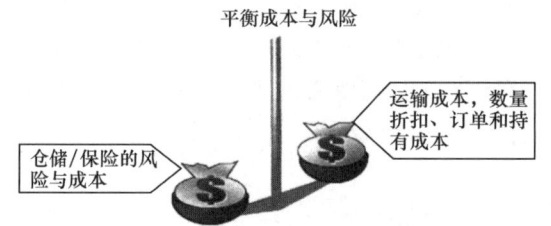

图 4-6-2　平衡成本与风险

以前,对物流和配送进行综合管理是困难的,其原因是成本信息准确性的缺乏。传统的会计系统无法对成本进行必要的详细分析,以确定哪些特定产品和运输服务于客户时的实际成本,这一对总成本数据进行详细分析能力的缺失,导致我们很难在现有的物流系统中去发现有效降低成本的机会。

产品总成本很大的一部分是运输、保险、通关、搬运、储存、包装及配送成本(即物流成本——译者)。除人力和物料成本以外,物流成本通常是货物交付总成本中的第三大成本因素。例如,在一个典型的生产企业中,进向物流成本往往占到货品采购总成本的20%,甚至可占到30%。

物流运作的效率对产品的单位总成本和企业的营业利润既有直接影响又有间接影响。一些物流成本可能属于显性成本,包括运输、保险、检验、搬运成本和船务代理费用。另一些成本则没那么明显,因而往往被忽视。例如,产品在储存的静置和流通性降低会导致企业的现金周转期的延长,可又没有给产品增加任何可补偿的价值。

呆滞存货费占用的资金或资本无法另派用场,这种资本的成本是持有存货的价值(单位采购价格+储存阶段分摊的物流成本+变质和报废货品的成本)与企业营运短期贷款利率。

》》》》6.3 产品总成本构成

单位总成本=单位采购价格+物流成本(运输、仓储和搬运成本)+风险管理成本(如保险)+交易成本(如汇兑损失)+变质和报废成本+从支付采购货款开始到收到销售产品的现金为止,整个阶段的资金成本(%利率×货值和其他信用管理成本)。

在以上成本之外,还要加上机会成本。如:由于产品流通性的丧失,造成产品没被使用或售出,导致经营利润损失和客户不满。减少运输和仓储时间并优化货物批量可以增强组织的获利能力,因为这些做法可以降低资金成本,加快资金周转,减少货损和报废,减小仓库空间需要和降低搬运成本。本模块以后的各单元将研究和讨论这些问题。

》》》》6.4 供应链管理的物流

6.4.1 物流的战略任务

物流经理除了战术任务之外,在制定经营计划和经营战略上也发挥着重要的作用。在下列情况中,物流绩效、对技术问题的建议、实际能力和过程评价极其重要:

(1)在兼并、收购和剥离过程中,从最初的可行性研究到计划和谈判,再到最终对两个或多个业务进行合并或拆分的各个阶段,物流经理可以在降低兼并、收购或剥离物流活动的复杂性和风险方面提出建议。

(2)在一个公司或集团内部部门合并或拆分过程中,物流职能有助于了解物流活动的集中化或分散化管理为物流成本带来的结果。

(3)在新产品导入期的研发过程中,特别是在确定产品规格、选择分拨渠道和促销计划以及选择供应商和供应模式时,应该寻求物流方面的建议。

(4)在计划扩展进入新的细分市场、零售业务和地理区域,以及从新市场寻找供应源的过程中,物流职能经理可以提供所需要的扩展新市场或开发新的供应基地的相关成本信息。

(5)在新工厂和仓库选址过程中,物流专家可以提供与新址相关的运输和仓储有用的数据。

(6)在与顾客商定服务水平协议(SLAS)的过程中,了解物流成本和绩效需求是基本的要素。

(7)在燃料和其他资源成本波动、高通货膨胀以及国内动乱时,物流经理可以使用分析技术来了解环境突变带来的影响。

(8)在将物流提升成为企业的核心竞争力过程中,要把加强其竞争地位作为发展目标。

如上所述,在公司计划和战略发展的各个阶段和层次上都应考虑到物流。

6.4.2 物流与供应链

1. 跨职能整合

在组织内部，物流应在与其他职能部门的紧密协作中履行它的职责。这些职能包括采购、库存管理、生产和销售等。组织还应该和众多的外部企业进行整合，如船务和货运代理、仓库和越库中心的经营者、海关、运管部门、供应商、最终用户或客户等。这个系统方法会在供应链内或整个供应链上为组织带来效益。

从一个单个的组织来考虑，物流通常是对物料流的管理。而从另一方面来看，供应链管理是对供应链上所有实体负责的流程（并非职能）的管理。

然而，物流是将相关的供应商和客户结合在一起。正因如此，不应只将物流的实际应用限制在某一企业及其直接供应商和客户之间，而应扩展到整个供应链。简言之，企业物流战略需要紧密地和供应链整体战略结合起来。

供应链管理是："管理上游供应商到下游用户的关系，使整个供应链以较低的成本提供较高的客户价值。"这不仅要考虑到从供应商到客户的实物流动，还有贯穿供应链的信息流和资金流。

一个供应链的例子是这样的，某个原材料生产企业向一个零部件企业供应原材料，零部件企业向组装企业供应零部件，组装企业向零售店供应成品，零售店则向最终消费者供应商品。

每个企业的收益率会受到这个链条上各个环节业绩的影响。如果组装厂的最终零部件组装工作很差，或者物流企业向最终消费者送货时造成货损或延迟，那么每个独立的和所有的企业新订单和新业务都会减少。一个简单的供应链见图4-6-3。

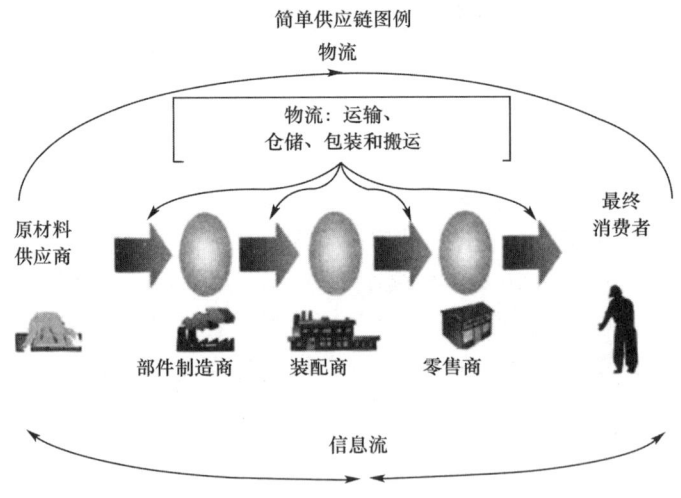

图 4-6-3　一个简单的供应链

从上例可以看出，联结在同一条供应链上的企业相互之间进行竞争会对整个供应链的绩效产生负面影响。如果企业之间有着相互协作的关系，使每个企业都意识到应为共同的利益而努力，则会获得更高的效率。显然，这种关系只有在长期相互信任、相互尊重的基础上才能形成。

2. 供应链活动管理

提供有效益、有效率供应链的主要因素如下：

（1）通过细分市场，了解最终客户的要求

供应链成员应该十分清楚最终客户的需求和供应的轻重缓急，并予以满足，不同细分市场的客户，其需求不同，对产品和服务的价值取向也不一样。例如，公共部门客户可能优先考虑低价格和遵守采购规则；而私有部门客户对于同样的产品则可能优先考虑其质量和供货的速度。

（2）采用有效的供应链战略来满足消费者需求

一经了解客户需求，就可以采纳一种既能满足客户需求同时又能保持成本节约的战略。例如加入客户优先考虑立即送货，那么供应链战略就是在离客户最近的地方持有库存。如果客户要求满足其特定需求的定制产品，那么供应链战略就应该确保供应的弹性和适应性。

（3）供应链成员的整合

涉及供应链成员单独采纳与供应链总体战略相符的战略。如果供应链是基于在最低成本方面进行竞争，那么企业成员必须保持其订单与整个供应链上总库存最小化一致，而不是仅限于具体企业成员内部的最小化。

（4）供应链中的战术性问题

为了战略实施，供应链必须成功地处理大量的战术性问题，这些问题都与供应链的几个或全部成员有关。如为了消除检验的必要，每个企业都要执行全面质量管理；为了按照客户订单制定生产，要延迟生产的最后一个环节，等等。

（5）供应链管理的国际化影响

当今的大部分供应链都是跨越国界的，面对着特殊的挑战。国际化既带来了难题（即更长的前置时间和更高的风险），也带来了机会（新的细分市场），这些因素都影响着供应链的运作，而且需要谨慎对待。

（6）信息系统和信息技术是供应链的黏合剂

没有成员之间必需的信息交换，供应链不可能有效地发挥作用，包括很多领域的最新和可靠的信息。例如，最终客户的需求，生产过程中在制品和供应"管道"中的产成品，以及质量控制流程的结果等。

（7）供应链为客户提供价值的保证

时至今日，供应链必须为客户提供价值，即那些与客户需求一致地使客户完全满意的产品和服务，供应链需要从客户那里得到反馈，以便评估其效率，并且在有需要时进行改进。

6.4.3 物流管理是企业供应链管理的重要组成部分

在很多国家，物流和供应链管理被认为是相同的活动，这是错误的，忽视了这两个概念在个体与群体、简单与复杂等方面存在的差别。

物流管理可以被认为是世界级供应链管理的三个组成部分之一：

第一部分是供应管理，涉及开发和整合供应商关系；

第二部分是需求管理，使用技术来准确预测需求并开发客户关系；

第三部分是物流管理，关注于当供应链成员进行互动时，如何对产品移动和储存进行管理。

供应链管理和物流管理的最大差异在于，物流管理这一计划系统或体系，旨在对经营过程中的产品和信息流动进行管理的单一计划，而供应链管理拓展了这个观点，更进一步要在供应链成员的流程之间创建协作关系，这不仅包括与其下游的客户之间的关系协调，也包括与其上游的供应商之间的关系协调。

供应链管理的基本准则是使最终消费者满意,满意度取决于货物流的可靠和快速响应,为客户提供的服务,以及供应链上信息的及时和准确的流动。因此,供应链可以被视为将跨企业的战略和子流程连起来的一系列流程,其显著标志就是为满足消费者需求的供应链协调。

6.4.4　物流与供应链战略

1. 物流计划

物流及物料交付可以被认为是一个流动的过程,但它是不规则的,也是不连续的,而且是经常变化的。其原因是物料交付的批量和周期的差异,如同水龙头的开启和关闭。物料交付如同计算机或通信网络中成组数据的传输,在这一过程中,一段报文或电话之后会有一段间隔时间。介于系统内两点之间的每一段通信链路、电路或水管的容量是由最初设计限定了的。

图 4-6-4 显示了物流系统中的"管道"将供应商、不同级别的仓库及最终用户连续了起来。

这一"管道"有很多流量限制阀,用来控制短时期内可以通过"管道"的流量。限制阀控制进入中心库或操作节点的量,同时每条通往下级供应链的路径都有自身的输出阀。这些阀门由一个复杂的黑箱控制单元控制着。这一黑箱控制单元对很多输入量进行加工处理,这是将阀门放在正确的位置以实现流量的最佳控制所必需的。

"传感网络"用来使物流与组织的作业要求相符,虽然图表内的变量是战术变量,但仍然能够表明在供应链管理层面上继续进行供应链管理战略的开发之前,首先从计划的角度考虑物流问题。要制订一个合适的物流计划,必须对运输仓储链条上每一个环节进行分析。

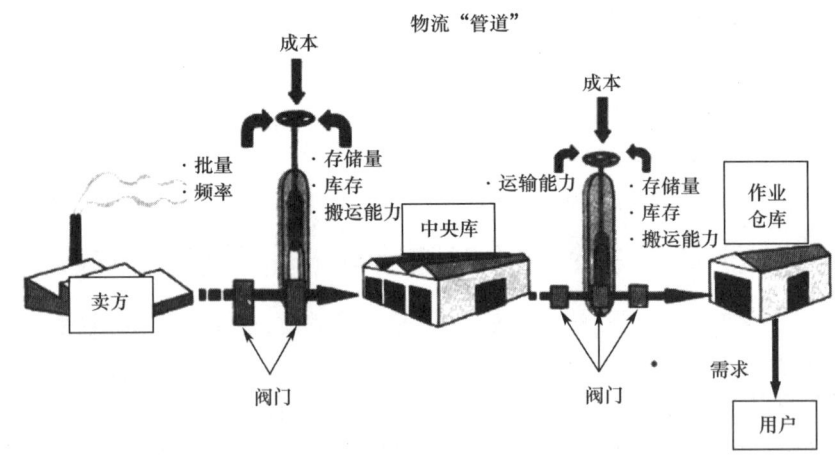

图 4-6-4　物流"管道"

除此之外,还要制定一个供应链战略,高级管理层必须确定物流如何增加企业的整体竞争优势,而不是仅仅关注于单独的、局部的改进,需要考虑一些复杂的、相互冲突和关联的目标。

2. 供应链战略

传统的思维方式认为竞争优势来自密集式营销和巨额的广告花费,因为需求是可以被创造出来的。但如今,由于技术和产品质量趋于同质化,企业只能进一步寻求其他活动以保持竞争优势。

供应链的活动成为众多企业获取竞争优势的关键,因此他们将关注点置于如下几个方面:

——全球市场中的机会。

——采用时间压缩战略,以应对产品生命周期的缩短。

——为客户提供定制化的服务。

——与客户及供应商的快速沟通。

为了抓住这些机会,就需要对供应链结构和对供应链成员间的关系进行重新调整,最终结果就是对供应链的整合。

——获得竞争优势。

任何企业的目标之一就是获得竞争优势。竞争优势是可以长期维持的优势,是依赖系统的能力而并非单项能力。供应链管理被视为关键的竞争优势,因为它是从整个供应链系统能力出发的。

构成竞争优势和获得竞争优势机会的确定性因素已经被明确,它们就是全球化、一体化以及基于时间的竞争。

——全球化。

随着通信和信息技术进步、市场放松管制和全球贸易自由化,世界既是一个潜在市场也是一个供应源,这使企业拥有了成为全球企业的机会。在全球范围内,企业可能选择世界上的任何地方,从事他们认为最适合特定的活动,这些活动可能是:获取资源、加工制造、研发、募集资金和销售。例如,世界大多的运输系统正在解除管制,因此导致了更激烈的竞争更低的价格和更多的服务品种,但同时也带来了对不同运输服务商进行评价的复杂性。

整合的优势包括质量的改进、共享的创新、成本的降低以及生产和配送计划的改善。

③ 供应链整合水平

内部整合。取得供应链整合的第一步是通过供应链上每个企业的内部检查,判断其内部流程是否已经理顺并予以整合。没有正确的内部整合,整个供应链就无法有效完成整合。传统上对智能分离的认识需要转变为客户导向的整体的物流观点。在建立管理流程的基础上,企业要培养多技能的、市场成功导向的员工,为客户提供价值。

简言之,除了各分离智能和策略,企业更需要将其内部职能间的流程理顺,以提供特定产品和服务的价值。在整合概念出现之前,分离的智能都具有各自的目标和策略,例如:生产部门的目标是生产什么和生产多少;财务部门的目标是关心投资和回报的问题;制造部门的目标是关心加工过程中的操作效率(例如长时间持续生产、减少备机和换产品次数以及标准化产品);市场部门的目标就完全不同,它强调产品多样性、高服务产品和产品频繁的变换。

这些目标与企业的战略目标不相符,由于自身利益最大化的原因,职能部门会设定单独的目标,这就导致发生矛盾的混乱。为了争取资源并且要证明其职能目标是最具价值的,职能部门之间会发生争斗现象。企业内部的目标协调就是使内部各项职能的策略相匹配,并与企业和供应链的市场战略一致。

④ 其他

作为供应链物流管理的工具,还包括波特的价值链应用、JIT 生产系统等内容,相关内容在本书已有介绍,本节不再赘述。

>>> 6.5 精益供应链和敏捷供应链

6.5.1 精益供应链和敏捷供应链

1. 精益供应链

精益生产理念的起源可以追溯到日本汽车行业,因丰田配装线而名闻天下。精益理念的基础是在供应链上消除所有"muda"(日语:浪费)。人们认识到的对供应链绩效有危害的浪费有 7 种:

(1)过多生产——生产过多、过早或者"以防万一"经常是浪费的最大来源并影响着质量和生产率。

(2)等待——时间没有充分利用,包括员工、材料或客户的等待。

(3)运输——关心的是零件从一个环节到下个环节的低效率移动。

(4)不适当的加工——涉及造成生产瓶颈的大型加工中心。

(5)不必要的库存——过多库存导致物流中断和前置期延长,并需要占用空间。

(6)多余的动作——例如,弯腰、伸展(肢体)、伸出(手臂)、加工中的走动、获得签字和翻倒等。

(7)缺陷——以时间和金钱为代价并且降低资源质量。

精益生产的首要原则是在 JIT 系统帮助下,从供应链上消除浪费,相关供应链称为精益供应链。JIT 系统使用拉式策略,而不是推式策略,即在客户以订单发出对某产品或服务的需求时才安排生产。要使该系统能够发挥作用,关键是在供应链中建立到上游无缝的信息流,以及到下游客户同步的物流。该理念将在以后的章节里详细讨论。

2. 敏捷供应链

虽然精益供应链在处理供应链上的浪费、成本和低效率问题方面很有用,但是对于所有的业务来说并非完全适合,于是,出现了高效及相应供应链的理念。使用 JIT 的高效供应链只是在需求相对稳定、可预测以及产品品种比较少的时候发挥作用。理想的结构是供应链上任何地方都几乎没有库存,于是可以减少被沉淀的营运资金并获得快速生产,同时还有贯穿供应链的快速信息流。

然而,在某些(例如时尚)行业,与将各种产品快速送到客户手中相比,消除浪费并没有那么重要,这时实施 JIT 就很困难。时尚产品的需求是不确定的,因此精益(或高效)供应链架构就不使用。供应链在客户需求变化时的相应性比消除浪费更为重要时,称作敏捷(或响应)供应链。敏捷供应链依赖的两个关键因素——整合和柔性,即:供应链成员必须拥有实时信息流,并且有能力迅速变更其生产设备、产品类型和产量。这就是说在供应链上的每个部分都要拥有弹性很强的结构、产能和人员。价格和质量处于市场上的优势时,最好实施精益战略:当客户服务和响应成为竞争优势的关键因素时,应该实施敏捷战略。

6.5.2 推式和拉式供应链战略(见图 4-6-5)

1. 推式供应链战略

推式供应链战略要求制造商按照销售预测来估计要生产的数量。如果没有与供应链上其他企业(供应商、客户)协调好策略,各自的预测结果和生产计划就不能相互匹配。这时,每家公司都会发现准确的预计和满足需求是很难的。

传统的需求理论偏爱推式策略。理由是当前置期长、质量不稳定时,有库存似乎是明智举措,它可以防备供应链中断。响应客户对产品需求量的突增,或者退货等要求等。然而,建立库存不仅仅增加了成本,还会掩盖了本应能够解决的流程问题。

然而,当整个供应链中的需求预测能够相互沟通,而且相互的供应策略也能协同时,推式战略也是很有效的。在以下情况下,推式战略最有效:

——产品是标准的,几乎没有差异性,而且需求量很大。

——需求量明确清楚,并且没有大的变化。

——客户希望立即以现货(成品)供货。

②. 拉式供应链战略

拉式供应链战略指的是只有在客户发出订单时供应链才激活,即供应链开始生产产品或交付服务的信号只会来自其直接客户的需求。传统建筑业的供应链是典型的拉式供应链。

在这种情况下,供应链的成员必须要使其流程、系统以及策略相互匹配,以保证供应链能够快速响应来自客户需求的变化。

拉式策略的优点有很多。首先,由于生产只是在得到订单时才立即开始,所以没有前期成本;第二,供应链上的信息流动是连续的;第三,为使拉式系统响应性更好,供应链成员会紧密合作。

在以下的环境中,拉式战略是有效的:

——产品配置种类很多,并且经常改变。

——需求不确定,而且变化很大。

客户能够接受等待交货,以得到按需要准确配置的产品。

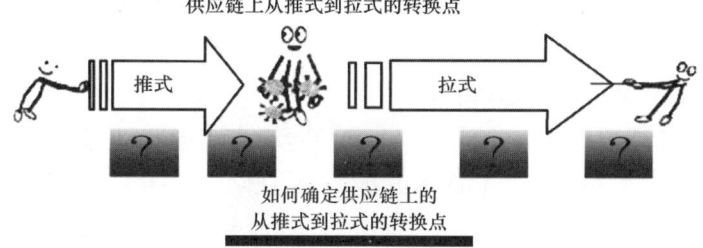

图 4-6-5　拉式供应链与推式供应链

③. 推拉式供应链

为克服推式以及拉式策略中的限制,企业还可采纳的策略称作"推-拉战略",也称作延迟战略。这个组合的策略将供应链的某些部分(上游)执行推式策略,而其他部分(下游)实施(被推迟)拉式策略。

在供应链的上游,有些部分不需要为具体客户进行定制,例如服装行业,在服装生产流程之前,棉布生产时可不进行染色和剪裁,而在后续的供应链下游工艺阶段,才进行染色和裁剪,或者按照最终客户的订单要求客户化。于是,上游的供应商利用推式策略,提供通用部件和组件,因为通用品项的需求更加平稳和可预测。另一方面,下游供应商,即组装厂商和最终产品制造商,使用拉式战略,在接到最终客户的订单后才进行定制式生产。下列图表说明确定供应链上从推式到拉式战略结点问题的类型。

如果需求变化频繁,并且难以预测,那么就应该在尽量靠近供应链上游的地方使用拉式策略。当产品配置多样化时,也应如此。另一方面,如果首要条件是对客户需求的快速响应,那么就要在尽量靠近供应链下游的地方使用推式策略。现代建筑供应链呈现上述趋势:建筑材料如钢筋、水泥等物资按照推式供应链组织管理,建筑企业通过竞争获得项目后按照拉式供应链进行管理。

延迟对降低多样性库存的影响见图4-6-6。

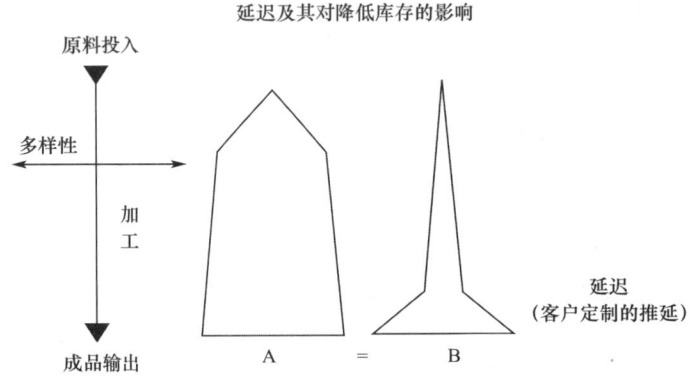

图 4-6-6　延迟对降低多样性库存的影响

图中,基于对市场需求的影响情况,方案 B 将定制化的生产或组装工艺尽可能延迟到了最后的时刻,这样直到管道的最末端,库存的种类数一直可以保持最小。

推迟策略也可用在物流过程中,即将商品尽可能存储在中央仓库中(而不是在供应链的更下游),然后在接到订单后直接送到客户手中,这种策略不仅能够满足规模经济性的要求,还可以进一步满足最终客户的定制需求,例如:商品打包等。

④ 供应链中的供应策略和库存水平

上述不同供应策略对供应链中持有库存的位置有直接影响,见图4-6-7。

例如:如果需要即时响应客户和高服务水平,库存倾向于保持在供应链越发靠近下游的地方。

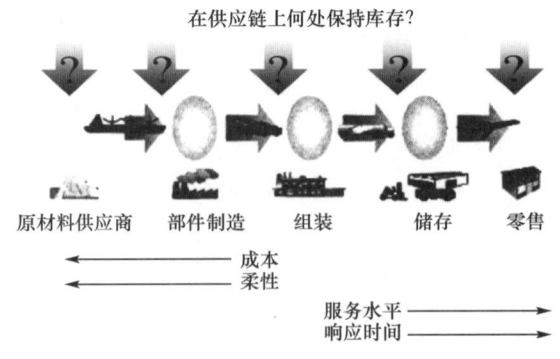

图 4-6-7　供应链管理中的库存管理

本章思考题

1. 简述影响企业利润的关系类型。
2. 简述物流战术任务。
3. 简述产品总成本构成。
4. 简述波特价值链内容。
5. 简述精益生产和敏捷生产的区别。

第7章 物流的客户价值

很多产品市场中的商品越发变得大宗化,价格和规格的差异越来越小。在这种情况下,唯一能使自己的产品有别于其他产品的方法就是为客户提供他们认为有用和有吸引力的服务项目。物流职能通常是公司、客户和供应商之间接触的主要界面,因此该职能在提升客户对公司的评价和确保供应商履约能力方面起着关键作用。

在供应合同谈判当中,买方应该知道在供应产品的包装和分销阶段,要求供应商为其提供有价值的附加服务范围。这样做通常可以创造对双方都有利的双赢局面。但是价值到底是什么? 它又是如何得以确定和为客户创造出来的呢? 企业可以有多种为其活动增值的方法。本单元重点探讨在为客户服务全过程之中,供应链和物流增值的机会。

◎ 本章目标

> 1. 理解客户价值理论。
> 2. 理解客户服务的要素。
> 3. 分析正确的物流成本核算原则。
> 4. 理解物流成本的核算原则。
> 5. 理解客户利润贡献理论。

⟫⟫⟫ 7.1 客户价值度量

7.1.1 客户和价值

❶ 谁是客户

根据企业的属性,客户可以是企业,也可以是最终客户。与企业客户的关系可称为企业对企业形式;那么与最终客户的关系可称为企业对消费者形式。虽然企业客户和最终客户分类不同,但重要的是要意识到这种区别就是,后者在供应链上的位置只比企业客户向下游方向移动了几步,并没有本质的不同。供应链最终形成与否,是由其提供给客户的价值来度量的,即满足客户需求的程度。

❷ 价值

价值的定义取决于个体的感知。价值对供应链上不同团体的意思是不同的。企业通常会在成本的基础上确定价值,客户和其他利益相关人对于价值的组成则有自己的看法。

从企业利益相关人的观点出发,价值可以被定义如下:

——投资回报(ROI);

——销售额;

——成本降低;

——运营资金;

——库存;

——应收账款;

——固定资产。

在企业中,为了给所有的利益相关人增加价值,重要的是要了解他们的价值观,调整组织的活动以给主要利益相关人增加价值。

7.1.2　客户价值

1. 客户价值的定义

客户价值推动着供应链的发展和进步,进而决定今后供应链的形象。客户价值被转化为供应链上的业务活动,其目的是以最有效的方式提供所期望的价值。

客户价值被定义为是客户对企业整体贡献的感知,这些贡献包括产品、服务和其他相关内容。这些感知可以分为几个方面,其中三种最基本的形式是,需求的一致性、产品的覆盖范围以及价格和品牌。除此之外,还有增值服务和关系管理,这些内容有助于产品的差异化,但并不是最重要的因素。

2. 客户价值因素

(1)需求的一致性

需求的一致性与企业可满足客户期望和需要的能力有关,这也包括企业的产品是否便于让客户发现和购买。

(2)产品覆盖范围

如何评价这个因素对客户价值的贡献是困难的。然而,与此有关的三个成功的商业模式是:某些企业专门提供某一个类型的茶品(如机械工具);另外一种经营模式是提供多类别产品的一站式商店(如百货商店);第三种是集中经营某一范围产品的超级专卖(如硬件、IT 等),即在此产品范围之内,提供多样化的产品。

(3)价格和品牌

对于客户来说,价格是一项重要的因素,但不是唯一的因素。品牌不仅允许企业在销售时提出高价格,而且也起着对客户质量的保证作用。更高的价格本身就是声望和质量的表现,但是通常也会为了保持高的客户服务水平而导致供应链成本的上升。

(4)增值服务

区别竞争对手产品的其中一个方式是增值服务。引进可以提高产品价值的服务不仅使企业可以提出更高的价格,而且还可以使产品有别于其他特征相似的产品。另一个增值服务的好处是在提供服务过程中,企业通过和客户持续互动来确定客户未来的需求。

(5)关系和体验

客户对公司良好的体验及友好的关系,可以构成客户要改变习惯进而转向竞争对手的障碍。一个满意的客户更愿意这样和企业维持下去,同时企业还可以从现有客户中获得信息并用于吸引新的客户。

7.1.3 客户价值的度量

就像我们定义客户感知那样,客户价值需要从客户的角度进行度量。常用的客户价值度量方法是客户满意度和服务水平。然而,还有一些专门用于度量供应链的其他方法。

(1)服务水平

不同的企业对服务水平有不同的定义。但一般公认的指标就是按要求准时交付的能力。

(2)客户满意度和忠诚度

可以通过提供服务来衡量客户满意度,客户满意度通常反映了销售部门和具体雇员的绩效。客户满意度可以用于了解当前客户对企业的理解。客户忠诚度更为重要,因为这意味着可以了解客户在未来为企业可做出的贡献。由于不需要和客户接触,而只是分析他们过去和当前的订单,因此还是比较容易做出评测的。

(3)供应链绩效度量

供应链绩效对于所创造出的客户价值会产生影响,因而确定对供应链绩效本身的度量是很重要的。这就要求不仅要检查供应链流程自身,而且要与可能的最佳实践进行比较。这种比较就是以竞争对手为标杆,以便发现可以改进的地方,见图4-7-1。

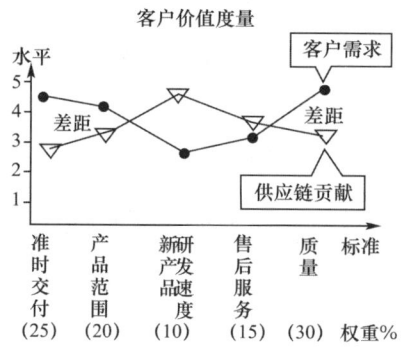

图 4-7-1　客户价值度量

>>>> 7.2　客户服务要素

企业可以为客户提供服务的方式很多。很明显的例子是以稳定的质量、无货损地对客户的准时交付。

另外一种定义是把客户服务描述为一种可被管理的活动,或对已实现的绩效的度量,或是企业经营理念。客户服务反映着客户价值,因此企业必须了解客户价值和期望,以便提供有价值的服务。因为产品是购买的核心,所以企业制造的产品是很重要的,但是价值可以通过增加服务来提高。

"7个 RIGHT 原则"(7Rs)描述了客户服务是如何通过整合物流来创造的:用适当的产品和适当的数量,以适当的条件,在适当的地方和适当的时间,为适当的客户,以适当的成本。这7个职能范围内任何一个职能不恰当地履行都会导致不良的客户服务。同样重要的是要注意企业很少能够一直在所有方面都做好。然而,这并不意味着企业没有必要为了将客户服务改善到如此理想的地步而努力。

重要的是企业要确定度量成功为客户提供服务的程度,同时还要对提供给客户服务的成本和利益进行评价。因此所考虑的问题和进行的研究是关于提供客户服务的成本,以及给客户带来相关利益(即增加价值)。但这并非意味着客户服务是纯粹的增加成本——也可以在其他领域降低成本。

7.2.1 客服服务要素

客户服务包括大量的要素,这些要素可以分成不同的阶段加以讨论:交易前、交易中和交易后,见表4-7-1。

1. 交易前

交易前阶段的客户服务要素涉及为具体的核心服务做准备的服务,包括管理决策和企业的客户服务政策,组织结构以及企业运作的柔性。

2. 交易中

交易中阶段涉及交易之前所确定的要素的施用,内容是为客户提供的产品和服务的实体交付。起重要作用的是订单周期,即客户发出订单和收到产品或服务之间的时间,即订单的传输、处理、备货和递送。其他给客户提供价值的相关要素包括:下单的方便程度、订单信息、订单满足水平、系统的准确性、缺货水平和替代产品。

3. 交易后

交易后阶段涉及交货之后,客户使用期间所提供的服务。保修、担保、索赔、修理、改造、提供备件和回收处理(包括产品生命周期结尾的回收)是此阶段的所有要素。此阶段和前面的各阶段同等重要,因为这可以被视为企业和客户建立持续关系,再次发生业务的机会。

表 4-7-1 三阶段服务内容

客户服务阶段	说 明	示 例
交易前	交易前客户服务政策的制定	用于内、外部沟通的书面客户服务政策; 客户到企业的可及性; 适应客户需求的客户服务系统的能力
交易中	直接与客户交易有关的客户服务要素	订单周期:发出订单之后多久才能够将产品送达; 满足客户需求的库存可获得性; 订单状况信息的提供; 客户请求的响应时间
交易后	产品使用期间客户服务的支持要素	购买之后客户投诉和索赔的响应时间; 服务、部件和备件的可获得性; 在第一时间对客户问题的解决

7.2.2 客户服务

客户服务对最终客户产生影响,但是在回顾以上有关客户定义的时候,可以清楚地看出客户服务也对最终之前的中间客户或者企业客户产生影响。

注重为客户提供服务也和组织的流程和系统有关。传统主要是围绕着关注于企业内部提高效益这一中心工作而将市场服务放在第二位。这就导致劣势的发生,例如降低柔性和延长前置期。更为有效的方法是首先关注外部因素(即客户服务需求),再将此转化为企业内部流程和运作。

1. 客户服务需求的确定

虽然在需求上没有哪两个客户是相同的,但还是可以在其中发现类似之处,即可以将客户通过分组的方式进行分类。确定类别的三个步骤如下:

——步骤1:从客户感知的角度,确定客户服务要素;

——步骤2:确定每个要素的相关重要性;

——步骤3:按照相似的服务偏好对客户进行分组。

结果就是每一组特定的客户群都是由有别于其他群组的特征构成的。例如,这些特征既可能是交付的时效性,也可能是低价格或者是要求单独接洽等。

一旦这些需求被确定,最重要的是来开发满足细分客户需求的战略,它建立在成本效率和与需求相符的方式。虽然理想结果是给所有客户提供最高水平的服务,但是这样并不现实。服务部门确定优先客户决策的基本方法是选择那些创造利润最高的客户,因为他们应该接受与需求最相符的服务水平。

2. 客户服务绩效测评

评价客户服务绩效的一种方式是制定客户服务标准,然后与完成的具体服务进行比较。在以下区域内必须设立的标准是:

——订单周期;

——存活的可获得性;

——订货量约束条件;

——订单方便性(包括网上订货);

——交付频率;

——交付可靠性;

——订单完整性(即订单履约率);

——文件的质量;

——索赔程序;

——技术支撑;

——订单状况信息。

从以上列表明显看出,从交易前到交易中,直至交易后,制定标准几乎和客户服务的所有要素有关。

3. 客户维持

企业在吸引新客户时投入大量精力,而经常忽略维持现有客户的重要性和优势。大量的论据已经指出维持客户的重要性。赢得一个新客户的成本比维持一个客户的成本要高许多,甚至高达5倍。对于客户,不应该只看到其当前的开支,更应该考虑其生存期间的全部开支,见图4-7-2。

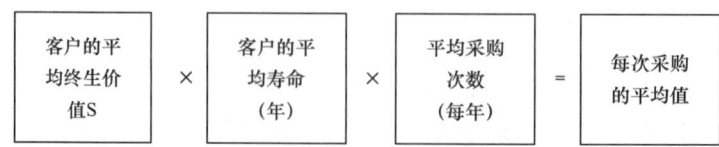

图 4-7-2 客户终生价值的计算

忠诚的客户可以带来巨大的利益。他们具有比新客户采购的更大倾向,随着时间的推移,他们的开支在增加,并且更愿意付额外费用。有些客户的后续累计购买要比最初的购买高出 20 倍。因此,组织可以从长期持续的销售中和成本的节省中受益。

对客户维持的评价相对容易。特别是在企业与企业的交易(B2B)状况下更为容易,此时只要对某两个时点或者某两个时间段客户数量做比较就可以了。例如:我们有多少去年的客户今年还是我们的客户?

在运用客户维持率来分析问题时,同样重要的是要观察客户在哪个时间段的开支以确定客户维持对企业来说是很有价值的。对于最终客户来说,这种计算更为复杂,因为追踪他们通常是困难的。有些公司发行客户忠诚卡——特别是航空公司和零售连锁企业——使他们知道其客户正在采购什么、采购多少和何时采购。以对企业忠诚度的角度审查客户还可以使得组织根据他们的贡献和为组织创造的利益进行客户分类。以这种分类给最有价值的客户冠以"金标"之称,次要的客户冠以"银标",对于那些价值低于上面两类的其他客户冠以"铜标"即可。对于这种分类,客户的重要性应该从服务和企业与这些客户的关系上反映出来。对于忠诚客户的需求应该予以特别关照,如特殊需求或最紧急的交付要求。

⟫⟫⟫ 7.3 物流服务基本成本计算

7.3.1 定价

在企业竞争的背景下,价格可以定义为成本加利润。适当的价格对于客户和企业都是公平的。由于这样做要依赖于他们的具体关系,于是不存在公平价格的计算方法。在完全竞争的环境下,市场机制决定价格,但是在垄断市场,价格是由生产商随意确定的。

① 价格分析

每次采购都要事前对价格进行分析,即将报价与获得的数据进行比较。根据境况和获得的信息的不同,价格分析可以通过以下几种方式进行:

(1)将报价和竞争对手的报价进行比较

比较两个方案必须保证报价的性质和内容是可比的。

(2)将报价和管制、目录或者市场价格进行比较

有些价格受到权威部门控制,企业必须要遵照执行。对于非控制价格,在市场中通常是由供给与需求的相对强度设定的。

(3)使用基于网络的电子采购

通过互联网可以获得大批供应商,互联网提供了在世界范围内向供应商报价和求购的平台。

(4)将报价和历史价格进行比较

这种方法是将同样内容的现价和历史价格进行比较,但是,使用历史价格时,要把它转化为可比价格,因为市场的变化会导致价格的变化。

(5)采用独立的成本估算

只有在以上任何方法都不奏效,无法就报价进行比较的时候,才使用此方法。估算是以实际的整体价值为基础的,就是要对实际投入资源的成本进行分析以确定价格为参照。

② 定价策略

高明的定价策略可以通过价格因素来影响客户,两种截然不同的但是具有互补效应的

策略如下：

（1）客制式定价

客制式定价的目的是根据客户对价格的敏感程度来制定差别价格，例如可能对私人用户、商业用户和政府用户制定不同的价格。

（2）动态式定价

在动态式定价中，价格不是依客户群的不同而不同，而是考虑市场条件会随着时间而改变。在此战略之中，随时间而改变定价要比固定定价策略具有更大的好处。在短期计划下的需求变化大的时候，动态式定价的效益很高。

7.3.2 成本

最常用的分类方法是将成本属性分为固定成本与可变成本，直接成本与间接成本；不太常用的分类方法是将成本属性分为技术成本与酌量成本。成本的分类有助于确定成本源，因此可以有效地做出可能改进的决策，并控制它们，不管用何种方法，选择不同的归类方法对总成本并不产生影响。相关定义详见本书第一册第二部分第2章。

>>> 7.4 物流成本核算

在物流和供应链管理中，评估绩效是一项最能降低成本的活动之一。过去采用整合的物流和配送管理的方法得到证实是非常困难的，其原因之一就是缺少合适的成本信息。由于考虑到某一项成本决策会对另一项成本产生影响，组织将物流流程作为一个系统进行全面管理，这种需要对成本核算系统的智能产生着影响。

常用的会计核算系统将成本只做了宽泛的分类，无法实现对流程的真实成本做必需的更详细的分析，因此在物流系统中分析时，难以对各种方案成本进行权衡（trade-off）以实现总成本的优化。但是，现代的分析应用系统已经将这些问题化解。

① 现代成本分析评价

通过权衡获得的效果通常可以从下面两个方面来评价：

（1）它们对总成本的影响；

（2）它们对销售收入的影响。

例如，某个选择方案可能导致总成本的增加（如空运），但是由于现在提供了更好的服务，销售量也增加了。如果销售量和成本之间的差异比以前有所增加，权衡的结果可能是盈利。但是，缺少充分的物流导向的成本核算系统，确定特定的权衡的范围或找出优势是极为困难的。

② 评价原则

开发一个物流导向的成本核算系统的难点，是需要关注物流系统产出（也就是所提供的服务）并识别产出关联成本的能力。因为传统的核算方法的设计目的不同，所以缺乏对这方面的关注，尤其是在其被用于评价采购实体内部物流流程成本时显得尤为突出。除非使用作业成本法（ABC），或者使用其他内部服务计费的方式，否则无法找到这些成本的历史数据。然而，为了验证全部或部分外包的物流运作效果，也必须收集成本数据，以便将其和承包方提供的费率相比较，见图4-7-3。

（1）如实反映物流流程

物流成本核算系统的基本原则之一是成本核算系统应该真实地反映物料的流动,即应能识别物流服务的客户,并且将成本分摊到每个客户。

（2）能够区别成本和收入

第二个原则是系统应该有能力根据供应商/客户类型、供应/销售市场类别以及进向/出向分销渠道等方面分别对成本和收入进行分析。出现这样的需求是由于只计算平均成本的方式——如每次交付的平均成本的使用存在内在危险,因为这样就无法了解成本在平均值上下波动的真实情况。

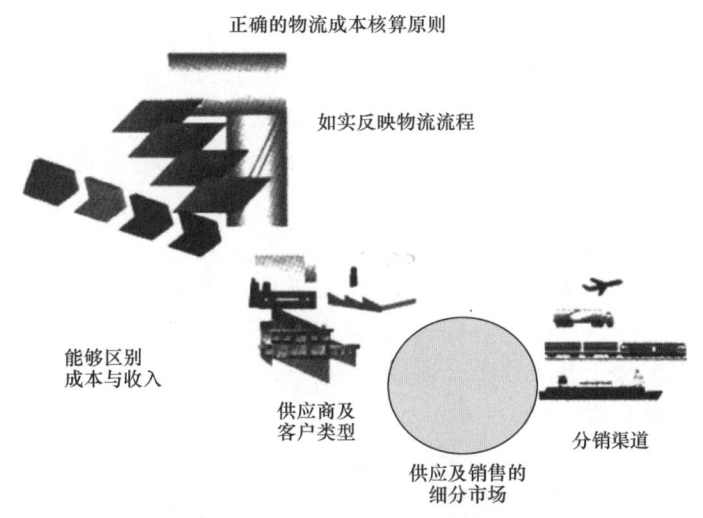

图 4-7-3　正确的物流成本核算原则

企业的成本和效率受到大量因素的影响,包括企业管理能力、工人的工作效率、分包额数量和质量以及工厂本身的产能。这些因素随着时间和不同的产品发生变化。

≫≫≫ 7.5　物流作业成本计算法

如上所述,这些原则的运作需要"产出"导向的成本计算。换言之,首先要确定所要求的物流系统或供应链的产出,然后努力确认和提供与这些产出有关的成本。

7.5.1　任务成本核算

1. 任务成本核算需要跨部门完成

这里有用的理念是"任务陈述"思想。在物流和供应链范围内,任务陈述是公司开发战略、计划和战术的基础。在与一组绩效目的和目标结合之后,物流和供应链任务可以为物流、采购和供应人员提供目标和方向。任务可以由客户类型、产品类型和服务及成本的限制进行定义。任务（就词义本身来看）就已经跨越了传统职能的概念。图 4-7-4、4-7-5 说明了此概念,并标明基于任务的产出导向和基于职能的投入导向的不同之处。

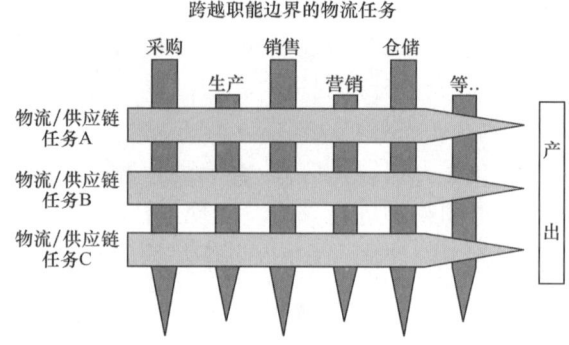

图 4-7-4　跨越职能边界的物流任务

指定任务和目标的完成需要组织内部众多的职能部门和作业中心的投入。因此,有效的物流成本核算系统寻求的不仅是确定所需的物流或者供应链目标(系统的产出)的总成本,还有和这些产出相关联的各种投入的成本。由于和上面提到的物流任务相结合,这种方法就被认定为"任务成本核算"。

2. 横向任务纵向预算

图 4-7-5 表示了物流任务是如何影响职能/作业中心成本的,这给企业内部核算成本提供了合理的方法。作为一种成本核算或者预算方法,任务成本核算与传统方法相反。在此方案中,职能的预算取决于其服务于公司任务的要求。在此图表内,每项任务的成本是横向定义的,职能预算是垂直累加的。

物流科目核算

	职能作业 1	职能作业 2	职能作业 3	职能作业 4	总任务成本
任务A	100	90	20	80	290
任务B	50	70	200	20	340
任务C	70	30	50	70	220
职能作业投入	220	190	270	170	850

1.确定每项任务的成本

2.分配任务成本到职能/作业

3.确定分配给每个职能/作业的总成本

图 4-7-5　物流科目核算

7.5.2　物流科目预算

由学者所做的开创性工作是研究任务成本应用的框架。这种方法首先要求确定和特定物流任务有关联的作业中心,即运输、仓储、库存等;第二是将每个作业中心为完成任务而产生的各种增量成本分开。增量成本使用的关键是因为不予考虑沉没成本。沉没成本是指即便任务被放弃时已然发生了的且无法回收的成本。

我们可借用"可归属成本"这个概念来加以阐述。可归属成本是一种单位成本,是在组织支撑结构完全不变的情况下,生产或活动完全中断时,可以避免的成本。

在确定作业中心的成本时,如归属于某一项特殊的运输任务,则应该提出以下问题:"如果供应商、客户、细分市场、渠道不可以再利用的时候,哪些成本可以避免?"这些可以避免的成本就是用于物流和供应网络的真正增量成本。在通常情况下,这些成本要比平均成本低得多,因为有很多物流成本是固定成本和/或共有成本。

例如,一辆车从公司的中心仓库向在同一条路线上的两个作业仓库进行配送,其中一个仓库比另一个距离远。如果去比较近的仓库的任务被取消,该成本并不能节省下来,因为无论如何车辆要在一条路线上行驶。而另一方面,取消到距离远些的仓库运输作业就会降低成本。

7.5.3　成本测定方法

1. 作业成本法在物流行业的应用

在劳动密集型的生产中,由于劳动成本在总成本中占有很大的比重,所以传统上,成本是按照直接劳动力成本比例为基础进行分摊的。但是由于技术的引进,导致直接劳动力成本在总成本中的比重的下降,使得这种成本测定方法在非劳动密集型的产业中变得不太适用。

另外,产品的特性也会对各种成本测定方法的适用性产生影响,例如差异化产品,由于该类产品具有更为复杂的生产流程和需要频繁地换产,所以与批量生产相比可能要投入更多的人工。由于差异化产品可以获得溢价,如果采用这种按照直接劳动力成本比例为基础的成本分配方法,利润就会有被高估的倾向。相反,那些利润空间更为狭窄的大批量生产的产品利润则被低估了。

作业成本法(ABC)正是意识到传统成本核算方法的缺陷,并且认为成本的构成并不是这样简单,成本应是和每项作业相关联的。因此,ABC首先要确定出企业的主要流程,然后将其分解成单独的作业。这样,为每项作业确定其成本动因,从而可以对每一项作业的实际成本的方法进行分摊。如果要得到整个流程的成本,将各个作业的成本累加起来即可。

为了使得这个分析可行,重要的是彻底了解和识别作业和生产流程的联系。如果在一个作业之中发现有一个以上的成本,这就意味该业务有必要进一步分割成子业务,如货物的配送就可以划分为装货、实际运输和在客户现场的卸货。

作业成本法(ABC)之所以有价值,是因为这种方法通常是将组织总流程分解成特定的作业并加以分析,而这些作业都是为企业创造更大的利益而必备的。这就会使我们更清楚地获知不同产品和细分客户的利润贡献度,同时清楚理解对于某一项作业的调整会给产品的总成本带来巨大的改变。

传统成本计算法和作业成本法的计算比较见表4-7-1。

表4-7-1　传统成本计算法和作业成本法的计算比较

传统成本	¥		作业成本	¥	
主要成分	000′s		主要成分	000′s	成本动因
薪水	550		销售订单处理	300	订单数
工资	580		库存持有	600	发货价值
折旧	250		拣选	300	订单组数
租金/电费/通信费	700		订单的包装和组配	100	订单组数
维护	100		装货	200	重量
燃油	200		运输	500	客户所在地
			配送至客户	200	卸货次数
			问题解决	380	订单份数
	2 380			2 380	

2. 确定企业利润的其他因素

企业的利润受到很多因素的影响。利润不是简单的仅作为总成本或者投资的百分比,相反,它应该是一个组织效率的反映。影响利润的因素如下:

——风险

冒更大的风险通常意味着获得较高的利润。这些风险可能是财政风险,或者是与新产品开发有关的风险。

——订单规模

规模较小的订单通常需要生产上付出更多的活动,这些活动导致设备使用的低效率,因此需要用较高的单位利润予以补偿。

——技术可靠性

企业在不断地提供可靠的高质量产品的同时,也收取比较高的利润。

——客户利润贡献

获利能力也取决于我们所服务的客户。有些客户可以使企业增加利润,而其他的则相反。对客户利润贡献的分析可以从他们对组织的利润贡献来区别不同类型的客户。进行利润贡献分析计算时,不仅着眼于产品的实际成本,而且还要关注那些为客户提供服务时发生的成本,如推销、运输、存货和仓储成本、促销成本、支付成本、满足非标准需求的成本以及通信成本。

7.5.4 客户利润贡献矩阵

在此评估的基础上,企业能够根据客户的特点做出客户服务决策。这种分析将客户分成四组,见图4-7-6。

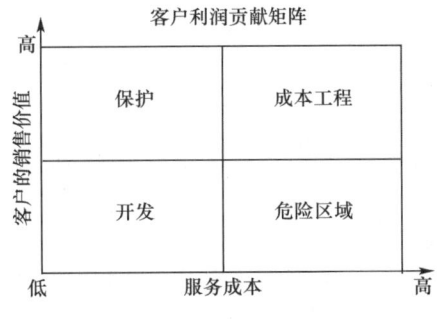

图 4-7-6 客户利润贡献矩阵

1. 开发

本组客户只形成很小的销售量,但是对其服务的成本也低。在成本没有按比例增加的情况下,组织应该努力提升销售量。

2. 危险区域

处于危险区域的客户具有销售量相对小,但是高成本的特点,保有这样的客户是一种战略性的决策。但是,如果这样的客户不具有战略性需要,企业应该重新考虑在今后业务中保有他们的价值。

3. 成本工程

划归到这组的客户是销售量很大,但是服务成本也很高的。企业应该考虑降低服务成本的方法,以便让这些客户创造更大的利润。

4. 保护

这组客户需要组织的保护和培养。这些客户能够带来巨大的销售价值和相对较低的服务成本。更紧密的关系可以将其和企业捆绑在一起,并且可能开发更多的销售机会。

客户利润贡献应该定期分析,因为随着时间推移,客户所归的类型会发生变化。

7.5.5 直接产品利润计算法

另一种衡量成本的方法是直接产品活力能力法(DPP),见图4-7-7。这种方法通过从商品销售的毛收入中减去合理分配给单位产品的成本来考评一个产品对利润的真实贡献。

直接产品利润

销售收入 销售成本 毛利润 仓储成本	
	劳动力 (按:件、重、尺) 占用 (面积和容积) 库存 (平均库存)
运输成本 零售成本	
	人工码放 人工搬倒 占用地面/空间 库存
直接产品利润	

图 4-7-7 DPP 成本表

这种方法考虑的不仅仅是生产成本(即销售成本),还考虑产品在供应链上移动的成本,如仓储运输和零售成本。判明这些成本可以让企业在产品处置方面做出合理的决策。在进行产品促销时,了解产品直接利润有助于做出决策,因为促销对产品利润的实际影响可以被明确。另外,组织还可以根据其单位直接产品利润对产品进行比较。

 本章思考题

1. 简述作业成本法和传统成本法的区别。

2. 简述客户服务要素。

3. 简述物流预算成本的原则。

第 8 章 物流运营

在当今中国市场上的企业物流活动中,多数承包商选择将物流作业外包给第三方物流3PL(3rd Party Logistics)且多以整年合同为基础,通常我们称之为合同物流。

◎ 本章目标

1. 理解物流运营基本理论。
2. 理解车辆运输成本。
3. 解释物流运营的绩效数据。
4. 理解不同的配送方案对物流成本的影响。

≫≫≫ 8.1 企业运输的自营和外包

8.1.1 运输管理的增值环节

(1)各种运输模式评估。

(2)了解影响运输的规则。

(3)决定使用第三方物流的服务还是公司自有车队。

(4)拥有评估承运人绩效的程序。

(5)平衡运输中成本和服务的交替损益(Trade-offs)。

因为运输模式有很多,我们在本节中仅仅关注公路车辆的运输。

8.1.2 内向和外向运输

1. 内向和外向运输具有三个主要区别

(1)外向运输需求被认为比内向运输波动性更大,不确定性更强。

(2)内向运输的配送规模倾向于大货量,操作特点也不同。然而,外向运输的货量要小些,和/或货物更趋向同类。

(3)企业趋向于将内向运输归为不需深入分析的"总交付成本"。

但是内向运输和外向运输的决策差不多还是相同的,因此在本节将把运输作为一个整体流程进行讨论。

如同库存,运输被认为是物流和供应链效率与价值的要素之一。

2. 使用公司内部和雇佣外部货运车辆的比较

选择最合适的车辆大小和类型主要是出于对仓库之间运输计划经济方面的考虑。计划人员首先要决定是购买并且经营公司自有车队，还是利用运输商。如果货量和配送频率适合大量车辆的专制运营，公司使用自有车队是值得的；如果运输量小，可能就要考虑使用外部运输商了。

很多行业具有大量的季节性运输。如果一个公司的货运量波动非常之大，那么用自己车队来满足最低的常规需求，然后使用运输商的服务来满足更高的需求可能会更经济一些。内外部运输车辆的混合经营通常是更明智的选择，因为对于公司车队运力而言，满足高峰运输需求可能划不来。在运输高峰期过后，部分运力难免会闲置下来。

>>>> 8.2　用于成本对比的因素

为了分析各种规模的车辆运输方式，有必要就商业车辆的每个等级取一个为例，按照其成本和绩效特征，为运输的货物指定一个吨公里或者立方米公里成本的操作表。这虽不难做，但是这些成本在国与国之间是不同的，因此必须在当地计算。

8.2.1　总成本因素

1. 成本概述

不同的车辆类型之间最明显的成本差别是采购价格。影响价格的因素有各国的进口关税或增值税。采购总成本却低估了所使用车辆的折旧费用。其他主要成本有营运和维护费用，以及相关的税费和其他与车辆使用有关的开销。

燃油是主要的成本因素。燃油生产国和燃油进口国之间的油价相差极大。政府征收的燃油税能够引发加油站油价的进一步波动。司机的工资也是运营成本中重要的一部分，发展中国家和发达国家的司机工资差别极大，劳动力价格，以及备件和加工成本也影响着维护成本。

最后，不同国家间的养路费和保险费也有很大的差别。

2. 使用率和工作年限

对每辆车的运营成本影响最大的因素是使用率，即每年车辆运作的公里数。小型车，如较小的厢式车和小汽车与较大的卡车完全不同，厢式车经常是在交通限速的城市中从事频繁地短途运输。它们每年基本行驶 30 000~40 000 公里，并且车辆也是为了这个服务水平设计的。卡车的运营状况的差别就大多了。有些公司只是在正常工作日使用卡车，但有些业务繁忙的运输公司，每辆车可能每天双班，甚至三班运营，以便从车辆上获得最大利润。为此，每辆车就要雇佣两名或三名司机。

大型卡车更频繁地用于长途运输。卡车通常每年最低运营 80 000~90 000 公里，在业务繁忙的情况下，最高可达 250 000~300 000 公里。较高的运营效率只能在路况良好的道路上以正常的速度运行时才能达到。大型卡车是为了长距离运营以及合理的工作年限设计的。大多数厢式车是不可能达到同样的年度行驶距离的。较小的车辆在其实际工作年限中止前,大约运行150 000～20 000公里,甚至还需要极好的维护才行。

很明显,车辆每公里运行成本取决于其年利用率,所有固定成本,例如资本贬值、养路费和保险费均可摊到车辆运行的公里数上去。

因为要计算车辆的折旧费,故确定车辆实际工作年限是运输作业在财务方面要考虑的重要计划内容。如果维修良好并在轻载的情况下,大型卡车可以使用10年,甚至可以达到20年。业务繁忙的经营者发现在车辆使用3～4年之后,经常出现故障造成不便,这时进行更换是更经济的,此时车辆仅剩残值了。一般的财务和税收管理是5年内将车辆折旧完毕。

3. 固定成本和可变成本

与车辆运营有关的成本可以分为固定成本和可变成本。可变成本与每年的行驶距离相关联,但固定成本一般与距离成本无关。

然而,时间中有些成本的绝大部分是固定成本,但其中也含有某些可变成本因素。

例如,司机既有固定的基本工资,还有额外的加班费。有时,尽管车辆的每年的使用率很低,但是其价值还是按照一个固定的数量降低的;相反,过高的车辆使用率会使车辆的价值降低速度超过正常值。

8.2.2　单项成本分析

在众所周知的车辆运营主要成本中,首先在车辆购买后就立即开始计算的是折旧成本。折旧是车辆在其使用寿命中(折旧期)累计的价值损失,其最终的剩余价值应为零。

一旦确定了折旧年限,就可以直接计算出每年的折旧成本,例如,可以根据车辆类型和当地条件,将其年限设定为5～10年。经常使用的是车辆的购买价格除以折旧期的"直线折旧"的方法,例如,如果购买价格为20 000美元,折旧期为10年,则折旧成本为2 000美金。这个成本也可以用于计算每公里折旧成本。

当了解了车辆的重量载荷和/或体积容量时,就可以在理论上计算出车辆满负荷运行每年每立方米或者每吨的折旧成本。由于折旧成本,以及燃油成本、司机工资(特别是在高油价和高劳动力价格的国家里)是运营的主要成本之一,对不同级别的车辆相关折旧费用进行比较是很有意思的。

如前面所指出的一样,车辆价格不会像司机工资或者燃油价格那么易变,但是在国与国之间是完全不同的。尽管车辆价格在各国之间存在着很大的差别,但是在同一国家内不同等级车辆的相关成本比率几乎是相同的。

>>>> 8.3　不同车辆和人员之间的成本分析

8.3.1　车辆差异的成本

为了说明不同规模车辆的差异,选择了四种常见的车辆模型为例,分别代表轿式小型货车、中型厢式货车、整体式货车以及带双轴拖车的铰接式货车,见图8-1。这些车属于欧式和日式混合设计车型。

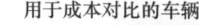

用于成本对比的车辆

图 8-1 用于成本对比的车辆

以一个欧洲国家为例,这些车辆的实际价格已经被折算为理论货币单位,表示符号为 $,并以小厢式车的平均价格 $ 10 000 为计算基准。其他三种车辆的平均价格也按同样比例转换成同等币种。

这些价格如表 4-8-1 所示,表中还一并列出了每种车型的密闭容积和重量限制的额定载荷。

表 4-8-1 单车年限成本比较

车辆等级	车辆价格(S)	载荷		单位折旧成本(S)	
		立方米	吨	每立方米	每吨
轿式小型货车	10 000	2.0	0.60	5 000	16 666
厢式货车	12 500	5.2	1.25	2 404	10 000
整体式货车	32 000	40.0	12.00	800	2 667
铰接式货车	67 000	70.0	25.00	957	2 680

8.3.2 单车年限成本比较

从上表上的最后两列中的每立方米和每吨的折旧成本中,就可以看出从厢式货车到铰接式货车的规模经济性是明显不同的。有意思的是,虽然大型铰接式货车比小些的整体式货车更昂贵,但是其均摊的单位折旧成本却反过来了。当我们进一步把全部成本都集合在一起来计算时,这种趋势体现得将更为明显,即大型铰接式货车的单位总成本要比整体式货车低。

8.3.3 每立方公里和每吨公里的单车折旧成本

上表中的计算忽略了一个事实,那就是在 5 年的经营期内,货车的总运行公里数要高于小型厢车。为了把运行公里数考虑在内,就必须用上表内的结果除以每辆车的运行公里数,新的计算结果见表 4-8-2。

表 4-8-2 吨公里成本

车辆等级	单位年公里数	5 年寿命期间公里数	单位折旧成本(以美元计)			
			每立方米	每立方米公里	每吨	每吨公里
轿式小型货车	30 000	150 000	5 000	0.033 3	16 666	0.111 1
厢式货车	40 000	200 000	2 404	0.012 0	10 000	0.050 0
整体式货车	90 000	450 000	800	0.001 8	2 667	0.005 9
铰接式货车	90 000	450 000	957	0.002 1	2 680	0.006 0

每立方米公里和每吨公里的成本就是每辆车容量和重量的投资成本被其预期的工作年限(本案例中为 5 年)期间行驶公里数相除的结果。这些数字表明在将单位容量和重量的

投资成本以更长的距离进行平均的时候,大型货车的规模经济性更加显著。在不计算公里数的情况下,货车与小型厢车具有5~6比1的优势。如果将公里数也包括进来,比例会增加到9~16比1。从表中还可以看出,大型厢式货车的经济性能也好过小型厢式货车两倍。

8.3.4　司机/操作人员单位成本

司机工资和其他相关支出是运营中的第二大成本因素。不管车型如何,司机是必须聘用的。在将司机成本按照每辆车所载货物的容量和重量分摊的时候,额定载荷大的车辆比载荷小的车辆更具优势。

当在城际之间进行长途货物运输的时候,如果把运行公里加入计算的话,优势将更为明显。表4-8-3表示每年每辆车承载的立方米公里和吨公里总计。

表4-8-3　包括司机成本在内的吨公里成本

车辆等级	年公里数（每个司机）	载　荷		一个司机的年运货成本	
		立方米	吨	立方米公里	吨公里
轿式小型货车	30 000	2.0	0.60	60 000	18 000
厢式货车	40 000	5.2	1.25	208 000	50 000
整体式货车	90 000	40.0	12.00	3 600 000	1 080 000
铰接式货车	90 000	70.0	25.00	6 300 000	2 250 000

从上表可以看出两个有意思的现象:第一个就是每位司机所创造的经济规模优势要比折旧费体现得更为明显,如小型厢式货车和大型货车在容量和重量方面的优势比例变为105~125比1;第二个是从司机成本来看,铰接式货车的运营成本要比整体式货车低得多。虽然较小车型的司机工资可能会比大型货车司机的工资少一些,但是这对计算的结果影响不大。

在运营过程中,很明显小型车辆的司机成本要高于铰接式货车。在高工资比率的国家里尤其如此。在这些国家里,小型车辆的司机支出占据了最大成本;在高油价的国家里,大型货车的司机费用仅次于燃油成本。在燃油成本低廉、劳动力成本高昂的地方,司机成本是各种类型车辆的最大运营成本,比折旧或者燃油成本要高出许多。

8.3.5　单位油耗成本

燃油成本在车辆运营的三个主要成本中位居第三。因为不同国家的其他成本实际上的差别已经很大,所以燃油价格本身并不影响对各种类型车辆进行具体比较。表4-8-4列出了四种类型车辆的公里/升的耗油量。用耗油量乘以车辆载荷计算出每升油承运立方米公里和吨公里货量。

表4-8-4　四种类型车辆的公里/升的耗油量比较

车辆等级	公里/升油	载　荷		1升油的运载量	
		立方米	吨	立方米公里	吨公里
轿式小型货车	16.0	2.0	0.60	32	9.6
厢式货车	12.5	5.2	1.25	65	15.6
整体式货车	3.2	40.0	12.00	128	38.4
铰接式货车	2.5	70.0	25.00	175	62.5

上表表明大型车辆运营的规模经济是显著的。

8.3.6 其他运营成本

除了折旧、司机成本和燃油之外，其他车辆运营成本有维护、保险、养路和司机长途运营的差旅费，见图4-8-2。

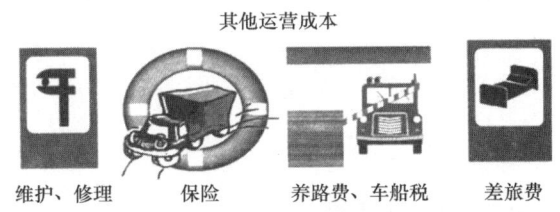

其他运营成本

维护、修理　保险　养路费、车船税　差旅费

图4-8-2 其他运营成本

——维护、修理和其他营运费用（即润滑油、轮胎等）大型车辆会多些，由于这些支出与每年行驶的距离有关，这些成本具有更多的变动成本的特征。但是，维护费用又不会随着车辆载荷的增加而增加，所以规模经济性在这类成本中还是有所体现的。

——保险费、养路费和车船税，在国与国之间是不同的。这些费用都属于固定成本，与每年运营距离没有关系，其中一个例外的情况是高速公路通行费是与运行距离有关的。保险和税费虽然通常与车型有关，但是，保险费不会随车辆载荷的增加而呈同比例增长。因此，对于大型车辆来说，仍能体现出规模经济性的优势。它们的固定成本属性，使得火车运行的距离越长，每公里成本方面就可以获得更大的经济性。

——差旅费是最后一项需要考虑的重要费用。在食宿费用很高的国家的长途运输运营中，这些费用的开支庞大。这些费用可以成为调整中间仓库要考虑的因素之一。中间仓库可以缩短配送行程，于是就可以在当天返回中央库，避免在途过夜。本地的配送可以在中间仓库和作业库之间完成。

8.3.7 车辆运营总成本比较

各种车型的全部运营成本的累计见表4-8-5。表中的成本是各级别车辆之间的相对成本比值，基础是把铰接式货车运行1吨公里货物的所有成本作为指数1来计算。

表4-8-5 各种车型的全部运营成本

车辆等级	总运营成本的相对比率 吨公里/立方米公里
轿式小型货车	30.0
厢式货车	11.0
整体式货车	1.3
铰接式货车	1.0

展示的这些数字只是提供一个在不同等级车辆的精英中规模经济性的思想。虽然数据取自与高劳动力价格和高燃油成本的欧洲，但是不同国家的各项成本的绝对值的不同，对其相对比率的影响成本并不大。

所有这些引人注目的数字表示出大型车辆和小型车辆之间的成本差别。例如，厢式小货车的运输成本是铰接式货车的30倍。因此，这些数字证明如果把原来由很多供应商配送的货物集中起来形成大些的货量,然后用大型车载仓库承运的话,在运输成本方面可以获得规模优势。

国与国之间车辆运营的成本是不同的,因而对一个企业的物流总成本的影响也不同。所以在研究仓库之间货物的运输成本时必须要考虑地方条件。在实践当中,企业是不可能以满负荷的方式利用其设备的。例如,燃油成本还会因运营条件的变化而变化(如公路及交通状况等)。企业的实际成本是车辆能力利用效率方面的反映,可能与上面的理论成本的描述有很大差异。

为了按照实际发生来计算这些成本,企业有必要按照单车来收集和分析数据,例如这些数据包括每年:

　　——实际行驶的公里数;

　　——以立方米(或)吨计的实际平均载货量;

　　——实际油耗;

　　——司机的实际工时,包括正常工作和加班的时间;

　　——实际维护和修理成本。

再加上固定成本,如购买/折旧成本、保险费、养路费和车船税等。此数据使得组织可以将其车队各种车辆的实际单位成本进行比对,还可以了解改善车辆利用率能够降低多少成本。

两辆相同类型的车辆也可能在成本方面存在巨大差异,如油耗、维护等,这可能表明企业的车辆使用方面可能出现了问题。与利润数据对比是有用的方法,如实际油耗数量和每公里理论油耗的对比。这样可以针对性地采用集中货源,变更路线,更改行驶时间或其他方法达到节约的目的。

除了要考虑上述车辆实际成本因素以外,还有其他经营方面的因素也要考虑。建立良好的规章制度可以帮助我们即时发现任何车辆或设备的错误使用。但是,对在途车辆的管理帮助不大,因此可引入一些激励措施和采用其他技术来促进保持经营的绩效。

为此,可以使用转速记录仪来收集司机的操作信息。其他监控手段包括使用车辆的卫星跟踪装置,以及建立对损坏和丢失的报告和司机要对配送过程中延误的解释等制度。在此信息的基础上,识别成本来源并确定更换其他方法和运输路线是完全可能的。

>>>> 8.4　物流仓库的配置

8.4.1　企业内部仓库的配置

很多企业的货物完成入境运输,已进入海关监管状态时,可能还没有到达最终目的地。企业会使用各种仓库设施,并且会组织仓库间的运输作业,在内部供应链上将物料分拨到最终使用地或销售地。

内部仓库之间配送成本会成为总物流成本中很大的一部分,这种成本需要关注不同层次的仓库。

企业自有仓库设施有很多,如简易库房、从单一现场单一层次仓库到多个现场多层次仓库,大型企业的内部供应链上可能拥有几个层次或级别的大型中间库及小型仓库。这种情况在大型垂直一体化的电力设施企业中并不少见,如多个供应链服务于企业不同行业的各个部门。当然,库存位置的数量绝对应该保持最少。

有多个厂址的企业内向供应活动一般都有三个主要级别的仓库,见图4-8-3。

——中央库;

——中间库;

——作业库。

企业内部仓库配置的例子

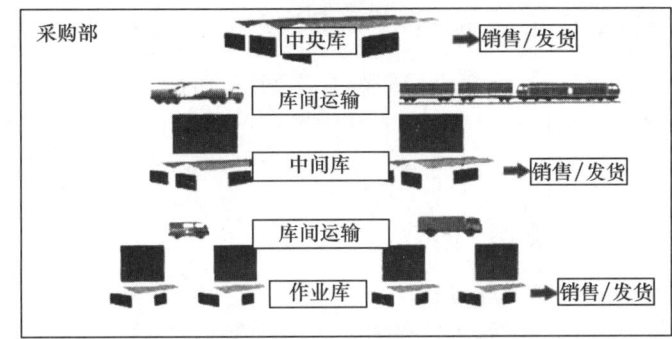

图 4-8-3 企业内部仓库配置的例子

8.4.2 仓库间运输方案选择(见图4-8-4)

理论上,任何形式的运输都可以用于仓库之间的运输作业。本节重点讨论公路运输。因为公路运输是大多数国家最广泛的运输方式。当然,其中一些理念同样适用于其他运输方式。仓库之间的运输在企业整体物流计划中的重要性取决于仓库网络结构和货源。例如,大部分物料在当地采购仓库之间的运输成本可能会接近甚至大于货物内向流动的成本。

在多层次的连锁仓库中、在有两个或更多层次的仓库时会发生仓库之间的运输。在制造行业,只有企业自行配送产品时才需要仓库之间的运输。服务部门的公共设施大多拥有大量作业仓库,这些作业仓库需要大量工作人员由中央库或中间库来供货。这些都需要大量的仓库之间的运输作业。通过中央库或区域性存活点向众多零售环节的作业库供货的大型零售商业存在大量的仓库之间的运输。

形成仓库间运输网络的因素很多,两级网络的运作由以下因素决定:

——中央库和作业库的位置。

——如果有一个以上的作业库,每个中央仓库负责向哪几个作业库供货服务性组织中,很多时候作业库为指定的地域服务。零售行业作业库的选址会受到相应的零售点销售潜力的影响。

——两个或两个层次以上的仓库。

企业设计其仓库网络时,一个重要的决策是决定网络中设置三个或更多层次的仓库是否合理。仓库层次和库房越少,存货和仓储成本就越低。仓库数量的增加必须得到运输成本补偿才行。

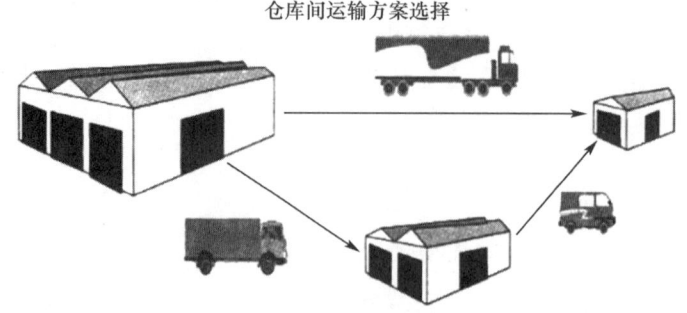

图 4-8-4　仓库间运输方案选择

8.4.3　两级以上仓库系统带来的额外作业(见图 4-8-5)

对于大型企业来说,判断设置两个层级的仓库网络合理与否相对简单,因为在单层次的仓储系统中,要管理众多供应商直接对几个仓库进行的大量配送非常困难。采购组织在很大程度上要依赖其供应商的效率,两层级仓储系统中的中心库可以通过以下方式来节省大量运费:

——将众多不同供应商的货物进行集运;

——更严格地控制战略物料库存;

——大大减少供应商单独运输的次数,因为每次单独运输都要产生管理费用。

但是,要判断有中间仓库的三级仓储网络是否合理就没那么简单了。原因如下:

——库存层次增加。即使努力将存货分配到所有三个层次的仓库中,库存持有量和仓容需求也会随着仓库数量的增加而大大提高。

——搬运成本增加。设置中间仓库增加了一个层级的存取作业。而且,在中间仓库进行装卸搬运作业可能会比直接在中央库作业成本更高、效率更低,因为很难判断成本和利用更高效、自动化的装卸设备和作业是否合理。

不过,中间仓库也有一些优点,特别是在终端需求不稳定、难以预测的情况下。中间仓库可以:

——比中央仓库更接近作业库,缩短交货的前置期。

——通过平衡终端需求的波动(因为一个地方的需求水平上升,会被别的地方的需求下降所抵消),使总库存水平更低。这样,可能比在单一地点持有更高的安全库存成本要低一些。

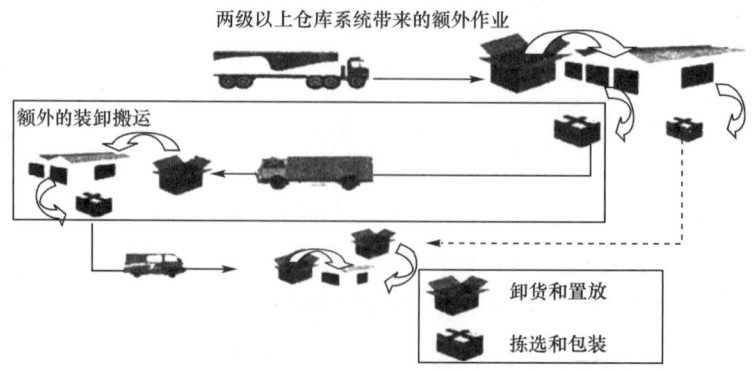

图 4-8-5　两级以上仓库系统带来的额外作业

在很多情况下,增加一层中间仓库往往会导致增加分拨成本。

一般只有在仓库之间距离很长或运输次数频繁、运输成本高、国土面积大的国家,设置中间仓库才合理。因此,对于运营两级以上的连锁仓储的企业来说,应该仔细研究设置中间仓库的合理性。

8.4.4 越库运作提高的效率

近些年由于准时制(JIT)技术的实施,标准仓库的建筑设计已经发生了变革。仿真的数学建模的方法已经应用于解决如何将流通渠道中的库存降到最低,而同时对顾客需求的反应时间很短,并使车辆利用率最大化以达到经济运输载荷。

供应过程中传统的最不经济的环节之一就是将从港口或供应商处通过大型卡车运来的大宗货——拆成各种小批量组合,再送到各个工厂仓库,见图4-8-6。过去每个进口商都有自己的分拨设备、规模不等的车队以及仓库转运设备,现在这种情况已经发生了变化。第三方专业物流公司往往承担内部配送作业,帮助生产企业省去运营自身车队的非生产性开支,于是发展了越库作业分拨中心,见图4-8-7。

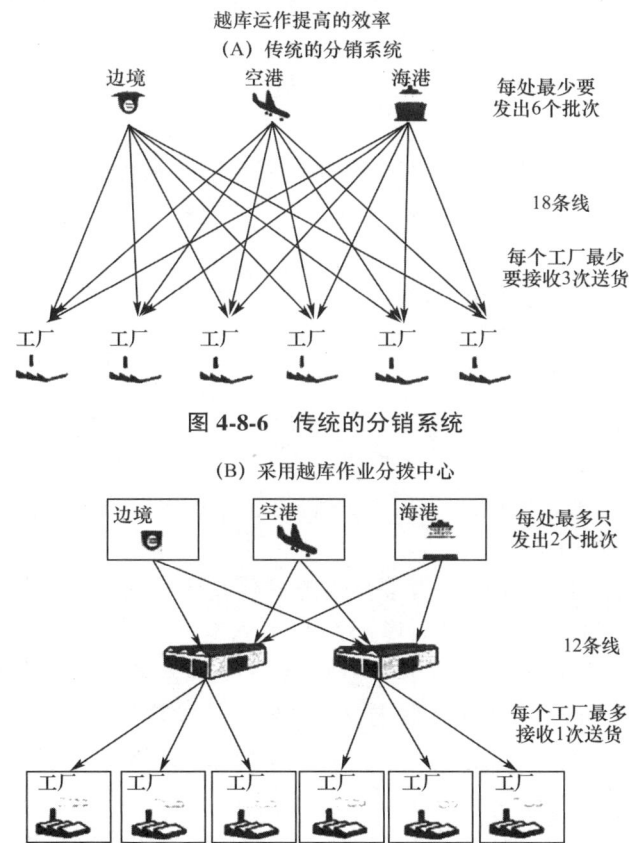

图 4-8-6 传统的分销系统

图 4-8-7 越库作业分拨中心的采用

越库作业分拨中心的采用理顺了分拨调度流程。该中心将不同来源的大宗散货集中起来,拼装成较小的批量配送给众多收货人。这样,汽车行程至少可以减少1/3。

以上两图说明了越库运作的一个基本原则就是任何尚未进入调度计划的货物都不能进入越库作业分拨中心(CDC)。

对于处理进口货物的 CDC 来说,可能难以达到这一要求,因为很多情况下难以准确地预测传播到达和卡车放行的时间。设在海关的货运代理可以帮助传达有关放行时间的信息。如果一个企业有很多货物要通关,可以安排进口集装箱不拆铅封,直接到 CDC 由海关查验和放行。

由进货卡车运到 CDC 的大宗商品马上被拆分成箱或托盘装载单元。然后迅速进行产品分拣,移至出货站台,装到汽车上,运往最终目的地。

CDC 的底层空间用来码放各个进货车辆上卸下的成组货物。离此不远的底层空间也可以用来码放组装成托盘的货物或者成组货物,以便装上出库车辆。操作人员需要配载单来确定每个出库托盘上放置多少成组的由不同入库货物组成的托盘可以按照相反的顺序装上车(即先卸后装)。

除非运输发生了问题,货物无须在越库中心里停留 24 小时以上。因此,CDC 的设计完全不同于仓储库。为了货车排队高效进出,狭长的站台设计要比设计库容更重要。建筑物应为单层,除非需要使用天车搬到货物,房檐高度一般不应超过 10 米。越库运作方法可以适用于任何地方的仓储作业,而现代技术的应用极大地提高了越库运作的效率。计算机可以迅速安排出库货物组合,打印条码识别标签,自动识别商品,制订最经济的配送计划,以及协调车辆运输。其目标是使货物在地面停留的时间最小化。

CDC 的协调工作如同机场的航空交通管制员。一个大型越库中心的设备需要几百万人民币,包括:

——手持或便携式条码或无线标签扫描器及无线信号发射器;

——高速叉车;

——托盘搬运车;

——可延伸辊式输送器及分拣设备;

——标签胶条或标签打印机;

——计算机仓储管理系统。

越库运作管理信息系统具有与普通标准仓储管理系统不同的附加编程功能。例如,一个与程序逻辑控制器(P1C)兼容的仓储控制系统(WCS)沿着输送器路径将货物单元引导至出库托盘组货区。这一软件的主要功能是整合条码及无线标签识别技术和无线通信设备、数学模型以及货物组合数据。

利用标准电子数据交换(EDI)和互联网的方式使得供应商和客户在仓储管理系统上和调度直接相互沟通数据和信息。例如,供应商在车辆出发时以 EDI 方式,发出的预先到货通知(ASN),在货物入库前就传达到越库中心(CDC)。这样有助于中心调度安排收发货物。电子运单和海关单证中可以在空运进口货物中发挥同样作用。

另外,仓储控制系统(WCS)往往跟整个企业资源计划(ERP)和作业管理系统整合在一起。有些国家还将其与通关和口岸作业系统结成一体。这些计算机系统将组织的所有信息都储存在一个叫作数据仓库的中央存储器中,企业的任何一个部门都可以访问这个数据库。这意味着,例如接受采购请求时,企业的物料计划功能模块通过将物料清单与企业的库存记录和已订购的货物相对比,自动计算订货量并备制满足新生产要求的采购订单。

采用互联网作为这种系统整合的通信手段已使得系统实施的投资成本和运营成本大大降低,因为不必再为所有用户投资专门的通信线路和配套的硬件设备。

>>>> 8.5 仓储配送方案的选择

8.5.1 运输频率和运量与车辆载荷的匹配

1. 最经济载货量

这里的主要问题是为了得到最经济载货量,全年各条路线上要分配多少货量。运输频率和运量决定了运输和搬运以及存货水平的经济性。这个关键决策是整个物流设计的核心,详见图4-8-8。

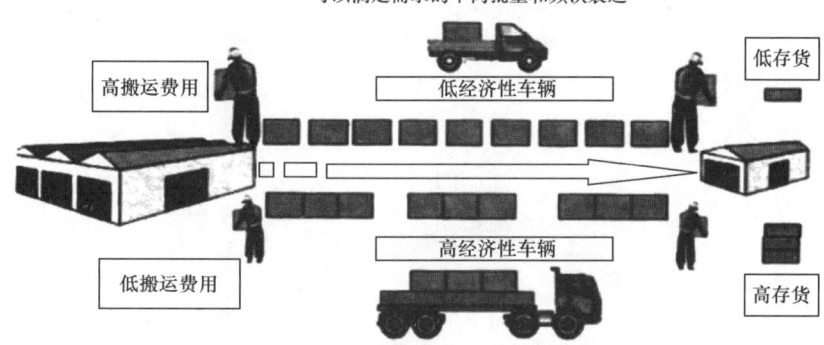

图4-8-8 可以满足需求的不同批量和频次装运

2. 平衡各项送货频率成本(见图4-8-9)

配送频率高会增加运输次数和降低各条线路上的单车平均载货量。这就导致小型和非经济性车辆的使用,于是增加了运输成本。大量小型车辆的使用会增加装卸的成本。于是增加了仓库成本,装卸成本在仓储操作成本中占有很大的比例。另一方面,这种方式也有降低仓库存货的优势。

大型车辆可以发挥规模经济效用,并且可以降低吨公里或立方米公里的运输成本,运输次数的降低还可以降低装卸成本。但因为这种方式需要大批量的低送货频率,所以仓库的存活水平会比较高。

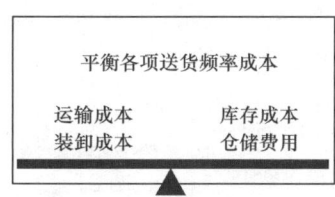

图4-8-9 平衡各项送货频率成本

简言之,确定运输次数之间的送货频率和载货量涉及运输和装卸成本与存货持有成本和仓储能力之间的平衡。

3. 其他要考虑的因素

(1)易腐性(见图4-8-10)

运输货类也对运输系统的设计产生影响。例如,新鲜食品或易腐烂的货物可能需要快递配送,以确保质量。在考虑配送频率时,这一要求要首先予以考虑。根据运送的货量,每日配送是无法避免的,因此不得不使用经济性较差的小型车辆。

图 4-8-10　其他要考虑的因素:易腐性

(2)引进中间仓库(见图 4-8-11)

当两个仓库之间的特定路线上的运量和频率不足,采用大型和成本低的卡车不合理的时候,还可以考虑其他的方法。例如,公司不必使用自有车辆在内部仓库之间进行运作,可以找到一个更经济的运输商来承运,即在同一条路上位其他客户服务的运输商,因此可以使用更大、更经济的车辆,这样成本会低得多。

对于比较大的公司来说,另一种方式有可能是采用中间库的方式,从大量作业库集中起来的货量可以满足整车装载量,使用大型车辆长途运往一个中间库;再从中间库使用小型车辆经短途,将货物运往要送达的作业库。

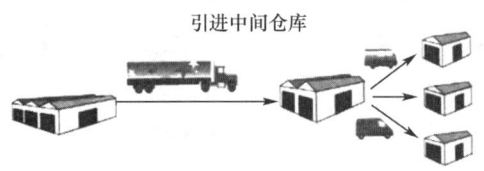

图 4-8-11　引进中间仓库

8.5.2　运输目标及其方案

1. 运输目标(见图 4-8-12)

有效的运输系统拥有和车辆使用有关的大量关键目标,目的是尽量获得最低吨公里年度运营成本。

(1)目标之一:只要有可能就要尽量使用最大型的车辆,以便获得规模经济优势。

(2)目标之二:确保每次运输的车辆满载,或者尽量满载。

(3)目标之三:保证充足的车辆运行时效,尽量减少闲置时间,这是最重要的目标。

达到这些目标有助于固定成本的支付,如司机工资、公路税费、保险、与运距无关的折旧以及大幅度超过预定年度运营公里数导致的开销。

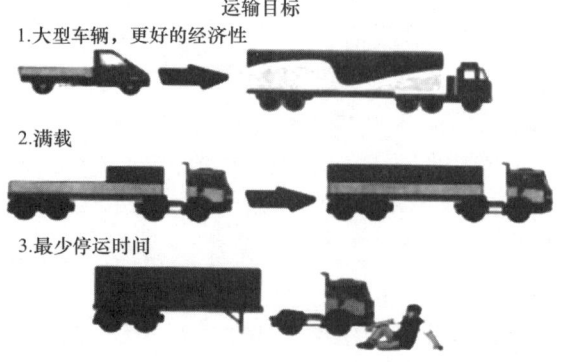

图 4-8-12　运输目标示意图

2. 星式配送方案(见图 4-8-13)

制定仓库之间运输车辆线路规划最简单的方法就是放射状线路的星式方法。在这种模式下,从中央库发出的货物直接运往作业库。交付后车辆直接返回中央库,然后在任何其他中转库或作业库之间重复运作。

当频率和运量可以满足大型车辆完成单次运输的时候,适合使用最简单的线路规划。

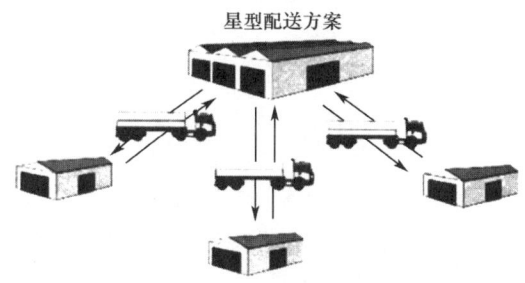

图 4-8-13 星式配送方案

如果货量降到此水平之下,就必须考虑其他方式了。首先,最明显的解决方法是保持星式网络配置,但使用比较小的车辆。

3. 多点配送方案(见图 4-8-14)

如果这样还不行,运营人员可以考虑在一条路线上为两个以上的仓库进行多点配送。这样可以将每个仓库的小批量货物集中为一个大的批量,以发挥大型运输车辆的运输经济性。

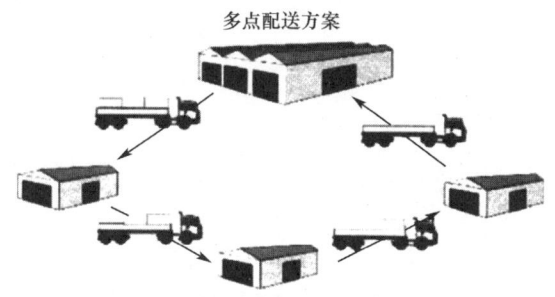

图 4-8-14 多点配送方案

在所有目标仓库的位置距离发货仓库都很远,而目标仓库相互之间的距离相对较近的情况下,多点线路规划就能发挥其作用。采用这种方法,运往所有仓库的满载货物车辆的经济运行占据了整个发货行程的大部分路程。当第一批货物卸下后,车辆不再满载,其运行效率就不是最大化了。

4. 远距离仓库的多点配送方案(见图 4-8-15)

虽然确定中转库的成本是困难的,但中转库确实能带来一些潜在的运输优势。运往几个作业库的货物可以集成一个大的经济装载量,从中央库运到位于一组作业库中心的中转库中。然后,可以用较小的车辆来完成从中转库到作业库的末端配送。

整个行程中的长途运输阶段应该远远大于各地的配送距离之和,以降低用小车配送的成本和增加的装卸、存货以及仓储成本。中转库还可以通过促进更为频繁的运送来节省费用。采用中转库的原理和车辆从中央库向多个作业库进行多点配送的原理相似。因此,只有在向几个作业库进行地方配送会大大延迟从中央库出发的大车配送时间时,采用中转库才会合理。例如,如果由于路程的延长使货车需要停留一夜,会产生很高的司机住宿费用,而且会妨碍车辆在其他地方运行的效果,在这种情况下,可以引进中转库。

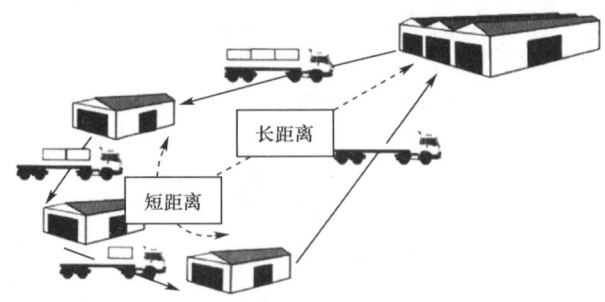

图 4-8-15　远距离仓库的多点配送方案

有几种方法可以降低与中转库有关的额外成本。货物可以经中转库转运,但是实际并不在中转库储存,非常像 CDC 运作。来自中央库的大车要在中转库卸货,再把货物装上较小的车辆配送到作业库。不过,一般的转运避免了将货物投入中转库然后再拣货发运的过程,只需要在库房的转运区做短暂的停留。

严格地讲,在这种情况下,中转库不再是中转库了。它甚至可以是一个大型作业库,同时也用作一个中转基地和临时库。考虑使用小型集装箱或高帮柱型托盘对货物进行存放。

〉〉〉〉 8.6　优化车辆行程路线

8.6.1　多点线路比较

跟星式路线配置相比,多点路线或许可以降低配送较为频繁的运输成本。关于这个概念,我们可以通过一个专门的例子来说明。A 是中央库,B、C、D 是作业库,各个仓库间的距离已在图 4-8-16 中标明。

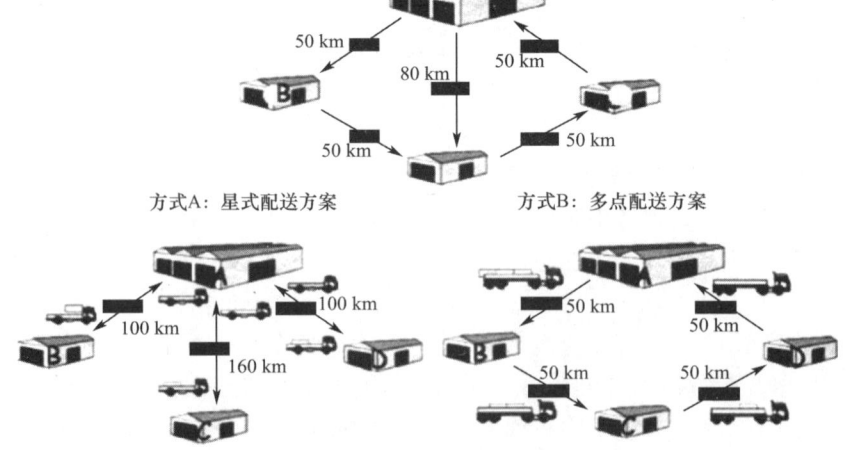

图 4-8-16　车辆行程路线比较各个仓库间的距离

对于从仓库 A 到仓库 B、C、D 进行星式配送的车辆而言,总的往返里程为 360 公里。而如果采用一台车进行多点配送,A—B—C—D—A 的整个行程为 200 公里。

假设,仓库 B、C、D 每周需要 20 立方米的物料。如果在星式配送系统下,用一辆容积为 40 立方米的整体式货车,每辆两周为这些仓库送货,每公里运费为 1 元,那么总成本为 360 元。

另一种配送方案是采用一辆容积为 70 立方米的铰链式货车,运行 200 公里。每周沿着 A—B—C—D—A 的多点行程送一次货,每个仓库送 20 立方米。该货车还空余 10 立方米的容积。如果 40 立方米的连体货车每公里运行成本为 1 元,70 立方米的铰链式货车约为 1.35 元。每周运行 200 公里到三个作业库,两周的总里程为 400 公里,每公里运行成本 1.35 元,则总成本为 540 元。

为使配送频率加倍,采用一辆更大的车进行多点配送,其成本会比在星式线路规划中用较小的货车每两周送等量的货物成本高 50%。但采用大车的方案仍有优势。

首先,大车还富余一些装载空间,通过精密的线路规划还可能使成本进一步降低。

不过,多点配送系统在本例中的主要优势是配送频率加倍可以使库存水平下降一半。

本案例是为了说明在线路规划中要得到更经济的方案,要发挥很大的创造力。

8.6.2 中央库之间的双向转运(见图 4-8-17)

仓库间线路规划还需考虑的问题就是货物在企业中央仓库之间转运的问题,如在位于彼此相距较远而又接近供应商的那些城市的中央仓库之间进行运输。

这样做有两个好处。第一个好处是,位于这些城市的各个供应商送来的分散货源集中成为大批量货源。然后,可以把这些大批量的货物发往企业其他的中央库,再从中央库运往它们各自的作业库。如果每个供应商要直接向企业各个仓库送货,这些小批量配送的成本会很高。在中央库间进行转运的第二个好处是车辆都有往返货源,而不是空返。这一概念利用了效率很高的双向运输。在中央库之间整合货物时,用于运输的车辆最有可能是大型铰接式货车。这样可以使库存间的双向运输最经济,而且往往能比依靠供应商运输的成本更低。

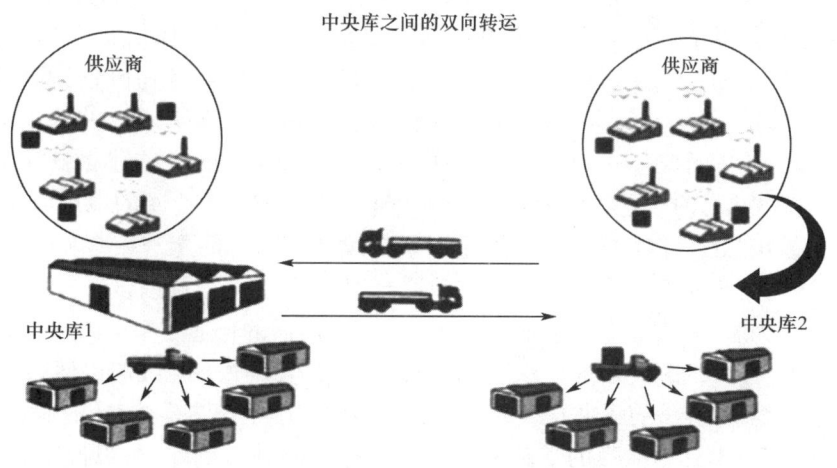

图 4-8-17 中央库之间的双向转运

8.6.3 供应商联合进行到中央库的长途运输

当然,如果同一个城市的供应商进行共同配送,在同一时间集货,而且,如果企业在附近没有作业库,那么就不需要在该城市设立中央库。用一辆大型铰接式货车就可以在同一天内将这些货物直接送到企业位于其他地方的唯一的中央库。虽然货车到供应商的路程可能要空驶(除非可以安排其他货源),但这种做法可以大大节省仓储设施的开支。

越来越多的国家通过利用互联网、安装在汽车驾驶室内可以让司机即刻知道是否货已备妥和提货地点的无线通信设备和 GPS(卫星定位系统)装置来进行这种运作。这样能提高燃料和货车的利用率,由此可以迅速收回通信设备和软件的投资。供应商联合进行到中央库的长途运输见图 4-8-18。

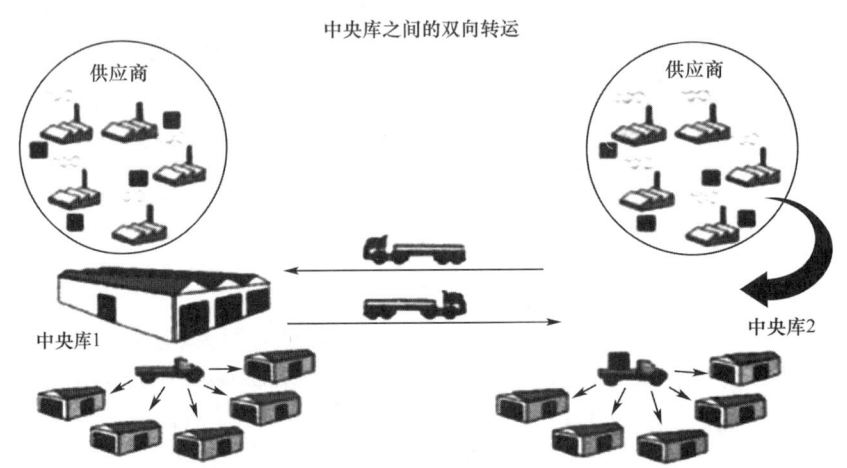

图 4-8-18 供应商联合进行到中央库的长途运输

8.6.4 确定中转库和基层库架构的循环图

只有仓库的位置确定时,才能制订运输计划。在大型网络中,一般首先要确定中央仓库的位置。计算其位置的根据是通过中央库的货流量等于其所服务区域的所有作业库的需求量之和。作业库预期的需求量根据历史数据或以市场调研或其他信息为基础的预测来估算。一旦确定了中央库的位置以及中央库所服务的作业库的数量和位置,就可以了解直接发往每个作业库的货物流量。如果打算设立新的作业库,或调整现有中央库所服务的地区,则需要进行新一轮的计划。可以不断重复这一步骤,直到找到一个合适的解决方案为止。

在这个过程中,有两个主要变量。第一个变量是确定每个作业库的地点以及其服务的区域,这决定仓库可能的货物吞吐量。第二个变量是发往作业库的配送频率和配送量。两个变量确定后,就可以预计仓库所需的规模。在获得仓库容量之后,就可以设计出合适的库房。

此时,还可以确定从中央库向作业库进行直接配送所需的合适车型。如果适于使用大型铰链式货车,这是一个好的解决方案。另外一种做法可能是要调查多点线路以便和其他仓库进行共同配送,直到找到最经济的解决方案为止。接着,就可以确定仓储总成本和运输总成本了。

可以在改变基本计划参数的基础上重新开始整个循环。例如,可以改变仓库所服务的区域,这会对物料需求量产生影响。可以转移仓库的地点,这会改变线路的长度。同样,也可以改变配送频率和配送量,这样,所要使用的最合适的车型可能发生变化。可以在反复试验的基础上进行这一计划循环,直至得到一个满意的解决方案,使仓储、库存和运输成本之间能够很好地平衡为止。

8.6.5 选址和配送循环

图 4-8-19 显示这一过程被分成了仓库选址和配送两个分循环。选址循环图说明仓库的地点及其服务的区域决定了货物流量。一旦确定了货物流量,就可以确定一个合适的配送频率。配送频率则要与车辆型号和选择的线路相匹配。

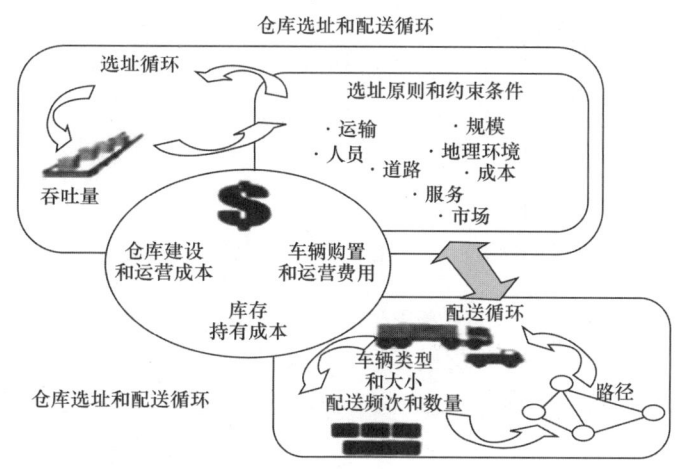

图 4-8-19 仓库选址和配送循环

结合车辆型号和配送线路确定配送频率后,就可以计算出运输成本。预计的运输费用和仓库/库存成本一起作为反映配送循环中存在问题的因素,必须对它们进行评估,以得到整体最佳的解决方案。

配送频率还会对中央库和作业库的搬运需求产生很大影响。必须选择与两种仓库的资源都相适应的配送频率。否则,在制订计划时,必须将调整这些仓库资源的成本考虑进去。

》》》》 8.7 编制配送计划

8.7.1 定期与不定期配送计划

作业库的配送计划可以在不定期或定期的基础上制订,见图 4-8-20。两个系统都有其优缺点。

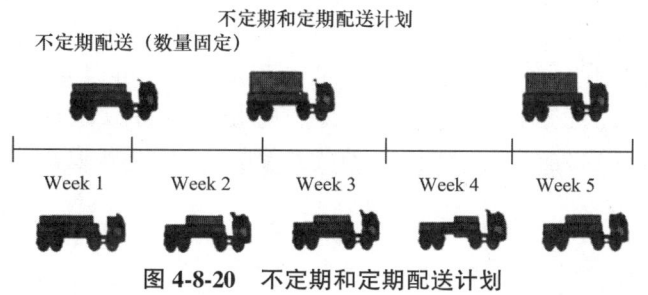

图 4-8-20 不定期和定期配送计划

8.7.2 定量配送和定期配送需要的运作能力

作业库的人力资源通常都有限。规模很小的仓库可能只适于使用兼职人员。因此，当货物到达时，需要其他人员来协助库管人员卸货。当配送时间不确定时，要进行这种人员安排就很困难。详见图4-8-21。

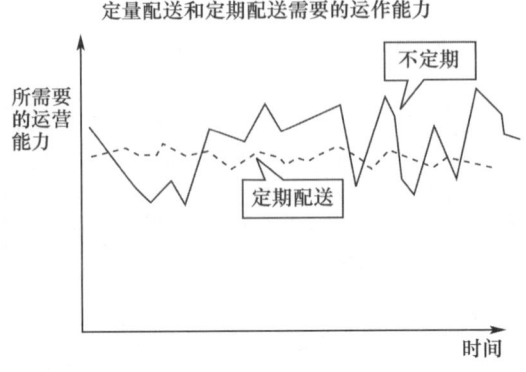

图 8-21　定量配送和定期配送需要的运作能力

对4-于制造企业、零售企业以及很多服务行业而言，向作业库运输可能是从原材料供应商开始延伸下来的很长的物流供应链中的最后一环。这一供应链(和其他供应链一样)的强度取决于最弱的环节。

1. 定期配送计划

定期配送确保根据预先设定的相等而且固定的时间间隔来进行配送。在计划的配送时间里，不管物料需求是否达到一个整车，都要发货。这显然意味着车辆往往在不满载的情况下运行。

虽然可以制订计划使定期配送在大多数情况下达到合理的满载，但总会部分亏舱。因此，运输成本可能高于满载或接近满载运输的不定期配送。

虽然定期配送的运输成本比较高，但它避免了有关不定期配送的所有问题。在定期配送中，运输资源可以很稳定。制订配送数量计划时，不需要那么多作业管理，安全库存也可以减少。不需要增加不必要的仓储、库存成本或仓储容量，发货仓库和作业库的工作量和搬运设备能力都不会有太大变动。

因此，尽管定期配送计划在仓库之间的运输中效率较低，但其优点往往弥补了这一缺点。所以，仓库之间定期配送计划广泛应用于设计良好的物流系统中。

2. 利用通信设备辅助计划安排

使用移动通信设备也可以大大提高运输效率，油耗的节省和车辆利用率的提高通常可以迅速收回此类设备的初始投资。

工作站可以通过双向无线通信设备或蜂窝式电话与驾驶员联系，驾驶员也可以通过这些手段与工作站联系。这给工作安排带来了灵活性，可以对返程货源和工厂需求的变化做出快速响应，配送计划也容易制订。驾驶人员可以跟他们的基地联系，看看有没有可能遗漏的或要发往新工作地点的货物要送。对于延迟配送，也可以提前通知工厂。

>>> 8.8 采用重心法确定单一仓库的选址

仓库可能在供应链的几个节点上出现,与库存和运输一起,是链上主要成本和价值因素之一。如在制定仓库决策时会产生不适当的地理市场定位成本、实际仓储成本和搬运货物成本。这些问题将在以后章节中讨论。

8.8.1 仓库选址

仓库选址是一个对企业的经营绩效产生长远影响的战略决策。因此,仓库选址和合同的确定通常由企业所有人会同负责市场、销售、采购、物流、仓储、生产和财务的经理们一起协商做出。

大部分生产企业主要有两种类型的仓储设施储存从外部进入的零部件大原材料,以及储存从内部向外部分拨的成品,虽然进向和出向两种仓库的主要基础建设需要大量资本投入,但是企业的收货和分拨组合仍然是一个令人惊讶的动态环境。需要不断留意市场的发展变化和竞争对手的动态,评估当前的组合是否能够对这样一种需求做出最有效的反应,即将适当的产品送到适当的地点。

由于选址决策和内部仓库系统设计的复杂性,促使一些非常精密的数学模型得到应用与发展。这些模型试图为任何已知的收货和分销系统寻找最佳的仓库数量和最优的仓库设计。

1. "现实"试验

下面,我们将集中探讨对单个企业来说仓库选址最现实的问题。大多数选址研究都是在企业已经有很多仓库和配送区域的情况下进行的。因此,选址研究很少建立在某种前提之下,即"最佳"结果最后仍然适用。一般而言,需要在所谓的"最佳"地点和现有仓库之间进行折中权衡。这么做主要是因为仓库和车队的成本高,以及要对现有系统做出调整需要高昂的成本和代价。

尽管如此,企业了解如何能改进其配送网络仍然非常重要。虽然某些网络从企业开始运行时就设计了,但这种情况是不多见的。大部分系统是未经计划的,它们随着企业的变化而变化。当企业稳步发展(或衰落)时,系统可能会改变;或者当企业合并或被兼并导致发生小幅度波动或大幅度跳跃时,系统也可能会改变。

2. 外包抉择

供应与分销售网络往往不能满足企业的需求,因为难以将自由仓库出售出去或使其适应新技术和配送渠道。这就是物流和配送公司越来越普及的原因之一,其有效的运作可以使制造企业外包其全部或部分库存管理和物流运作。

在这种情况下,企业以支付合同服务费用的方式取代了大量资金投入,而且可以使其业务和车队正好或者多少与其业务环境需求相一致。

因此,位于强劲增长势头或前途未卜的中小型企业(SME)以外包的方式将资金投入到能够产生收入的流动资金上,而不是进行固定资产投资,这种情况下,不利的一面是,物流和配送活动可能是企业与供应商和客户直接联系的唯一渠道。如果外包配送公司与企业自身的经营理念或标准不同,可能会造成服务中断或丢失业务。不过,互联网的出现及其对供应和分销渠道产生的重要影响,以及参与全球竞争的需要,已经促使很多企业重新考察其采购和分拨系统,尤其是注重有关仓库利用与选址的问题。

3. 一种规划方法

(1)研究或考察一个企业的仓库系统构造并非易事。这是一个复杂的问题,需要考虑很多方面的因素:

①目前及未来可能的需求量和服务要求。

②构思中的仓库网络备选方案。

③不同网络的资源要求。

④这些网络资源的成本。

⑤政策制定(例如存货策略)。

确定合适的仓库数量、规模及地点需要考虑以上这些各种因素。对大量方案进行评估和对各种数据进行分析,是一项相当繁杂的工作。因此,大部分仓库选址的研究都是通过计算机建模技术来进行的。

无论采用哪种计算机方法,仓库选址问题采用一种结构化的方法来解决是很重要的。这种研究的大部分包括识别、收集及分析相关数据。确保这种分析模型或方法完全能够代表要调查的系统也是不可忽视的。

(2)一般来说,选择仓库或货场的地点时,应考虑以下问题:

①接近主要供应和/或需求以便将运输前置时间和成本最小化。

②靠近公路和/或铁路,避免堵塞问题。

③仓库地点的规模与配置,以及其适应企业将来扩张需要的能力。该地点应能容纳拟建的仓库建筑及所有其他相关的辅助设施,如:

a. 车辆调度和停车场。

b. 车辆维修车间及加油站。

c. 洗车设施。

d. 独立的办公设施、食堂或休息区域。

e. 废物处理设施。

f. 保安部门。

车辆移动、停靠、调度和装卸货通道所需的面积经常被低估。这会造成堵车,浪费时间,并给客户或供应商的车辆带来不便。

对所需的面积进行估计需要知道在这一地点所使用的车辆数量和型号。规划时还要考虑员工停放私人车辆的场所。对于地方政府而言,在审批规划时,通常要求提供尽可能少的空间来停放员工车辆。

①各种基本服务,如水、电和通信。

②排水、防洪、防风、防滑坡的安全设施。

③保安服务,如公安或私人保安服务。

④尽可能靠近仓库员工居住区。

⑤当地各地政府发展规划、法律法规,包括建筑限制。

⑥财务因素,以及对公司而言获得设施的最佳方式,如:

a. 购买现有的仓库。

b. 购买土地自建仓库。

c. 租赁。

d. 将仓储服务外包。

e. 和商业仓储专业人员或保税区开发商共同建设一个自营仓库。

所有有关的税收和/或投资的鼓励政策。这些因素也同样会对公司的抉择产生影响。

8.8.2 仓库选址的各个阶段

开展以上调查必须考虑到以下几个阶段：

① 确定目标

这包括确定各企业必须满足的仓储需求，以及应考虑的主要问题。为达到以上目的，对一些因素进行考虑非常关键，如：

——公司现有仓库。

——是否有些仓库必须关闭或不能关闭。

——公司仅仅考虑现在还是未来5~10年的发展。

② 建立成本关系

考虑我们前面遇到的所有问题，成本关系当然都建立在某种成本模型上。

③ 确定产品流动和瓶颈

产品的流动是指储存在仓库中供需的不同形式。包括几个重要的方面：产品的品种及其包装，这些产品的来源地（海关、中央仓库、工厂等），产品的目的地（作业库、商店、医院、工厂等），以及流经仓库的商品数量（吞吐量等）。找出系统的瓶颈非常关键，例如：由于效率低下或设施不足，使得货物的流动非常缓慢或者停滞的地方就是系统的瓶颈。

④ 识别需要的数据和信息

发现和获取分析所需的信息和数据的过程会遇到一些问题，所以有必要对取得的数据进行折中处理。

（1）收集合适的数据

这通常是整个研究中工作量最大、持续时间最长的部分。以你最终使用的形式来收集数据，是非常有用的。

（2）选择调研方案

对每一个可利用的方案都进行研究是不可能（或者不实际）的。很明显，许多方案可以忽略掉（如仓库地点接近）。试图进行过多的分析会耗用大量的时间和金钱。

（3）只在必要时进行分析

分析必须具有灵活性，因为随着分析的深入，所选方案会变得不相关，这些方案就不必分析了。而对以前丢弃、在以后的进展中可能发现又有用的方案予以关注。

⑤ 对方案进行比较

这是整个过程的最后一步，包括对研究的结果进行评估以便选择和评价"最佳"方案。在这个阶段关键是要对关系到单个仓库选址的所有实际因素予以考虑。

8.8.3　仓库选址技术

现有的仓库选址技术很多，选择何种技术主要取决于要对单个仓库还是多个仓库选址。很明显，多个仓库选址更复杂，因为它涉及仓库数量的确定和各个仓库间服务范围的界定。

我们这里只能简要描述进行以上分析可以选用的一些方法和技术。精密的计算机模拟程序由此而产生,并在很多国家得到应用。当我们把目的地、发货频率和装载量以及企业的一些特定标准作为数据输入时,程序就能分析出某个国家的仓库和直接分拨中心的最佳地址。

单一仓库选址的重心法,适用于确定单个普通仓库的库址,又名吨-中心法。它产生于20世纪30年代,其理论基础是将仓库地址的最低成本核心比作物理学中的重心。

首先,这个方法赋予每个供应地和/或目的地中心(如机场、港口、供应商、客户等)一定的物流"重量"(用砝码表示),每个砝码的重量与其对应地点上货物的供给和需求成正比。然后,将切割下的地图置于相同大小的硬纸板上,将这些砝码(用线)挂在纸板位于地图上相应国家和地区所对应的点上,在地图上找到不同的砝码的平衡点,使地图也保持平衡。在地图各个相关位置(如高速路干线)插进一个细金属棒,然后握住金属棒使地图悬空,再将金属杆向倾斜的一侧移动,使用近似法测试这些不同的点,直到金属杆使地图获得平衡,最佳位置便找到了。

 本章思考题

1. 简述企业内部仓库配送方案。

2. 简述多点配送和星型配送方案的区别。

3. 简述远距离仓库配送方案。

4. 简述不定期和定期配送计划。

5. 如何采用重心法或单一法为仓库选址?

第9章　贸易术语和商品价格

身处不同国家的国际贸易双方当事人之间在进行任何一笔业务时都要明确在何时、何地、以何种方式交货,由谁办理货物的运输、保险、通关手续以及需要交接哪些单证等,解决这些问题的有效方法就是采用为世界各国商人所认可的各种贸易术语。

◎ **本章目标**

1. 理解国际贸易实务基本理论。
2. 理解国际贸易术语在国际销售合同中的运用。
3. 熟悉国际贸易不同的运输方式及其特点。
4. 理解国际结算的不同方式。
5. 掌握国际贸易运输保险及商检相关合同条款。

≫≫≫ 9.1　解读贸易术语

9.1.1　解析常用贸易术语 FOB、CFR 和 CIF

❶ 贸易术语

贸易术语(Trade Terms)又称交货条件(Delivery Terms)、价格术语(Price Terms),俗称价格条件,是用一个简单的概念或英文缩写字母来表示价格的构成以及买卖双方在货物交接过程中,有关手续、费用和风险的责任划分,例如 USD280PerM/TFOBShanghai 中的"FOB"即为一种贸易术语。

❷ 有关贸易术语的国际惯例比较(见表4-9-1)

表4-9-1　有关贸易术语的国际惯例比较

项目	2000年《国际贸易价格术语解释通则》	美国对外贸易定义修正	华沙-牛津规则
术语数量	13种、四组	6种	1种
适用范围	最常用	只适用于美洲地区	当事人采用时适用
电子单据	有	无	无
法律效力	不是法律,不具有普遍强制力,合同中采用时才能约束当事人		

❸ FOB、CFR 和 CIF 的要点

不同的惯例解释的贸易术语不同,2000年《国际贸易价格术语解释通则》(INCOTERMS

2000)最为常用,以下以该通则为主做介绍。

(1)FOB(Free On Board)

FOB 称为装运港船上交货价,业务俗称"离岸价",其后通常接装运港名称。其买卖双方的主要责任如图 4-9-1 所示。

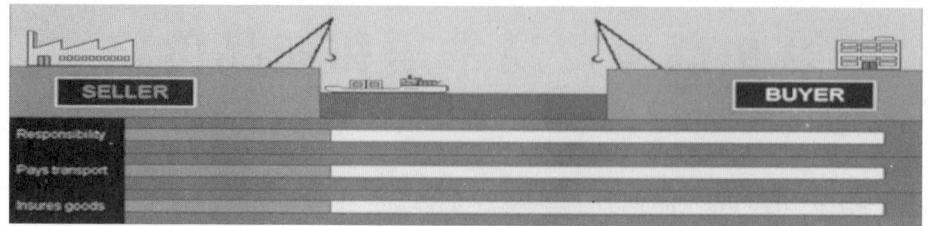

图 4-9-1　FOB 价示意图

图 4-9-1 中三条线由上到下分别代表卖方的交货责任、支付的运费和保险责任,从图示我们得知:卖方应负责办理本国港口前的全部出口手续并承担相应的费用后向买方交货,不承担到目的港的运输费用和风险,买方则负责自装运港接货后的付款、办理进口手续、安排运输和保险事宜;根据 INCOTERMS2000 的规定,卖方将代表货物所有权的单据交给买方视同交货。

(2)CIF(Cost Insurance and Freight)

CIF 是成本加保险费加运费(也称运费在内价)术语,术语后要注明目的港名称。

从图 4-9-2 中可以看出,卖方在 FOB 基础上还需要承担办理到目的港的运输和保险手续的责任。根据 INCOTERMS2000 的规定,该术语是典型的单据买卖,卖方不能以交付货物代替交付单据,买方有拒绝接受不符合合同的单据和不符合合同的货物的权利;卖方保险属代办性质,只有义务按发票金额加成 10% 投保最低险别;本术语在业务领域俗称"到岸价"。

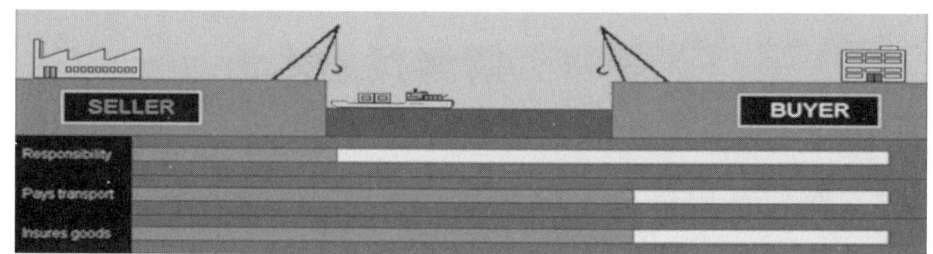

图 4-9-2　CIF 价示意图

(3)CFR(Cost and Freight)

CFR 是成本+运费的缩写,其后须注明目的港名称。该价格是在 FOB 的基础上再加上到国外目的港的运费。请根据图 4-9-3 对比 FOB 的规定进行分析。

从图 4-9-3 中可以明显地看到,除了中间的运输以外,其他条件下两种术语区别不大。按 INCOTERMS2000 的规定,由于在这种术语条件下买卖双方分别负责货物的运输和保险,卖方有义务在装货完毕后及时、充分给买方发出装船通知以便后者办理保险手续。

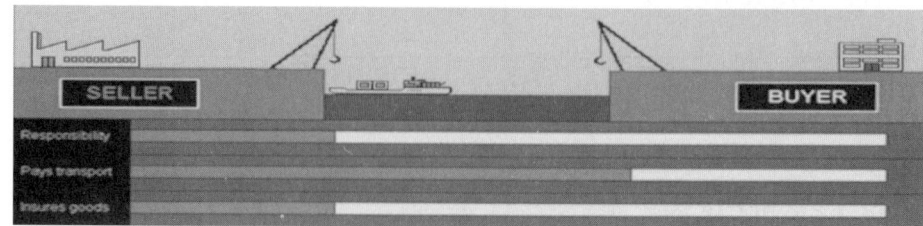

图 4-9-3　CFR 价示意图

FOB、CFR、CIF 三种贸易术语的异同见表4-9-2。

表4-9-2 FOB、CFR、CIF 三种贸易术语的异同

贸易术语	风 险	责 任		费 用	
	谁承担货物越过船舷后的风险	谁办理租船订舱	谁办理保险	谁支付到目的港运费	谁支付保险费
FOB	买方				
CFR	买方	卖方	买方	卖方	买方
CIF	买方	卖方			

【案例思考】

某口岸出口公司按 CIFLondon 向英商出售一批核桃仁,由于该商品季节性较强,双方在合同中规定:买方须于9月底前将信用证开好;卖方保证货船不得迟于12月2日驶抵目的港。如货船迟于12月2日抵达目的港,买方有权取消合同。如货款已收,卖方须将货款退还买方。问:这一合同的性质是否属于 CIF 合同?

9.1.2 比较 FOB、CFR、CIF 与 FCA、CPT、CIP

由于运输方式、单据和技术的发展,集装箱运输、多式联运、滚装船等的使用日益扩大,原有的贸易术语已难以适应其发展。因此,出现了 FCA、CPT 和 CIP 三种新的贸易术语。

①. FCA——Free Carrier(...named place)货交承运人(……指定地点)(见图4-9-4)

图4-9-4 FCA 示意图

(1)从图4-9-4看出,本术语指卖方只要在指定的时间和地点把货物在本国交给买方指定的承运人,并办理出口清关手续,就算完成交货义务;

(2)其可用于包括多式联运在内的各种运输方式,其风险、费用等均于货交承运人时转移;

(3)本术语明确规定了交货地点和装卸责任的划分:若交货地点是卖方所在地,则由卖方将货物装到买方指定的运输工具上。若在其他任何地点交货,则卖方不承担从自己的运输工具卸下货物的责任。

②. CPT——Carriage Paid to(...named place of destination)运费付至(……指定目的地)(见图4-9-5)

与 FCA 相比,该术语规定由卖方支付货物运至目的地的运费,而买方承担交货之后的一切风险和其他费用。同时,卖方交货后要及时通知买方,以便买方办理货运保险,其他买卖双方义务与 FCA 相同。

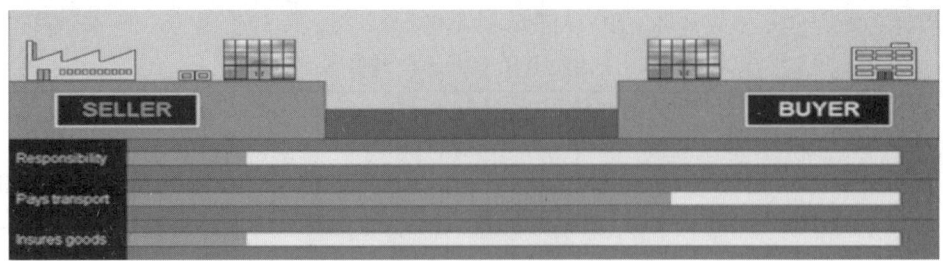

图 4-9-5　CPT 示意图

3. CIP——Carriage and Insurance Paid to(...named place of destination)运费、保险费付至(……指定目的地)(见图 4-9-6)

(1)它是指卖方向其指定的承运人交货,并须支付货物运至目的地的运费,办理货物在运输途中灭失或损坏风险的保险并支付保险费,而买方承担卖方交货之后的一切风险和额外费用。

(2)该术语可适用于各种运输方式,卖方在 CPT 的基础上承担货物运输的保险责任,有关要求与 CIF 相同。

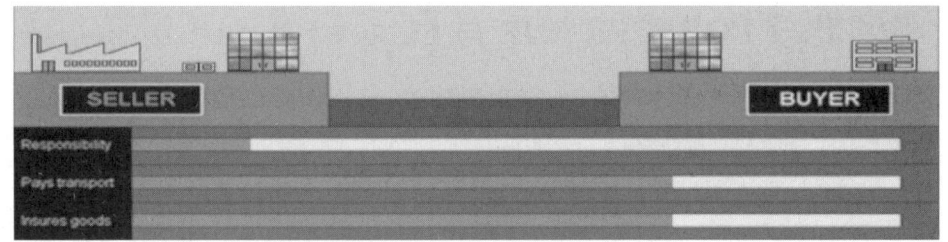

图 4-9-6　CIP 示意图

4. FOB、CIF、CFR 与 FCA、CIP、CPT 的区别

(1)适用的运输方式不同。前三者只适用于海洋、内河运输;后三者则适用于各种运输。

(2)交货地点和风险界限不同。前三者的交货地点为装运港,风险转移是以货物在装运港越过船舷为界;而后三者的交货地为承运人接管处,风险转移是以货交承运人为界。

(3)运输单据不同。前三者的卖方一般应向买方提交清洁的已装船海运提单;而后三者,卖方提交的单据视不同的运输方式而定,如采用铁路运输,提交铁路运单,空运情况下则交付空运单。

【案例思考】

甲公司与乙公司洽谈买卖电视机交易。从出口国 A 市(内陆城市)到进口国 B 市(港口城市)有集装箱多式联运服务,A 市货运商以订约承运人的身份可以签发多式联运单据。货物在距 A 市制造商 5 千米的集装箱堆场装入集装箱后由货运商用卡车经公路运至港口,然后装海船运到 B 市。A 市制造商不愿意承担公路和海洋运输风险,B 市进口商不愿意承担货物交运前的风险。试问:(1)双方当事人可否按 FOB、CFR 或 CIF 术语报价? (2)A 市出口商是否应提供已装船单据? (3)你认为 A 市出口商应采用何种术语为好?

9.1.3　认识其他贸易术语

我国某公司与越南某公司进行一笔国际贸易业务,通过铁路或公路运输,应选择什么样的术语为好? 如果进/出口商希望在自己的工厂交接货物,又该使用什么术语?

建议根据 INCOTERMS2000 的规定,就陆上接壤国家而言,用 DAF 条件更合适;如希望在出口国工厂交货,宜采用 EXW,在进口国工厂交接则须选择 DDU 或 DDP 等。

1. EXW(Ex Works)——工厂交货

Ex Works 也称 Ex Warehouse,该术语后标明指定地点,是卖方承担的风险、责任及费用最小、售价最低的贸易术语(类似于出口国国内买卖)。如果买方不能直接或间接办理出口手续,不宜采用此术语。

2. FAS(Free Alongside Ship)——船边交货

FAS 只适用水上运输,术语后标明指定装运港,卖方负责将货物交至装运港买方指定的船边。若买方所派船只不能靠岸,卖方应负责用驳船把货物运至船边,完成交货义务;装船、出口的有关手续(出口报关除外)和费用,均由买方承担。

3. DAF(Delivered At Frontier)——边境交货价

DAF 后标明指定边境。该术语主要用于毗邻国家之间的陆路运输交易。卖方负责办理货物的出口结关手续,将货物运至边境指定地点交由买方处置,即完成交货义务。

4. DES(Delivered Ex Ship)——目的港船上交货

DES 后标明指定目的港,适用水上运输方式。卖方在指定的目的港船上将实际货物置于买方的控制之下即完成交货。

5. DEQ(Delivered Ex Quay)——目的港码头交货

DEQ 后标明指定目的港,只适用水上运输。卖方在目的港码头将货物置于买方控制即完成交货义务。通常术语后应加注"DutyPaid"(关税已付),如术语后标明"VAT Unpaid",则意味着卖方不负担增值税(VAT)。

6. DDU(Delivered Duty Unpaid)——未完税交货

DDU 后标明指定目的地,适用各种运输方式。卖方在进口国指定地点将货物交由买方处置即完成交货义务。卖方应承担货物运至该处的除关税、捐税以外的费用和风险,多用于自由贸易区和订有关税同盟的国家的贸易或不需要进口清关的贸易。

7. DDP(Delivered Duty Paid)——完税后交货

DDP 后标明指定目的地,适用各种运输方式,是卖方承担义务最多、售价最高的术语。卖方交货地延至进口国的指定地点,卖方应承担在目的地交货前的一切风险、责任和费用。

上述术语共同点:均为实际交货,除 FAS、DES 和 DEQ 外均适用各种运输方式。

【案例思考】

1. 某内陆出口公司于 2006 年 2 月按 FOB 自天津新港向日本出口 30 吨甘草膏,合同规定货物必须装集装箱。因该公司在天津设有办事处,于是将货物运到天津,由天津办事处负责订箱装船,不料货物在天津存仓后因火全部被焚,办事处立即通知内地公司总部并要求尽快补发,否则无法按期装船。结果该出口公司因货源不足,只好要求日商将装运期延长 15天,日商同意但提出降价 5%,经协商,最终降价 3%。请对此进行评论。

2.（1）说出图 4-9-7 中出现的运输方式有哪些。

（2）指出 FOB、CFR、CIF 条件下当事人的责任、费用和风险负担。

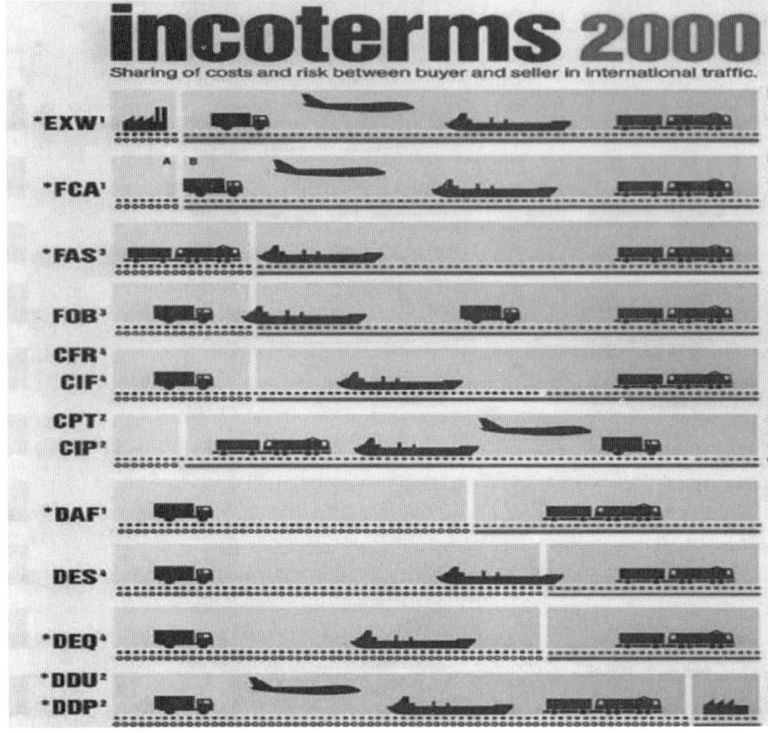

图 4-9-7 案例思考图

9.1.4 常用贸易术语的运用

上海农安进出口公司出口一批货物,向港商报价 USD80/MT CIF HONGKONG,对方回电同意,但要求我方把价格改为 USD80.00/MT FOB HONGKONG,对此我方可否接受? 为什么?

答案是我方不接受,因为我方报价每吨 80 美元是目的港为香港的 CIF 价格,而港方回电虽然单价未改,但贸易术语变成 FOB,这意味着我方应负责到香港交货,我方要承担从发货地到香港的各种费用、风险。

1. 主要贸易术语的选用原则

（1）根据业务需要,选择合适的贸易术语。

（2）选择贸易术语考虑的因素:体现政策、考虑船源、运输因素、货物的特性、交易习惯、当事人的喜好等。

（3）坚持有利原则:从增收节支外汇运保费角度讲,出口应争取采用的贸易术语的顺序是 CIF/CIP、CFR/CPT、FOB/FCA,而进口则刚好相反。

（4）应扩大 FCA、CPT、CIP 的使用。理由:可以提前收汇、转移风险。

（5）一般而言,大宗出口宜用 FOB、进口宜用 CIF。

（6）着眼于安全收汇、安全收货。以 FOB 条件出口时指定承运人和指定货代的风险大。主要因为进口商和承运人双方有联系、可享受运费优惠、进口方可能未付款先提货或联合欺诈。

（7）应灵活处理。双方自愿选择，合同中可做出不同约定，如是零星商品、不便派船、无直达船出口，也可采用 FOB。

（8）交易条件为 FOB、CFR，却在合同或 LC 中规定由卖方投保并出保单说明可以接受，运价上涨时就不宜用 CFR/CIF；针对具体国家，具体贸易商，EXW、DAF 或 FAS 也可选用。

❷ 贸易术语的发展趋势

（1）FCA 可能取代 FOB；

（2）实践中使用频率较高的有 FOB、CFR、EXW、CIF 和 DAF；

（3）术语通常每隔十年左右因贸易、运输等的发展而修订一次；

（4）随着区域贸易、关税同盟的不断扩大，应加强对 DDU 的学习和运用。

【案例思考】

1. 根据图 4-9-8 说明使用不同术语的特点。上涨时就不宜用 CFR/CIF；针对具体国家、具体贸易商，EXW、DAF 或 FAS 等也可选用。

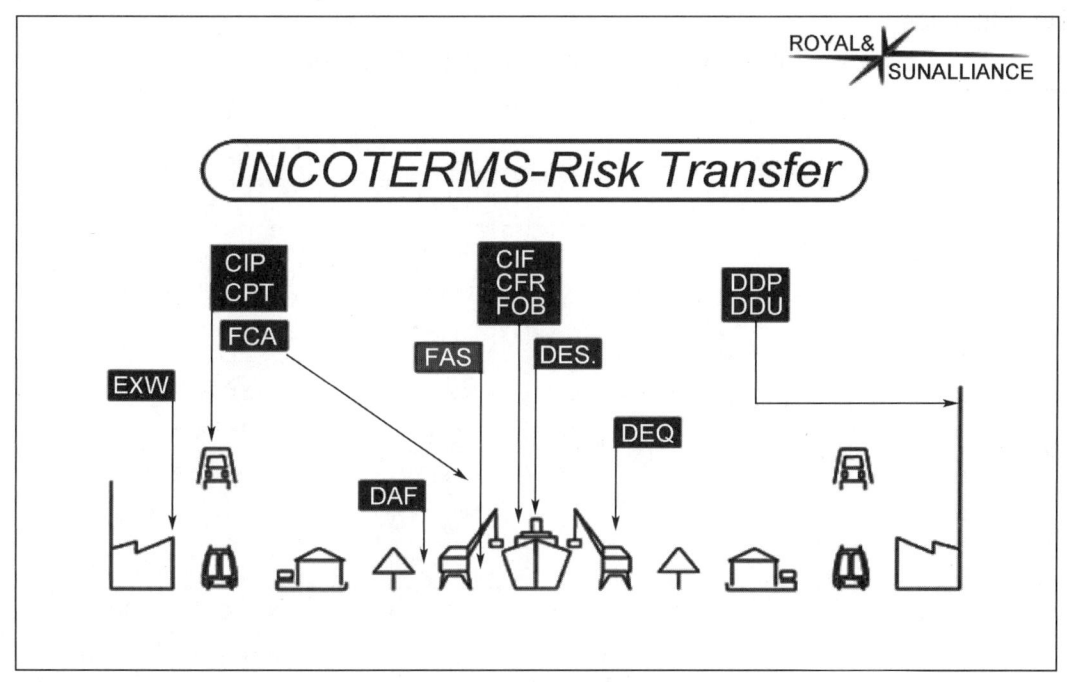

图 4-9-8　案例思考图

2. 我某外贸公司以 FOB 中国港口条件与新加坡某商人达成一笔出口交易，新加坡商人开来的信用证的金额和单价均按 FOB 中国港口计，要求将货运至日本横滨港，并在提单上标明"运费已付"（FREIGHTPREPAID）字样，试分析新加坡商人为什么要这么做？我方应如何处理？

▶▶▶▶ 9.2　分析商品价格

在国际货物买卖中，价格是买卖双方共同关心的问题，双方为了达成交易都要从各自的情况出发认真核算，在运用不同术语的基础上，结合经营意图和国别政策制定合适的价格条款。同一商品全球同一价格的做法是错误的。贸易实践中灵活运用佣金和折扣可以起到调动外商经营产品的积极性,增强我出口商品在国外市场的竞争力和促进销售的作用。

9.2.1 进出口商品价格构成

如果在国内买卖书籍,销售价格通常可以表述为"一本书 25.00 元",把同样的书籍销往国外,报价是否和在国内表述一样?

把同样的书籍销往国外,报价是不一样的。首先报价应使用外国人能看懂的文字,其次对外报价必须明确双方交接货物的具体条件,即采用何种贸易术语,而且还需要明确是什么"元",因为世界上有几十个国家的货币单位都是"元"。正确的单价表示方法是"一本书 25.00 人民币元"。

1. 国际贸易商品价格构成

出口商品使用的贸易术语不同,其价格也不同。表 4-9-3 反映了三种常用术语的价格组成及相互关系。

表 4-9-3　三种常用术语的价格组成及相互关系

CIF 价格	CFR 价格	FOB 价格	商品成本	生产成本	自产自销的投入
				加工成本	进料或半成品加工的投入
				采购成本	也称进货成本
			国内总费用	国内运输费	从工厂到仓库的运输
				认证费	部分国家要求
				仓储费	按货物数量和存储天数计
				港口杂费	不同港口规定不同
				报关费	100~300 元/20 尺集装箱
				检验费	占出货金额的 0.1%左右
				贷款利息	贷款向工厂付款
				业务费用	房租、工资、参展、差旅等
				银行费用	银行收汇费用和不符点费用
				其他费用	代理费、集装箱内装箱费等
			预期利润		一般为货价的 10%
		国外运费			
	国外保险费				

国际货物买卖合同中的价格条款应真实反映买卖双方价格磋商的结果,条款内容应完整、明确、具体、准确。条款一般包括单价和总值,单价由计价货币、单位金额、计量单位和贸易术语四部分组成,缺一不可。例如:

USD200perM/T CIF London

美元 200 每吨 CIF 伦敦(单价为:每吨 200 美元 CIF 伦敦)

2. 国际贸易价格换算

(1)FOB、CFR 和 CIF 三种价格的换算

①FOB 价的换算

CFR＝FOB 价＋国外运费

CIF＝FOB 价＋国外运费＋国外保险费

②CFR 价的换算

FOB＝CFR 价－国外运费

CIF＝CFR 价＋国外保险费

③CIF 价的换算

FOB＝CIF 价－国外保险费－国外运费

CFR＝CIF 价－国外保险费

（2）FCA、CPT 和 CIP 三种价格的换算

①FCA 价的换算

CPT＝FCA 价＋国外运费

CIP＝FCA 价＋国外运费＋国外保险费

②CPT 价的换算

FCA＝CPT 价－国外运费

CIP＝CPT 价＋国外保险费

③CIP 价的换算

FCA＝CIP 价－国外保险费－国外运费

CPT＝CIP 价－国外保险费

特别提示

1. 单价是一笔货物买卖合同的重要组成部分，明确单价的构成才能将货物按合适的价格进出口。

2. 实际工作中，将一种报价换算为另一种是很正常的事，我们应注意不同价格之间的换算关系。

9.2.2　佣金和折扣的计算

1. 佣金（Commission）和折扣（Discount）

（1）佣金是出口商或进口商支付给中间人的报酬。在国际货物买卖中，往往表现为出口商付给销售代理人、进口商付给购买代理人的酬金。含有佣金的价格业务中通常称为含佣价。

（2）折扣是卖方给予买方的价格减让，从性质上看，它是一种价格优惠。

不包含佣金和折扣的称净价（NetPrice）。

2. 佣金和折扣的表示方法

（1）通常在价格中用文字或字母明示佣金率或折扣率，如每吨 CIF 香港 1 000 美元佣金 3%，或 CIF 香港每吨 1 000 美元，折扣 2，或 FOBC2（FOB 含 2 佣金）。

（2）佣金或折扣也可用绝对数表示，如每吨付佣金 30 美元，或每吨折扣 5 美元等。

（3）不明示的佣金或折扣，俗称"暗佣"或"暗扣"。

3. 佣金和折扣的计算

（1）佣金的计算

一般是以合同价格直接乘佣金率，得出佣金额，例如，CIF3% 每吨 1 000 美元，佣金额为 1 000×0.03＝30 美元，但也可规定以 FOB 价计，这样在计付佣金时，应将运、保费扣除后再

乘佣金率。计算公式为:

$$单位货物佣金额＝含佣价×佣金率$$

$$净价＝含佣价－单位货物佣金额$$

$$含佣价＝净价/（1－佣金率）$$

（2）折扣的计算

$$计算公式为:折扣＝原价×折扣率$$

4. 佣金和折扣的支付

佣金可以由代理商直接从货价中扣除,也可在委托人收货/款后按约定另付,要防止佣金的错付、漏付和重付事故发生;折扣通常是买方付款预先扣除。

第 10 章　商品的装运、保险、检验与索赔

货物要实现从出口国向进口国的装运一定要通过某种运输方式。运输方式不同,装运条款也不同,正确订立和理解装运条款和保险条款在国际货物运输中具有相当重要的地位。装运条款通常包括装运时间、装卸港/地、分批转运、装运通知、装卸时间、装卸率、滞期费和速遣费等。保险条款一般包括保险险别、保险费计算、保险责任的起讫范围等。

◎ 本章目标

1. 了解物流环节的损益救济。
2. 了解不同运输方式的使用条件。
3. 熟悉装运条款。
4. 熟悉保险条款。
5. 熟悉商品检验检疫制度和程序。
6. 熟悉正当索赔程序。

▶▶▶ 10.1　解读商品的装运和保险

10.1.1　海运合同主体定义

依据《中华人民共和国海商法》第四十二条:

(1)"承运人",是指本人或者委托他人以本人名义与托运人订立海上货物运输合同的人。

(2)"实际承运人",是指接受承运人委托,从事货物运输或者部分运输的人,包括接受转委托从事此项运输的其他人。

(3)"托运人",是指:

①本人或者委托他人以本人名义或者委托他人为本人与承运人订立海上货物运输合同的人;

②本人或者委托他人以本人名义或者委托他人为本人将货物交给与海上货物运输合同有关的承运人的人。

(4)"收货人",是指有权提取货物的人。

(5)"货物",包括活动物和由托运人提供的用于集装货物的集装箱、货盘或者类似的装

运器具。

10.1.2　比较各种运输方式

2015 年,我国某公司与欧洲客户签订一笔纺织品出口合同后,恰逢我国新的纺织品出口政策将要实施。因此,买卖双方同意将原合同规定的海运方式出口临时改为航空运输,以避免因该政策实施而增加开支。从贸易角度讲,这种做法是否可取?

如果空运多支出的费用低于征收关税的费用,这种做法是可以的;反之是不可取的。事实上,这种情况和其他原因造成了当年 8 000 万件纺织品在欧洲海关滞留、不予放行的重大事件。

1. 海洋运输(Ocean/marine/sea Transport)

海洋运输是国际贸易中的最主要的运输方式,它具有通过能力大、不受道路和轨道限制、运量大、运费低、对货物适应性强和风险大等特点。

(1)海洋运输船舶的经营方式

①班轮运输(Liner Transport)或定期船运输

班轮运输是指在固定航线上,挂靠固定港口,按约定费率收费并定期开航的船舶运输。其特点是:"四固定"(固定港口、固定航线、固定船期、固定费率)、"一负责"(船方负担装卸费)、以提单为准确定当事人的权利和义务。种类有杂货班轮和集装箱班轮,定期班轮和弹性班轮。

②租船运输(Charter Transport)或不定期船运输

租船运输是指租船人向船东租赁整船或部分舱位用于运输货物的业务的方式。其特点是"四不固定"、船东和租船人通过 C/P(租船合同)确定彼此的权利和义务;租船运输的方式有定程租船(Voyage Charter)或航次租船(以航程为基础,又分为单航次、来回航、连续单航次和连续来回航等形式)、定期租船(Time Charter,也称期租,根据租船合同按约定的时间和用途使用船舶)和光船租船(Bareboat Charter)这种财产租赁的方式等。就实际应用而言,使用最多的方式是定程租船。

(2)海上货物运输费用

班轮运输费用、班轮运价由基本费率和各种附加费所构成。

①班轮运价的计算标准

——按货物的毛重(W-Weight)计收,以一吨为单位,称重量吨;

——按货物的体积(M-Measurement)计收,以一立方米为单位,称尺码/体积吨;

——按毛重或体积择高(W/M)计收;

——按 FOB 价格(AdVal)计收,又称从价运费;

——按 W/M 或 AdVal 择高收费。

班轮运价中还涉及附加费,常见的附加费有燃油附加费、港口拥挤附加费、货币贬值附加费等。

②班轮运费的计算步骤和公式:

计算步骤:先确认商品的英文名称;然后从有关运价本查找相应的货名、等级和计算标准,接下来再查货物所对应的基本费率和附加费,最后代入公式进行计算。

计算公式:$F = fQ(1 + 附加费率)$ 或 $F = Q(f + 附加费率)$

其中:F 为运费总额;f 为单位运费;Q 为运费吨。

③租船运费/租金

定程租船需支付运费,而定期租船则支付租金。

④定程租船的装卸费的有关规定船方负担装卸费,船方管装不管卸,船方管卸不管装,船方装卸均不管和船方装卸、平舱、理舱均不管等。

(3)海上货物运输单据

海上货物运输单据主要有海运提单和海上货运单。下面主要介绍海运提单的有关知识。

海运提单(Ocean Bill of Lading,简称 B/L)指的是用以证明海上货物运输合同和货物已经由承运人接收或者装船,以及承运人保证据以交付货物的单证。

①提单的性质。

——提单是承运人接收货物或货物装船的收据;

——提单是海上货物运输合同成立的证明;

——提单是承运人保证凭以交付货物和可以转让的物权凭证。

②提单的种类。按不同的分类标准,提单可以划分为许多种类:

——按提单收货人的抬头划分:记名提单(Straight B/L)、指示提单(Order B/L)和不记名提单(Bearer B/L)。

记名提单,又称收货人抬头提单,是指提单上的收货人栏中已具体填写收货人名称的提单。

指示提单,是在提单"收货人"一栏内填上"凭指示"或"凭某人指示"字样的提单。

不记名提单,是在收货人一栏内注明"提单持有人"字样或将这一栏空白。《海商法》第79 条规定:"记名提单:不得转让;指示提单:经过记名背书或者空白背书转让;不记名提单:无须背书,即可转让。"

——按货物是否已装船划分:已装船提单和收货待运提单。

已装船提单:货物装船后签发给托运人的提单。

收货待运提单:又称备运提单、待装提单,是承运人在收到托运人交来的货物但还没有装船时,应托运人的要求而签发的提单。

——按提单有无批注划分:清洁提单(Clean B/L)和不清洁提单(Unclean/Foul/Claused B/L)。

清洁提单:装船时货物外表状况良好的提单。

不清洁提单:注明货物包装不牢、破残、渗漏、脏污、标志不清等不良批注的提单。

——根据运输方式的不同划分:直达提单、转船提单和联运提单。

直达提单:又称直运提单,是指货物从装货港装船后,中途不经转船,直接运至目的港卸船交与收货人的提单。

转船提单:需要在中途港口换装其他船舶转运至目的港卸货时承运人签发的提单。

联运提单:货物需经两段或两段以上的运输方式来完成时签发的提单。

——按提单内容的简繁划分:全式提单和简式提单。

全式提单:有正、反面印就条款的提单。

简式提单:没有背面条款的提单。

2. 铁路运输(Rail Transport)

(1)国际铁路货物联运:主要是根据《国际货约》与《国际货协》的规定所进行的铁路运输。

①跨国之间进行:运输范围局限在缔约国之间,涉及国家众多。

②优越性在于:手续简便、省时、风险小、费用低。

③运单(Waybill)有正、副本之分,一式五联;副本用于结算货款;运单为中俄文字印刷。

④运费:按运输里程和车型/次收取。

(2)对港、澳铁路运输

①对港澳铁路运输属于两段、两票特殊运输;

②运输过程:内地公司—深圳公司—香港—收货人;

③运输要求:优质、适量、均衡、应时;

④使用单据:承运货物收据(Cargo receipt),其具有和提单一样的法律效力;

⑤运输费用:内地段,人民币支付;港段,港币结算。

3. 航空运输(Air Transport)

①国际空运货物的运输方式包括班机运输、包机运输、集中托运和桌到桌运输;

②航空运输费用高、速度快、准时;

③承运人有航空公司和航空货运代理人两种形式;

④运单不是物权凭证,不能流通转让,运单形式有 AWB(空运单)、MAWB(主运单)和 HAWB(分运单)等;

⑤航空运费一般按 6 000 立方厘米/366 立方英寸和 1 公斤比较后择高收取,货物不同运费率有别。

4. 集装箱运输(Container Transport)

集装箱是一种带有包装性质的而且能反复使用的运输设备,也叫货柜、货箱。集装箱运输是指将散件货物汇成一个运输单元(集装箱),使用船舶等运输工具进行运输的方式。

集装箱运输的优点:装卸效率高,降低劳动强度;减少货损货差,保证货物运输安全;缩短货物在途时间;节省货物包装费用,理货手续方便;大大降低运输费用;有利于组织多种方式的联合运输。

图 4-10-1 集装箱船"伊夫林·马士基轮"

注:这是世界最大的集装箱船"伊夫林·马士基轮",身长 397.7 米,比当今世界最大的航空母舰———美国海军尼米兹级航空母舰还要长 60 多米,如果把它垂直竖起来,比埃菲尔铁塔还高;船宽 56.4 米,比一个足球场还宽。该船是目前世界上最环保、设备最先进的集装箱船舶,用计算机系统全面监控,仅需要 13 名船员操作。船舶载箱量为 1.1 万标准箱,它的这些集装箱排列起来,需要一列 71 公里长的火车来运载。该船仅锚链的重量就达到 29 吨,相当于 5 头成年非洲象的重量。

5. 国际多式联运和大陆桥运输

(1)国际多式联运(International Multimodal Transport)

①国际多式联运是指按多式联运合同以至少两种不同运输方式由多式联运经营人将货物从一国运往另一国指定地点交货的运输方式。

②条件:四个"一"(合同、单据、承运人、费率),两个"二"(运输方式、国别);

③单据为多式联运单据(MTD),做成指示式抬头时可以具有物权凭证的效力;

④承运人为多式联运经营人(MTO),他是事主,而不是发货人的代理人或参加多式联运的承运人的代理人,并负有履行合同的责任,他可以是实际承运人,也可以是无船承运人(NVOCC);

⑤可实现门到门的连贯运输。

(2)大陆桥运输(Land-bridge Transportation)

①它是以集装箱为媒介,以大陆上的铁路或公路为桥梁,将大陆两端的海洋运输连接起来形成的"海—陆—海"的运输,属于国际多式联运。

②世界主要的大陆桥运输路线有 SLB(西伯利亚陆桥),MLB(美国小陆桥)和新亚欧大陆桥等。

6. 其他运输方式

其他运输方式包括公路运输(Road Transportation)、内河运输(Inland Water Transportation)、邮政运输(Parcelpost Transportation)和管道运输(Pipeline Transportation)等。

10.1.3　熟悉装运条款

1. 装运时间(Time of shipment)的规定

(1)规定明确具体的装运时间。例如,规定"Shipment during/in Mar 2006"或"Shipment on or before APR,25"或"Shipment not later than"等。

(2)规定收到信用证后若干天装运。例如"Shipment with in 45 days after receipt of L/C"。

(3)规定近期装运。较多见的有迅速装运(Prompt Shipment)、立即装运(Immediate Shipment)和尽快装运(Shipment ASAP)等。但这类装运方法容易引起误解,实际业务中最好不要使用这些术语。

2. 装运港/目的港(Port of Loading/Port of Destination)

(1)装运港/目的港的规定

装卸港的规定一般以一个为宜,装运港由卖方提出、买方确认,卸货港由买方提出、卖方确认;大宗交易可订两个以上的港口供选择。

(2)应注意的问题

①注意重名港后应列明所属国家名称;

②不轻易接受指定码头/泊位的条款、不接受内陆城市为装卸港的条件;

③我国进口时目的港可规定为"中国口岸";对港、澳、台贸易时确定港口名称应避免出现一"中"一"台"。

3. 分批装运和转运

(1)分批装运(Partial shipment)

①分批装运是指一个合同项下的货物先后分若干期或若干批出运。主要基于所运输的货物数量大小、市场具体需求和备货、运输等条件的限制。

②分批装运的规定方法

一种是只规定允许分批装运,但对时间、批次和每批的数量不做规定;另一种是在规定允许分批装运的同时,订立每批装运的时间和数量。

（2）转运或转船（Trans shipment）

转运或转船是指在装运港至卸货港的过程中从一种运输工具转移到另一运输工具或由一种运输方式转为另一运输方式的行为。

④ 装运通知（Advice of Shipment）

装运通知是在租船运送大宗进出口货物的情况下，在合同中约定的条款。在 FOB 条件下，买方应及时将船名、船期通知卖方，卖方装船后也应及时通知买方以便其办理保险手续。

【案例思考】

1. 上海某公司出口 3 000 吨大豆，国外来证规定：不允许分批装运。结果我方在规定的期限内分别在大连、青岛和上海各装 1 000 吨于同一航次的同一船只上，提单上也注明了不同的装货港和不同的装船日期，试问：我方做法是否违约？银行能否议付？

（我方做法不违约，银行能议付，这样做符合 UCP600 的有关规定）

2. 信用证中有关装运条款规定：900 M/T×××，其中一等品 300 M/T，二等品 200 M/T，三等品 400 M/T。用木箱包装，货物等量分两批用不同船舶运输，第一批货物不晚于 4 月 30 日装运，第二批货物不迟于 5 月 15 日。对此我们应如何理解履行？

10.1.4 认识保险条款

1. 海洋运输货物保险条款

（1）保险范围

①风险范围（见图 4-10-2）

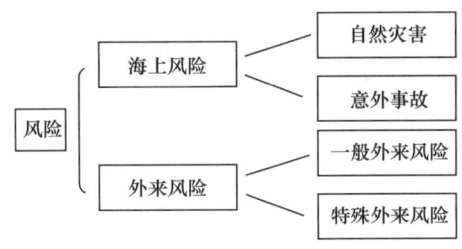

图 4-10-2 风险范围

②损失范围（见图 4-10-3）

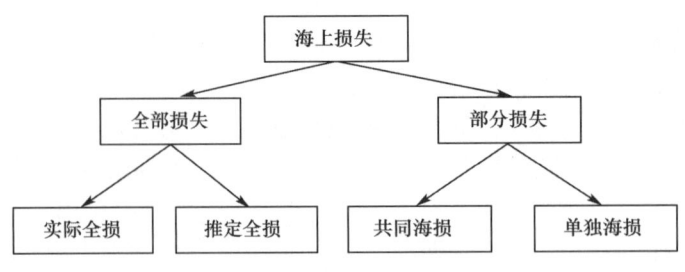

图 4-10-3 损失范围

共同海损（General Average）是指在同一海上航程中，船、货和其他财产遇共同危险，为尽量减少损失船方合理采取的、有意的措施而直接造成的特殊牺牲、支付的特殊费用，其按有关规则由获救各方按获救比例分摊。其构成条件：共同海损的危险必须是实际存在的，或者是不可避免而产生的，不是主观臆测的；消除船、货共同危险而采取的措施，必须是有意识的和合理的；必须是属于非正常性质的损失；费用支出是额外的。

单独海损(Particular Average)是指被保险货物遭遇风险后,其损失未达到全损的程度,且不属于共同海损的部分损失。

单独海损和共同海损的区别在于:共同海损是船、货方共同面临的损失,其损失由获救方按获救比例来分摊;单独海损是货方单独面临的损失,由受损方独自承担。

(2)保险条款

1981年1月1日生效的中国保险条款(CIC)和1982年1月1日生效的英国保险条款(ICC)。

(3)保险险别

1981年生效的CIC条款将保险险别划分为基本险和附加险,其中基本险又分为平安险、水渍险及一切险三种。

①平安险(FPA)承保的范围包括自然灾害和意外事故等造成的全部损失和部分损失。

②水渍险(WPA或WA)除包括平安险的各项责任外,还负责被保险货物由于恶劣气候、雷电、海啸、地震、洪水自然灾害所造成的部分损失。

水渍险=平安险+自然灾害所造成的部分损失

③一切险(ALLRISKS)则在平安险和水渍险基础上,保险公司还负责被保险货物在运输途中由于一般外来原因所致的全部或部分损失。

一切险=水渍险+一般外来原因造成的损失

④上述险别保险公司都规定有除外责任。

⑤保险责任起讫:CIC保险条款规定保险公司承担"仓至仓"(Warehouse to warehouse,W—W)的责任,是指自被保险货物运离保险单所载明的起运地仓库或储存处所开始运输时生效,包括正常运输过程中的海上、陆上、内河和驳船运输在内,直至该项货物到达保险单所载明目的地收货人的最后仓库或储存处所或被保险人用作分配、分派或非正常运输的其他储存处所为止。

——附加险别包括一般附加险别和特殊附加险。

一般附加险主要有:偷窃提货不着险、淡水雨淋险、渗漏险、短量险、钩损险、污染碰损破碎险、生锈险、串味险和受潮受热险等。

特殊附加险主要有:战争险、罢工险、交货不到险、进口关税险、舱面险、拒收险和黄曲霉素险等,实际工作中经常会遇到SRCC(罢工暴动民变险)。

注意:依据CIC规定,基本险可单独投保,附加险不能单独投保;在投保了FPA和WPA的情况下可以加保一种或多种一般附加险,在险别为AR时只能加保特殊附加险;同时投保战争险和罢工险保险公司不另收费;保险公司承保战争险的责任期间是"水面风险"(岸到仓之间)。

——伦敦保险协会海运货物保险条款将保险险别划分为六种,包括协会货物条款A——ICC(A)、协会货物条款B——ICC(B)、协会货物条款C——ICC(C)、协会战争险条款、协会罢工险条款和恶意损害险条款。其中只有恶意损害险是附加险;ICC(A)险类似于我国一切险,采用"一切风险减除外责任"的规定方法;ICC(B)险类似于我国的水渍险,采用承保"除外责任"之外列明风险的办法;ICC(C)险类似于我国的平安险,仅承保"重大意外事故"的风险;英国的战争险和罢工险在必要的情况下可以单独投保;保险责任期间的规定与我国规定完全相同。

2. 其他运输方式下的货运保险

（1）陆运货物保险的基本险别有：陆运险和陆运一切险；

（2）空运货物保险的基本险别有：航空运输险和航空运输一切险；

（3）邮包运输保险的基本险别有：邮包险和邮包一切险。

上述险别中陆运险、航空运输险、邮包险和海运中的"WPA"相似，各种险别的保险责任起讫，采用的是"仓至仓"条款。

3. 进出口货物运输保险实务

（1）投保

①投保人。不同术语条件下投保人不同，FOB/FCA 和 CFR/CPT 条件由买方办理；CIF/CIP 条件下卖方负责。

②险别的选择。应从货物的性质和特点、货物的包装、运输路线和船舶停靠港口、运输季节等方面考虑加以确定，不管什么货物都投保一切险的做法是不可取的。

（2）确定保险金额

出口以 CIF/CIP 为基础加一成。

保险金额＝CIF×（1＋投保加成率）＝CFR／〔1－（1＋投保加成率）×保险费率〕

（3）交付保险费

保险费＝保险金额×保险费率

例：某货主在货物装船前，按发票金额的 110%办理了货物投保手续，投保一切险加战争险。该批货物以 CIF 成交的总价值为 20.75 万美元，一切险和战争险的保险费率合计为0.6%。

问：该货主应交纳的保险费是多少？ 若发生了保险公司承保范围内的损失，导致货物全部灭失，保险公司的最高赔偿金额是多少？

保险金额＝CIF×（1＋投保加成率）＝207 500×（1＋10）＝228 250.00 美元

保险费＝保险金额×保险费率＝228 250×0.6＝1 369.50 美元

（4）取得保险单据

①过程：投保人根据合同/信用证规定的条件投保→保单确认→缴纳保费→取得保单。

②种类：保险单，俗称"大保单"，它是保险人和被保险人之间成立保险合同关系的正式凭证，内容详细，是索赔、理赔的主要依据，可转让，是押汇的单证之一，CIF 下卖方必须向买方提供；保险凭证，俗称"小保单"与保险单同等的效力，通常无背面条款；此外还有对港澳使用的联合凭证、预约保险单和补充或更改保险单内容时出具的批单。

4. 保险索赔

应及时发出损失通知，索赔对象可能是承运人等，同时采取合理的施救、整理措施，提出保险赔偿要求时一定要备妥索赔单证。

【案例思考】

1. 一条载货船从青岛港出发驶往日本，在航行途中货船起火，大火蔓延到机舱。船长为了船货的共同安全，命令采取紧急措施，往舱中浇水灭火。火扑灭后，由于主机受损，无法继续航行。船长雇用拖船将货船拖回青岛修理，检修后重新将货物运往日本。事后经调查，此次事件造成损失有如下几项：（1）500 箱货物被火烧毁；（2）1 500 箱货物因灌水灭火受到损失；（3）主机和部分甲板被烧坏；（4）雇用拖船费用；（5）额外增加的燃料和船长、船员工资。

以上各项损失,哪些属共同海损,哪些属单独海损?

2. 有一份 CIF 合同出售大米 50 吨,卖方在装船前投保了一切险加战争险,自卖方内陆仓库起,直至买方仓库为止。货物从卖方仓库运往码头途中,发生了承保范围内的损失。

问:当卖方凭保险单向保险公司提出索赔时,能否得到赔偿? 如果交易条件是 FOB、CFR 呢?

3. 卖方出口一批体育用品,成交价为 CIF 目的港 USD20000,卖方与买方在买卖合同中未特别约定货物运输保险事项,卖方在中国人保(PICC)依据其海洋运输保险条款投保货物一切险,并附加战争险。保险费率分别为 0.8、0.6,试分别列明计算公式,计算以下事项:

(1)卖方依据保险惯例如何确定货物的保险金额?

(2)该批货物的保险金额是多少?

(3)应交纳多少保险费?

4. 某远洋运输公司的"长阳轮"在 6 月 28 日满载货物起航,出公海后由于风浪过大偏离航线而触礁,船底划破长 2 米的裂缝,海水不断渗入。为了船货的共同安全,船长下令抛掉 A 舱的所有钢材并及时组织人员堵塞裂缝,但无效果。为使船舶能继续航行,船长请来拯救队施救,共支出 5 万美元施救费。船修好后继续航行,不久又遇恶劣气候,入侵海水使 B 舱底层货物严重受损,甲板上的 2 000 箱货物也被风浪卷入海里。问:以上损失各属什么性质的损失? 投保何种险别的情况下保险公司给予赔偿?

特别提示

1. CIC 和 ICC 是两个既有联系又有区别的常用国际货物保险条款。

2. 基本险可以单独投保,附加险必须在某一种基本险基础上投保,而且一般附加险和特殊附加险加保的条件又有区别。

≫≫≫ 10.2　解读商品检验与索赔

国际贸易中商品检验是指对卖方所交货物进行品质、数量、包装等的鉴定,并出具检验证书。对某些商品还要进行卫生、安全性能、残损情况、货物装运技术条件等方面的检验、鉴定和动植物病虫害检疫。同时,国际贸易是一个涉及面广、业务环节多的综合性"系统工程"任何一个环节发生意外或出错,或发生不可抗力事故,都可能导致当事人之间发生争议,引发索赔和理赔,而当事人必须采用合适的办法解决所发生的问题。

10.2.1　熟悉商品检验检疫

买卖双方以 CIF 价格达成的合同规定卖方向买方出口某商品 5 000 件,L/C 付款,商检条款规定:"以出口国商品检验局出具的检验证书作为卖方议付的依据,货到目的港后,买方有权对商品进行复验,复验结果作为买方索赔的依据。"卖方装运、制单、交单办了结汇手续后收到了买方因货物质量与合同不符而向卖方索赔的通知和目的港检验机构出的检验证明。卖方认为交易已结束,责任由买方自负。卖方的看法是否正确?

卖方的看法不正确。有关检验条款的规定说明出口地的检验结果只能用于议付,买方可以根据目的地检验结果就质量问题向卖方要求索赔。

1. 约定商品检验的意义

商检机构依法对进出口商品实施检验工作是一国对外贸易活动中的一个重要组成部分,是买卖合同中重要内容之一,是买卖双方办理结算及提出索赔或理赔的依据,是提高出口商品品质和竞争力的重要举措,是提高出口国商品国际信誉的必要措施,是国家实施对进出口商品品质管制的重要手段,是维护进口国利益的重要手段。

我国现行的法律、行政法规或国际条约、协议规定,有一部分进出口商品及其运输工具必须经过商检机构的检验。未经检验合格的,不能出口或不能在国内销售、使用,这类商品及其运输工具的报验称为法定检验报验。

按各国法律规定,买方收到货物不等于他接受了货物,买方享有对收到货物的复验权,他可以在收到货物后最短的时间内检验或由他人检验货物。若买方没有利用合理的机会检验货物,则他就放弃了检验货物的权利,也丧失了拒收货物的权利。

2. 商品检验时间和地点

(1)在出口国检验包括产地检验和装运港检验两种,其否定了买方的复验权,但对卖方非常有利。

(2)在进口国检验包括目的港检验和买方营业处所(最终用户所在地)检验两种,在这样的规定下,卖方须承担到货品质或数量的责任,对卖方不利。

(3)出口国检验,进口国复验。这种方法折中调和了买卖双方的分歧,对双方都比较公平合理,在国际贸易中较常见。

3. 商品检验检疫机构

国际上检验检疫机构很多,有国家、私人、同业公会、公证行、工厂企业等。

(1)国际上的检验检疫机构:瑞士通用公证行(SGS,是世界上最大的检验鉴定公司)、美国食品和药物管理局(FDA)、日本海事鉴定协会(NKKK)等。

(2)我国的检验检疫机构:2001 年成立的中国质量监督检验检疫总局(简称质检总局AQSIQ)、中国国家认证认可监督管理委员会、中国国家标准化管理委员会、专业部门检验机构和商检公司。

图 4-10-4　认证标志示例

4. 检验证书(Inspection Certificate)

近年来因各国日益关注环境保护、人类和动植物安全,对出入境的运输工具、人员和物品等都会根据本国法律、国际准则、合同或信用证提出依法检验、检疫后出证的具体要求。这类证书多达几十种,其证书印制、印章均统一,证书中使用术语的政治、技术和外语要求比其他单据高,证书所列各项内容必须完整、准确、清晰、不得涂改,证书由报验人和检验检疫机构共同缮制完成。

(1)检验证书的作用

①可以证明卖方所交货物的品质、重量(数量)、包装以及卫生条件等是否符合合同的规定。

②是卖方向银行议付货款的单据之一。

③是海关通关验放货物的有效证件。

④是买方对货物品质、重量(数量)、包装等条件提出异议,拒收货物或对外索赔的

依据。

（2）检验证书的种类

品质检验证书、重量或数量检验证书、兽医检验证书、卫生证书、消毒证书、熏蒸证书、植物检疫证书、未再加工证明和非木制包装证等，除非信用证另有规定，检验、检疫证明书的名称应与合同或信用证规定相符。

【案例思考】

1. 我某公司从外国某公司进口货物，交易条件 CIFSHANGHAI，货物于 2006 年 10 月 1 日到达上海，货到后，我公司未经检验，直接用火车将货物运 A 市。两个月后，国内用户发现货物严重受损，无法使用，我公司以货物包装不当为由要求外国公司赔偿，并提交了 A 市检验机构的检验证书，但遭外国公司拒绝。我公司提起仲裁，该行为能否得到支持？如果规定了产品保质期呢？

2. 我出口公司 A 向新加坡 B 以 CIF 新加坡条件出口一批土特产品，B 公司又将该批货物转卖给马来西亚 C。货到新加坡后，B 公司发现货物有质量问题，但 B 公司仍将原货转销至马来西亚。其后，B 公司在合同规定的索赔期限内凭马来西亚商检机构签发的检验证书向 A 公司提出退货要求。问 A 公司应如何处理？为什么？

10.2.2　认识索赔程序

1. 索赔（Claim）

索赔就是受到损失的一方当事人向违约的一方当事人提出损害赔偿的要求。相对而言，违约的一方受理另一方的索赔要求，即称为理赔。索赔和理赔是一个问题的两个方面。

2. 索赔对象

在国际贸易中，根据损失的原因和责任的不同，索赔时应正确确定索赔的对象。

（1）属于合同当事人的责任造成的损失，向买、卖方索赔；

（2）由于承运人原因造成的货损应向承运人索赔；

（3）属于承保范围内的货物损失应向保险人索赔。

3. 索赔依据和期限

（1）依据：有法律依据和事实依据。前者包括各国法律对违约的规定（英国有违反要件和违反担保；美国则有重大和轻微违约；联合国《公约》将违约分为根本性和非根本性违约；我国《合同法》将违约分为不履行合同、履行合同义务不符约定和预期违约），后者是指提出索赔必须具有权威机构出具的证据，如证据不全、不足、不清，或出证机构不符合规定，都可能遭到对方的拒赔。

（2）期限：指索赔方向违约方提出索赔要求的有效期限，有约定（在买卖合同中具体规定）和法定（如《公约》规定的索赔期限为收到货物之日起 2 年）之分，前者的效力高于后者，超过索赔期限，就丧失了要求赔偿损失的权利。

4. 索赔条款

买卖双方为了在索赔和理赔中有所依据，一般在合同中订有索赔条款，通常采用的主要有异议与索赔条款、罚金条款。

（1）异议与索赔条款是约束卖方履行合同义务的条款。它一般是针对卖方交货的品质、数量或包装不符合合同规定而订立的，主要包括提出索赔的权力、索赔的依据及期限、赔偿损失的办法及金额等内容。

（2）罚金条款适用于卖方延期交货或买方延期接货,它的特点是预先在合同中规定罚金的百分比,一般适用于连续分批交货的大宗货物买卖合同和机械设备一类商品的合同。

5. 不可抗力（Force Majeure）

不可抗力又称人力不可抗拒,是指在买卖合同签订以后,不是由于订约者任何一方当事人的过失或疏忽,而是由于发生了当事人不能预见和预防,又无法避免和克服的意外事故,以致不能履行或不能如期履行合同,遭受意外事故的一方,可以免除履行合同的责任或延期履行合同,其是一项免责条款。

（1）构成条件

①事件发生在合同成立后;

②不是任何一方当事人的故意或过失造成;

③事件的发生及其造成的后果是当事人无法预见、无法控制、无法避免和不可克服的。

（2）范围

包括自然力量（如:水灾、火灾、暴风雨、大雪、雷电、地震等）引起的和社会力量（如:战争、罢工、政府禁止有关商品的进出口等）引起的意外事故。买卖双方可自行商量哪些事故可以列入合同的不可抗力条款。但不能错误地认为所有的自然力量与社会力量引起的事件都属于不可抗力事件。

（3）法律后果

根据实际情况有两种后果,即解除合同和变更合同。当不可抗力导致合同无法全部履行,如一场大火把厂房全部烧毁,致使产品无法生产,也无法从其他途径获得货源时,即可解除合同;当不可抗力导致合同部分无法履行,如洪水将一部分商品损坏,并不可能在交货期内补救时,则只能变更合同。

6. 仲裁（Arbitration）

仲裁又称公断,是指买卖双方达成协议,在双方发生争议时,自愿将有关争议提交给双方同意的第三者进行裁决,裁决的结果对双方都有约束力,双方必须遵照执行。

（1）特点:任何仲裁机构不受理没有仲裁协议的案件;以当事人自愿为基础;裁决是终局性的;程序简单、处理及时,费用低廉。

（2）仲裁协议的形式及作用

①形式有两种:仲裁条款（双方当事人在争议发生之前订立的合同中的一个条款）和提交仲裁协议（争议发生后订立）,两种仲裁协议效力相同。

②作用有三个:一是表明双方当事人愿意将他们的争议提交仲裁机构裁决,任何一方都不得向法院起诉;二是排除了法院对有关案件的管辖权;三是使仲裁机构取得了对争议案件的管辖权。

（3）仲裁机构:国际贸易中仲裁绝大多数是在常设机构进行的。我国的仲裁机构目前有中国国际经济贸易仲裁委员会和中国海事仲裁委员会。

（4）裁决的效力:仲裁是终局性的。

【案例思考】

1. 某年我国南方某公司与外商订立三份大米买卖合同,货物名称分别为"某省当年产大米"、"存在某仓库的大米"和"中国大米",后来该省发生特大洪涝灾害,当年稻谷无收成。试根据所学知识分析该公司与外商订立所签的三份合同该如何处理。

2. 某进口商从欧洲进口一批碳制品。双方采用的是 CFR 价格,保险由我司在国内向中保投保。货物采用集装箱运输,有清洁提单。但货物到达我司后,我司开箱检验时,发现有较多碳制品破裂或碰损。我司该向谁索赔?供货方、船公司还是保险公司?是不是不论向谁索赔,均需要商检局的证明?面对烦琐的退货或索赔手续,如果损失不大,是不是企业还是放弃索赔好?

参考文献

[1] 刘宝红. 采购与供应链管理. 3 版. 北京：机械工业出版社，2019.

[2] 中国（双法）项目管理研究委员会. 中国项目管理知识体系. 北京：电子工业出版社，2006.

[3] STEPHEN P ROBBINS, MARY COULTER. 管理学. 11 版. 李原，孙健敏，黄小勇，译. 北京：中国人民大学出版社，2015.

[4] KARLOS MENA, REMKO VAN HOEK, et al. 战略采购与供应链管理. 张凤，樊丽娟，译. 北京：人民邮电出版社，2016.

[5] 刘宝红，赵玲. 供应链的三道防线. 北京：机械工业出版社，2018.

[6] 尚利强. 现代物流管理. 西安：西安交通大学出版社，2015.

[7] 苏勇，罗殿军. 管理与沟通. 上海：复旦大学出版社，2014.

[8] 任泽平，马家进，连一席. 新基建. 北京：中信出版集团股份有限公司，2020.

[9] 井润田，席酉民. 国际商务谈判. 北京：机械工业出版社，2006.

[10] 聂正安. 管理学. 北京：高等教育出版社，2010.

[11] 李方武. 经济法基础. 北京：电子工业出版社，2010.

[12] 唐隆基，潘永刚. 数字化供应链：转型升级路线与价值再造实践. 北京：人民邮电出版社，2021.

[13] 陈川生，朱晋华. 企业采购与招标管理. 北京：电子工业出版社，2017.

[14] 陈川生.《国有企业采购操作规范》释义. 北京：中国财富出版社，2019.

[15] 陈川生.《国有企业采购管理规范》释义. 北京：中国财富出版社，2020.

[16] 陈川生. 国有企业采购文件示范文本. 北京：中国财富出版社，2021.